Para Salma; para ella, siempre. Y para Ana. Y para Hugo.
Y para Álvaro. Y para Pedro. Para todos ellos, que estudiarán
estos hechos, cuando les toque, con la misma distancia
con la que estudiarán la Guerra Civil…
O las Guerras Púnicas. O eso deseo

Índice general

Fiscal: [...] cuando [el general Armada] le hizo en el Congreso la propuesta de ese gobierno que a Vd. no le satisfizo, ¿se sintió Vd. como utilizado por el General ARMADA para su propósito de ser presidente del gobierno?

Tte. Coronel Tejero: **Mi General, lo que yo quisiera es que alguien me explicara lo del 23-F, porque yo no lo entiendo.**

(Actas del juicio del 23-F. Folio 3970655 vuelta)

PRÓLOGO

Armada, Tejero, Milans..., pero ¿y el resto del reparto?

El teniente coronel Tejero, tal y como se le ha ordenado, hacia las seis y veinte está entrando en el edificio de las Cortes seguido por los centenares de guardias civiles que se han apretujado en los autobuses. Lleva años soñando hacer aquello, y meses planeándolo. Reduce sin esfuerzo a los atónitos policías que, en teoría, defienden el edificio y desarman, sin que se produzca el más mínimo incidente, a los docenas de guardaespaldas que en una sala esperan a que acabe la sesión a la que asisten los ministros y parlamentarios que protegen. Como una riada verde incontenible, los guardias penetran en el edificio por todas las puertas. En sólo dos minutos el teniente coronel avanza, pistola en mano, por el pasillo que permite acceder al hemiciclo. Le siguen el capitán Abad y unos cuantos guardias. Se oye a un secretario que está llamando a los diputados para que den su voto. El socialista Manuel Núñez Encabo, cuyo nombre queda de esta forma inmortalizado, es el que se cita en ese momento, pero en lugar de escucharse su voto, lo que se oye es una sonora ristra de gritos: «¡Todo el mundo al suelo! ¡Al suelo! ¡Quieto todo el mundo!!!».

Releía mi propia descripción de la entrada de Antonio Tejero en el Congreso, su irrupción en el hemiciclo, y no pude evitar la sensación de sólo en ese momento estar empezando a describir «el 23-F». Aquella imagen poderosa, tan dramática, de rostros paralizados por el asombro y la tensión, que tantas veces había visto repetida, me saltó «delante» de los ojos, y me deslumbró: el propio Tejero tapaba todo y él, en aquel momento, era el 23-F. Un guardia civil, seguido inmediatamente por otros cuantos que gritaban y disparaban al aire, e intentaban derribar a un hombre ya casi anciano... ¡Aquello era el 23-F! Pero llevaba ya casi dos años trabajando en este asunto y pude alejarme de la brutal secuencia: ¡aquello no era más que la erupción, que pudo ni siquiera haber tenido lugar, del golpe! Aquel estruendo tapaba todas las voces, absorbió todas las otras imágenes y, sin embargo, quizá no fuera de las que más importaban.

Volví entonces al origen de este libro, a una charla con un viejo, paciente y amable general, que me lanzó un reto: «Sigue sin contarse bien lo que pasó el 23-F, y dentro de poco hará ya ¡veinticinco años! ¿No se anima a mirar si ya, con el paso del tiempo, es posible contar lo que de verdad pasó?». «Pero ¿queda aún algo que descubrir?», le pregunté. Yo mismo había escrito un libro recientemente en el que el 23-F se trataba, pero como un asunto menor, y creía que allí no quedaban sino secretos menores. Me miró con verdadero afecto, pero sin poder evitar un cierto paternalismo en el gesto y me respondió: «A mí me parece que queda por descubrir casi todo lo importante».

Durante los casi dos años que siguieron a esta conversación, y hasta que me puse a redactar este libro, me dediqué a revisar muchas entrevistas que ya había hecho, y a realizar otras muchas nuevas. Podía decir que en ese tiempo había hablado (excepción hecha del propio Antonio Tejero, que nunca ha hecho declaraciones al respecto, y de don Juan Carlos de Borbón, por razones obvias) con todos los principales protagonistas de estos acontecimientos que aún vivían (algunos otros, el coronel San Martín, uno de los cabecillas implicados; el general Gabeiras, jefe del Ejército en ese momento; Eduardo Fuentes Gómez de Salazar, el hombre del «pacto del capó»..., fallecieron mientras lo preparaba, pero tuve ocasión de hablar con ellos). Con todos. Y ahora me daba cuenta de la razón que tenía, como muchas otras veces, ese viejo general, ¡quedaba por descubrir tanto de lo importante para realmente comprender cómo se había llegado a producir aquella imagen poderosa que seguía cegándolo todo!

Sin duda había muchos factores que habían colaborado a crear esta ficción de que el 23-F eran Antonio Tejero, con su tricornio, su espeso bigote, la pistola en su mano, sus guardias civiles, y unos cuantos militares mandados por dos generales «golpistas». El primero de esos factores, quizá el fundamental, sería la decisión, consensuada entre todos quienes podían tomarla, de que así convenía hacerlo. Desde el primer momento, como se verá, se dio la orden de «implicar a cuantos menos mejor». Se pretendía, me explicarían, que el juicio por aquella asonada no se convirtiera en un vergonzoso espectáculo, un juicio a todas las Fuerzas Armadas. Como también se verá en su momento, Felipe González llegó a decir a los miembros de su Ejecutiva al día siguiente del golpe, que era inevitable formar un gobierno de concentración porque sólo un «gobierno de todos» tendría la fuerza de realizar un juicio así. Pero según pasaron los días el círculo de implicados fue reduciéndose hasta quedar en «los inevitables», alguno de los responsables directos y los protagonistas del asalto al Congreso. Así se reforzaba esa idea entre el público: el asalto respondía tan sólo a la acción de un teniente coronel «loco» y dos generales «salvapatrias». Pero en esa reducción al mínimo del círculo de enjuiciados, quedaban tapadas muchas otras responsabilidades.

«Lo que ha quedado demostrado es que no hubo trama civil», se apresuró a decirme uno de mis entrevistados..., civil, por supuesto, y sin embargo, él mismo, muñidor de operaciones cuando menos rayanas con la legalidad. Porque igual que hubo un pacto para delimitar las responsabilidades militares, también hubo una especie de acuerdo, de alguna forma un nuevo Pacto de La Moncloa, éste sin fotos, sin documentos, por el que toda la clase política tapó, excepto una imposible de cubrir (una comida en la casa de un alcalde en un rincón de España), cualquier otra de las intrigas, ¡tantas!, que en aquel momento se cocían en mentideros, en restaurantes, en los pasillos del Congreso.

Nada fue igual tras el 23-F. Desde luego no lo fue la figura del Rey. El jefe de Estado que había heredado todos los poderes del dictador en 1975, y que generosamente los había cedido para que naciera en 1978 la Constitución, había seguido ejerciendo de árbitro de la política española en los años siguientes. Una política aún tierna, en la que casi todo estaba por aprenderse, y en la que no eran pocos los que acudían a la Zarzuela buscando soluciones que debían hallarse en otros lados y de otras formas. Pero es que, además, quienes acudían allí encontraban a un inquilino que, aunque ya no tenía poderes ejecutivos, no sólo seguía interesado en escuchar, sino que mantenía muy vivo dentro de sí el deseo de participar. Tras el 23-F nada fue igual tampoco en Palacio. Y sus razones hubo para ello.

Éste ha sido mi empeño desde que me puse a la tarea de escribir este texto, mantener presente aquello que me dijo, con algo de sorna, el viejo, paciente, generoso general: descubrir casi todo lo importante que se había callado en estos veinticinco años. Después de escribir y releer este libro creo que ya no me dejaré embrujar por la imagen de Tejero. El 23-F, a mis ojos, ha quedado desvelado. Espero sinceramente que a los ojos de quienes me acompañen leyendo estas páginas, también.

Antes, sólo unas líneas para unos reconocimientos. Afortunadamente, creo, es imposible empezar una investigación histórica de cero, porque hoy en día en cualquier camino hay huellas, muestra inequívoca de que ya por allí ha pasado alguien antes. En el caso del 23-F se podría decir incluso que hay demasiadas huellas; tantas, que a veces casi tapan el suelo sobre el que se pisa. Pero algunas de esas huellas he encontrado que se orientaron con honestidad en la buena dirección. Yo debo reconocimiento al trabajo de otros compañeros, periodistas, o protagonistas de aquellos hechos, sobre cuyos pasos he caminado. A muchos los cito en su momento, pero quiero subrayar aquí, expresamente, mi reconocimiento a unos pocos libros que me han ofrecido datos que no he sabido, podido, o me ha parecido innecesario buscar, porque su trabajo ya había llegado a destino. Es el caso de *El enigma del elefante*, de Joaquín Prieto y José Luis Barbería; *23-F, la pieza que falta*, de Ricardo Pardo Zancada; *Adolfo Suárez*, de Carlos Abella; *Ni Tejero, ni Milans*, de Juan Alberto Perote y *Adolfo Suárez, una tragedia griega*, de José García Abad. Pero, sobre todo, quiero dar las gracias a las más de cincuenta personas, militares y civiles, que durante todo este tiempo me han ayudado a llegar hasta esta meta. Unos, la mayoría, aparecen aquí con sus nombres. A todos muchas gracias. Otros, no pocos, aún, tras veinticinco años, creen que es más seguro para ellos el anonimato, lo que resulta revelador sin duda. También a ellos, muchas gracias.

Igualmente, quiero dedicar las últimas líneas para agradecer a David Trías, mi editor, su paciencia para esperar que hiciera «otra entrevista, otra corrección»... aunque ya debía haber entregado el libro semanas atrás. Y, muy especialmente, a María José, porque mi ausencia en tantos sitios exige siempre su presencia en tantos otros: gracias por tu paciencia y cariño.

1

Un ejército al servicio de Su Majestad

Asoma la punta de la madeja

—Hablaré con usted... Está bien, sí. Seguramente ya es hora de que la verdad se sepa. Aunque le advierto que mi memoria ha sido muy selectiva a la hora de elegir qué conservar y qué no, y yo..., en el mejor de los casos, lo que podré darle serán pistas, datos sueltos, que usted tendrá que unir.

Había conocido a aquel hombre en circunstancias peculiares casi una década antes. Sé que se resistió entonces a hablar conmigo todo lo posible, y aun así, cuando por fin se puso frente a mí, en aquellas conversaciones nuestras, cada frase suya me llegaba seguida o precedida de una ristra de silencios. Pero es que durante toda su vida le habían exigido, y él mismo se había entrenado en ello, precisamente para guardar el secreto.

A pesar del poder y la influencia de los que había dispuesto durante décadas por su posición, siempre fue un hombre apenas conocido fuera de unos círculos muy reservados: los círculos del poder político y económico, el estrecho mundo donde circula la información más reservada. Y aun en éstos, tan sólo lo conocían en los grupos más selectos. Desde luego, nadie de la calle reconocería su nombre, ya que se mantuvo siempre celosamente alejado de los medios de comunicación, y las escasísimas veces que saltó a ellos fue bien contra su voluntad. Sin embargo, él sabía mucho..., de muchos. Es un hecho comúnmente sabido que cualquiera que se ha movido en los ambientes del poder ha medrado para cumplir sus aspiraciones y en el camino ha ido colgando esqueletos en su armario. Lo que sucede es que el hombre que me hablaba al otro lado del teléfono sabía el esqueleto de quien estaba en el armario de cada cual que hubiera sido alguien en España durante décadas... Quizá por eso, consciente de que sabía demasiado, se había sometido a aquella cura de olvido que me anunciaba ahora. O simplemente sucedía que hablar, incluso cuando lo aceptaba en apariencia su voluntad, era algo que iba contra alguna ley profunda de su carácter.

—Nos vemos en un restaurante étnico que conozco, cerca de mi casa, donde voy con cierta frecuencia... ¿A la una de la tarde, el martes? Así podremos tener una comida larga...

Aquella cita me cambió el humor. Yo llevaba persiguiéndole meses, pero me había resultado imposible localizarle, y cuando preguntaba por él a los dos o tres hombres que podían saber cómo encontrarle, se limitaban a darme excusas...

—No sé muy bien... Es que pasa a menudo largas temporadas fuera.

Hasta que un día alguien que fue el hombre más temido y por tanto uno de los más odiados y al tiempo más alabados en España, y a quien acudí buscando, cómo no, información para este libro, me preguntó:

—¿Ha hablado con...?

—¡Qué más quisiera! —le dije y solté a continuación alguna frase de desánimo con un par de epítetos contundentes.

Mi interlocutor, flemático, ignoró mi queja, y se limitó a preguntarme, como si nada:

—¿Quiere su teléfono?...

Para cuando añadió después de darme aquellos números el inevitable «lo que no sé es si está en España, porque viaja mucho fuera», yo ya no estaba dispuesto a volver a desfallecer en mi empeño.

Transcurrieron a continuación unos días de infructuosas llamadas, pero, lo reconozco, cuando estaba a punto de caer otra vez en el pesimismo, un tórrido sábado del final de la primavera madrileña, a media tarde, por fin descolgaron al otro lado del teléfono...

Era algún pariente suyo, probablemente una hija. Me pidió mi nombre y me anunció una corta espera. Después, a pesar del tiempo transcurrido, reconocí la voz del personaje que tanto había buscado. Me afané en refrescarle la memoria para que a mi nombre añadiera circunstancias que le permitieran mejor identificarme. Un nuevo silencio. Y por fin:

—Le recuerdo. Pasamos algunas buenas tardes charlando entonces. —Me reconfortó su comentario, pero me sorprendió por lo que yo recordaba de aquellas conversaciones y el esfuerzo que, a todas luces, le habían costado.

Le expliqué el motivo de mi llamada. Un nuevo, aún más largo —o así me lo pareció a mí— silencio siguió a mi exposición. Pero fue entonces cuando dijo aquellas tres palabras que restaron toda importancia a las advertencias que las acompañaron:

—Hablaré con usted...

A la una menos cuarto del martes de la cita, yo ya le esperaba sentado en el restaurante. Le vi llegar quince minutos después, puntual, cruzando la plaza que se abría ante la terraza del local en el que me había citado. Le reconocí de inmediato, aunque su ropa, en esta ocasión informal, le daba un aire muy distinto. Él, sin embargo, me miró durante un largo instante antes de que su mirada, en un principio recelosa, adelantándose a sus labios me confirmara que me reconocía:

—¡Ah, sí, es usted! No estaba seguro en realidad de que se tratara de usted, ¿sabe? Es que hablé con otros dos periodistas hace unos años porque así, más o menos me lo exigieron, y...

Pero los saludos y las digresiones duraron muy poco. Su viejo carácter regresó de inmediato:

—Pero bueno, basta. Lo que quiero es que aprovechemos el tiempo que estemos juntos, a ver, pregúnteme. ¿Cómo puedo ayudarle?

«El problema de aquel golpe —empezó a contestar mis primeras dudas— es que por la información que nos llegaba no era uno, sino que eran varios, al menos tres, los grupos que a finales de 1980 y comienzos de 1981 estaban decididamente en marcha... A uno de aquellos grupos, al que más temíamos, quienes lo controlaban le llamaban el de «los inteligentes»; coroneles, tenientes coroneles, hombres todos diplomados de Estado Mayor, en su mayoría, si no en su totalidad, también antiguos miembros de los Servicios Secretos, gente muy preparada y, por tanto, peligrosa. Éstos querían un golpe duro, a la griega, utilizando a la División Acorazada, un golpe imparable. Contaban con algunos civiles, antiguos ministros, incluso, con los que habían contactado, para utilizarlos como pantalla en un posible gobierno, más o menos títere; porque lo que hubieran impuesto de haber dado su golpe con éxito hubiera sido un régimen totalitario de rostro blando, incluso pretendidamente democrático. A otros, evidentemente por contraposición a éstos, los llamaban «los primarios». Eran el reducto final del franquismo, viejos ex ministros y jerifaltes del Movimiento, empresarios carcas, banqueros despistados y, desde luego, militares, que veían con miedo el nuevo orden, y que tenían en Tejero a su campeón desde la fallida «Operación Galaxia». Estos personajes querían simple y llanamente una dictadura militar, al estilo de la de Pinochet en Chile, por ejemplo... Y luego estaba la que se llamaba la «Operación De Gaulle»... Curiosamente, de la que menos sabíamos, aunque era la única de la que se hablaba en los periódicos... Pero claro, es que ésta se mezclaba con lo que se llamaban «golpes de timón» más o menos legales que no exigían echar mano del ingrediente de la amenaza militar, y nosotros lo que temíamos era un golpe duro, ya digo, una copia del golpe que habían dado los coroneles griegos pocos años antes... En fin, el regreso a la caverna. Y éstos eran los tres grupos que dentro del ejército, ¡pero también con apoyos civiles!, estaban organizados y con planes en marcha... Quiero decir con planes en serio. Porque había otros muchos que también tonteaban con la idea de que

España iba al desastre y que había que salvarla, y, lo que es peor, pensaban que ellos sabían cómo... De esto había varias reuniones cada semana. Aunque seamos justos, no sólo entre los militares, no, también en muchos círculos civiles se jugaba a la «reconducción»... Pero para empezar, para que esto se pueda entender, lo primero que hay que saber es cómo era el ambiente militar de entonces. ¿Qué sabe usted del ambiente militar de España en aquellos años?

EL PRÍNCIPE QUE RESPETABA AL DICTADOR, PERO QUERÍA SER OTRA COSA

En 1981, el ejército que hay en España está dirigido e integrado prácticamente por los mismos hombres que lo dirigían y formaban el 20 de noviembre de 1975, cuando muere Franco. Sin embargo, psicológicamente muchos de estos hombres han cambiado: viven en un mundo que seis años antes no hubieran imaginado sino como una pesadilla. No son pocos de ellos los que se sienten, incluso, traicionados.

Cuando el 20 de noviembre de 1975 muere Franco, después de haber conducido España desde su despacho en El Pardo al dictado exclusivo de su voz, los ejércitos sentían la misma sensación de encontrase ante el vacío que el resto de la sociedad. El prestigio de Franco entre sus compañeros de armas se había mantenido intacto durante los 39 años largos que lo habían tenido por jefe, y es incontestable que una enorme mayoría de los militares sin duda se sentían mucho más franquistas que del Régimen. O lo que es lo mismo, para ellos el Régimen era Franco, no el Movimiento, ni los yugos ni las flechas. Estos hombres, que al hablar de Franco, aún hoy utilizan la expresión «el Generalísimo», ante aquel problema de finales de 1975 que se resumía en una sola pregunta que andaba en boca de todos —¿y después de Franco, qué?—, se acogían a una sola respuesta: lo que Franco ha legado. O si se prefiere, seguir las «órdenes finales» de quien los tranquilizó, a ellos y a una parte de la sociedad, con una fórmula recogida en su «testamento» político que de inmediato se popularizó en todas las capas del país: «Todo queda atado y bien atado». Entre estas disposiciones, una básica, la que para muchos aseguraba la continuidad del Régimen, asumir el mando de su heredero, que el mismo Francisco Franco eligió y preparó durante años: Juan Carlos de Borbón.

Y es que aquel 22 de julio de 1969, cuando sentado a su lado en la presidencia de las Cortes, el dictador asistió a la jura del entonces príncipe de las Leyes Fundamentales del Reino, pocas dudas podrían caberle de que había dejado hecho el nudo más complicado, y el último, a la hora de atar ese futuro. Menos aún después de escuchar cómo el joven Juan Carlos le calificaba de «hombre excepcional que España ha tenido la inmensa fortuna de que haya sido y siga siendo por muchos años el rector de nuestra política». Franco no podía saber que, al tiempo, apoyado por su hombre de mayor confianza, Torcuato Fernández Miranda y el jefe de su Casa, Nicolás de Cotoner, marqués de Mondéjar, el Príncipe comenzaría a buscar la manera de, «desde la ley»,[1] deshacer el nudo.

A partir de ese instante Juan Carlos de Borbón se muestra en público, sin embargo, plenamente fiel a su juramento y a su antecesor, del que siempre hablará —aun después de su muerte— con enorme agradecimiento y respeto. Quienes le rodean contarán que estos años, desde 1969 hasta 1975, el príncipe los vive con una cierta angustia a la búsqueda de una solución que

1. Cuatro días antes de su proclamación como heredero del Régimen, el 18 de julio de 1969, se había producido una conversación entre don Juan Carlos y Fernández Miranda, en la que, ante unas supuestas reticencias del príncipe a jurar las Leyes Fundamentales, su consejero le vino a decir que en el propio artículo 20 de la Ley de Sucesión ya se recogía que «las leyes pueden ser reformadas y derogadas». O sea, que el Régimen podría ser «derogado», o al menos «reformado», desde dentro del propio Régimen. En realidad, tal y como estaban planteados los Principios Fundamentales, este razonamiento era discutible y, desde luego, muy complicado, aunque acabaría teniendo éxito con el «suicidio» de las Cortes franquistas en noviembre de 1976 al aprobar la Ley de la Reforma Política.

le permita casar su compromiso con el viejo régimen y su más o menos oculto deseo de abrir uno nuevo. Una angustia que a veces, según confesión realizada entonces por el propio Juan Carlos a un militar, compañero suyo en la Academia de Zaragoza, le lleva a vivir sorprendentes anécdotas. Ese militar me contaría a mí años después una de ellas:

—Hay un momento, con Carrero aún de vicepresidente, es decir en los primeros años setenta, en el que se piensa que las asociaciones van a legalizarse, que ésa va a ser la salida política del Régimen. Pero de improviso el Régimen da el frenazo y la marcha atrás. Esto que digo es antes de lo del «espíritu del 12 de febrero». Yo entonces, como otros oficiales, visitaba con relativa frecuencia al príncipe en la Zarzuela. Y en una de nuestras conversaciones le pregunto: «Pero, señor, ¿cómo es posible este parón a la apertura política? Es un error». Y él, don Juan Carlos, me dice que claro, que es terrible, que hay que empezar a abrir el Régimen. Y entonces me cuenta que se lo ha dicho al general —siempre hablaba con mucho respeto de Franco, y se refería a él como «el general»—. Lo que me desvela es que días atrás iban en un viaje juntos, y que cuando se le presenta la ocasión le plantea a Franco, como se hacía siempre con él, un poco dando vueltas...: «Mi general, abrir cauces es bueno, es lo mejor para la situación social y tal». Y el otro, que le escucha pero se mantiene callado. Y pasado un rato, el príncipe insiste con la misma cantinela. Y el otro, igual, callado. Y el príncipe vuelta a empezar. Hasta que Franco, por fin, le mira y le dice: «Mire, yo he sido jefe de Estado todo este tiempo porque gané una guerra. A usted le queda la guerra de ser rey de todos los españoles. Si esa guerra se la gano yo también, ¿qué le va a quedar a usted?». Esto me lo contó el propio don Juan Carlos. Me parece que es una historia de mucho calado.

Esta entrevista del futuro rey con un viejo compañero de armas no era en absoluto inusual. Durante estos años finales de los sesenta y primeros setenta, don Juan Carlos, que ya había pasado como parte de su formación por las tres academias militares, seguía manteniéndose en contacto frecuente con los cadetes con los que había compartido clases, a los que recibía, ya oficiales, en audiencias de grupo e individuales. Era una forma de saber lo que sucedía más allá de los muros del palacio de la Zarzuela, donde vivía de alguna manera recluido, pero también de estrechar y mantener los lazos con quienes serían los mandos futuros de los tres ejércitos. Al tiempo, en un ambiente mucho más formal y, sobre todo, distante, el futuro rey mantenía contactos con los viejos «generales» de la guerra.

La fidelidad que expresa al Régimen don Juan Carlos en público tranquiliza a los militares que, a la muerte de Franco, conforme el dictador les ha pedido, le traspasan en bloque su confianza al nuevo rey. Esta herencia aun se verá reforzada por dos documentos que a lo largo de las últimas semanas de 1975, apenas días después de ser hechos públicos, se cuelgan en las paredes de todos los cuarteles españoles: el llamado «testamento político» de Franco[2] y el «mensaje del Rey a los ejércitos».

Siguiendo la que ha sido su política de mostrar su cercanía a las Fuerzas Armadas, si no incluso de mimarlas, el mismo día, 22 de noviembre de 1975, en que asume la jefatura del Estado, Juan Carlos de Borbón hace públicos dos mensajes. Uno es a la nación. Lo lee él mismo a las Cortes, poco después del mediodía. En su parlamento, y por este orden, el monarca subraya que su legitimidad le viene dada por las Leyes Fundamentales del Movimiento, pero también por ser Borbón y como tal heredero de una dinastía, y por haberlo decidido los españoles en referéndum;[3] después homenajea una vez más a su antecesor,[4] pero

2. En este documento, que leería Arias Navarro entre sollozos al dar noticia en televisión del fallecimiento del jefe del Estado, Franco solicita: «Por el amor que siento por nuestra Patria, os pido que perseveréis en la unidad y en la paz, y que rodeéis al futuro rey de España, don Juan Carlos de Borbón, del mismo afecto y lealtad que a mí me habéis brindado y le prestéis, en todo momento, el mismo apoyo de colaboración que de vosotros he tenido».

3. «... Como rey de España, título que me confieren la tradición histórica, las Leyes Fundamentales del Reino y la voluntad de los españoles...»

4. «... Una figura excepcional entra en la Historia. El nombre de Francisco Franco será ya un jalón del acontecer español y un hito...»

a continuación anuncia que es su propósito convertirse en el rey de todos los españoles[5] y pide un esfuerzo de consenso para lograr la concordia nacional. Es decir, en su primer discurso como rey realiza un intento de no disparar alarmas en los sectores más fieles al Régimen, al tiempo que intenta no frustrar tampoco esperanzas de cambio de los más reformistas. Esta cuidadosa y premeditada ambivalencia, que va a presidir todas sus acciones en los meses siguientes, refleja tanto el difícil equilibrio legal en el que se encuentra, como la compleja situación política a la que se enfrenta. Y dentro de ella enmarca su segundo mensaje del día; el que dirige, en exclusiva, a los uniformados, consciente del apoyo que precisa de ellos. Si en el discurso que da ante las Cortes el texto permite segundas lecturas, en este segundo mensaje no se buscan las mismas sutilezas; aquí cada frase, cada palabra, parecen buscadas para que tanto en su forma, como en su fondo, resulten agradables a los oídos de sus destinatarios.[6]

Claro, que si este guiño del Rey hacia los militares busca crear complicidades a su favor, ganarse el decisivo apoyo de las Fuerzas Armadas por sí mismo, más allá de por el hecho de haber sido «elegido» por Franco, también trae un compromiso de su parte y una identificación de la Corona con valores que los militares interiorizan por encima de lo que siente buena parte de la sociedad: patria, unidad, bandera... Esta alianza ofrecida en el primer momento por Juan Carlos de Borbón explica que poco tiempo después, cuando muchos militares crean que aque-

5. «... La Institución que personifico integra a todos los españoles [...] El rey quiere serlo de todos a un tiempo y de cada uno en su historia, en su cultura y en su tradición.»

6. «En estos momentos en que asumo la jefatura de las Fuerzas Armadas, me dirijo a todos vosotros con profunda ilusión y fundadas esperanzas. Sois los depositarios de los más altos ideales de la Patria y la salvaguardia y garantía del cumplimiento de cuanto está establecido en nuestras Leyes Fundamentales, fiel reflejo de la voluntad de nuestro pueblo... España confía plenamente en sus Fuerzas Armadas. Sé que tenéis un alto concepto del amor a la Patria y que no escatimaréis vuestro esfuerzo para lograr una España cada vez mejor. Quiero renovar hoy el juramento de fidelidad a nuestra bandera, símbolo de nuestras virtudes y de nuestra raza, y prometeros, una vez más, servirlas y defenderlas, a cualquier precio, de los enemigos de la Patria. Mandar es servir, y quiero estar en el mando muy unido a vosotros...»

llos símbolos están siendo traicionados por la nueva clase política, apoyada en una sociedad que se transforma muy rápido, giren con frustración sus ojos al Rey.

Pero para eso aún faltan unos meses. Moviéndose con la misma cautela que lo ha hecho en los años que siguen a su juramento como «heredero» de Franco, Juan Carlos, ahora rey, decide continuar con el último jefe de Gobierno del dictador, Carlos Arias Navarro,[7] entre otras cosas, eso sí, porque el propio Arias no le presenta la dimisión y él no se atreve a forzarla. Un significado militar de talante conservador, el teniente general José María Sáenz de Tejada, me explicaría de una manera muy gráfica cómo en los ejércitos, a comienzos del año 1976, no tienen razón alguna para temer una subversión de los valores que ellos defienden:

—Uno de los grandes interrogantes que se presenta a la muerte de Franco es qué iba a hacer el Rey con Arias. Era una prueba para conocer sus verdaderas intenciones, porque había rumores sobre sus deseos reformistas y se estaba expectante por ver la influencia que sobre él podrían ejercer su padre y el círculo de su padre... Cuando confirmó a Arias, la gente del Régimen y, también, las Fuerzas Armadas, se apaciguan, se tranquilizan. Es una prueba de continuidad que es bien recibida, porque de lo que se habla en muchos sitios es de lo contrario, de ruptura. En este sentido fue una decisión acertada, prudente y política... ¡Es que el Rey se queda con todos los elementos de Franco! El Rolls, la escolta, el Servicio de la Casa... Todo, absolutamente. ¿Cómo vamos a temer movimiento ninguno por tanto en los ejércitos, si está todo...? Están las mismas Cortes, el Consejo del Movimiento, el ministro del Movimiento, está todo el equipo de Franco. No hay motivo para tener ningún

7. Carlos Arias Navarro, antiguo alcalde de Madrid y ministro de Gobernación en el gobierno que presidía Carrero Blanco cuando fue asesinado, es designado por Franco para suceder al almirante. Tras un primer espejismo de apertura, conocido como «el espíritu del 12 de febrero», se enrocó en el llamado inmovilismo, presionado por familiares de Franco y antiguos ex ministros del Movimiento.

tipo de alarma. Porque había alguna inquietud ante la salida, pero también se sabía que esto no podía seguir así indefinidamente, que había que abrir el Régimen. Pero tras las decisiones del Rey no había datos objetivos para pensar que el ejército tenía que moverse.

COMIENZA LA PARTIDA: EL REY MUEVE UN «PEÓN» LLAMADO ADOLFO

Pero el Rey no tarda en hacer un primer cambio. Y es un cambio que sorprende a todos, en especial por la identidad del protagonista elegido. En un viaje a Estados Unidos realizado en junio de 1976, el monarca deja claras, en público[8] y en privado,[9] su falta de sintonía personal y su disconformidad con el inmovilismo del gobierno Arias. Lleva ya entonces, en una estrategia que después repetiría con Adolfo Suárez, una intensa campaña de acoso al jefe del Ejecutivo con mensajes, más o menos directos, en los que sugiere la conveniencia de su dimisión. Lo que, referido a sus antepasados, había recibido el nombre de «borboneo», la participación de la Corona en los tejemanejes políticos y que en ese momento era un movimiento crucial para poder abrir de par en par el viejo Régimen. Arias, que además vive la explosión de la calle, que pide también un cambio mucho más veloz de lo que las piernas de su mentalidad le permiten correr, acaba por ceder el 1 de julio y «dimite».

Entonces, muy posiblemente harto de tener durante decenios preceptores mayores que él, que le miran si no con desdén, sí con paternalismo, el Rey apuesta por un hombre de su generación. Y apoyado en la labor de su principal consejero, Torcuato Fernández Miranda, logra que en la terna que le presente el

8. Entre otros, en declaraciones interesadas al periodista Arnaud de Borchgrave, de la revista *Newsweek*.

9. Durante su viaje, realizado en junio de 1976, el Rey ya expresó su intención de nombrar a Suárez tanto al presidente Ford como al secretario de Estado, Kissinger.

Consejo del Reino[10] figure el nombre de quien es su candidato, Adolfo Suárez.

El Rey y Adolfo Suárez se conocían ya tanto, por entonces, que incluso se tuteaban. Sus primeros encuentros se producen en los últimos años sesenta, cuando Suárez era gobernador civil de Segovia. Después, en su época de director general de TVE, a comienzos de los setenta, el político cuidó muy especialmente la imagen de los entonces príncipes, y los apoyaría en diversas ocasiones, como, por ejemplo, cuando, tras la boda de Alfonso de Borbón y Dampierre con la nieta de Franco, la familia del dictador pasa a apoyar más o menos descaradamente a Alfonso en sus reivindicaciones dinásticas.

Entre los miembros de las Fuerzas Armadas el nombramiento de Suárez es recibido, en el mejor de los casos, con tanta sorpresa como en el resto de la sociedad, y en muchos otros, con abierta desconfianza. Un militar de peso entonces entre muchos de sus compañeros, José Ignacio San Martín, me da las razones que tenían en el ejército para su recelo. «En realidad Suárez no me desilusionó porque no esperaba nada de él. Nada. Ya una vez me lo encontré y me dice: "¡José Ignacio, nosotros vamos a mandar!". Tenía una obsesión por el mando, por el poder. Claro, él se relacionaba con todo lo habido y por haber para hacer la pelota al Rey y medrar en su entorno.» Aún más contundente fue la expresión pública, realizada en el Club de Campo de Madrid, de un militar, éste liberal y monárquico, que llegaría a tener mucho poder años después, cuando conoció la elección del Rey: «¡España ha sido humillada!».

La aceleración a la que desde el primer momento somete Suárez al proceso de transición política no despeja, sino al contrario,

10. Aunque la terna era secreta, y en la calle y en los periódicos todo el mundo citaba a Fraga y Areilza como los principales favoritos para el puesto, todo indica que los otros dos candidatos de la terna eran Federico Silva y Gregorio López-Bravo, y al parecer el que menos votos de consejeros llevaba de la terna era el propio Adolfo Suárez.

los recelos en los ejércitos. Tan sólo veinte días después de su llegada al poder, el 30 de julio el nuevo gobierno decreta una amnistía muy amplia para los delitos políticos, que incluye los de sangre, y que afecta a dos grupos que resultan especialmente irritantes para la inmensa mayoría de los militares: por un lado los miembros de la UMD;[11] por otro, y principal, los miembros de ETA. Días después, Suárez se mete en la que se anuncia como la gran batalla, una ley de reforma política que permita la legalización de los partidos políticos. Consciente de la resistencia que esta medida pueda causar entre los militares, Suárez decide explicarles personalmente su proyecto. Y para ello convoca a toda la cúpula de las Fuerzas Armadas en el edificio de Presidencia del Gobierno, en Castellana, 3, el día 8 de septiembre de 1976 a las diez de la mañana.

El ambiente con el que los militares van a la reunión lo explica perfectamente el general Sabino Fernández Campo, entonces subsecretario del Ministerio de Información y Turismo, que me da detalles de su conversación previa con un general con el que había servido antes: «Parte de la celebración de la reunión se me debe, porque yo lo hablé con Osorio, entonces vicepresidente. Pensamos que había que hacer algo para variar la mentalidad de los militares de entonces. El día antes yo hablé con varios de los militares que iban, y la verdad es que lo hacían con muy mal ambiente, muy mal dispuestos: "¡Este muchacho nos va a oír!", me dijo uno».

De acuerdo con el testimonio posterior de alguno de los presentes, quienes toman la palabra en primer lugar son algunos de los tenientes generales y el ministro del Ejército, Félix Álvarez-Arenas. Pero después quien se hace con el control de la reunión en un despliegue total de sus reconocidas locuacidad y simpatía

11. Unión Militar Democrática. Un grupo de militares reformistas de ideología progresista, surgido en los últimos momentos del franquismo. En 1975 nueve de ellos son detenidos, juzgados, condenados por sedición y expulsados de las Fuerzas Armadas. Con la amnistía de Suárez se los excarceló, pero no se les permitió reincorporarse a sus antiguos puestos.

es Adolfo Suárez. El alarde de convicción del presidente es tal que cuando acaba su exposición, uno de los generales, Prada Canillas, entonces capitán general de Burgos, no puede reprimir un «¡Viva la madre que te parió!». Pero este entusiasmo aún hará mayor la frustración de los generales meses después. Y es que, a pregunta, al parecer, del propio vicepresidente del Gobierno, el teniente general Fernando de Santiago,[12] sobre la posible inclusión entre los partidos políticos del Partido Comunista, Suárez da una contestación que provocará interpretaciones muy diferentes, si no contrarias, y que se pueden resumir, en cualquier caso, y a oídos de los militares, en una: el Partido Comunista no será legalizado. Al menos, no de momento. Este malentendido, buscado o no por parte de Suárez, llevará sin embargo, cuando meses después legalice al PCE, a la ruptura definitiva del presidente con los altos mandos militares, que se considerarán engañados por quien a sus ojos se convertirá, ya sin remedio, en un «traidor».

Pero aún antes, la imagen de Suárez ante los militares sufre una primera erosión. Tan sólo dos semanas después de la reunión con la cúpula militar, y de manera previa a la aprobación de la Ley para la Reforma Política, el presidente legaliza los sindicatos de clase. El vicepresidente Fernando de Santiago pide verse con Suárez y con el otro vicepresidente, Alfonso Osorio. Les expone su idea de que más incluso que los partidos políticos, fueron la CNT y la UGT los causantes de los enfrentamientos durante la República y les pide que reconsideren la decisión. Suárez no cede, y el militar, un poco como ha sucedido meses antes con Arias, se ve abocado a «dimitir». Esto abre un hueco en el gobierno que Suárez aprovecha para situar junto a él a Manuel Gutiérrez Mellado. Entonces aún no lo sabe, ni es imaginable, pero la decisión de Suárez, sin duda acertada para el éxi-

12. Había sido Carlos Arias quien había decidido crear un puesto de vicepresidente para un militar. La idea era involucrar a las Fuerzas Armadas en el proceso de la transición, que se sintieran escuchados, o lo que es lo mismo, que tutelen la transición y no se conviertan en un obstáculo insalvable en el proceso. Suárez se mantuvo fiel a la idea y, también, al hombre elegido por su antecesor.

to del proceso político, en el seno de las Fuerzas Armadas resultará como echar gasolina al fuego; los dos se convertirán a los ojos de buena parte de los militares en la encarnación de todos los males que, para ellos, sucedan en España en los años siguientes. En buena medida será contra ellos, contra Suárez y contra el «Guti», o «el señor Gutiérrez», como más o menos peyorativamente pasa a ser conocido el vicepresidente, contra quienes se preparen los movimientos que desembocarán en el fallido golpe del 23 de febrero de 1981.

Suárez encuentra el uniforme que busca

Como sucede en el caso de Suárez, la llegada de Gutiérrez Mellado a la vicepresidencia tiene mucho de empeño del destino. O si se prefiere, de casualidad... provocada. Aunque quizá sea ésta una leyenda creada a toro pasado, y alimentada por el rencor de algunos, los militares menos favorables a Manuel Gutiérrez Mellado retrotraen sus críticas hasta la Guerra Civil, durante la que el general trabajó como espía —montó un servicio de información y ayudaba a cruzar las líneas— para los nacionales. Dicen quienes se oponían a Gutiérrez Mellado que en esa época «jugó a dos barajas». En realidad es una insinuación maliciosa nunca probada. También le achacaban, igualmente sin pruebas, ser protagonista de una oscura historia, durante la huida de Madrid al comienzo de la Guerra Civil, según la cual habría abandonado a unos compañeros que serían fusilados por los republicanos.

Lo cierto, sin embargo, es que a la muerte de Franco, la fama de Gutiérrez Mellado era en general buena entre las filas militares. Al tiempo, y aunque había ocupado un puesto destacado en el Alto Estado Mayor, era un hombre considerado liberal, crítico con el Régimen, y persona de confianza de los círculos de don Juan y del teniente general Díez Alegría. De hecho, su nombre había sido sugerido a Carlos Arias para que ocupara la vicepresidencia militar, pero al ser un general de división, sus superiores, los tenientes generales, advirtieron al presidente Arias que no verían bien su nombramiento. Así, a comienzos de 1976, mientras ocupa el puesto de comandante general de Ceuta, parece que la carrera militar de Gutiérrez Mellado acaba, ya que no hay vacante libre para que se produzca su ascenso a teniente general y está a punto de cumplir los 64 años, edad a la que los generales de su rango deben pasar obligatoriamente a la reserva. Sin embargo, un hecho inesperado cambia toda su carrera. El capitán general de Cataluña, Salvador Bañuls, muere de manera súbita, lo que deja libre un puesto en el escalafón. El nombre de Gutiérrez Mellado es incluido en la terna propuesta para el ascenso por el Consejo Superior del Ejército, conforme a los deseos de la Zarzuela, y así el que va a convertirse en uno de los grandes protagonistas de la transición ve prolongada su vida militar.

La prueba de que se le considera un hombre clave en los círculos de poder del Estado la dan los nombramientos que se suceden casi vertiginosamente en la carrera del general: el 30 de abril de 1976 toma posesión del cargo de capitán general de Valladolid. Sólo un mes y cuatro días más tarde es nombrado jefe del Estado Mayor Central, destino clave del Ejército de Tierra. Pero apenas cuatro meses y medio más tarde tiene que dejar también este puesto para ocupar la vicepresidencia del gobierno para asuntos militares. «El ascenso de Gutiérrez Mellado —me dice quien fue un militar de su absoluta confianza, el teniente general Javier Calderón— se debe a Díez-Alegría, que habló de él con sus amigos del entorno político (de don Juan de Borbón) y les dijo: "Gutiérrez Mellado es el general del futuro".»

Los meses finales de 1977 y primeros de 1978 se convertirán en una permanente prueba para Suárez y Gutiérrez Mellado, que cada vez encontrarán más rechazo político y personal en los cuarteles. La situación no dejará de agravarse. Poco después de la toma de posesión del general, miembros de la Guardia Civil y de la Policía Armada, entonces aún un cuerpo militar, realizan una asamblea y una manifestación para exigir mejoras salariales y laborales. La manifestación adquiere tintes peligrosos y desde el Ministerio de Gobernación se llega a solicitar al ejército, en concreto a la División Acorazada, que se prepare para intervenir con vehículos blindados para enfrentarse a los miembros de las Fuerzas de Orden Público que se han agolpado frente al ministerio. Al final, tras una intervención disuasoria de los «antidisturbios», se logra que los manifestantes se retiren cuando las tropas y los blindados ya están siendo desplegados. La crisis se cierra con el cese del director general de Seguridad, del inspector general de la Policía Armada y del director general de la Guardia Civil, puesto que ocupa el teniente general Ángel Campano. Será la sustitución de este último lo que provocará el primer enfrentamiento entre el gobierno de Suárez y quien a partir de este momento se va a convertir para muchos de sus compañeros y subordinados en uno de los generales, si no «el general», hacia quien girarán sus ojos cuando busquen alguien que ponga un freno al proceso de cambio: Jaime Milans del Bosch.

MILANS DA LA CARA POR PRIMERA VEZ

Para sustituir a Ángel Campano al frente de la Guardia Civil, el gobierno, sin duda por inspiración de Gutiérrez Mellado, pone sus ojos en un militar que ha pasado muchos años en cargos políticos durante el franquismo, pero que es un hombre con fama de dúctil con el poder, Antonio Ibáñez Freire. El nombramiento tiene una peculiaridad; la costumbre era que los directores generales de la Guardia Civil fueran teniente generales, pero Ibáñez Freire está aún un rango por debajo. El gobierno, para sortear este problema, lo que decide entonces es ascenderle, saltando en el escalafón a otros que le preceden. Entre éstos se encuentra Milans del Bosch. Aunque cuando meses más tarde él ascendiera volvería a adelantar en el escalafón a Ibáñez Freire, su reacción al nombramiento es inmediata y notoria: decide caer «enfermo» y deja de acudir a su puesto al frente de la División Acorazada. Uno de los oficiales entonces destinados en la División, Eduardo Fuentes Gómez de Salazar, hombre que admiraba mucho a Milans, me contaría cómo vivieron ellos esta situación: «[En ese momento] él tuvo un cambio drástico. Casi todos los oficiales que estábamos a sus órdenes fuimos a verle, y le pinchábamos todos. Y yo uno de ellos. "General, algo hay que hacer... No se puede estar aguantando que estos tíos hagan..." Le pinchábamos, veíamos que le gustaba que le pincharan... El "algo hay que hacer" llegó un momento en que sí era muy general». Milans se resistirá a reincorporarse durante semanas, hasta que, según me cuenta un alto cargo entonces de la División Acorazada, «el jefe del Estado Mayor del Ejército, José Vega, hace correr la voz de que está pensando en sustituirle por el general Sanjurjo Carricarte... Es entonces, y por esta razón, por la que Milans decide "ponerse bien"». Pocos días después se considera conveniente que, ante la situación que se está viviendo, el Rey haga una visita a alguna unidad militar, y se elige para ello a la División Acorazada. Allí, junto a Milans, que se ha reincorporado días antes a su puesto sin recibir ningún castigo por su desafío, el Rey se hace una foto a la que se carga de simbolismo: es la muy conocida «foto del bocadillo», llamada así porque se ve al Rey y al general comiendo en un descanso durante las maniobras, y que se utilizará como prueba de normalidad en las Fuerzas Armadas. La foto, realizada a finales del mes de enero de 1977, cierra un mes durísimo para el gobierno Suárez. En diciembre, el GRAPO había secuestrado al presidente del Consejo de Estado, Antonio María de Oriol y Urquijo. El día 17 el gobierno legaliza el uso oficial de la ikurriña como bandera del País Vasco, lo que para grandes sectores militares es una afrenta a la enseña nacional. El 23 un ultraderechista asesina a un joven estudiante, Arturo Ruiz García, lo que provoca manifestaciones en las universidades. Y al día siguiente los acontecimientos terribles se amontonan. El GRAPO vuelve a secuestrar; esta vez al presidente del Consejo Supremo de Justicia Militar, teniente general Emilio Villaescusa. Convocados por teléfono, unas decenas de capitanes y comandantes se reúnen en el Casino Militar, en pleno centro de Madrid, para protestar por lo que consideran falta de contundencia en la respuesta del gobierno a los actos terroristas de ETA y GRAPO. Los militares se disuelven más tarde, sin que se tome ninguna medida disciplinaria contra ellos. Pero aún falta el hecho más terrible de ese día: un grupo de ultraderechistas entra en un despacho de abogados laboralistas de Comisiones Obreras y dispara contra todos los presentes. Cinco de ellos mueren, otros resultan malheridos. Es éste un acto que se volverá contra sus autores, ya que el PCE, que organiza el entierro público de los abogados días después, demuestra una moderación y una capacidad de control que se convertirán en una de sus grandes armas para lograr meses más tarde su legalización.

El negro mes de enero no para ahí. Cuatro días después, el 28, de nuevo el GRAPO asesina a un policía y tres guardias civiles. Al día siguiente, durante los traslados de los cadáveres se significa otro de los militares que el 23 de febrero de 1981 entrará en el Congreso, Camilo Menéndez. Entonces subdirector de la Escuela Naval, el capitán de navío grita desafiante aprovechando la presencia de Gutiérrez Mellado: «¡Por encima de la disciplina está el honor!», lo que corean otros con gritos como «¡Menos proceso democrático y más autoridad!». «Cuando se ordena al capitán de navío Menéndez que calle —me contó el general Ángel de Lossada, miembro del gabinete de Gutiérrez Mellado—, Blas Piñar intenta soliviantar a los presentes. Se enfurece. Yo vi cómo le sujetaban y se lo llevaban cogido del brazo. Al sacarlo, Blas Piñar tropezó y casi se cae. Sabíamos que esta gente se movía. El 11 de diciembre, el día del secuestro de Antonio Oriol, la policía ya nos avisó de que habían detectado una reunión en la calle Alfonso XIII en la que estaban García Carrés, varios policías y, esto no era seguro, el general Iniesta.»

Milans del Bosch, Camilo Menéndez, García Carrés, Iniesta Cano... Prácticamente la totalidad de quienes luego serán protagonistas de la intentona del 23 de febrero hacen pues su ruidosa aparición, muy pronto, en contra del proceso político. En los cuarteles el ambiente no es de sublevación, pero sí de preocupación. Los cambios no gustan a la mayoría, o más exactamente la velocidad de los cambios políticos, y preocupan mucho los ataques terroristas que se están centrando casi exclusivamente en los militares y los miembros de las Fuerzas de Orden Público; como se ha dicho, también militares en esta época. Cuando se reúnen en las salas de banderas para descansar, o cuando llega la hora de comer, la minoría de militares favorables al proceso se encuentran a menudo en situaciones incómodas; se sienten observados. En la cabeza de unos y otros se fantasea incluso con situaciones temibles: «Había cierta tensión —recuerda quien era entonces ya un veterano capitán, César Goas—, porque hubo una época en la que el ejército estuvo a punto de dividirse... Claro que es verdad que dependía de las unidades. En la nuestra, estábamos en la Brigada XI (de la División Acorazada), llegó un momento en que pensábamos... si ocurre algo y está de capitán de servicio Fulano, yo no me incorporo a la unidad, me incorporo a Artillería, o me incorporo a tal otro sitio..., si está Perengano me incorporo a tal otra unidad... Hablamos del setenta y seis, setenta y siete... Esa época fue de una tensión terrible. Al menos en el regimiento en el que yo vivo todo esto, con oficiales a favor de unos y otros a favor de...».

Pero aún faltaba por vivirse el gran momento de ruptura entre Suárez y Gutiérrez Mellado con las Fuerzas Armadas. En marzo de ese año, el presidente del Gobierno pide a Andrés Cassinello, el hombre que ha puesto al frente del SECED (los servicios de espionaje), un estudio en el que valore la conveniencia de legalizar al PCE. Éste responde con un informe en el que se concluye que el PCE debe ser legalizado, porque de esa manera perderá el papel de liderazgo que tiene entre la izquierda desde la clandestinidad y tendrá que competir con ellos [el PSOE] por los votos, lo que le debilitará. Pero al tiempo se recomienda que la legalización no se haga hasta pasadas las anunciadas elecciones que deben celebrarse ese verano, porque su reconocimiento restaría muchos votos de la derecha, descontenta con la decisión, al partido que está montando el propio presidente Suárez, y la repercusión que tendría la decisión en las Fuerzas Armadas sería sin duda muy negativa. El presidente, sin embargo, bien porque desee debilitar al Partido Socialista a favor de su coalición, con la que quiere presentarse como un grupo de centro, bien porque le parece que las elecciones no serían plenamente democráticas sin los comunistas, lo cierto es que decide dar el gran paso[13] y, tras pedir un trámite con el que cubrir las apariencias legales, un informe a la Fiscalía del Estado,[14] el Sábado Santo de 1977, el que pasará a llamarse «Sábado Santo Rojo», legaliza el PCE. Este hecho causa una enorme conmoción entre los integrantes de las Fuerzas Armadas que, de inmediato, recordando la reunión del mes de septiembre pasado, hablan de traición: arguyen que se les ha mentido en la reunión que tuvieron con Suárez en el mes de septiembre anterior.

«Los militares debemos retirar nuestra confianza a Suárez»

¿Se había advertido a los ministros militares de la legalización? Como en la reunión de septiembre, las versiones son diferentes. Sabino Fernández Campo, que luego será hombre clave el 23-F, con su gestión como secretario general de la Casa del Rey, aún es uno más de los muchos militares «destinados» en altos car-

13. El 27 de febrero se había producido una reunión secreta entre Suárez y Carrillo en la que el presidente pidió al líder comunista que se presentaran a las elecciones con un nombre diferente al de PCE. Carrillo se negó, pero sí aceptó comprometerse en público a aceptar el marco legal vigente, básicamente la monarquía, y los símbolos, en especial la bandera bicolor.

14. El 11 de febrero el PCE había pedido la inscripción en el Registro de Asociaciones Políticas, que el Ministerio de la Gobernación denegó. Los comunistas presentaron recurso al Supremo, que se inhibió. Entonces el gobierno pidió informe a la Fiscalía General, que decretó que no había nada en los estatutos del PCE que pudiera «incriminarle como asociación ilícita conforme define y castiga el artículo 172 del Código Penal».

gos de la Administración. Me cuenta sobre esto: «Aquella Semana Santa, mi ministro, yo estaba en Información y Turismo de subsecretario, era Reguera Guajardo. Y me llamó el viernes. Me dijo que le había telefoneado Martín Villa, que quería verle para una reunión, pero como estaba de vacaciones fuera de Madrid me pidió que asistiera yo en su lugar. Yo pensé que me iba a encontrar con otros subsecretarios, pero no, me encuentro sólo con Martín Villa, que me dice que al día siguiente van a legalizar el Partido Comunista y que tenemos que preparar una nota para la prensa y buscar la forma de comunicarlo. Y yo cuando me lo dice, me quedo sorprendido, y le digo ¿y los militares, lo saben? Y entonces Martín Villa se queda paralizado un momento, y me dice: "Espera, espera...". Se va a otro cuarto y vuelve después y me dice, sí eso ya está arreglado. No lo estaba, los militares no sabían nada». Con quien habla Rodolfo Martín Villa en ese momento es con el vicepresidente Gutiérrez Mellado.

En el entorno del vicepresidente se asegura, al contrario de lo que dicen los militares, que los ministros de Tierra, Mar y Aire sí han sido advertidos de que se iba a proceder a la legalización. El general De Lossada, del gabinete de Gutiérrez Mellado, me desvela: «Yo estaba despachando con el general Gutiérrez Mellado cuando sonó el teléfono. Era el presidente Suárez... Hice ademán de irme, pero el general me hizo un gesto para que me quedara. Lo que [Suárez] le comunicó fue que le habían avisado del Consejo de Fiscales de que no iban a poner ninguna traba a la legalización del PCE. Debió de pedirle también que llamara a los ministros militares, porque inmediatamente de colgar con Suárez, delante de mí, llamó a los tres ministros militares. También a Pita da Veiga [ministro de Marina]. Y les advirtió: "El presidente me ha dicho además que si tenéis alguna pregunta, o tenéis alguna objeción que hacer, que va a estar toda la mañana en su despacho, que le llaméis o que pidáis audiencia y vayáis a verle". Ninguno fue a verle». Muchos de aquellos militares insisten, aún hoy en día, en que existía una promesa hecha a sus ministros de que el asunto no sería aprobado sin antes pasar por un consejo de ministros, y que en cualquier caso, igual que el presidente no tenía obligación de convocarlos en septiembre de 1976 para anunciarles y explicarles la Ley de Reforma Política y lo hizo, bien pudo haber convocado a la cúpula para darles las razones de la legalización del Partido Comunista, «una medida que sin duda los ministros militares hubieran entendido y, aunque no de su gusto, aceptado». También es cierto que con esa acción hubiera podido parecer que el gobierno buscaba un placet que no necesitaba. En cualquier caso, la noticia estalla como una bomba en los círculos militares.

El lunes siguiente, 11 de abril, el ambiente en todos los acuartelamientos del ejército es tan tenso que el ministro, teniente general Félix Álvarez-Arenas, convoca una reunión del Consejo Superior[15] para la tarde del día siguiente con la intención de buscar una respuesta institucional a la decisión del gobierno. Se trata de un hecho sin precedentes; toda la cúpula del Ejército de Tierra va a responder a una decisión política. Mientras, en muchos centros militares, de forma casi espontánea, se produce una toma de opinión de abajo arriba y se celebran juntas en las que se reúnen jefes y oficiales a partir del grado de capitán. El capitán general de Madrid, que busca llevar a la reunión el sentimiento más preciso posible de sus hombres, pide a los principales mandos de la Región que acudan a verse con él la mañana siguiente. Me lo cuenta uno de los asistentes, el general Sáenz de Tejada, entonces jefe de Estado Mayor de la Brunete: «... de la División Acorazada acudimos a la reunión el general Jaime Milans del Bosch y yo. También están el jefe de Estado Mayor de la Región y el general auditor de la Región. Varios jefes de Regimiento de Madrid. El Estado Mayor del capitán general. Los jefes de sección del Estado Mayor de Madrid. El jefe de la Brigada Operativa del territorio. El gobernador militar de Madrid... Es

15. El Consejo Superior de cada una de las tres Armas esta formado por los capitanes generales de cada Región en los respectivos Ejércitos. Su misión es debatir sobre los principales problemas de la Institución así como, entre otras cosas, proponer ternas para los ascensos.

decir, una reunión de una docena de personas más o menos. Gómez de Salazar nos pregunta la opinión sobre lo que está pasando con la legalización de los comunistas e ideas sobre qué se puede hacer. Esto porque él al día siguiente quiere exponer al ministro lo que piensan en las unidades. Entonces, uno por uno vamos dando las opiniones y todos, menos dos, nos mostramos, incluido yo, en contra. Se llega a exponer que las Fuerzas Armadas a partir de ese momento no tenían por qué dar su confianza a una persona que había adquirido un compromiso en el mes de septiembre de 1976 prometiendo a todos los mandos superiores de los tres ejércitos que nunca sería legalizado el PCE y ahora hacía esto. Ante esa falta de seriedad debíamos retirar nuestra confianza a esa persona, a ese jefe de Gobierno, e incluso creo que llegamos a decir que el ministro del Ejército debía presentar su dimisión como forma de manifestar ese descontento. Apuntábamos hacia soluciones fuertes porque no nos gustaba nada que faltara a su compromiso. He de añadir que a esta contrariedad concreta se unía nuestra disconformidad con la política de Suárez. Eso era un sumando que acentuaba nuestra repulsa a esa decisión. Es un matiz importante. Si no hubiera hecho las cosas así, quizá la respuesta no habría sido tan contundente, tan firme. Pero se unían los dos factores. Veíamos que estaba el problema vasco, la legalización de las banderas autonómicas, los secuestros… Tengo que admitir que sí, que se unía esa disconformidad con la política de Suárez… Es verdad que en muchos sectores se hubiera visto con agrado el cese de Suárez».

En la reunión no se habla de ningún tipo de levantamiento, ni de acción. Nada más que de mostrar repulsa. Pero con una contundencia, eso sí, que no deje lugar a dudas. Pocas horas después, con estas ideas el capitán general de Madrid acude al encuentro del Consejo Superior del Ejército. Para sorpresa de todos, sin embargo, quien no aparece es el ministro, que alega una enfermedad. Su ausencia, inevitablemente, da paso a todo tipo de especulaciones, pero la reunión en cualquier caso se produce bajo la presidencia del jefe de Estado Mayor, el teniente general José Vega. La reunión es igualmente dura. En el convencimiento de que el ministro no ha sido informado de la legalización del PCE, la cúpula del Ejército de Tierra considera que su ministro debe presentar la dimisión como respuesta a lo que se califica, sin reparos, de traición. Pero cuando entre los presentes, de forma espontánea, se plantea quién podría suceder a Álvarez-Arenas, todos rechazan la posibilidad. Al final, deciden limitarse a redactar una nota como expresión de su malestar y no pedir la dimisión del ministro. «Sobrevoló sobre la mesa el Espíritu Santo y nos iluminó una nota y no una dimisión», vino a resumir, no sin cierta ironía, el capitán general de Madrid, Gómez de Salazar, cuando más tarde contó el contenido de la reunión a sus mandos.

El ministro del Ejército, Álvarez-Arenas, en efecto, no dimitirá. Pero sí lo hace el de Marina, Pita da Veiga, que se va en medio de un estruendoso silencio. Ningún miembro de la Marina quiere sustituirle, y al final, para cubrir la plaza, el gobierno debe llamar a un almirante en la reserva, Pascual Pery Junquera. Tan sólo en el Ejército del Aire, siempre más liberal en materias políticas, pasa la legalización del PCE sin dejar huella alguna. Pero lo cierto es que a partir de este momento, el abismo que se abre entre Suárez y Gutiérrez Mellado y los integrantes de las Fuerzas Armadas no hará ya sino ensancharse más y más.

No habían pasado ni veinticuatro horas de la reunión del Consejo Superior del Ejército cuando en la División Acorazada se produce una visita muy especial, la del jefe de la Secretaría del Rey, el entonces aún coronel Alfonso Armada Comyn, que viene a hablar con su antiguo amigo Jaime Milans del Bosch.[16] Llega muy molesto con lo sucedido. «A partir de ahora tenemos que ser [los militares] una chinita en el zapato de Suárez», dice.

16. Los dos se conocían desde los tiempos de la Academia Militar, en los años treinta del siglo pasado. Luego coincidirían en la URSS, sirviendo en la División Azul. Desde entonces serían amigos cercanos.

2

Tejero tiene un sueño: secuestrar el poder

Espías contra el golpismo *versus* espías golpistas

—... Es entonces, en la primavera del setenta y siete, cuando se decide la creación del CESID. Gutiérrez Mellado es quien lo impulsa... —comienza a decirme mi acompañante, que no acaba de dar un trago a la cerveza que ha pedido. Quiere evitar, quizá, que algo interfiera en su boca con el hilo del razonamiento que quiere transmitirme...

La conversación nos ha llevado al punto de definitivo enfrentamiento entre el gobierno que impulsa la transición política y los estamentos militares. Porque a la legalización del Partido Comunista, vivida como una traición, la inmensa mayoría de los militares suma la irritación de estar a las órdenes de un gobierno que consideran, sobre todo, blando en la lucha contra el terrorismo e ineficaz y claudicante en la defensa de los símbolos que ellos aprecian y se creen obligados a defender[1] —la Patria, la bandera, la unidad...— ante los emergentes partidos nacionalistas y de izquierda. La inmensa mayoría de los miembros de las Fuerzas Armadas vería en esos momentos con satisfacción la

1. La Constitución de 1978 apenas si cambia lo que ya estaba recogido en las Leyes Fundamentales franquistas, y así el artículo 8.º dice: «Las Fuerzas Armadas, constituidas por el Ejército de Tierra, la Armada y el Ejército del Aire, tienen como misión garantizar la soberanía e independencia de España, defender su integridad territorial y el ordenamiento constitucional».

caída del gobierno; esto se refleja en los comentarios de las salas de banderas y en los bares de oficiales de los cuarteles, pero aún nadie va más allá. El gobierno, su presidente y, desde luego, su vicepresidente para Asuntos de la Defensa, Gutiérrez Mellado, están preocupados sin embargo por el runrún que les llega desde los ejércitos y deciden protegerse en lo posible.

—El apoyo que había dado Cassinello[2] al proyecto de Suárez de legalizar a los comunistas —me dice mi acompañante, y cita como su fuente algún documento que leyó en ese tiempo del Servicio de Información—, había hecho crujir las cuadernas en el viejo SECED. En las semanas siguientes, en un goteo continuo, entre el veinte y el treinta por ciento de quienes trabajaban allí, entonces todos militares, fueron pidiendo la baja. Eran aquellos que no compartían el nuevo enfoque que Cassinello le dio al Servicio... Porque el SECED se había creado para luchar contra la subversión, pero éste no era un concepto aceptable en un régimen pluralista. De aquí que cuando llega la democracia plena, con un juego abierto de partidos políticos, se decida su disolución y la creación de «algo nuevo».

Hacia finales de la primavera de 1977, Gutiérrez Mellado convoca al general Manuel Vallespín, jefe de la División de Inteligencia del Alto Estado Mayor, y a Andrés Cassinello, jefe del SECED y les comunica que el gobierno ha decidido fundir sus dos organismos en uno solo. Por encima de la estructura de la Inteligencia del Estado, Gutiérrez Mellado ha logrado la aprobación de Suárez para disolver los viejos ministerios de Tierra, Aire y Marina y fundirlos en uno común, que pasará a denominarse de Defensa. Todos estos proyectos se concretan tras las primeras elecciones, celebradas el 15 de junio, y en las que UCD vence, con los socialistas en segundo lugar, mientras tanto el Partido Co-

2. Cuando se conoció entre las filas militares el informe de Cassinello para Suárez, desde diversos centros, en especial en el Alto Estado Mayor, se promovió un «tribunal de honor» contra el director del SECED con la intención de expulsarle del ejército. Tan sólo con presiones desde la dirección del propio Alto Estado Mayor se consiguió evitar que se pusiera en marcha.

munista como el voto «franquista», que se agrupa en torno a la figura de Manuel Fraga, no llegan al diez por ciento de los votos.[3]

Dos de los hombres que habían formado en las filas del SECED desde los primeros tiempos, encargados al final de su estancia en el Servicio, ya en los años noventa, de recuperar la historia del organismo, me narrarían así lo sucedido en aquel momento:

—... pero la idea del gobierno no era sólo que había que modernizar aquellos servicios de información, o de Inteligencia, sino también que había que hacer frente mejor a los verdaderos peligros del proceso democrático: el terrorismo y la involución. Y eso lo dejó claro el «Guti» cuando vino a visitarnos algunas pocas semanas después de la creación del Servicio. Él pidió que estuvieran presentes todos los principales directivos del Centro...

La dirección del CESID ha heredado la sede donde estaba su antecesor, el SECED; un edificio anejo a la entonces sede de la Presidencia, en el número 5 del céntrico paseo de la Castellana. Gutiérrez Mellado habla de manera ininterrumpida durante casi tres horas. Quiere dejar claro a todos aquellos hombres lo que el gobierno espera de ellos. El CESID ha sido adscrito al nuevo Ministerio de la Defensa y, como tal, él es el último responsable de la Institución.

—«ETA no va a tumbar el Estado —nos dijo—, es un gravísimo problema, pero los peligros de estabilidad no vienen de ahí... La única amenaza real para el Estado en estos momentos es la posibilidad de un golpe involucionista, y por tanto exijo a este Servicio un fuerte esfuerzo informativo en esa dirección. Es necesario que este Centro se implique muy directamente en la investigación de cualquier proyecto de golpe de Estado.» Fue tajante en esto. No dejó lugar a dudas...

Pero al poco de haberse ido Gutiérrez Mellado de la sede

3. UCD obtuvo 166 escaños; 118, el PSOE; 20, el PCE y 16, Alianza Popular.

del CESID, su general director, entonces José María Bourgón, vuelve a reunir a los mismos hombres…

—… Y lo que nos dice Bourgón…, hay que dejar claro que este general era un gran caballero, un hombre de trato afable, ecuánime, equilibrado en sus reacciones, y políticamente no un ultra irracional, no, no…, lo que pasa es que tenía el talante de la media de los altos mandos del ejército en aquel tiempo… En fin, lo que viene a decir Bourgón es que nadie tiene que meterse en esas investigaciones que ha dicho el vicepresidente, a no ser que sea él mismo, Bourgón, quien lo ordene.

Y lo que ordena Bourgón es la creación de una minúscula célula antiinvolucionista, integrada por dos oficiales cuya única ocupación, literalmente, es recortar y archivar los artículos que aparecen en prensa sobre el tema. Punto.

Mientras, el distanciamiento entre las Fuerzas Armadas y el gobierno de Suárez aumenta a cada muerto de ETA. En el año 77 la banda asesina a nueve guardias civiles y al primer militar,[4] un comandante de Infantería. En el 78, a veinte guardias civiles y cinco militares. En el 79, a veintinueve guardias civiles y a trece militares. En el 80, a treinta y dos guardias civiles y a trece militares. Es el comienzo de un tiempo que pasará a conocerse entre la gente especialista en la lucha antiterrorista como «los años de plomo». Sin duda, no es casual que ETA en estos tiempos atente de manera obsesiva contra miembros de las Fuerzas Armadas y de Orden Público.

La visita de Gutiérrez Mellado a la sede del CESID deja muy clara la preocupación que siente el gobierno por el involucionismo, que a partir de ese momento irá creciendo hasta convertirse en obsesión. Y lo cierto es que las reuniones de los descontentos comienzan a menudear, como se verá más adelante, ya no sólo entre las filas militares.

La policía detecta a finales del verano de 1977 una de estas

4. Con la excepción hecha del almirante Carrero Blanco, a quien ETA asesina no por su condición de marino, sino de presidente de Gobierno.

reuniones, una muy especial, cuya existencia se filtrará a la prensa, muy posiblemente de forma interesada. El encuentro tiene lugar en Játiva, entre el 13 y el 16 de septiembre, y según la propia nota policial, quien lo preside es el ex vicepresidente, teniente general Fernando de Santiago.[5] En la reunión, siempre según la nota de la Dirección General de Seguridad, «se decidió iniciar, por el momento, una actuación respetuosa cerca del Rey [...] instarle, ante la grave situación presente, a cambiar el gobierno por otro más fuerte, totalmente apolítico, encabezado por un teniente general y con la presencia en el mismo de representantes cualificados de los tres ejércitos, gobierno que sería apolítico y provisional, con total apoyo de las FAS y con la colaboración de técnicos de diversa procedencia ideológica [...] De no accederse a este planteamiento —se dijo— sería inevitable ir pensando en un golpe de Estado «aun en contra de la Corona». Según se publica en el momento, los reunidos hablan incluso de disolver el Congreso durante un período de dos años, tiempo que consideran necesario para modificar la situación del terrorismo y los procesos nacionalistas vasco y catalán que tras las elecciones han demostrado ser muy fuertes.

La reunión trasciende, pero nada pasa. Los protagonistas callan, y el gobierno prefiere no darse por enterado, dentro de una política de no enfrentamiento, quizá no exenta de temor a repercusiones, que utilizará a menudo. El convencimiento de que nada les va a pasar, o la creciente frustración, alimentan nuevos encuentros, más o menos discretos. El general De Santiago, por ejemplo, sondea en su casa voluntades de antiguos oficiales que han servido a sus órdenes. Entre ellos a un oficial que ha servido con él en el Sahara, el capitán César Goas: «Sería por ahí, por el setenta y ocho, setenta y nueve..., yo recibo de repente una lla-

5. Aunque la nota policial tan sólo da el nombre del teniente general De Santiago, fuentes fiables han asegurado al autor que también estaban presentes los ex ministros tenientes generales Barroso, Coloma y Álvarez-Arenas, y los tenientes generales Iniesta Cano, ya en la reserva, Campano y Prada Canillas, además del general de división, Jaime Milans del Bosch, en el momento aún al frente de la Acorazada Brunete.

mada: "Oye, que el general De Santiago quiere verte". Quien me llama es otro compañero... Me recibió [...] y me hizo una pregunta: "¿Qué opinión tienes de los generales?" [...] Y le dije: "Mi general, la mejor opinión que puedo darle es no darle ninguna opinión" [...] No sé por qué motivo me llamó, no me explicó nada, no me dijo nada... Cierto es que yo sabía, y había un coronel que me conocía y me insinuó: "Esto es que él está en algo..."».

Frente a esta situación, y como forma de hacerle frente, el gobierno parece confiar en dos alternativas: una, el paso del tiempo; otra, la política de destinos. En el año 1978 pasan a la reserva, por razón de su edad, un buen número de los generales más conocidos por su ideología ultra, y que al tiempo se han estado moviendo en estas reuniones más o menos clandestinas: Iniesta Cano, Pérez de Lema, Juan Herrera, y a la reserva B otros como Coloma Gallegos, Prada Canillas, Cabeza Calahorra... En cuanto a la política de nombramientos, que lleva a alejar en lo posible a los generales más conflictivos de los puestos más críticos, Gutiérrez Mellado negará públicamente que esté teniendo lugar, pero lo cierto es que se pone en práctica. Y aún mucho más después de las elecciones de 1979, cuando Suárez y Gutiérrez Mellado deciden, en el proceso de «someter» a las Fuerzas Armadas al poder civil, nombrar al primer ministro del ramo no militar, Agustín Rodríguez Sahagún.

Pero si en las filas del ejército nadie aún pasa de las charlas, el pulso que ha planteado ETA sí hace mella en otro sitio.

Tejero se lanza a las «Galaxias»

—... Los que llamaban en aquellos informes «los primarios» —me dice mi acompañante y se sonríe—..., los llamaban así, ya digo, por contraposición al otro grupo, mucho más peligroso, según nos decían, que habían nombrado el grupo de «los inteligentes», el de los coroneles... Pues estos «primarios» estaban ya en esta época, finales de los años setenta, conspirando sin cesar... Eran los supervivientes del franquismo más duro. Ex ministros como Girón, líderes del sindicalismo vertical, como García Carrés y aquellos gángsteres que mataron a los abogados de Atocha, gente agrupada en la asociación aquélla llamada de Excombatientes; en aquel entonces, por cierto, se quitaron el Ex, lo cual da idea de sus intenciones. Estos controlaban *El Alcázar*, que se fue convirtiendo en un periódico de gran influencia en todo este mundo...

—¿Y qué querían hacer éstos?

—... ¡Ah, éstos la conquista del poder y la implantación de una junta militar! Lo tenían claro... Éstos eran partidarios de un golpe militar tipo 18 de julio, pero sin Guerra Civil, claro... Su plan era simple: se restituyen todas las leyes de Franco, se anulan las leyes posteriores al 20-N del setenta y cinco y se crea una junta militar, a modo de las de Chile o Argentina, que es la que va a gobernar España... Ése era su proyecto.

—¿No había militares involucrados con este grupo?

—Había militares con ellos, desde luego. Estaban los más nostálgicos, desde los generales García Rebull, De Santiago... Pero sobre todo contaban con algunos generales ya retirados e individuos sueltos, los más radicales... algunos jefes y oficiales que se movían en su mundo, que pululaban por Fuerza Nueva... Aunque en cambio Blas Piñar nunca quiso saber nada de esto. La actitud de Blas Piñar parecía más querer decir: «Yo estoy seguro de que si hacéis eso vais a necesitar de mí como líder político, y yo voy a esperar a que deis vuestro golpe y luego ya me implico». Pero en cambio sí había personas frenéticamente comprometidas. El mejor ejemplo, Girón. Girón se implicó, según los informes que me llegaron, en dos o tres intentos... Y luego para todo esto necesitaban dinero y entraban en contacto con gente del mundo de las finanzas. De algunos de esos contactos supimos. Para ellos, claro, el gran tótem era Tejero. Uno de ellos, un hombre con dinero y muy popular ya entonces, financiará la compra de los famosos autocares que Tejero comprará en 1980...

—¿Y qué esperaban de Tejero...?

—Tejero para éstos era un martillo pilón con el que dar un golpe ahí y punto... Luego le hubieran arrinconado como una gloria nacional y ya está... Tampoco Tejero hubiera querido otra cosa... Lo de Tejero con el golpe se había convertido en una obsesión. Una obsesión que para explicarse bien exige que se eche una ojeada a la biografía del hombre. Porque Tejero estuvo de jefe de la Comandancia de la Guardia Civil en Guipúzcoa y eso, lo que resulta lógico, le marcó...

Antonio Tejero está destinado en Guipúzcoa cuando ETA comienza a intensificar sus asesinatos de guardias civiles. De cada entierro de uno de sus hombres, sale un Tejero más radicalizado. Y asiste a muchos. Hay un momento en que la frustración le lleva a soltar la lengua, y comienza su leyenda de arrestos y enfrentamientos con sus superiores. Durante la vista oral del juicio del 23-F, cuando un abogado le pregunta, él mismo recuerda su historial con el punto de descaro que le da, posiblemente, el estar más allá de cualquier ambición personal. Aquel interrogatorio, tomado de las actas del propio juicio, se desarrolla así:

Pregunta el abogado: «¿Podría usted, teniente coronel Tejero, narrar ante el Excelentísimo Consejo Supremo de Justicia Militar los arrestos que padeció mientras mandaba la Comandancia de Guipúzcoa? Las causas y los motivos de los arrestos».

Tejero, después de asegurarse de que le preguntan «sólo» por los de Guipúzcoa empieza: «Fueron varios arrestos. Uno de ellos, con llamada de atención y anotación en mi hoja de servicios, debido a que en una visita del ministro Martín Villa nos anunció que la Guardia Civil abandonaría todos los lugares mayores de veinte mil habitantes, y yo —aparte de decírselo a él personalmente que lo que se iba a hacer era la destrucción de la Guardia Civil, que ya comenzaba—, hice una nota informativa en la cual decía que la Guardia Civil quedaba relegada a los altos de Jaizkibel y a pueblos como Cegama. Sufrí un arresto de catorce días por no haber querido arrestar a dos guardias que habían detenido al jefe del comando de la ORT, María Amparo creo que se llamaba, y que se decía que la habían maltratado. Yo ni siquiera la vi. Y me mandaron que arrestara a los guardias y me opuse a ello porque no había visto nada delictivo. Generalmente la fuerza lo único que hace es lo que dicen sus superiores. Y por este caso, repito, se me impuso un arresto de catorce días. Tuve otro arresto con motivo de la legalización de la bandera separatista vasca. Un mes de arresto por un radio que le puse a mi director general en que le pedía instrucciones sobre los honores que debía dispensar a la bandera separatista legalizada, y otro al ministro Martín Villa agradeciendo como se merece los honores dados a esa bandera separatista. Y en esta ocasión además del arresto se me quitó el mando de la Comandancia de Guipúzcoa. Allí no tuve más arrestos».

El abogado insiste, y pregunta a Tejero sobre sus arrestos en Málaga, que se convierte en su siguiente destino: «¿Recuerda usted el correctivo de Málaga?». Tejero: «En Málaga tuve una llamada de atención porque, con motivo del entierro de un guardia civil, hijo de Málaga, muerto en Barcelona, se me ordenó que el entierro fuera a la hora de comer, en una furgoneta y por las calles menos transitadas. Y por mi orden, el cadáver del guardia civil salió a las doce de la mañana, a pie y por las principales calles y a hombros de su teniente coronel y otros compañeros». El abogado insiste: «¿Y qué sanción le impusieron?». Tejero: «Se me llamó la atención. Tuve otra llamada de atención porque había leído en el periódico que el Partido Comunista daba el pésame a la Comandancia de la Guardia Civil por el asesinato de un guardia civil, y yo contesté en la misma prensa que no aceptaba tal pésame debido a que la filosofía del Partido Comunista era la misma que la de los asesinos que mataron al guardia civil». El abogado: «¿Tuvo usted un arresto por un artículo que escribió en un diario madrileño bajo el título: "¡No más sangre, Majestad!"?». Tejero: «Sí, tuve un arresto por eso de catorce días. Mi escrito no tenía el título de "¡No más sangre, Majestad!"; no era ése el título, pero se le conoció así. Se trataba de una especie de carta abierta a Su Majestad, en la cual yo le exponía las pegas que yo, Antonio Tejero Molina, teniente coronel de la Guardia Civil, encontraba en un proyecto de Constitución que estaba haciéndose sin Dios, que ponía nacionalidades en vez de regiones y que tenía demasiadas banderas. Y además le pedí auxilios para los asesinados sin que el gobierno tomara las debidas medidas para evitarlo. Por eso me impusieron catorce días de arresto».

En su carta, que firma tan sólo como Antonio Tejero Molina, y se publica el 31 de agosto de 1978, el teniente coronel realiza su perfecto autorretrato político y moral; en ella están «sus razones», las que le llevarán dos años y medio más tarde a entrar en el Congreso. La carta la escribe después de que cuatro guardias civiles hayan sido asesinados por ETA.

> ... Hay quienes dicen que estos hombres no saben por qué mueren, y sí que lo saben. Su muerte no es una muerte estúpida e inútil. Mueren porque en ellos viven unos ideales grabados en sus almas más fuertes que la vida misma [...] Ellos creían, defendían, y han muerto por una España unida [...] una sola nación llena de regiones; sin embargo, en ese proyecto constitucional se habla de una nación de nacionalidades. ¡Qué palabras más peligrosas! [...] En el proyecto de Constitución hay demasiadas banderas haciendo sombra a la única, alguna de ellas creadas expresamente por y para el separatismo [...] Y aquí viene la súplica: ¡Majestad, que no mueran solos, que no se lleven al morir el amargor tremendo del desamparo y del desinterés, que no mueran con la convicción de que sus vidas ofrendadas en honor de unos principios que hoy casi no se usan van a constituir un palote más en la larga lista de los que les precedieron! [...] Necesitamos, señor, una buena y ágil ley antiterrorismo, con facilidades para los actuantes y castigo rápido y ejemplar para los asesinos. Campañas en los medios de difusión condenatorias del terrorismo y sus fines, enalteciendo a nuestras fuerzas... Se necesita acabar con los apologistas de esta farsa sangrienta, aunque sean parlamentarios y se sienten entre los padres de la Patria...

Este teniente coronel es destinado entonces a Madrid. Aquí la única tarea que parece reconocer como válida es, como ha indicado en su artículo de prensa, oponerse a la Constitución y el gobierno que la promueve. El 22 de agosto de ese mismo año 1978, en Nicaragua, el comandante Zero, Edén Pastora, toma el Congreso con los diputados dentro. A Antonio Tejero se le encienden las luces. Comienza a fantasear con la toma del gobierno en La Moncloa, o de los diputados en el Congreso. Pero Antonio Tejero es un hombre de acción, y muy pronto se entrega a buscar la forma de poner en práctica sus planes.

Lo primero fue La Moncloa...

A comienzos de otoño de 1978, Tejero comienza a reunirse a solas con un capitán de la Policía Armada, Ricardo Sáenz de Ynestrillas. Entre los dos buscan madurar un plan para tomar La Moncloa. Tejero cae entonces en que durante los viernes, día en que se celebran los consejos de ministros, 17 y 24 de noviembre, y 1 de diciembre, miembros de la Agrupación de Destinos de la Dirección General de la Guardia Civil irían a realizar ejercicios de tiro, lo cual significaba que podía tener acceso aproximadamente a un centenar de hombres cada uno de esos días, y que estarían armados. Tejero pensaba que, gracias a su ascendiente entre los guardias, podría hacerse seguir por ellos. Pero la operación les debió parecer demasiado grande para embarcarse ellos solos, y el 11 de noviembre convocaron a una reunión en una cafetería sita en el madrileño barrio de Argüelles, entonces con el nombre de Galaxia, a tres compañeros suyos que, pensaban, podían sumarse a su plan: el comandante Manuel Vidal Francés, destinado en la Academia Especial de la Policía; el comandante Joaquín Rodríguez Solano, del Estado Mayor del Ejército, pero que había estado en la Policía, y el capitán José Alemán Artiles, destinado también en la Policía Armada, como se conocía entonces a la Policía Nacional. Tejero y Sáenz de Ynestrillas comunican a sus compañeros su plan de secuestrar al gobierno y ponerse después a las órdenes del Rey para que éste actúe. Rodríguez Solano, que es un hombre de confianza de Tejero como se verá tras los sucesos del 23 de febrero, critica el plan por irrealizable y le recomienda que entre en contacto con un antiguo miembro de los servicios de información de Carrero y ex jefe superior de Policía de Madrid, el teniente coronel Federico Quintero, en ese momento destinado en la División de Operaciones del Estado Mayor del Ejército. Pero los hombres en los que Tejero y Sáenz de Ynestrillas han puesto su confianza, o bien encuentran el plan irrealizable, o demuestran que una cosa son las charlas de café y otra muy diferente ponerse en marcha y dan parte de esta conversación a sus respectivos superiores. Mientras Quintero advierte a su jefe inmediato, el general Sáez Larumbe y éste se pone en contacto con el general jefe de la División de Información del Estado Mayor, Fernando Morillo, el comandante Vidal Francés hace lo propio con el general subinspector de la Policía, José Timón de Lara. Vidal Francés incluso avisa a su superior de que, aprovechando que el Rey va a estar fuera de España, lo que dará mayor efecto a su movimiento, ya que se produciría un «vacío» de poder casi absoluto, Tejero ha decidido actuar el siguiente viernes, 17 de noviembre. El general Timón entra entonces en contacto con el director general del CESID, Bourgón.

Se produce una reunión de todos los generales que han recibido la información, Lara, Morillo y Bourgón, que toman el asunto en serio. Sopesan la posibilidad de dejar moverse a los «golpistas» y actuar entonces, pero ante la inminencia de la fecha, y el poco tiempo para contrarrestar con efectividad su intentona, deciden actuar. Bourgón llama al presidente Suárez y pide audiencia. En la conversación telefónica le adelanta por encima el plan que ha conocido y le da una primera opinión. Un oficial del CESID me cuenta lo sucedido en las siguientes horas: «... [Bourgón] recomienda [a Suárez] que trate el tema con cuidado para no crear una alarma innecesaria. Lo mejor, le dice, es que copie de cómo se ha actuado otras veces, que lo que se ha hecho ha sido mandar a los implicados a sitios alejados, o a hacer un curso a Venezuela. Nos llama Bourgón a unos cuantos, la gente a la que nos considera expertos en estos temas. Le decimos que estamos de acuerdo con sus recomendaciones y que lo que interesa es seguir el asunto para ver qué extensión tiene la trama...».

El general Bourgón acude a la Moncloa para verse personalmente con el presidente, pero al llegar encuentra que ya está allí Martín Villa, que pide dureza y contundencia. De inmediato se arresta a Tejero y a Sáenz de Ynestrillas. Pero el temor de que éstos no sean sino los cabecillas de un movimiento en el que puede haber más implicados lleva a que la noche del 16 al 17 se monte una célula de crisis y una operación de seguridad en los alrededores del palacio de la Moncloa.

En la sede de Presidencia se producen algunas situaciones tragicómicas esa noche, según testigos, prueba de la tensión y la desconfianza en la que se viven aquellos tiempos. En un momento de la madrugada llega la información de que han sido detectados en la Casa de Campo un grupo de treinta o cuarenta hombres que parecen ser de un grupo de operaciones especiales... De nuevo el oficial del CESID, presente esa noche en la Moncloa, me cuenta sus recuerdos: «Y un cabeza de huevo dice: "Ya está, ésos son los que vienen". Y los que estábamos allí le decimos: "Pero hombre, ¿van a venir a tomar La Moncloa andando desde su cuartel?". Pero bueno, intentamos averiguar quiénes pueden ser y llamamos a Capitanía General. Nos dicen que no saben de quién se puede tratar, que no saben nada de ellos. Entonces, como decían que parecían de las COES, llamamos a la compañía. Y, en efecto, nos explican que tenían unos ejercicios en los que iban retrasados y los estaban haciendo esa noche».

No es el único momento de tensión. Más tarde uno de los coches que el CESID ha desplegado en las carreteras de entrada a Madrid para controlar posibles movimientos de tropas detecta una columna de artillería que se desplaza por la carretera de

Colmenar. Los detienen, se identifican y preguntan a quien manda la columna quiénes son y adónde van. Les responden: «Vamos camino de Getafe, y luego a casa». Esta respuesta, de manera literal, se transmite a La Moncloa. «O sea, que parece que todo está bien, hasta que otro cabeza de huevo se lo piensa y dice: "...¿Que van a Getafe y a casa?... A ver si se van a referir a CASA, que está por Getafe, a coger algún avión para atacar Moncloa?". Y otra vez el lío. Y les decimos: Pero ¿"qué van a hacer los de artillería con aviones? ¿Y habrán salido de su cuartel de Getafe para irse más allá de Colmenar, volver a Getafe y coger unos aviones?". Así iba la cosa.»

Como se ve, algunos de los que vivieron esa noche en La Moncloa lo hicieron con auténtico temor, convencidos de la posibilidad de «la intentona golpista»; mientras para otros el recuerdo de aquellas horas es el de una situación tragicómica, si no abiertamente cómica. Y es que paradójicamente, esta fallida «Operación Galaxia» se va a convertir a un tiempo para unos en la prueba de la existencia del «peligro» militar, en la pequeña cabeza que surge visible del gigante iceberg golpista que anida en las filas de las Fuerzas Armadas, mientras para otros, al contrario, esta primera intentona de Tejero demuestra que el ejército, aunque en sus opiniones es contrario a muchas de las actuaciones del gobierno, se muestra disciplinado. «Ninguno de los contactados por Tejero e Ynestrillas —justifican estos últimos su juicio—, a pesar de ser hombres de conocida tendencia conservadora, incluso ultra, hacen otra cosa que lo que dicta el Código, denunciar a sus superiores la conducta irregular que han conocido.»

El 23-F volverá a dar sustento a estas dos opiniones opuestas, la de un ejército golpista y la de un ejército «molesto, incluso cabreado, pero disciplinado y que no se mueve ni cuando es invitado a hacerlo».

El juicio de Tejero e Ynestrillas se resuelve abriendo una nueva herida. El fiscal militar, que ha pedido seis años para el primero y cinco para el segundo, a los que acusa de conspiración y proposición a la rebelión, se encuentra con que el Tribunal Militar deja las condenas en tan sólo siete meses y un día y seis meses y un día respectivamente; o lo que es lo mismo, dado el tiempo que para entonces ya han cumplido de arresto preventivo, el dictamen del Tribunal pone en la calle a los dos encausados conocidos por la Operación Galaxia. Las benignas condenas traerán más ruido sobre las Fuerzas Armadas. Entre las filas militares se recibe con satisfacción la leve sentencia, pero en el Congreso algunos diputados se muestran indignados: parece que atentar contra el orden constitucional sale barato, viene a decir, entre otros, Santiago Carrillo. Es más, el capitán general de Madrid,[6] que considera la condena escasa, disiente y plantea un recurso, que para mayor abundamiento en la desconfianza civil hacia los militares, es desestimado por el Consejo Supremo de Justicia Militar, que ratifica la suave primera condena.

Pero para cuando se dicta la sentencia de la Operación Galaxia ya está mediado el año 1980. Muchas cosas han cambiado en España entre el abortado intento de tomar La Moncloa y la puesta en libertad de sus inspiradores. O mejor sería decir, muchas cosas se han intensificado. Por ejemplo, se han multiplicado, y por una cifra considerable, el número de los conspiradores que piensan que «algo hay que hacer» para derribar al gobierno Suárez del poder —aunque apenas lo ha revalidado un año antes en unas nuevas elecciones— y que hay que actuar «ya». Y esto, no sólo entre las filas militares.

Entierros que avivan el golpismo

«¡Dimisión! ¡Gutiérrez Mellado, estás acojonado! ¡Dimisión! ¡Dimisión! ¡Suárez, traidor, irás al paredón!»

6. Por su cargo, los capitanes generales de cada Región son también la primera autoridad judicial de la Región en el ámbito militar.

Los gritos los dan militares: oficiales, incluso generales y almirantes, que portan un féretro primero en la plaza de Cibeles, después, calle Alcalá arriba, camino del cementerio de La Almudena. Un recorrido de varios kilómetros que irán salpicando de estos gritos, ya seguidos por unos cientos de civiles que los corean, brazo en alto, mano extendida, con el clásico saludo fascista. La imagen es tan terrible que va a marcar definitivamente al vicepresidente del Gobierno para Asuntos de la Defensa, que soportaba ya una durísima campaña de desprestigio entre sus compañeros de armas.

Esta marcha espontánea, una manifestación en toda regla, es tan sólo el escandaloso final de uno de los mayores incidentes protagonizados por militares que sufrirá el gobierno. El hombre que llevan a hombros en el féretro es el gobernador militar de Madrid, Constantino Ortín. La fecha, 3 de enero de 1979. ETA le ha asesinado el día antes a la puerta de su casa, cuando se disponía a entrar para almorzar. Cuatro terroristas se han acercado a él y le han acribillado. Uno de los disparos lo han dirigido a su frente. Esto sucede tan sólo una semana después de haber entrado en vigor la Constitución, y en medio de una intensa oleada de atentados contra uniformados. La estrategia de ETA parece evidente: quieren provocar una intervención militar contra el proceso de transición política.

El entierro del general Ortín tiene lugar, conforme su rango impone, en el amplio patio de armas del Cuartel General del Ejército, junto a la plaza de Cibeles. Bajo la presidencia de Gutiérrez Mellado, asiste la práctica totalidad de la cúpula militar. Además están presentes comisiones formadas por oficiales y suboficiales, elegidos en cada unidad de la Región Militar de Madrid. Pero al grupo se suman también muchos otros jefes y oficiales que, aun no estando de servicio, quieren personarse en el acto. El resultado es la presencia de centenares de hombres de uniforme, formados en la explanada y en un ambiente que desde el primer instante se percibe explosivo. Cuando tras la misa y la interpretación del himno nacional, se da el toque de oración alguno no resiste la tentación de alzar su voz sobre el silencio espeso que cubre el momento. «¡Viva el honor!», grita un teniente coronel. Decenas de voces responden. A partir de ese instante, la tensión acumulada resulta incontrolable. Aunque se hubiera debido proceder a llevar el féretro al furgón para partir hacia el cementerio, la acción resulta imposible cuando la inmensa mayoría de los presentes comienzan a entonar el himno de Infantería. A su conclusión, como un rugido, desde todos los rincones del gigantesco patio comienzan a escucharse gritos: «¡Dimisión! ¡dimisión!». Van dirigidos al vicepresidente. Cuando, aun así, se intenta proseguir con el acto y levantar el féretro, decenas de voces exigen: «¡Con bandera! ¡Con bandera!»; piden que se cubra el ataúd, al que se ha retirado la bandera. De inmediato un grupo se abalanza sobre la presidencia del acto. Algunos oficiales llegan a zarandear a Gutiérrez Mellado. Los gritos proferidos se endurecen: «¡Traidor! ¡Asesinos!»... Un grupo de generales y almirantes presentes deciden tomar el féretro en hombros y sacarlo así a la plaza de Cibeles. Se produce un forcejeo entre diferentes grupos de militares. Al principio parece que tan sólo desean rendirle un homenaje hasta cruzar la plaza. Sin embargo, el flujo de emociones ya resulta incontenible y los que se han hecho con el control del féretro, animados por civiles de ultraderecha, deciden seguir a pie hasta el propio cementerio lanzando consignas cada vez más agresivas:

«¡Dimisión! ¡Gutiérrez Mellado, estás acojonado! ¡Dimisión! ¡Dimisión! ¡Suárez, traidor, irás al paredón!»

—Ese mismo día —me dice el hombre que se sienta frente a mí, su recuerdo aún impresionado por los sucesos de aquella jornada— sé que Gutiérrez Mellado pidió al general Bourgón que el CESID realizara una investigación que le diera una relación de los cabecillas que habían protagonizado los acontecimientos.

—¿Y...?

—La lista nunca se preparó...

Lo que hace el general Bourgón es enviar un cuestionario a diferentes mandos que han estado presentes en el acto. Quienes han recibido el cuestionario hablan entre ellos. Las encuestas, con preguntas del tipo «¿quién o quiénes fueron los promotores de los incidentes?», son devueltas al CESID en blanco. Es un «Fuenteovejuna» que lleva a que no se abra ni un solo expediente. Una impunidad que no servirá para disuadir, precisamente, a que los incidentes se repitan con posterioridad.

Los protagonistas de la revuelta se quejan —lo hará después con buscada ironía Tejero en la vista por el 23-F al recordar uno de sus arrestos en Málaga— de que el gobierno intenta «tapar» los entierros, sustraer los honores que se deben a los asesinados por el terrorismo, por evitar incidentes, por rebajar el peso de los atentados en la opinión pública. Justo lo contrario de lo que ellos desean. Así, protestan, ya no sólo es ineficaz el gobierno en su lucha antiterrorista, además es «cobarde y traidor». Un sentimiento que, justificado o no, cala en todos los estamentos del ejército. Un sentimiento que creará mucho rencor y estará muy presente entre quienes durante las horas inciertas de la noche del 23 y la madrugada del 24 de febrero de 1981 desearán que los golpistas triunfen, aunque, bien por disciplina, o bien por temor, no se atrevan a ponerse a su lado.

La ineficacia para responder a lo que le ha ordenado su inmediato superior, y su poco empeño en que prospere la encuesta que ha iniciado, aunque no será la única ni la principal razón, se convertirá en uno más de los elementos que llevarán al relevo de la dirección del CESID al general Bourgón, que cae tan sólo un par de meses después, tan pronto como en marzo se celebran las primeras elecciones generales después de aprobarse la Constitución. Unos comicios en los que vuelve a ganar la UCD de Suárez, que da una nueva vuelta de tuerca a su política de transformaciones sociales y se prepara a nombrar al primer civil como ministro de Defensa de la historia española.

UNA «CÉLULA» DEMASIADO PEQUEÑA PARA CUBRIR UNA HERIDA DEMASIADO PROFUNDA

El ovillo sigue aún enmarañado; lo que ha sucedido hasta el momento no ha hecho sino poner las bases de acontecimientos imprevisibles, pero los hechos están a punto de comenzar a desencadenarse. Y es que se acerca el año 1980, un año crucial y no sólo en los acontecimientos que marcarán la historia de España. El rostro de mi interlocutor muestra mayor concentración si cabe. Ya no hablamos de precedentes, de raíces más difíciles de descubrir. Nos disponemos a comenzar a deshojar las explicaciones, a tirar de la cuerda, aunque los nudos aún son de grueso calibre. Le pregunto:

—¿Cuándo comienzan a ser inequívocos los síntomas de que si no todos, ni la mayoría, si se quiere... cuándo comienzan los síntomas de que una minoría en el ejército está dispuesta a moverse...?

—Bueno, hay que tener en cuenta que cuando el CESID con su primer director, el general Bourgón, crea un área de involución muy reducida y muy poco eficiente... A Bourgón, muy pronto se vio claro, ése no era un tema que le pareciera prioritario... Y esta situación no cambia hasta el momento y hora en que se nombró ministro de Defensa a Rodríguez Sahagún... En el momento en que llega, Sahagún cambia ese departamento de involución inútil, llama a tres miembros del CESID, Javier Calderón, Santiago Bastos y Florentino Ruiz Platero... y les pide ayuda.

Lo que sucede, me contará uno de estos militares, es que Sahagún los llama a los tres un día y los lleva a cenar. Allí les dice:

—«He preguntado y me han dicho que sois plenamente fiables entre los mandos del CESID, vamos a hacer un reajuste del Servicio y...» Entonces nos da toda una serie de instrucciones sobre lo que quiere y no quiere y pide que le hagamos una propuesta de organigrama y áreas de trabajo coherente con las necesidades que nos ha expuesto.

—¿Por qué los llama a ustedes? ¿De qué puede conocerlos?

—Por dos vías... Por un lado a través de Gutiérrez Mellado, que nos conoce a todos... Y además, porque había hablado al general Luis Pinilla[7] y le había dicho que éramos tres hombres perfectamente fiables en cuanto a nuestras posiciones a favor de la democracia. Y Pinilla, para Sahagún, también era perfectamente fiable. De hecho, le nombra director de la Academia General de Zaragoza.

Los hombres que ha convocado Rodríguez Sahagún para que planeen una reforma del CESID, a pesar de su pertenencia al Centro y de ser viejos miembros de FORJA, tienen una visión muy diferente de cuál debe ser el futuro del Servicio de Inteligencia español. Mientras Calderón y Ruiz-Platero provienen del «contraespionaje», del brazo que el CESID hereda del Alto Estado Mayor, dedicado en exclusiva a la lucha «exterior», Santiago Bastos es un viejo oficial del SECED, el brazo que el nuevo CESID ha heredado de los hombres que han estado en los equipos de contrasubversión de José Ignacio San Martín, gente acostumbrada a mirar «hacia el interior».

Esta diferencia de origen hace que se demuestre inviable la cooperación entre los tres. Y es que mientras quienes provienen del Alto —Calderón y Ruiz-Platero— consideran que lo que debe tener el nuevo organismo es una División de Exterior y otra de Contrainteligencia, como en el propio Alto Estado Mayor, y reducir hasta casi hacer desaparecer la información de interior, Bastos piensa que la División Interior, desde la que se trabajaba contra ETA, el GRAPO, el involucionismo, el posible golpe de Estado, no puede cerrarse sin más, aunque evidentemente es la que puede causar problemas. Santiago Bastos re-

7. Luis Pinilla, junto al padre José María de Llanos, crea en los primeros años cincuenta una academia de preparación para el ingreso en las Academias Militares llamada FORJA. Aunque en un principio tanto Pinilla como Llanos se mueven en el entorno del Frente de Juventudes de Falange, FORJA pronto deriva en un grupo religioso-militar crítico con el sistema y que acaba por ser prohibido en muy pocos años. Los tres militares que cita el ministro a sugerencia de Pinilla habían sido miembros de FORJA.

nuncia entonces a participar en esa reorganización. El ministro, sin embargo, que por razones evidentes tiene un interés enorme en el área de involución, lejos de borrar el tema interior, decide potenciarlo y ordena la reforma y fortalecimiento de la llamada «Célula de Involución», a cuyo frente sitúa, precisamente, a Santiago Bastos. Eso sí, de aquella reestructuración surge una muy potenciada Agrupación Operativa, la AOME, que pasa a mandar José Luis Cortina, viejo amigo de Calderón y Florentino. Una sección tecnológica, que había en el SECED, prácticamente entera pasa a la AOME... Cortina se convierte así en un hombre con un gran poder y autonomía en el Servicio. Esto, en los días previos al 23-F, no dejará de tener su repercusión.

La «Célula de Involución» de Santiago Bastos y sus hombres, alrededor de media docena, que vienen a sustituir a la ineficaz pareja que había nombrado el general Bourgón, se convierten en el primer intento serio por parte del gobierno Suárez de penetrar en los ambientes que traman para organizar una vuelta al pasado. Una tarea nada fácil, porque lo que reciben el primer día, cuando se hacen cargo de la Célula de Involución, es un simple «fichero lleno de recortes de periódicos —me dirá el general Bastos—, dos armarios vacíos, dos mil folios en blanco, y ningún informador». Ésa es la herencia que deja en este campo la era Bourgón en el CESID. Esto y «una dificultad enorme para encontrar personas que quisieran trabajar en el grupo, claro. Porque casi nadie entre aquellos hombres del CESID quería verse involucrado en un trabajo en el que podían encontrarse, aunque fuera de manera indirecta, investigando a compañeros militares».

De una manera... «indirecta», sí, porque la célula nace con una contradicción intrínseca: el CESID oficialmente tiene vetado investigar en el mundo militar, por lo que tan sólo se le permite investigar entre los grupos civiles. «Cuando nos cruzábamos con información en la que aparecía un militar, debíamos pasarla —me dice el general Bastos— a la División de Inteligencia del Ejército. No podíamos en absoluto llevar más adelante la investigación en lo tocante al militar. Eso era lo que marcaba la ley». Y eso era lo que se hacía. Oficialmente, claro. La «mala prensa» que la Célula de Involución y su responsable tendrían para siempre entre los militares demuestra otra cosa. Lo cierto, en cualquier caso, es que esa «salvedad» con la que nació «la Célula» desapareció tras el 23-F. Entonces el ministro responsable de Defensa, Alberto Oliart, encargaría como tarea principal al nuevo director del CESID, Emilio Alonso Manglano, precisamente que ampliara su campo de investigación a lo que hasta entonces había estado oficialmente prohibido: investigar dentro de las Fuerzas Armadas. Su intención, me dirá el propio general Alonso Manglano, es «que en los Ejércitos se produjera la transición que se había vivido ya en la sociedad civil. Y esto a través de una política de nombramientos y ascensos, que sirvieran para alejar el mundo militar del deseo de intervenir en la vida política. Y en esto el CESID con sus informes y recomendaciones al gobierno jugó un papel clave. Aunque no sólo eso..., también con la investigación de golpes en marcha, como se hizo en el caso del 27-O (27 de octubre) y otros».

Pero para que se produjera este cambio legal había aún que pasar por la intentona del 23 de febrero y su posterior juicio. Un juicio que muchos militares van a sufrir como un vergonzoso, y en muchos aspectos, injusto proceso a la Institución.

Difícil transición también para el CESID

El general Bourgón, por esta resistencia a realizar las investigaciones que le pide el gobierno, y, quizá aún más, por protagonizar devaneos que pudieran considerarse peligrosos con determinados personajes que actúan en contra del propio gobierno, y que se verán posteriormente, es uno de los primeros hombres que cesa fulminantemente el nuevo ministro de Defensa, que lo sustituye, sin embargo, por otro general muy poco adecuado para el puesto.

—El primer error de consideración de Sahagún —mi interlocutor aún se mueve por la lejana primavera de 1979— fue el nombramiento del general Mariñas para dirigir el CESID. Bueno, en realidad entonces el Servicio lo dirigían Mariñas y Calderón. Porque muy pronto, Rodríguez Sahagún se da cuenta de que ha elegido como director no sólo a un hombre que no sabe, ni tiene deseos de saber, nada sobre el mundo de la información, sino que además no entiende, ni quiere entender, de política... Y cuando toma conciencia de la situación comienza a saltárselo y a tratar directamente con Javier Calderón, que ha pasado a ocupar el cargo de secretario general.

Rodríguez Sahagún intentaba en sus encuentros «discretos», explicar a los hombres del CESID esta acción de puenteo que si está siempre mal vista en cualquier ambiente, aún resulta más inaceptable, y el ministro lo sabía, en un mundo tan disciplinado y de clase como es el mundo militar:

—[...] Llegó a boicotearle de tal manera —me dice uno de los altos oficiales del CESID— que casi nunca hablaba con él. Se justificaba: «es que no tengo base alguna de diálogo con él. Ni conoce el mundo de los partidos, ni de los sindicatos... ¡Cuántas veces hubo que explicarle la diferencia entre un maoísta y un trotskista, y no había manera!». Y así el jefe del CESID a todos los efectos y en todos los momentos pasó a ser Calderón, que era secretario general.

«Sahagún —me diría el general Santiago Bastos— era un ministro muy peculiar, que te llamaba muchos días a desayunar a su casa para despachar antes de ir al ministerio. Realmente casi se podía decir que era él mismo el verdadero jefe del área de involución, tan encima estaba... Te reunía en su casa, o en las cafeterías alrededor de su casa, o en su despacho... a todas horas y en todo momento... Te llamaba incluso a casa, y a cualquier hora...»

En la Célula de Involución, como en realidad en el resto de la sociedad española, 1979 va a transcurrir a la expectativa, en un «mirar a ver qué pasa»; una engañosa calma en la que, sin embargo, resulta inevitable percibir ya, claros, los signos de la tempestad que se acerca. Una tormenta que va a estallar con toda virulencia el año siguiente, 1980, «el año de las conspiraciones».

3

Alfonso Armada, hombre de rey

El general Armada recibe documentos «muy interesantes» y los comparte

Aunque nuestra primera, larga, conversación concluyó con una promesa de reabrirse muy pronto —yo quise entender que en unos días, y se me ofreció la posibilidad de acudir al teléfono si surgía en mi investigación alguna duda, o un hecho que mereciera la urgencia—, al despedirme de mi interlocutor me tomó una cierta ansiedad. No habíamos, ni mucho menos, acabado de hablar de sus viejos recuerdos de aquel tiempo absolutamente único en la historia de España. Pero llevábamos casi cinco horas de charla ininterrumpida ni siquiera por la comida, que habíamos tomado fría en nuestro afán —paradójicamente debiera decir más bien, su afán— de «aprovechar el tiempo». Era consciente de que ahora la educación me imponía ofrecerle una vía de escape; sugerir poner un punto y, desde luego, seguido, que le permitiera regresar a sus quehaceres habituales, aún fueran en estos tiempos los simples quehaceres domésticos propios de un hombre jubilado y abuelo, tan distintos de los de la época pasada de la que hablábamos.

—Se lo agradezco —me dijo—. En realidad, empiezo a estar confuso..., y, sí, cansado. Es que, ya le dije, hablar de estas cosas me cuesta doblemente. Durante todos estos años, me lo tenían..., yo mismo me lo tenía prohibido... Y luego, ¡qué barbaridad!, es que ya han pasado, como me dice, casi veinticinco años...

Debió de leer perfectamente mi cara. Porque de inmediato añadió:

—Me ha gustado esta charla con usted... Y me doy cuenta, aún más mientras comentamos aquellos sucesos, de que, en efecto, esto es ya una historia que merece aclararse en lo posible. Tuvo su importancia, ¿verdad?

A veces hacía comentarios así; no sé aún con seguridad si dictados por la ironía, o si, como yo creo, fruto de una sincera duda de que mucho de lo que había vivido era pura historia, pero puesto que él lo había vivido como su día a día, sólo con la perspectiva del tiempo parecía tomar su verdadero relieve... Con frecuencia, incluso me daba la impresión de que necesitaba asegurarse de que lo que me contaba merecía la pena: «¿le ayuda lo que le digo?», me preguntaba después de darme algún dato o abrirme alguna puerta con una sugerencia sobre la que mirar detenidamente, y me dejaba pasmado con aquella aparente inseguridad suya.

Al despedirnos él se comprometió a llamarme. Quiero decir, me vino a repetir, aunque de manera educada, aquella vieja frase de «no nos llame, ya le llamaremos». Y justo antes de aquel final momentáneo me puso una a modo de tarea...

—¿Conoce usted a Alfonso Armada?

Le dije que le conocía, que había hablado con Armada al menos media docena de veces... Comentamos, muy por encima, lo bien que ejercía de gallego el viejo general que fuera tutor del Príncipe, primero, y luego jefe de su secretaría; se rió cuando le conté lo difícil, por no decir imposible, que resultaba avanzar más allá del gesto, no sé si burlón o sinceramente ofendido, que adoptaba para decir: «yo no miento nunca, digo lo que recuerdo».

—Sí, debe de resultar difícil que cuente... Pero claro, no descubro nada si digo que él es realmente uno de los pocos hombres, quizá haya menos de media docena, que saben realmente todo sobre por qué y cómo se preparó el 23-F...

Aquello era evidente, así es que si me lo decía, pensé que sería por algo. «¿Había algo que debería preguntarle a Armada en concreto?», se me ocurrió preguntarle a mi interlocutor cuando ya casi comenzaba a marcharse...

—¿A Armada...? —me repreguntó él a su vez, y después de pensarlo un instante siguió—: ... Sería interesante si pudiera descubrir quiénes andaban a su alrededor en aquel entonces... Sobre todo a partir del verano de 1980, pienso yo.

Le miré esperando a que fuera más concreto. Pero, o no tenía certezas sobre este punto, o no quería darme todo hecho y contestó a mi mirada interrogante con una cara vacía.

Y así nos despedimos; él cansado, yo con mi pequeña ansiedad: ¿cuándo cumpliría su promesa de volver a llamarme? Camino de mi casa, mientras iba escuchando en el coche parte de nuestra conversación, que había grabado con su permiso, me vino a la mente algo que tiempo atrás había leído en algún lado, que no he sido capaz de precisar, pero que el propio ex general Armada me había confirmado después en una de las varias conversaciones que habíamos sostenido hacía más o menos un año... Quizá aquello pudiera convertirse en un hilo del que tirar...

—Hay un momento..., yo la fecha no la recuerdo exactamente, pero meses antes del 23-F, desde luego, en el que Alfonso Armada le manda al Rey, a través mío, una propuesta, un plan, que dice que está hecho por un importante constitucionalista. La verdad es que entonces no pregunté, y nunca he logrado saber quién pudo ser ese constitucionalista...

El general Sabino Fernández Campo me ha recibido en una cafetería situada en el mismo edificio en el que vive, en pleno centro de Madrid. Sabino Fernández Campo forma, junto a Armada y el marqués de Mondéjar, cada uno en su momento, quizá el trío de militares en los que más confió el Rey durante toda su vida, los que más han podido influirle. Los dos primeros en su juventud y en los primeros años como monarca, en los que se convirtieron más que en ayudantes, en consejeros de enorme influencia sobre don Juan Carlos, incluso en el caso del marqués de Mondéjar en un sustituto del padre que estaba ausente, en Lisboa, impedido por Franco de regresar a España; Sabino Fernández Campo ocuparía ese puesto crucial de consejero en el período central y crítico que va desde los últimos tiempos de Suárez a los primeros de Aznar, aunque, sin duda, en estas fechas el monarca era ya un hombre mucho más maduro y difícil de «dirigir».

—El plan que me dio Alfonso Armada —continúa el general Sabino Fernández— lo que venía a decir era: dada la situación confusa que se vivía, en la que Suárez ya está un poco superado y gastado y que no se encuentra una salida, entonces, lo que conviene es hacer una gran propuesta en la que todo el mundo se involucre. Se había producido ya la moción de censura de Felipe González del mes de mayo, una moción que, como recordará, Felipe perdió porque las matemáticas parlamentarias no permitían otro resultado,[1] pero que le valió para demostrar que era un candidato con peso, con capacidad suficiente para presidir el gobierno. Se consideraba, sin embargo, que un Felipe que venía desde el socialismo más republicano, significaba una transición demasiado drástica, y es entonces cuando se piensa en esta salida que un constitucionalista entrega a Armada: en lugar de apoyarse una moción de censura por parte de Felipe, lo que se va a hacer es presentar esa moción de censura, pero con una propuesta de que no fuera a ocupar el gobierno el jefe de la Oposición, como debía hacerse por ley si la moción triunfaba, sino que pasaría a establecerse un gobierno con representación de todos los partidos políticos y presidido por una persona neutral... Se hablaba de un catedrático, un historiador, o también, un general... Ésa era la propuesta.

—¿No se habló también de un banquero, de Sánchez Asiaín, que presidía entonces el Banco de Bilbao?

1. Se habla más profusamente de esta moción de censura en el capítulo 6.

—No sé. Lo que se quería era una persona absolutamente ajena a la política. Y ese documento que, como digo, Armada me entrega, se le pasa al Rey, que es para lo que me lo dio. Y lo ve el Rey. Pero después, en lugar de hacerse eso, lo que se hace es el golpe del 23-F.

¿Era éste el documento del que me habló en una de nuestras conversaciones el propio general Alfonso Armada? Él me había hablado de pasada de un documento, realizado por un constitucionalista, aunque por las fechas..., no concordaba. No fui capaz entonces de darle su importancia adecuada; una trascendencia que ahora le encontraba no sólo por su contenido —había gente en la sombra trabajando para encontrar una manera «legal» de «echar» a Suárez de la Presidencia del Gobierno, puesto para el que le habían elegido los españoles—, sino, sobre todo, porque hubiera quizá gente «trabajando» para Armada, o gente que viera ya en Armada la forma de empujar sus deseos. Ahora, al pensar en aquella recomendación de mi interlocutor —«sería interesante saber quiénes andaban a su alrededor en aquel entonces»—, el documento tomó más relevancia a mis ojos.

Confesiones en la puerta de una iglesia

Llamé al general Armada. No estaba en su casa de Madrid. Le telefoneé entonces al pazo que posee en Galicia, la tierra de sus ancestros. El lugar donde se entrega a su gran pasión: la producción de flores, en especial las camelias. Allí pude volver a hablar con él después de los meses que habían transcurrido desde nuestra última conversación.

La primera vez que llamé a Alfonso Armada había sido más de un año antes, una mañana de invierno. Preparaba mi libro anterior.[2] Se mostró dispuesto a verme, aunque ya me adelantó

2. Francisco Medina, *Memoria oculta del Ejército. Los militares se confiesan (1970-2004)*, Ed. Espasa, Madrid, 2004.

lo que luego repetiría, que desconfiaba de mí y de todos los que ejercen mi profesión. Bromeamos sobre el tema, en el que le di, y fui sincero, la razón en buena parte, y me citó para un par de días después, en la puerta de una iglesia del barrio madrileño de Argüelles:

—Voy todas las mañanas que estoy en Madrid a escuchar misa de diez o de once. Venga si quiere, y a la salida damos un paseo y hablamos y me concreta lo que quiere de mí.

A las once y cuarto estaba en la puerta del templo. Cuando un cuarto de hora más tarde salió, le reconocí de inmediato, aunque en persona, sin duda también la edad tiene que ver con ello, me pareció más bajo y frágil de lo que las fotos y algunas imágenes en televisión me habían llevado a creer. Me aproximé a él y le saludé. Primero me miró atemorizado. Seguramente había olvidado nuestra cita, pero de inmediato debió volver a su mente nuestra conversación telefónica, se relajó, estrechó la mano que le tendí, y echó a andar camino de vuelta a su casa. Yo me dediqué entonces de lleno a intentar ganarme algo de su confianza: le conté con más detalle mi proyecto y alabé el papel —en este caso la alabanza se ajustaba mucho a la realidad— que podía desempeñar él en el buen fin de lo que me proponía hacer.

—¿Me podría usted conceder entonces algunos ratos que tenga libres?

—¿Sabe usted lo que me pasa? —Me hizo esta pregunta retórica para contestar a a la mía—. Que no es que yo tenga nada en contra de los periodistas, ¡he conocido tantos!, pero ustedes, bueno, ustedes y los jueces son los dos grupos de personas que más daño me han hecho en mi vida.

Me repetía sus desconfianzas, pero aun así, después de estas frases que compartió conmigo con más resignación que enfado, se mostró amable y dispuesto a contestarme a lo que le preguntara.

—Yo ya estoy curado de todo espanto —me explicó mientras entrábamos en un café a medio camino del corto recorrido que hay entre su casa y la iglesia donde me había citado—, y como no tengo nada que ocultar…

Esto me lo diría también varias veces en nuestras conversaciones posteriores; afirmaciones a las que fui respondiendo con una ironía creciente, ya que íbamos tomando confianza, aunque fuera mínima.

—Don Alfonso, no tiene usted nada que ocultar, pero se resiste con uñas y dientes a contar lo que sabe...

Se paraba entonces, si íbamos caminando, y me miraba con cierta guasa, o eso me parecía:

—¡Que no! Lo que pasa es que la gente quiere que diga lo que no es... Y luego, claro, ustedes los periodistas se empeñan en poner lo que llevan en la cabeza ya antes de hablar conmigo...

Aunque me dio en una ocasión contestado de su puño y letra un cuestionario que le hice, me insistió, al devolvérmelo con sus respuestas:

—Sé que no pondrá usted lo que yo le he contestado, pero aquí tiene...

Quizá porque, como me reconoció posteriormente, sí «puse lo que me contestó», cuando le localicé en su pazo esta vez, tan pronto como me recordó se mostró de nuevo amable y dispuesto a tirar de memoria. Le pregunté de inmediato por aquel estudio que había pedido a Sabino que se hiciera llegar al Rey. No sabía yo aún, como descubriría después, que no era éste el único estudio que había pasado por sus manos y seguido el mismo camino en los años setenta y nueve y ochenta.

—Era un estudio constitucional muy interesante que yo entregué a Sabino... y también a Jaime Milans del Bosch. Sé que éste lo leyó después en el Consejo Superior del Ejército. A Jaime se lo di porque estaba muy interesado entonces en estos temas, sobre cómo encontrar una salida al desastre al que nos estaba llevando el gobierno de Suárez. Yo lo que trataba con aquello era calmarlo, que viera que había preocupación en otros sitios también. Desde luego, lo que no pensé, cuando se lo di, es que lo leería en el Consejo Superior del Ejército. A mí me hizo llegar aquel estudio alguien que no recuerdo exactamente, pero ahora me suena que fue una persona del entorno de López Rodó.

Después comprobaría que esta misma procedencia dio, aunque también sin certeza absoluta, en el juicio que siguieron contra él y los demás implicados en el 23-F.

Laureano López Rodó era el ministro más significado de los llamados tecnócratas; el grupo de jóvenes, muchos de ellos miembros del Opus Dei, que en los años sesenta y, a través en gran medida del almirante Carrero, llegaron a ocupar un buen número de las carteras del gobierno y los puestos clave de la Administración. Un desembarco que no pasó inadvertido y que los llevó a vivir enfrentamientos con los viejos defensores del Movimiento, los llamados «azules», que aún se mantenían con fuerza en el entorno de Franco en aquella época. El llamado «caso Matesa» fue la batalla más «cruenta» de esta guerra.

En el año 1969 saltó a las páginas de los periódicos el escándalo. Un empresario catalán, Juan Vila Reyes, realizaba una exportación, ficticia en gran medida, de telares que compraban empresas fantasmas también propiedad suya y se aprovechaba así de ayudas a la exportación que daba el gobierno. El equipo económico del Ejecutivo, ya entonces, estaba en manos casi exclusivamente de miembros de la Obra, a la que pertenecía también Vila Reyes. Es evidente que para que un caso así pudiera ver la luz en aquella España era necesario que alguien desde el propio gobierno lo permitiera. En este caso, los «azules», encabezados por Fraga y Solís, que buscaban airear el escándalo para reducir la influencia de los hombres del Opus. El tiro les salió en buena medida por la culata, ya que Franco, en una maniobra muy suya, destituyó sí, a los ministros de Comercio y Hacienda, Espinosa y García-Moncó respectivamente, pero hizo que los acompañaran también los «impulsores» del escándalo, Fraga y Solís.

Paradójicamente, o quizá no tanto si se piensa en cómo funciona el mundo de la política, López Rodó y Fraga caminaban ahora de la mano, en la coalición Alianza Popular —eran parte de lo que se había dado en llamar, echando mano a todo el sarcasmo posible, «los Siete Magníficos»— en la que Fraga era presidente y López Rodó, vicepresidente.

En esos momentos, finales de 1979, comienzos de 1980, Alfonso Armada, como en realidad la práctica totalidad de la cúpula militar con la excepción de quienes rodeaban a Gutiérrez Mellado y pocos, muy pocos más, estaba ya irremediablemente enfrentado a la política del gobierno Suárez. Como ya se ha dicho en páginas anteriores, en los días siguientes a la legalización del Partido Comunista, Armada llegó a la conclusión, y así se lo dijo al general Milans y a su jefe de Estado Mayor, el entonces coronel Sáenz de Tejada, de que los militares debían convertirse «en una chinita en el zapato de Suárez». Después, en el zapato de Suárez, y en el sentimiento de Armada, «la chinita» irá tomando cuerpo hasta volverse una sólida e infranqueable roca.

SUÁREZ Y ARMADA, DOS VIEJOS Y ENTRAÑABLES... ENEMIGOS

En nuestras conversaciones, Armada me descubre que conoce a Suárez muy en los comienzos de los años setenta, cuando el entonces director de TVE no es sino uno más de los muchos políticos jóvenes del Régimen franquista.

—[...] a mí Suárez me parecía muy totalitario. Yo era mucho más liberal que él. A mí, él, Suárez, me llamaba «el liberal». Esto en los primeros años setenta, que fue cuando nos conocimos. Formábamos parte los dos de una junta que se creó [...] con la idea de trabajar la imagen del [entonces] Príncipe en televisión [...] y en aquellas reuniones nos sentábamos así, al lado, codo con codo, Suárez y yo. Y Suárez me decía: «Tú como eres un liberal»... Éramos muy amigos Suárez y yo entonces. Pero luego, más tarde, ya cuando fue presidente, le llevaba yo un poco la contraria críticamente por las cosas del ejército, que no me gustaba cómo las enfocaba.

Suárez —esto me lo contó el ex general Armada sin desprecio— había sido recomendado para el puesto de director de TVE al ministro de Información y Turismo, Sánchez Bella, por el Príncipe, al que había conocido siendo gobernador civil de Segovia y con el que había congeniado muy bien como demostrarían los hechos, y, sobre todo, por el almirante Carrero Blanco, con el que Suárez, según me contaría un militar, éste sí, sin ocultar cierto desprecio, se veía en verano en la costa: «Sabíamos [los militares] que iba a jugar al tenis con Carrero Blanco, por Levante, porque tenía una casa en Campoamor, en Alicante... Y que en esto, como en sus acercamientos a López Rodó, lo que quería era medrar. Y a los militares, todos los que quieren medrar de una forma tan abierta, tan descarada no nos caen bien...».

Como apuntaba Armada en nuestra conversación, él llevaba a Suárez «la contraria críticamente». En las contestaciones por escrito que dio a mi cuestionario más adelante fue más explícito:

«... Era un amigo, simpatiquísimo, que yo quería y admiraba... [pero] creía y sigo pensándolo, que era un osado en el cambio. Me preocupaban la "unidad de España" y "el libertinaje". Considero a Suárez un hombre de mucha categoría personal, pero su formación es escasa y conoce mal los valores esenciales de España...»

El general no lo reconoce, pero otros sí apuntan también que hay un momento en que la cercanía y quizá la influencia de Suárez ante el Rey también llegará a molestar a Armada, que siente cómo el presidente se interpone entre él y el monarca. Desde luego, la legalización del Partido Comunista trajo la definitiva ruptura entre los antiguos amigos, «el totalitario» Suárez y «el liberal» Armada.

—Yo pienso que Alfonso Armada —me dirá en algún momento al hablar de este personaje el hombre que me acompaña en la investigación— creía que cuando muriera Franco, él podría ser el nuevo Carrero Blanco del Rey, con poderes absolutos. Desde entonces, desde 1975, comenzó a sentirse de alguna manera como un jefe de Gobierno, y en ese sentido, claro, Adolfo Suárez le resultaba alguien muy incómodo.

Armada nunca me ocultó que fue la legalización del PCE la causa de su definitiva ruptura política con «el osado» Suárez. Yo quería conocer la reacción del monarca ante el hecho: ¿él también se había llevado una sorpresa?

«El Rey se enteró de la legalización [del PCE] —me contó el general por escrito— unos días antes de producirse, y le preocupaba. La diferencia de criterio entre Suárez y yo estaba basada en que el presidente afirmaba que su decisión «había caído muy bien en el ejército», y yo afirmaba lo contrario. Yo hablé con los tenientes generales Villaescusa, Fernández de Córdoba y Vega. Suárez, sólo con Gutiérrez Mellado. El malestar era evidente. Las críticas al gobierno Suárez, frecuentes. Oí algunas de estas conversaciones. Pero no recuerdo ninguna que fuera partidaria de alguna acción concreta... De ello informé a Su Majestad.»

En realidad en el enfrentamiento entre los dos hombres con más influencia política en ese momento ante el Rey, y su pugna por hacer valer su visión de lo que debe ser la democracia y el ritmo y alcance de su implantación, hay un momento en que llega a escenificarse como un verdadero pulso. Ambos, reunidos ante el monarca tras la legalización de los comunistas, defienden sus puntos de vista acaloradamente. Suárez, harto de verse criticado por alguien tan cercano al Rey, y quizá consciente de su posición fuerte en ese momento, llega a plantear la disyuntiva al monarca: o Armada, o yo. La respuesta llega muy pronto: Armada abandona su puesto en el Palacio de la Zarzuela y se reintegra plenamente al ejército. En realidad, desde febrero de 1977, tras su ascenso a general, Armada simultaneaba los puestos de director de la Escuela de Artillería y de jefe de la Secretaría del Rey, lo que le sirve para negar que Suárez le ganara aquel pulso ante el jefe del Estado:

—Yo pedí ir a servir en el ejército, pues me pareció poco correcta la excepción que se hacía de los destinos en la Casa del Rey, en la que se cumplían las condiciones de mando. Que Adolfo Suárez se alegrase de mi cese, lo facilitase e incluso que lo pidiese, me parece probable y lógico. Son, pues, dos peticiones que coinciden y con las que se daba gusto a los dos.

En la época en que Armada me hacía estas confidencias, hablé también con un militar que había servido un tiempo en la Casa del Rey, un hombre que entonces era amigo cercano a Armada, el teniente general José Ramón Pardo de Santayana. Le pregunté por aquella época difícil, de relación insostenible entre el hombre que había sido de máxima confianza del monarca y el jefe del Gobierno.

—Yo recuerdo una recepción en el Palacio Real, en septiembre del setenta y siete, que estábamos tomando el fresco, y Armada me dijo: «José Ramón, estoy completamente enfrentado con Suárez». Y le dije: «¿Por qué, mi general?». Y él me dijo: «Porque los dos somos muy mandones». Entonces estaban completamente enfrentados...

Otro hombre, un militar que recibía información de muchas fuentes, me resumirá el enfrentamiento entre ambos uniendo lo personal y lo político: «A Armada, además de por algunos temas que tenían que ver con comportamientos frívolos, que desde luego no era lo mejor que podía pasarle al Rey, Suárez no le gustaba por la influencia que ejercía sobre el Rey en los temas políticos; le veía como un hombre sin poso de formación política. Le consideraba incapaz de valorar las consecuencias de las acciones que tomaba y del ritmo, para Armada, tan acelerado con el que las tomaba..., y como el Rey también era joven y atrevido, pues en su opinión se juntaban dos personajes demasiado lanzados, demasiado dispuestos a jugar con fuego».

Lo cierto es que Armada se aleja de la Zarzuela, al menos en parte, derrotado por Suárez. Pero él vive aquella salida con la idea de volver y, desde luego, con la de mantener su influencia en el entorno de Palacio. La conversación que en esas fechas, en las que se concreta su salida, mantiene con quien va a ser su sucesor, el general Sabino Fernández Campo, delata claramente sus intenciones, y algún importante rasgo, digno de mantenerse presente, de la personalidad de quien luego será protagonista clave en los previos y el desarrollo del 23-F. El propio general Fernández Campo me lo cuenta:

—[Adolfo Suárez], cuando no era presidente, tenía mucha relación con Alfonso, porque le interesaba. Y la ambición de Adolfo se reflejaba en su relación con todo el mundo, con Herrero Tejedor, con Carrero Blanco, con Camilo Alonso Vega y con Armada, que entonces era un puntal. Pero cuando llega al poder, Armada comienza a sentirse desplazado y empieza un enfrentamiento... [Cuando su cese] Armada me engaña a mí, yo eso no se lo perdono, porque, bueno, en realidad no lo creí nunca, pero me llama y me dice que comamos juntos en el ministerio.[3] Me dice que ha tenido un enfrentamiento con Suárez, muy fuerte... Porque Suárez entonces ya dominaba la política, no cedía tanto como antes, había ganado unas elecciones y eso le daba una legitimidad y una fuerza que no había tenido antes. En fin, su política era a sus ojos [de Alfonso Armada] totalmente equivocada y contraria a lo que él quería. En ese enfrentamiento, muy grueso, Suárez pide al Rey que sacrifique a Armada. Esto me lo cuenta Alfonso y entonces me dice: «Mira, yo le he dicho al Rey que me voy a un destino de Artillería, pero que acepto con la condición... —eso no puede ser, él no puede poner condiciones al Rey, no lo puedo creer, yo no dije nada pero no lo puedo creer por mucha confianza que tuviera con él—, que tú me sustituyas». Él quizá buscaba ahí un reconocimiento mío que supusiera una continuidad.

Pero hay más pruebas de ese deseo de Armada de «permanecer» en la Zarzuela. Cuando hablamos de su salida muestra especial interés en subrayarme que su relación con el monarca sigue abierta. El Rey, me dice, le da una petición, «me la da por escrito», para que «le informe del ambiente que se vive en el ejército». Al parecer el general se refería a la carta que el jefe de

3. Alfonso Armada y Sabino Fernández Campo sirvieron juntos durante muchos años destinados en la Secretaría del Ministerio del Ejército, en el mismo despacho incluso. Aquí nacería su amistad, entonces muy robusta. Con ellos compartía espacio José Juste, el general que el 23-F estará al mando de la División Acorazada.

la Casa Real en ese momento, Nicolás Cotoner y Cotoner, el marqués de Mondéjar, envió a Gutiérrez Mellado solicitando el traslado a algún destino militar de Armada y en la que se lee: «deseo utilizar de forma esporádica la colaboración del general Armada que lleva muchos años en esta casa y conoce particularmente algunos asuntos».

—¿Y qué tipo de información pasó al Rey —pregunto a Armada—, con qué frecuencia, en qué fechas...?

—No podría precisar en estos momentos las fechas, pero sí la película. Primero, había comentarios de disgusto por la política militar, y las críticas se centraban en el ministerio. Segundo, las críticas eran más frecuentes sobre la política en general, sobre todo no gustaba el tema de las autonomías y el olvido, o las críticas, a los «tiempos de Franco». Tercero, la exaltación del ejército «rojo» que aparecía en igualdad al nacional. Cuarto, las críticas toleradas al «Movimiento», etc., crearon un clima de disgusto en el ejército que los más exaltados decían «no se puede tolerar».

Es decir, cuando sale de la Zarzuela, Alfonso Armada lo hace convencido de que se le ha encomendado, de alguna manera, la misión de ser «los ojos del Rey en las Fuerzas Armadas», y aunque esto no se lo han dicho «por escrito», quizá también el encargado de evitar que un golpe de los militares, a los que «disgusta» la política del gobierno Suárez, pueda llevar a la caída de la monarquía. Es éste otro factor muy a tener en cuenta cuando se intente comprender las maniobras de Armada en las fechas previas al 23-F.

Armada inicia su camino de salida... y de vuelta a la Zarzuela

Por supuesto, en el entorno del gobierno la salida de Armada se ve como un respiro: desaparece una de las principales interferencias en su relación con el Rey. Uno de los oficiales que está destinado en el entorno más cercano al vicepresidente Gutiérrez Mellado, pero que mantiene un contacto también muy fluido con algún militar que ha estado en la Zarzuela con Armada, y piensa como él, me desvela cómo en una de sus conversaciones este hombre le expone sus quejas:

—Los militares que rodeaban al Rey veían en general con muy poca simpatía al gobierno, e intentaban siempre influir negativamente [en él]. Uno de ellos... me contó una vez el enfado que tenían porque sus presiones no tenían efecto en don Juan Carlos: «Se lo decimos al Rey, esto no va bien, el ejército está enfadado, pero no nos hace caso. Habla con otros, y les hace más caso a ellos que a nosotros». Estaba realmente enfadado con esto. Y yo le dije: «Pero ¿no os dais cuenta de que ya no es un príncipe jovencito, que ya es el rey y tiene sus opiniones propias?».

Quienes se mueven en el entorno del Rey, de acuerdo con este pensamiento, explican que el jefe del Estado vive la salida de Armada, en ese momento, con alivio. La figura de quien ha sido, más que su ayudante, su «preceptor» político desde la juventud, a quien debe en una medida nada despreciable su posición, es «demasiado pesada» para el monarca, que ahora quiere andar definitivamente solo. Armada y su influencia, de alguna manera, le «ahogan». E igual que se entiende en parte la elección que había hecho el Rey de Suárez frente a Fraga o Areilza, en lo que tenía de apuesta por alguien de su generación —un «igual» que no le hable desde la posición dominante que pueden dar los años y la experiencia—, también la salida de Armada se comprende mejor así.

De este modo, durante 1978 y parte de 1979 el Rey permanecerá sensible al «embrujo» de Suárez, con Armada en una situación distante. El rumor extendido es que el Rey cuando eligió a Suárez pretendía, y deseaba, que éste se limitara a «pilotar la transición» hasta las primeras elecciones y después se retirara. Si el rumor es cierto, Suárez no se dio por enterado, porque una vez en el poder en ningún momento dio la impresión de estar dispuesto a renunciar a una carrera política a la que se agarró hasta el final, incluso después de su salida de UCD, con enorme tenacidad. Tras la decisión de formar la Unión de Centro Democrático y presentarse y vencer en las elecciones de 1977 —logro que sin duda le facilitó controlar los instrumentos del Estado desde la Presidencia del Gobierno—, y los éxitos políticos que suponen para él sacar adelante la nueva Constitución, y la nueva victoria electoral que logra en marzo de 1979, no permiten otra cosa al monarca que aceptar a Suárez a su lado, con mayor o menor pasión.

Porque en ese tiempo comienzan a crearse grietas en la que había sido de manera predominante una extraordinaria relación personal, mucho más allá incluso de lo que concierne al mundo de la política, entre el presidente Adolfo Suárez y el monarca. Algunas tienen raíz personal, pero otras son de calado político. Sin duda, una de ellas pudo ser la forma, no el hecho, en la que se legaliza el Partido Comunista. Y una vez más, sale aquí a relucir el sentimiento de «haber sido engañados» de los militares. Un sentimiento que le llega al monarca a través no sólo, como hemos visto, de Alfonso Armada. La preocupación máxima del Rey, más aún entonces, ha sido la pervivencia de la monarquía en un país cuyos líderes y principales partidos han tenido poco reparo en declararse republicanos, o, en el mejor de los casos, más juancarlistas que monárquicos. El temor al «contagio» que podría suponer para su figura y el sistema aquel enfrentamiento entre Suárez y la cúpula militar, no podía pasarle inadvertido al monarca. Igual que no lo hacía el brutal desgaste que a partir de 1977 comienza a sufrir el gobierno que sustenta la coalición UCD, la fuerza política que, aunque de manera nunca manifiesta, ha apoyado la Zarzuela desde sus inicios como agrupación moderadora frente a los «republicanos» socialistas que, en gran medida apoyados por el propio Estado desde 1974, se van a convertir enseguida en la fuerza que aglutine a la mayor parte de la izquierda española.

Mientras, en la Academia de Artillería, y después, al ascender, primero en el Cuartel General del Ejército y luego como general de la División Urgel y gobernador militar de Lérida, Alfonso Armada continúa desde un relativo segundo plano contemplando los sucesos y esperando su momento para regresar a la confianza de quien ha sido durante tantos años su pupilo.

Alejamiento relativo, al menos según Armada, que en nuestras charlas me viene a negar lo que otros suponen. Él, viene a decirme, continúa cumpliendo, además de las labores de sus cargos en el ejército, con la misión que, por escrito, le ha dado el Rey: informarle de lo que sucede en el mundo militar.

—¿Y conocía usted los grupos que se estaban formando en el seno de las Fuerzas Armadas?

—Al principio es que no había ninguna organización; fue luego cuando se empezó a oír que había reuniones de coroneles y capitanes. Pero nada concreto. Yo fui informando de ello al Rey, y también a Gutiérrez Mellado.

—Claro, porque los militares, conociendo su relación con el Rey acudirían a usted con sus quejas para que usted influyera sobre él...

—No, no acudían a mí. Pero sí que me hacían comentarios para que yo me formara una opinión clara de la «situación» en el ejército. El único que yo recuerde que me dijo que hablara al Rey (en este sentido) fue Jaime Milans del Bosch.

Porque los viejos amigos, que han servido incluso juntos en la División Azul, mantienen un estrecho contacto, hablan a menudo, e incluso se ven con cierta frecuencia, hasta por razones no puramente militares. El general Armada me comentará que en varias ocasiones acudirá a Valencia desde Lérida llevado por su pasión por las flores y el hecho de que en esta ciudad levantina se celebre Interflora. Visitas en las que por amistad y, según me recalcó varias veces el propio Armada, por lo que marca la costumbre militar, pasaba siempre a saludar al capitán general de la Región «con el que solía almorzar».

Pero como ha quedado apuntado al comienzo de este capítulo, no son sólo los militares los que quieren hacerse escuchar por Armada, o lo que es lo mismo, los que siguen considerando a Armada una buena puerta hacia el monarca. A Alfonso Armada le llega, por ejemplo, ese estudio hecho por un constitucionalista, según él cree recordar, del «entorno de López Rodó». Uno, pero como se verá no el único, de los estudios similares que se realizan en el momento.

El engañoso triunfo de Adolfo Suárez en 1979

El regreso del nombre de Armada al primer plano se va a producir, no obstante, sin que, al menos en apariencia, el protagonista tenga nada que ver. En 1979 la victoria en las elecciones dan a Suárez un respiro.

—Ese año Adolfo estaba eufórico —me dirá Luis María Anson durante una muy larga conversación en su despacho del madrileño diario *La Razón*—. En el setenta y nueve estuvo eufórico... En poco tiempo había ganado las elecciones, había sacado adelante la Constitución, se había ganado el respeto internacional... Bueno, bueno... Yo me acuerdo de aquellos meses de mayo, de junio [de 1979], Suárez estaba, vamos...

Pero para desgracia de Suárez esos meses de la primavera y el verano del setenta y nueve van a pasar muy rápido, y esos días no son sino engañosos, los días de calma que esconden los signos de la tempestad que se aproxima. Porque por debajo de la euforia en la que viven esos pocos meses Suárez y quienes le rodean, una euforia que parecía taparlo todo, poderosas corrientes iban acumulando fuerzas y alimentando la gigantesca tormenta que el año siguiente iba a estallar. El problema que se presenta a quienes están preparando ese ambiente —excepto en el caso de quienes mi interlocutor llamaba «primarios», los viejos ultrafranquistas— es que no ven cómo canalizar sus aspiraciones de cambio. Ellos no se consideran golpistas, sino demócratas; a menudo mucho más demócratas que Suárez, a quien desprecian de alguna forma, ya que le ven como un «arrivista de la democracia», como un franquista reconvertido que, precisamente por ello, hace lo que para ellos son unos excesos izquierdistas que les producen pánico, y por tanto, aunque están dispuestos a olvidar que Suárez acaba de ganar unas elecciones generales —los pueblos a veces se equivocan y hay que ayudarlos a ver la verdad—, no pueden dar ni promover un golpe militar. Entonces es cuando empiezan a sonar frases que incluyen la palabra golpe, pero con adjetivos menos drásticos que militar, como... «golpe de timón». Y también se empieza a hablar en los ambientes políticos de «operaciones»..., por ejemplo la Operación De Gaulle, aquella que llevó en 1958 a Charles de Gaulle a presentarse ante el presidente de la República en París y dar a elegir a los diputados entre una solución más o menos constitucional, que llevaría a una nueva república presidida por él, o un golpe de Estado. Pero ¿quién podía ser el De Gaulle de España?, comenzaron a fantasear los que no querían seguir viviendo bajo el gobierno Suárez.

Y así el nombre de Armada[4] volverá poco a poco a salir desde la sombra y acercarse al centro del escenario, mientras se va convirtiendo a los ojos de muchos en el hombre adecuado, en el momento oportuno... O eso parece, al menos. Ya falta poco para que empiece a hablarse abiertamente, incluso en los periódicos, de una supuesta «Operación Armada».

No había transcurrido ni una semana, pero aproveché que él mismo se había ofrecido a contestar a mis dudas, y pocas horas después de localizar a Alfonso Armada en su pazo y tener la breve charla con él por teléfono, llamé a mi interlocutor. Quería comentar con él aquel documento, y hablar de Armada y de ese entorno del general del que había comenzado a conocer a través de una llamada. Aceptó volver a vernos sin que tuviera que utilizar ningún argumento persuasorio. Le advertí, sin embargo, para que fuera tamizando los recuerdos en su memoria, que me

4. Irónicamente, cuando De Gaulle protagoniza este episodio que le lleva a la presidencia de la República, Alfonso Armada estaba en Francia realizando un curso de Estado Mayor.

gustaría hablar de, llamémosle, conspiraciones civiles, o dirigidas por civiles, para derribar a Suárez. Por ejemplo, de ciertas reuniones que se hacían en la Agencia EFE.

—¡Ah, sí, el grupo de Anson! Se movía mucho Anson en aquella época, sí. De eso sé algo... Podría ayudarle.

4

Cuando se pensó en importar el modelo de golpe francés

Reuniones, comidas, conspiraciones

—Yo no tenía la sensación de que allí se estuviera conspirando —me lo dijo acompañando la frase con un movimiento de hombros y cejas que reafirmaban sus palabras.

—Pero aquella gente que se juntaba en esas comidas a las que a usted le invitaban sí que querían derribar a Suárez a cualquier precio o casi, porque no digo yo que quisieran algo como coger a Tejero y meterlo en el Congreso, no se trataba de gente simple, claro...

—Es que yo creo que no tenía ninguna relación... Si quiere reflejar el ambiente de esos banqueros y esos políticos, digamos de la derecha tradicional, pero no de la extrema derecha, que sí podía tener relación con el «tejerazo»... de los que hablamos, con los que yo me veía en esas reuniones que comenzaron en los salones de la Agencia EFE, pero que luego se celebraron en otros lugares, las casas de algunos de aquellos hombres, pues tengo que decir que aquellas personas no andaban buscando un golpe violento, una cosa como pudo ser el 23-F, sino que lo que querían era que se produjera un cambio político..., aquello del «golpe de timón» del que todo el mundo hablaba, darle la vuelta a la tortilla..., pero por el camino de la política.

El hombre que me habla, un viejo miembro, de los primerísimos tiempos, de los Servicios Secretos, cuando el CESID se llamaba SECED, ha aceptado sentarse conmigo —hablamos en el salón de su casa— a cambio de que no revele su identidad, y, sobre todo, gracias a la gestión de alguien a quien él no sabe decir «no» por admiración y respeto. Un gesto que responde a comportamientos, quizá, de tiempos pasados. Piensa este viejo *espía*, y me lo dice expresamente, que él no sabe nada de la intentona del 23-F, y en sentido estricto es así: las reuniones de las que me va a hablar se produjeron, al menos mientras él asistió, pocos años antes... En 1978, en 1979... Después él desapareció de aquellos encuentros, almuerzos de largas sobremesas, que, sin embargo, siguieron celebrándose a lo largo 1980 en la sede central de la Agencia EFE, en el comedor privado de su director, Luis María Anson, y en los que el periodista reunía a importantísimos financieros, líderes de grupos empresariales, dirigentes políticos —diputados, senadores, altos cargos de la Administración, incluso algún ministro...— y también algún militar.

Tres días antes de que se produjera esta entrevista había vuelto yo a verme con quien se había convertido en mi fuente primaria, el hombre que había aceptado llevarme de la mano por su memoria, ponerme ante puertas a las que llamar y descubrir lo que de verdad sucedió en los previos de aquel 23 de febrero de 1981, porque «seguramente ya es momento de que la verdad se sepa».

—¿En el mismo lugar, a la misma hora?

La propuesta, tan poco original, la hice yo mismo pensando en facilitar todo lo posible el encuentro. Pero él tenía otra:

—No, mejor venga a mi casa. Sin tanto ruido podremos concentrarnos mejor. He releído la transcripción de nuestra primera entrevista —se la había hecho llegar yo con la esperanza de que repensando sobre lo que ya me había contado pudiera dar con detalles que se le podrían haber escapado—, y al ver mis contestaciones me doy cuenta de que quizá he sido demasiado impreciso... Venga usted preparado con preguntas concretas, será lo mejor, porque, si no, quizá yo me disperse demasiado, porque cuesta trabajo con tanto tiempo como ha pasado...

Me animaba así ante la intención que le había expresado de preguntarle acerca del ambiente político previo al golpe, y por determinadas reuniones extraordinariamente reservadas, si no de intenciones decididamente conspiratorias.

La casa de la cita está situada en lo que ahora es una zona donde se produce una sobrevenida mezcla de gentes de clase media y clase alta de Madrid. Una de esas zonas de casas que quedaron atrapadas entre los nuevos barrios por los que se ensanchó la ciudad en los años cincuenta y sesenta del pasado siglo, cuando comenzó a estirarse para dar acogida a los cientos de miles de emigrantes que llegaban de todo el país, y que, ahora, han quedado como últimos residuos de viviendas unifamiliares, chalets, dentro de la famosa y terrible M-30. Casas en las que tan sólo pueden vivir sus antiguos propietarios, que las compraron cuando la zona marcaba el extrarradio de la ciudad, o «nuevos ricos» que pueden permitirse ese lujo ahora sólo a su alcance.

—De lo que le voy a hablar —empezó a responder a lo que, como le había anunciado, era mi principal inquietud en ese encuentro— tiene que situarlo justo después de la victoria electoral de Suárez y la UCD en 1979. En 1977 Suárez y Gutiérrez Mellado habían decidido dar el paso de suprimir los tres ministerios militares y reunirlos en un nuevo superministerio, al que le dieron el nombre de Defensa. Pero en 1979 van más lejos y se atreven a poner nada menos que a un civil a su frente. Una decisión arriesgada y no poco desafiante que, es evidente, estaba relacionada con el empeño del gobierno de ir sometiendo a las Fuerzas Armadas a los dictados del poder ejecutivo. Pues bien, no había pasado ni una semana desde que Rodríguez Sahagún había tomado posesión cuando, alguien del CESID, alguien que, quizá, incluso le conocía de antes, alguien que incluso puede que tuviera alguna familiaridad con él, fue a verle al ministerio.

Cuando lo hizo, llevaba un expediente bajo el brazo absolutamente confidencial... Aquel hombre había tomado esa decisión, según se vería, sin consultar con nadie en el Servicio de Inteligencia, por su propia cuenta..., imagino, claro, que por medrar. En fin, en ese expediente se recogían las conversaciones, muy privadas, que venían produciéndose en la Agencia EFE desde hacía tiempo, entre un oficial del Servicio y el presidente de la Agencia, Luis María Anson... Conversaciones que el agente grababa con un pequeño magnetófono y que luego, según se nos dijo, cuando regresaba a la oficina, provisto con unos cascos que enchufaba a la grabadora, y sentado frente a la máquina de escribir, transcribía punto por punto...

—¿Y qué ponía en aquellos folios?

—El contenido de aquellos folios era pura dinamita. En ellos el presidente de la Agencia EFE le contaba a este hombre, pero punto por punto, los detalles de todo un minucioso plan que contemplaba la repetición en España del proceso de amago militar que en Francia había servido al general De Gaulle para hacerse con el poder... ¿Conoce la Operación De Gaulle?[1] Aunque para entender todo esto en su plenitud, en realidad, es preciso situarse un par de años, o quizá un año y medio antes, que es cuando, al investigarse, descubrimos que Anson empieza a moverse.

1. En mayo de 1958, cansados por la situación de levantamiento en Argelia, y lo que consideran una acción muy débil de su gobierno en París, el grupo de generales al frente de las tropas en la colonia, se levantan bajo el mando de Jacques Massu y Raoul Salan y deciden hacerse cargo de la situación en Argelia al grito de «¡Vive De Gaulle!». Días después, unos paracaidistas llegados de Argelia se lanzan sobre Córcega, con el beneplácito de las fuerzas allí destinadas, que rehúsan hacerles frente, e incluso se habla de otro grupo de paracaidistas que se dispone a saltar sobre las afueras de París. De Gaulle, que se deja querer, advierte que tan sólo tomará el poder si es conforme a la ley, nunca por la fuerza. Entonces el presidente de la República, jefe del Estado, pide «al más ilustre de los franceses» que considere hacerse cargo del gobierno. De Gaulle se presenta ante la Cámara y a los diputados allí reunidos viene a decirles que la posibilidad que les queda es elegir entre él y los militares que amenazan con volar desde Argelia, y que para él aceptar el nombramiento exige tener las manos libres y el acuerdo para redactar una nueva Constitución. Los diputados, salvo alguna rara excepción, como el líder socialista Mitterrand, aceptan. Se concibe así la V República. Los militares franceses, por tanto, con un simple amago, facilitan no sólo un cambio de gobierno, sino también de Régimen.

El periodista que creía en el amago de golpe

Luis María Anson había sido nombrado presidente de la Agencia EFE en septiembre de 1976. De algún modo el presidente le mostraba de esta forma su agradecimiento al periodista. Anson había jugado un cierto papel no sólo en el ascenso de Suárez a la jefatura del Gobierno. Antes, en los difíciles últimos tiempos del franquismo, también le había tendido la mano. En realidad, la historia entre los dos hombres venía de antiguo. Acudí, animado por los datos que me había dado mi fuente, el viejo oficial del SECED, a ver a Anson para hablar de ello, de su relación con Suárez, de su posible papel, el suyo y gentes que se movían alrededor de él, en la caída del presidente Suárez, de aquella Operación De Gaulle...

—Yo tenía —recuerda en un momento de nuestra larga charla el propio Luis María Anson, que ha aceptado con toda amabilidad verme de inmediato y antes de iniciarse la conversación, me lo repite de nuevo al final de la misma, me pide que le cite lo menos posible— la siguiente posición [con respecto a Suárez]: primero, no simpatizaba con sus ideas anteriores. Le estaba muy agradecido a Suárez porque cuando me llevaron a mí al Tribunal de Orden Público (por un artículo publicado en *ABC*) y me pidieron seis años de cárcel por injurias al jefe del Estado, Suárez se portó muy bien y habló con uno de los magistrados a favor mío... Esas cosas no se te olvidan porque estaba Franco en plena potencia de poder y no te digo lo que fue aquello para mí... Y ahí se portó muy bien Suárez... Después Suárez fue un hombre... La candidatura de Suárez (a la presidencia del Gobierno) se coció en mi propia casa, como cuenta Gregorio Morán en su libro... Ahí encontrará los datos... En mi propia casa. Empezamos en casa de Manuel Prado, y como era una casa demasiado visible, al final la gente nos empezamos a reunir con Alfonso Osorio en mi propia casa... Cuando Suárez es destituido, antes de instaurarse la monarquía, como ministro secretario general del Movimiento, y sustituido por José Solís, me llamó el que entonces era príncipe para decirme: «Nos quedamos sin la poca gente que tenemos, a ver qué se te ocurre; hay que hacer algo...». Yo entonces le di el premio de Oro de no sé qué historias de la revista *Blanco y Negro*, que existía ya en ese momento... Y le dimos una gran comida en el mes de julio de 1975. [Lo hicimos] para darle moral. Y ese verano tuve mucha, mucha relación con él... Un año después se había convertido ya en presidente de Gobierno. Por eso luego me llamó cuando ya formó, o cuando iba a formar gobierno... [Suárez ofreció a Anson entrar como ministro de Cultura en su gobierno.]

Y como esta respuesta de Anson llegaba en contestación a una pregunta mía sobre su posible falta de simpatía no hacia Suárez el hombre, sino hacia sus ideas, acaba diciéndome:

—Pero aparte de todo esto, de todas estas relaciones personales con él, que son de gran simpatía para él, yo podía discrepar de muchas cosas que se estaban haciendo, pero yo era presidente de la Agencia EFE en que entonces..., el treinta por ciento de la Agencia era de unas empresas, el treinta por ciento era de las empresas periodísticas y el treinta por ciento del Estado, pero efectivamente, quien proponía al presidente de la Agencia EFE era el Estado. Es como si a mí un empresario me hace director de *ABC*, pues mire usted, no voy a estar... Yo, en las cosas con relación... Yo no moví un dedo contra Suárez, nunca.

En el verano de 2005 eso me decía a mí Anson. Mucho antes, nada menos que veintiocho años antes, en el otoño de 1977, Luis María Anson recibía en la sede central de EFE a políticos, a empresarios, y desde luego, a militares. Había instaurado unas «comidas» con una idea muy loable:

—Mira, la Agencia EFE era la Agencia de Franco, y era una cosa terrible, porque conseguir la expansión de la Agencia... Porque claro, la Agencia de Franco, credibilidad, cero... Y yo me precio de en unos años situar a EFE en el cuarto lugar del mundo. Y eso nació de una política hecha con... Y una de las cosas que yo hice fue hacer un gran comedor para que la Agencia estuviera presente en la vida española. Es decir, que invitabas a los científicos, a los actores, a las actrices, a los directores, a los novelistas, a los poetas, a los arquitectos, a los..., naturalmente a los empresarios, a los financieros, a los banqueros, a los militares, pues a todo el mundo... Fueron desfilando todos los sectores de la vida española, que se encontraban con unos equipos jóvenes, que éramos todos entonces jóvenes, que estaban muy alerta, y que tenían una visión clara de las cosas que estaban ocurriendo... Y la gente se iba muy satisfecha diciendo aquí hay un motor de noticias que está bien informado y que sabe lo que hace... Aparte que todas esas comidas producían mucha información, porque permitían a redactores que no tenían acceso a los banqueros de la época, a los militares de la época, el conocerlos y poder llamarlos ya por teléfono... Y contactos extraordinarios... Fue una cosa que hacíamos cada diez o doce días... Hacíamos tres comidas al mes...

Pero además de estas comidas, más públicas, con asistencia de redactores de la propia Agencia y varios invitados en cada una de ellas, había otras, más reducidas, mucho más reducidas, a veces de tan sólo tres o cuatro comensales; otras, más adelante, de un grupo muy selecto, apenas una docena de personas, en las que los análisis se centraban en la vida política española. En estos almuerzos, y en sus sobremesas, Luis María Anson hablaba con sus invitados de cómo veía el momento político y, sobre todo, de cómo pensaba que podía modificarse la situación, que él consideraba deteriorada «hasta llegar al punto en el que, de no tomarse las medidas oportunas, es presumible una convulsión».

Lo sé porque en uno de ellos, al menos uno de los asistentes, tomó notas fieles que transcribió y, después de contrastarlas con sus compañeros, las recogió en ocho páginas mecanografiadas. Aquel informe, que su autor tituló simplemente «Exposición hecha por Luis María Anson en la comida celebrada en la sede de la Agencia EFE», me llegó a mí a través de una fuente militar absolutamente fiable. El documento tiene fecha: 10 de octubre de 1977. Ese día, el director de EFE había invitado a almorzar a tres oficiales jefes de las Fuerzas Armadas con un destino peculiar: el gabinete de enlace del Ministerio de Información y Turismo. Este gabinete, que tenía su sede en el Ministerio de Información y Turismo, servía como órgano de coordinación interministerial para tratar asuntos de información que podían interesar a los Ejércitos, y lo mandaba un jefe designado por el Alto Estado Mayor. Por su destino, estos oficiales se convertían, por tanto, en hombres de interés para quien deseara hacerse escuchar en las altas instancias militares.

El menú de la comida fue relativamente ligero. El propio Luis María Anson me comentaría en nuestra charla que «yo establecí un menú frugal, que horrorizaba a todo el mundo, pero que era la forma de que no nos dijeran: "cómo despilfarran" y así... Se tomaba un consomé, un filete de carne y un helado de pistacho. Y el que quiera... Cuando venían jefes de Estado les dábamos lo mismo. Y el que quiera bien, y el que no... Para mí era una cosa terrible, porque yo, claro, lo comía en todas las comidas ésas... El que venía una vez al mes o cada dos meses... Pero en todo caso yo quería evitar que se dijera que despilfarrábamos, que estábamos ahí de banquetes..., por eso establecimos la frugalidad». Estos tres oficiales tomarían pues consomé, filete y helado de pistacho.

Pero lo sustancioso en la comida era la intervención del presidente de la Agencia, un discurso perfectamente estructurado que se iniciaba haciendo un análisis de la situación internacional: «Impedir el ingreso [de España] en la Alianza o retrasarlo lo más posible es un objetivo inmediato a alcanzar [por Rusia]. Esto nos puede explicar el porqué subsisten y seguirán existiendo los grupos terroristas», les dijo.

Seguía Anson después con un recordatorio del papel del franquismo y del posible paso de éste a la monaquía:

—Entre Franco y el pueblo existía un acuerdo tácito que descansaba sobre seis pilares que fueron el sostén de toda la política del General: unidad de todos los pueblos de España; Orden público inmaculado; Paz internacional asegurada; Buenas relaciones con la Iglesia; Desarrollo industrial; Paz laboral para que el empresario pudiera desarrollar su actividad y en compensación seguridad social eficaz y defensa del empleo. A cambio de todo esto pidió que el pueblo abdicase de una serie de libertades centradas principalmente en la expresión y en la participación política. Durante muchos años este pacto fue válido y ambas partes respetaron su compromiso. Durante esta época hubiera sido viable una transición a la monarquía asentada en esos pilares antes enumerados que por su evidencia nadie hubiera podido discutir. De forma paulatina se hubieran podido conceder las libertades de las que carecía el pueblo sin que se produjera ningún trauma.

Con posterioridad el presidente de la Agencia EFE hablaba del «deterioro del franquismo»: «A partir de 1970 todo el esquema anteriormente expuesto empieza a resquebrajarse. El problema vasco toma cada día carácter más alarmante; la Iglesia empieza a manifestar de forma abierta su hostilidad al Régimen; los movimientos obreros [...] adquieren más fuerza... En 1975 la situación es ya de franco deterioro...», y de «las opciones de la monarquía»: «... a don Juan Carlos, descartando las monarquías protestantes, sólo le quedaba como modelos a seguir el de Marruecos y el de Bélgica. La opción no era dudosa: la monarquía católica de Balduino va a ser el ejemplo a seguir...».

Luis María Anson entraba entonces en su análisis del momento que vivían: «... [la] Operación del Referéndum[2] a nuestro entender salió perfecta [...]. A partir de 1976 es cuando empiezan a acumularse los desaciertos. Los resultados del Referéndum hacían presagiar (en las elecciones del 15 de junio de 1977) un triunfo fácil de la derecha y del partido o coalición

2. Se refiere al Referéndum celebrado el 15 de diciembre de 1976 por la Reforma Política, que legalizaba la presencia de partidos políticos y establecía la forma de la elección de diputados y senadores, lo que suponía la muerte para el conocido como «Movimiento», el régimen político instaurado por el general Franco.

que patrocinase el gobierno. Un 70 % de los votos hubiera permitido dominar el Congreso por una amplia mayoría y gobernar con absoluta tranquilidad. Se hubiera podido abordar un programa de reformas paulatinas, restablecer el orden público y tomar las medidas necesarias para combatir la crisis económica y los separatismos. Un planteamiento pueril de las elecciones acompañado de una serie de medidas desafortunadas que todos conocemos, hace que los resultados del escrutinio no se ajusten a los planes previstos. De hecho las elecciones han sido ganadas por las izquierdas».

En ese momento de la charla, Luis María Anson planteaba sus diferencias, ya irreconciliables, con Adolfo Suárez. Le acusaba de haber elegido una ley electoral errónea, que favorecía a los grupos nacionalistas, y un «planteamiento pueril» que había permitido el triunfo de la izquierda. En 2005, muchos años después de haber dado este discurso ante los militares, Anson me expondría su idea con estas otras palabras, quizá más aclaratorias: «Entonces se había tenido que hacer una ley electoral viendo lo que hay en Europa, y en Europa, una ley como la nuestra llevó a la crisis de la IV República Francesa. Llevó al pentapartido en Italia... Usted hace un sistema mayoritario por circunscripciones, como en Inglaterra, que funciona divinamente, o un sistema a doble vuelta como en Francia, y en ayuntamientos y en Autonomías, el que gana, ha ganado... Aunque haya ganado con un 12 %, pero si el que le sigue tiene un 11 %, gobierna... Ése es un sistema con sentido común. Éste es el que ha producido una estabilidad en Francia... Francia entre el año 45 y el 58 es una catástrofe..., y en noviembre del 58, cuando se hace ya la elección de De Gaulle, con la Constitución de la V República, ha demostrado ya una enorme estabilidad. Teniendo eso ahí, como imagen delante, hicimos una ley... ¿Y por qué? Pues porque el problema que tenían las gentes que regían entonces UCD es que como habían sido falangistas estaban temerosos de que *El País* les quitase la credencial de demócratas..., y querían ser más demócratas que nadie...». Este dato último lo consideraba el entonces presidente de la Agencia EFE fundamental: Suárez era un falangista reconvertido y obsesionado con reafirmar su imagen de demócrata neoconverso. O, de nuevo, en sus palabras: «[...] yo me di cuenta de que la posición de Adolfo Suárez era mirar lo que decía *El País* para ser demócrata... Es que es tan sencillo como eso... Es decir, si tú has sido ministro secretario general del Movimiento, vicesecretario general del Movimiento, director general de TVE [en tiempos de Franco], gobernador civil con Franco..., es muy difícil que te presentes como el espejo de la democracia..., es que es muy complicado, y naturalmente como él quería serlo, lo que hacía era mirar hacia *El País*, y entonces estaba mucho más radicalizado que ahora, y las cosas que decía *El País*, eran las que hacía [Suárez]...». Luis María Anson, que mantendrá este análisis sobre la figura política de Suárez hasta hoy mismo, como vamos a ver, no va a volver a creer en él como el hombre que puede pilotar la transición tal y como él, y el grupo de gente que se mueve en su entorno, quisieran que ésta se concretara.

Pero aún es preciso volver a aquella comida de octubre de 1977 en la Agencia EFE, porque después de su análisis de la situación política, al que añadió su preocupación por el ambiente que se vivía en los medios de comunicación —«Desde hace mucho tiempo las izquierdas han ido introduciéndose en todos los medios [...] Los responsables gubernativos han estado más preocupados por la aparición de una señora en biquini que por conocer el matiz de las noticias que día tras día se publicaban [y] lo paradójico es que los medios más subvertidos sean los estatales: TVE, *Arriba*, *Pueblo*...»—, Luis María Anson pasó a exponer las fórmulas que él consideraba debían aplicarse para corregir el rumbo político de España: «Bajo mi punto de vista hay tres factores determinantes de la gravedad de la situación en que nos encontramos: el País Vasco; la crisis económica; la monarquía».

Entró a continuación en los detalles. Primero sobre el tema autonómico: «En Vascongadas las fuerzas de orden público están totalmente rebasadas. Las fuerzas separatistas se han adueñado de las calles. Antes de que pase mucho tiempo, semanas o quizá días, el ejército va a tener que intervenir en cumplimiento de su deber constitucional. A mí me han asegurado que en siete horas se toman todos los puntos neurálgicos del País Vasco y se le somete a control [...] A más largo plazo habría que añadir el problema catalán. Aunque aparentemente se ha resuelto bien, cuando la Generalidad lleve funcionando un año, empezarán a surgir los problemas de competencias que muy bien podrían conducirnos a una situación de franca independencia propugnada desde la misma Generalidad».

Más tarde el presidente de EFE habló sobre la situación económica: «La crisis económica es cada día más aguda [...] Sin una contención salarial es imposible salir de la actual crisis. La contención salarial no se pacta, se impone... La imposición sólo es posible a través de un gobierno fuerte que esté dispuesto a mantener el principio de autoridad».

Y acabó con el factor monarquía que él veía en peligro: «[...] es un hecho evidente. Para vosotros puede que esto no tenga gran importancia. Para mí es vital ya que estoy convencido de que es la única institución capaz de garantizar un futuro estable a España... La izquierda hace ostentación de su republicanismo. Un plebiscito monárquico sería una soberana tontería. Está sobradamente demostrado que "monarquía plebiscitada, monarquía perdida" [...] En las próximas elecciones municipales es previsible que las izquierdas ganen en muchas demarcaciones. De producirse esta situación provocarán algo similar a lo que ocurrió en 1931,[3] pero con una situación más próxima a la de 1934.[4] Esta situación hay que evitarla. De producirse nos encontraríamos con un enfermo al que habría que intervenir quirúrgicamente. Para poder curarle no bastaría ya con una medicación».

3. Se refiere a la instauración de la Segunda República, el 14 de abril de 1931.
4. Hace referencia a la formación de un gobierno de centro derecha contestado en la calle con continuas huelgas decretadas por los sindicatos y procesos revolucionarios como el de octubre, en Asturias.

¿LA SOLUCIÓN?: PRESIONAR AL REY PARA QUE IMPULSE UN GOBIERNO «NEUTRAL»

Llegaba aquí al momento clave de su intervención Luis María Anson: con los procesos autonómicos sin control, con la situación económica en crisis y con la monarquía, que daba estabilidad al Estado, en peligro, alguien podría tener que actuar: «Nadie desea, y el ejército pensamos que menos que nadie, en dar un golpe de Estado... [Pero] hay que buscar soluciones viables y éstas tienen que partir de la legalidad vigente. Con arreglo a las Leyes el único que puede tomar las medidas necesarias para evitar el caos es el Rey y para eso necesita del apoyo incondicional del ejército. Estamos seguros de que si a don Juan Carlos se le propone una solución razonable, bien por conducto de la jerarquía, o por el de sus compañeros de promoción, es muy posible que encontrase el eco que todos nosotros deseamos». Es decir, advierte el presidente de EFE, no quiere un golpe, sino que el Rey, entonces aún con todos los poderes heredados de Franco, porque todavía no ha sido aprobada la Constitución que los limitará, reciba la presión suficiente como para darse cuenta de la necesidad de ponerse en marcha con este fin. Dice Anson a sus invitados:

«La operación a montar se debe preparar con la misma minuciosidad con la que los Estados Mayores realizan todos sus planes. En esencia se trataría de lo siguiente:

»Un domingo es citado el presidente del Gobierno para que presente su dimisión. Acto seguido se reúne el Consejo del Reino para proponer nuevo presidente. En el Boletín Oficial del lunes se publican los ceses, el nombramiento del nuevo presidente y se declara el estado de excepción.

»El presidente debería ser un técnico sin compromisos con ningún partido político. El gabinete por él nombrado debería reunir las mismas condiciones. La misión principal que tendría sería restablecer la autoridad y resolver la crisis económica.

»La declaración del estado de excepción debería ser cuidadosamente estudiada y sólo deberían suspenderse aquellas libertades que impidieran al gobierno el cumplimiento de los fines que le vendrían impuestos. Respecto a la libertad de expresión no se debería caer en los errores anteriores. La lucha contra la pornografía se convierte en el objetivo prioritario, cuando a nuestro entender, y desde el punto de vista político, tiene escasa importancia. Este problema se lo dejaríamos a la Iglesia para que lo resolviese ya que ella ha sido, en gran medida, la que ha provocado esta situación.

»La fecha más adecuada para llevar a cabo esta operación sería durante las Navidades. Franco eligió siempre estas fechas para llevar a cabo sus referéndum o para adoptar grandes decisiones.

»El desgaste internacional, estableciendo los contactos oportunos, no sería muy grande. Referente al interior, cuando se explicara al pueblo cuáles eran los objetivos que se pretendían alcanzar, la receptividad sería muy favorable.

»Como verán en este plan, el ejército no sufriría ningún desgaste ya que no aparecería en la operación en ningún momento. Su papel está en respaldar a la monarquía en sus decisiones y hacer que éstas sean respetadas. Esta situación podría prolongarse durante unos dos años para después convocar nuevas elecciones y restablecer la normalidad de forma paulatina.»

De nuevo es necesario recordar la fecha en la que se produce esta comida, ¡10 de octubre de 1977!, y ya entonces un determinado grupo de la derecha española estaba enfrentado a Suárez y veía como deseable, una vez concluida la primera fase de la transición, su salida y su sustitución por un gobierno «apolítico», de técnicos, que corrija sus «excesos» y «errores», un gobierno «neutral» que «reconduzca» la situación, necesariamente inspirado por el Rey, aún en posesión de todos los poderes heredados del dictador, y apoyado en el ejército —«que causa un enorme respeto entre los actuales políticos españoles», como diría en esta misma charla Anson—, y que no actuaría, sino que tan sólo se mostraría lo necesario, en fin, un ejército que no daría un golpe, sino que insinuaría un amago. Si me he detenido de forma tan prolija en la «exposición hecha por Luis María Anson» es porque aquí están recogidas todas las ideas sobre las que girarán, con muy pocas modificaciones, muchas de las intrigas que se van a poner en marcha en los años siguientes desde el mundo de la política, las finanzas y los militares ideológicamente más «moderados».

La Constitución hace variar los planes: el Rey ya no es todopoderoso, ¡viva De Gaulle!

Los descontentos en el mundo civil con la gestión de Suárez no son aún la legión que habrá dos años más tarde, pero sí muy poderosos. En especial en determinados ambientes del mundo financiero. En el campo político el presidente es, sin embargo, aún un tanque a plena velocidad que cuenta con mucha gasolina. Sólo unos días después de que Luis María Anson haga un retrato tan negativo del futuro de España, Adolfo Suárez logra uno de sus mayores éxitos, si no el mayor: los Pactos de La Moncloa.[5] Este éxito da base e impulso para el siguiente gran reto: la redacción de una Constitución democrática por parte del Parlamento. Poco más de un año después, en diciembre de 1978, será cuando se apruebe esa Constitución, también pactada entre todas las fuerzas, y quizá el último momento de verdadero resplandor del presidente. Pero para quienes están enfrentados a él, quienes le ven como un peligro por sus «veleidades izquierdistas», por su resistencia a pedir el ingreso en la OTAN; quienes consideran que la Constitución, en especial por su enfoque

5. Firmados el 25 de octubre de 1977, los Pactos de La Moncloa, significan el compromiso de todas las fuerzas parlamentarias y las organizaciones empresariales y sindicales, para trabajar de manera conjunta en atajar la brutal crisis económica que atravesaba el país.

en el tema autonómico, es fallida; quienes piensan que el gobierno es débil ante nacionalistas y terroristas, el marco legal ha cambiado drásticamente.

—Lo que sucede —me dice mi confidente, sentado junto a mí en torno a una pequeña mesa camilla, en su casa, y ante unos folios en los que ha preparado una cronología que le permita mejor recordar— es que al aprobarse la Constitución, el Rey ve sus poderes muy mermados... Ya no es el sucesor de Franco. Ya no puede hacer y deshacer a su antojo... Y quienes medran contra Suárez tienen que buscar otra alternativa.

O lo que es lo mismo, y volviendo a «la solución» que Anson daba a sus invitados militares en octubre de 1977, ya no es posible «sugerir» al Rey que «un domingo cite al presidente del gobierno para que presente su dimisión y acto seguido reúna el Consejo del Reino para proponer nuevo presidente». A partir de la Constitución, las cosas han cambiado.

—Y es entonces cuando Anson comienza a verse con algunos miembros del CESID, en concreto, y primero, con uno que durante años se ha dedicado a mantener entrevistas con políticos y, sobre todo, empresarios y financieros, con los que ha compartido alguna información y ha obtenido mucha otra, siguiendo escrupulosamente lo que era su obligación.

—Pero... ¿para qué quería Luis María Anson hablar precisamente con gente del CESID? ¿No temía que fueran a delatarle de inmediato?

—Era un momento histórico especial, y quizá Anson hizo suposiciones de que esta gente, muy acostumbrada a la discreción y el secreto, tampoco estaba feliz con la política del gobierno... En fin, los hechos son que este oficial comienza a verse con Anson hacia 1978, cuando se está preparando la Constitución, y el presidente de EFE comienza a hablarle, pero paso por paso, con claridad meridiana, de cómo podría actuarse para, como se diría después, «reconducir» la situación. Yo vi aquellos documentos en los que este oficial de Inteligencia transcribía sus conversaciones y que, como piedra angular, proponían un amago militar... Seré más concreto: lo primero que hacía era comentar los seis o siete datos que demostraban, según él, lo mal que estaba España: los comunistas, el País Vasco y los procesos autonómicos, la ETA, la situación económica... Era un a modo de preámbulo; segundo contaba lo que fue la Operación De Gaulle en Francia; tercero, explicaba cómo iba a aplicar esto mismo para conseguirlo hacer en España, «debe producirse un amago militar», decía siempre, y después, última parte de la reunión: una vez tengamos este gobierno ¿qué va a hacer este gobierno?: rectificar la Constitución; invadir el País Vasco; tal programa económico... Todo este programa posterior al «amago» lo especificaba con mucho detalle, igual que la situación anterior al «amago», en cambio, cuando hablaba de en qué debía consistir ese «amago» militar, cómo hacerlo, pues... ahí lo tenían, es lógico, menos claro.

—¿Cuánto duró esto?

—La carpeta que le llegó al ministro era un voluminoso conjunto de transcripciones e informes que recogían bastante más de un año de entrevistas... Yo diría que como un año y medio. En ellas quedaba claro que Luis María Anson lo que buscaba era convertir al CESID en el cerebro de su operación. Estaba allí puesto, en boca del mismo Anson, explícitamente: él pensaba que el Servicio de Inteligencia se podría convertir en el mejor Estado Mayor de esta Operación De Gaulle a la española.

—Entonces, ¿lo que les faltaba era la Argelia que tuvo De Gaulle..., el justificante para el amago militar?

—Exacto, eso era lo que no tenían claro esta gente cuyo rostro público parecía ser Luis María Anson... Pero hubo un momento, cuando el entierro del general Ortin, que fue tan tremendo... ¿lo recuerda?...[6] Anson contaba en una de las charlas con el oficial del CESID cómo aquel día, aprovechando aquella muestra tan brutal de repulsa militar contra el go-

6. Véase capítulo 2, pág. 60.

bierno, tras aquellos gritos de «traidores y asesinos» que lanzaron contra Gutiérrez Mellado y Suárez generales y almirantes y coroneles y casi todos los que estaban allí, pues habían estado llamando a la Zarzuela para presionar al Rey para que éste a su vez forzara el nombramiento de un ministro de Defensa afín a sus ideas, un ingeniero aeronáutico, creo recordar... un tal, en fin. Pensaban, lógicamente, que con un «jefe» de las Fuerzas Armadas favorable a su operación, se facilitaría el necesario amago militar.

—Y en ese gobierno que debía actuar... ¿quiénes estarían?

—Anson daba pocos nombres de civiles, alguno soltaba.

—Me ha comentado, si he entendido bien, que uno de los planes que expresaba Luis María Anson en aquellas charlas era una posible invasión del País Vasco?

—Sí... Una de las ideas que se recogía en aquellos documentos era, pero como pura hipótesis, una vez hubiera triunfado la operación, meter el ejército en el País Vasco... Calculaba incluso la cifra de muertos..., algunos miles, que provocaría... Hablaba de una profunda represión con muchos muertos... Eso era una de las cosas que estaba preparado hacer por el nuevo gobierno «gaullista». La nueva legalidad que iban a poner en práctica, lo recuerdo perfectamente, incluía ilegalizar el PC y la ocupación militar del País Vasco por el tema ETA... Claro que hay que recordar que estamos en la época en que el terrorismo causaba muertos a decenas por todos lados... Pero le engañará quien le diga que la Operación De Gaulle que se planeaba era algo así como un maquillaje... No. Era cambiar de régimen, de legalidad... cambiar la Constitución. El fin fundamental de la Operación De Gaulle era un cambio de Constitución, porque se suponía que con la nueva Constitución claramente se había sobrepasado... Había que rectificar el tema de las autonomías, había que rectificar la aprobación del Partido Comunista..., había que reconducir la situación.

Al escuchar estas palabras recordé, y entendí mejor, las palabras que me había dicho aproximadamente un año antes Javier

Calderón, en estos momentos de los que se habla aquí, 1978 y 1979, un alto directivo del CESID,[7] y por tanto uno de los que tenía acceso a los informes del agente que se entrevistaba con Luis María Anson. Sin citarme a los protagonistas, pero sí el contexto, la idea de esta Operación De Gaulle, Calderón me comentó: «En aquella época se empezaba ya a hablar mucho de reconducir la situación por el tema de los nacionalismos, la violencia terrorista... Y este personaje lo que viene a decir al oficial del CESID [que se entrevista con él] es que sería necesaria una noche de San Bartolomé[8] para que, ante una situación crítica, se creara la necesidad de «reconducir» el proceso [político]». Aún más, Javier Calderón añadió, sonriendo con cierta malicia, que éste era uno de los primeros informes que pedían los políticos que tenían acceso al archivo del Servicio cuando llegaban al poder.

¿Y este agente que se veía con Luis María Anson y al que el director de la Agencia EFE contaba, al parecer, sus proyectos políticos con tanto detalle? Logré saber su nombre. Le conocía. Pero imaginé la dificultad de llamar a su puerta para hablar de este tema. Decidí entonces utilizar un puente, un viejo amigo suyo, alguien de gran influencia sobre él y que también, en los últimos meses, había sido extraordinariamente generoso conmigo. Aceptó este hombre hacer de palanca, y la puerta del agente se abrió. Mi fuente me había contado algo que me rondaba la cabeza cuando me dirigía a la casa de este veterano oficial de Inteligencia: los informes que él preparaba se habían ido acumulando regularmente durante 1978 y las primeras semanas de 1979, pero se paraban en un momento clave:

—Hay un momento en que Luis María Anson comienza a insinuar a su interlocutor que le gustaría hablar con sus jefes. Y este hombre lleva a su jefe directo en el CESID, el jefe de Ope-

7. Javier Calderón sería secretario general del CESID hasta 1982 y, ya en 1996, director del Centro por designación del primer gobierno Aznar.

8. El 24 de agosto de 1572, la noche de San Bartolomé, el rey de Francia ordena la matanza de miles de hugonotes, una rama protestante enfrentada a los católicos y que amenazaban con provocar una guerra civil.

raciones, José Faura, que luego será teniente general y jefe del Estado Mayor del Ejército durante muchos años con gobiernos del PSOE. Y aún entre los informes aparece la transcripción de alguna de estas conversaciones. Pero luego pide Anson que se sume a sus charlas el director del Centro, el general Bourgón, y el director acepta ir. Es entonces…, es ahí, cuando acaban las transcripciones. Ya no se sabe de qué hablan.

COMIDAS «PEQUEÑAS» Y COMIDAS «GORDAS», PERO UNA SOLA CONVERSACIÓN

Y así es como tres días después de mi conversación con mi confidente, cuando acompañado de quien generosamente ha aceptado servir de puente, me encuentro una mañana calurosa de finales de julio sentado, en el salón de su casa, frente al antiguo *espía*. Me habla primero, aunque la conozco, de su historia en el SECED y el CESID: «yo veo a los banqueros desde que entro en el Servicio… Era la misión que me dio José Ignacio San Martín cuando me llamaron, en los primeros años setenta. Por razones familiares tenía acceso a ese mundo»; después, porque se lo pregunto, de sus relaciones con periodistas: «con la prensa yo no tenía relación, eso lo hacía Pepe Faura… Aunque es cierto que de vez en cuando, por ejemplo con algunos, con Pedro Jota [Ramírez, director de *El Mundo*, entonces en el diario *ABC*] hablé muchas veces, incluso en su casa… A mí me decían, hay que hablar con éste…»; a continuación quiero saber cuál era el fin de esas conversaciones: «… pues para hablar de cosas… Ellos [los periodistas] eran los que llamaban, porque entonces, así como hoy lo que ocurre en el gobierno y en la oposición la prensa lo sabe casi cuando se está produciendo, ahora hay casi un exceso de información… entonces no se sabía casi nada. ¡Ni le digo en tiempos de Franco!… La "francología" se decía aquello de interpretar gestos y decisiones del Caudillo…, y eso para nosotros [la gente del Servicio] era una ventaja, porque nos abría puertas, y contábamos algo, y nos contaban mucho...». ¿Y Luis María Anson?: «cuando entro en contacto con Luis María Anson, era presidente de EFE. Para Anson la Agencia EFE era un reclamo estupendo, porque allí tenía mucha información... y reunía con frecuencia gente para hablar de distintos temas: económicos, políticos, sociales... Y a nosotros nos invitaba...»; y aún, porque lo cree conveniente, me subraya: «yo tenía aquellos encuentros porque me lo piden así mis superiores». Y es entonces cuando, por fin, le puedo plantear mi pregunta:

—Yo lo que quisiera es hablar de sus reuniones con Anson... De las comidas en EFE.

Hace una mínima pausa mi anfitrión y a su vez me pregunta:

—¿Las gordas o las pequeñas?

—Todas... —me surge la respuesta espontánea, porque desconocía que hubiera clases...

—Bueno, a las pequeñas íbamos sólo gente del Servicio... Aquello debió de empezar en 1977, y yo a solas con él tuve —consulta una pequeña agenda en la que tiene apuntadas, de manera detallada, todas sus entrevistas realizadas en el desempeño de su trabajo, con fecha y nombres—... yo tengo aquí veinte o treinta encuentros con Anson, a solas... —En otro momento de nuestra charla me dirá que sus conversaciones telefónicas con el director de la Agencia habían sido mucho más numerosas, que en su familia llegaron a bromear sobre ellas—: «llamaba por teléfono, y cuando llamaba por teléfono por la noche, naturalmente, no era para hablar de un golpe, ni de una operación... Sería para hablar de que si mañana iban a nombrar a alguien..., informaciones generales».

—¿Y en las reuniones «pequeñas» con Anson, a las que iban ustedes, gente del CESID, hablaban de que había quien buscaba derribar a Suárez?

—Seguro, seguro. Me pregunta unas cosas... Yo no tengo buena memoria, pero no se puede hacer idea de los temas que hablábamos en esas conversaciones... A veces [iba] incluso con los aparatos necesarios... Una vez me pilló uno grabándole la conversación... Y me dijo: «Oye, tienes ahí una luz...». Y yo le dije: «Ah, sí... es la grabadora...». Y el otro se quedó blanco... «Pero ¿qué me dices? ¿Que me estás grabando?» «Sí, claro ¿cómo no te voy a grabar?... Me estás hablando de un tema del que no tengo ni idea, y mañana se lo tengo que dar al presidente y ¡cómo se lo voy a contar si yo no tengo ni idea, si no tomo notas correctas!» Se lo expliqué [estábamos] en Jockey...,[9] y el hombre se quedó...

—Pero Anson podía suponer que a través de ustedes esas comidas y su contenido podían llegar a la Zarzuela, al Rey...

—Hombre, seguro. No sé cuándo pierde Anson el buen contacto con la Zarzuela, pero Anson sabría que nosotros la información que producíamos se la pasábamos al Rey... Y si no lo sabía se lo decíamos nosotros. Porque nosotros ese tipo de cosas no nos importaba contarlas...

No tiene certeza, sin embargo, mi anfitrión, de que sus notas, que él religiosamente preparaba tras cada entrevista, llegaran a Presidencia del Gobierno o al Rey; eso sí, lo cree. Pero también reconoce que a partir de que en sus encuentros con el presidente de EFE comenzaron a estar presentes sus jefes, él ya dejó de realizar informes: «mis jefes estaban ya allí, yo en aquellas comidas me limitaba a escuchar».

—Entonces, ¿les hablaba Anson en esos encuentros de la Operación De Gaulle?

—Se me puede haber olvidado, pero a mí me dice Operación De Gaulle y no recuerdo nada... Yo lo que sí recuerdo que hablábamos, me parece, era de «Operación Golpe de Timón», que es una frase que empezó utilizando Cassinello,[10] aunque luego se aplicó a Tarradellas... Era el nombre que le dábamos en el Servicio. Pero no es que aquello fuera una operación que

9. Restaurante de lujo de Madrid, muy frecuentado tanto por la cúpula empresarial como política.

10. Andrés Cassinello, veterano miembro del SECED, jefe del Área de Laboral con José Ignacio San Martín, que, tras abandonarlo, regresó al Centro cuando San Martín fue sustituido por Juan Valverde, y acabó dirigiéndolo, ya que Adolfo Suárez —fue uno de sus primeros nombramientos— lo eligió para el cargo.

montara el Servicio, ni que participara en ella, no; era el nombre que le dábamos para tenerla identificada. Y el «golpe de timón» era seguramente eso que luego vino en llamarse el «golpe constitucional»..., porque al principio era a lo mejor lo que querían. El mundo económico lo que quería era cambiar la línea económica que llevaba Suárez..., que era la caraba y el mundo económico le decía: «cambia», pero nada, porque Suárez era..., en los temas económicos, era muy socialista...

Quizá por su viejo pasado falangista, quizá por esa necesidad de «ser más demócrata que nadie» que veía Luis María Anson en el presidente, lo cierto es que el modelo económico y social de Suárez estaba a la izquierda de sus planteamientos en otros asuntos, lo que, sumado a la crisis económica, le dejaba en muy mal lugar frente a la cúpula financiera y bancaria. Y esto se reflejaba en las otras comidas, las que el veterano agente del CESID define como «las grandes».

—No recuerdo cuándo ni por qué me empezó a invitar Luis María Anson a aquellas comidas... Pero yo le conocía ya de antes, hablaba con él, como le digo, a menudo, de muchos temas, y un día me diría: «Vamos a organizar unas comidas ¿quieres venir?». Y yo iba a donde me dijeran..., era mi trabajo.

—¿Quiénes asistían a aquellas comidas?

—Yo era el único militar... Yo además, como era lógico, siguiendo el conducto reglamentario, había consultado previamente si podía ir a aquellas comidas, sí o no... Recuerdo que el director, cuando fui, me dijo: «Tú vete ahí, que éstos lo que quieren es que hagas de pararrayos». Es decir, entendía el general Bourgón, que para esa gente que se reunía, era muy bueno tener allí a quien entonces era un comandante del CESID, del Servicio de Presidencia, porque así se demostraba que sus intenciones... «¡Hombre, cómo vamos a estar conspirando, si está allí gente de Presidencia, para que luego se lo pueda contar a Presidencia y al rey!»... Yo era un pararrayos, y Bourgón me dijo: «Tú sigue yendo»; porque yo, después de la primera visita, le dije: «Mi general, éstos...», y él me dijo: «Sigue asistiendo...».

—Entonces... ¿quiénes iban a esas comidas?

—Bueno, no me acuerdo, y si me acuerdo prefiero no decirlo... Pero gente de la banca, de la prensa..., al principio gente de la Iglesia... Militares, ya digo, sólo yo... Éramos como doce o quince personas...

Interviene entonces nuestro común amigo, el tercer hombre en la entrevista, y nuestro anfitrión concede entrar en algún detalle:

—De banqueros estaba Carlos March... El nieto de Juan March... Y Ferrer Salat... Me acuerdo bien... Había determinados catedráticos... Y en las primeras ocasiones hubo un representante de la Iglesia que no era un obispo, pero sí alguien con categoría de monseñor, que yo creo que asistió dos veces y no volvió más, se debió de asustar al ver el cariz... Hay algunos de los que asisten a las primeras reuniones que no asisten al final, pero digamos, la masa importante sí asiste a todas estas reuniones. En cuanto a la fecha... —mira su agenda, en la que aparecen junto a los nombres, fechas exactas de encuentros—, yo me veo por primera vez con Ferrer Salat el 21 de febrero de 1978, pues ahí debió de ser. Y comenzamos a reunirnos en la Agencia EFE, pero otras veces algunos de estos hombres, todos gente muy importante, nos invitaba a cenar en su propia casa, o en su banco, donde fuera... Era peripatético... Y aquellos encuentros se producían cada tres o cuatro semanas. Se trataba de gente que estaba en desacuerdo con la política de Suárez y veían que había que buscar una solución de recambio...

—¿Y cómo proponían hacer aquello... cambiar a Suárez?

—Vamos a ver. No quiere decir que en la primera reunión que se produce con esta gente, el objetivo de Anson sea derribar a Suárez... No lo recuerdo así. Naturalmente, Anson se reúne con esta gente para ver la situación, la grave situación que en aquel momento les parece que está atravesando España... ¿Y los problemas cuáles son? Económicos... ¿Cómo los resolvemos? Pues a lo largo de varias sesiones se ve que hay que cambiar la política económica del gobierno, si no España no se salva... Y se ve cómo

Suárez no quiere que le cambien la política económica. Y entonces, dicen, a ver si conseguimos cambiarle al vicepresidente económico y con eso lo resolvemos y se dan cuenta de que no..., de que no es un problema económico, que es que Suárez tiene otra filosofía... Como digo, Anson era el líder, pero no era el que imponía una solución a los que nos sentábamos allí, que podíamos ser, ya digo, entre diez y quince personas... Entonces se daban ideas de qué era lo que había que hacer y aquello fue fraguando... En fin, al cabo del tiempo lo que empezó siendo un análisis de problemas derivó en la certeza de que era necesario cambiar al presidente y el grupo pensó: si hay que hacer el cambio, ¿quienes podrían ser las personas?... Es decir, se diseñó lo que podría ser un gobierno alternativo. Pero esto ya en la última etapa.

—¿Y cómo se iba a llegar a ese gobierno?

—Por la presión de su partido, de la UCD, y de la calle... Es que hay que ver los periódicos de entonces...

—Y al ver que no hay forma de tumbar a Suárez, ¿no recuerda que se hablara de desencadenantes...?

—No, nada. No recuerdo con exactitud, pero era decirle a los de su partido, oye, que hay que decirle a Suárez que se acabó, y ya está... Y luego en conversaciones..., cuando hablaba con los banqueros, éstos le dirían: presidente, así no se puede, quizá haya que intentar otras fórmulas... Y él ni caso, ni caso...

—Ése es el tema... ¿usted recuerda que se dijera, ante esa tozudez, hay que hacer esto otro...?

—No, al final se dice: hay que forzar para que dimita... Pero no era ir con la Guardia Civil; era a través de su partido...

—En ese gobierno alternativo estaban, imagino, algunos de los que se sentaban alrededor de la mesa...

—No, no, no... No recuerdo que nadie de los que estuviese alrededor de la mesa...

—¿Quién era la figura de presidente en ese gobierno..., no era un militar?

—No, no, civiles, civiles... Era la clásica maniobra política...

—¿No hablaban de una parada del proceso político, reconducimos y volvemos a la democracia...?

—Yo no creo que era decir: hacemos un alto al proceso constitucional y luego cuando lo arreglemos volvemos a esa situación... No, no... Yo creo que era un punto y seguido, no un punto y aparte... Lo que hay que decirle al «niñato éste» [Suárez], como le decían entonces, es que se marche, y hay que presionarle suficientemente: le tiene que presionar la banca, le tienen que presionar los medios económicos, le tendrán que presionar otros países, pero en ningún caso se habla del ejército... Lo que pasa es que el ejército no era un grupo de presión, pero la amenaza de su posible actuación sí asustaba. Porque, hay que recordar... ¿por qué en la Constitución se escribe así el papel de las Fuerzas Armadas...? Yo lo tengo textual, cuando llegan a redactar en la Constitución el tema del ejército, de Defensa, no sabían qué hacer... Y Fraga dijo: lo que les va a gustar a los militares es que pongamos lo mismo que había puesto Franco. ¡Venga!, dijeron los demás. Y tiraron de la Ley Orgánica, y copiaron cambiando institucional por tal, la misma frase, y todos dijeron: ¡de perlas! Y se aprobó sobre la marcha... Ésa era la sensación que entonces había de que las FAS eran un grupo de presión... Yo lo que sí puedo asegurar es que en aquel gobierno no había un militar al frente. Y que no se hablaba de un paréntesis del proceso democrático. Lo puedo asegurar también. La idea era ponerle presión... Hombre, lo que vimos después. No sé si estaría concatenado, pero aquel problema de los barones de la UCD, que le estaban cortando la hierba bajo los pies a Suárez en el setenta y nueve, en el ochenta, que tenía a Suárez cada vez más recluido en La Moncloa, es eso. Suárez al final se va. Voluntariamente, sí, pero con una presión terrible... Lo que se pretendía era simplemente una labor de zapa política muy aguda porque no les gustaba lo que hacía el gobierno. Y creían que ése era el criterio de la mayor parte de la clase dirigente, fuera de la política o de la economía... Por eso dijeron: vamos a hacer este diseño de un gobierno alternativo...

—¿Y qué personas se barajaban? ¿Cuál era la línea ideológica? ¿Qué sectores políticos iban a estar representados?

—Era como si fuese... tengo la sensación... Era como un gobierno de concentración... Yo no tengo ya la lista de ese posible gobierno, o del conjunto de personas que pudieran formar parte de ese gobierno, aunque no es que se les asignaran carteras, era más hablar de posibles candidatos... Pero yo recuerdo que era gente de pelajes políticos muy distintos... Me parece, por ejemplo, que estaba Pérez de Bricio, uno de los principales dirigentes de la CEOE entonces; es uno que me sonaba como candidato a presidir... También sonaba López Bravo...

—Y ¿López de Letona? ¿Sánchez Asiaín...?

—Sánchez Asiaín nunca asistió a esas reuniones. Ni López de Letona, tampoco...

Entonces pregunto por algo que mi informador me resaltó de aquel grueso documento, compilación de sus minuciosas transcripciones, que se había entregado a Rodríguez Sahagún al hacerse cargo del Ministerio de Defensa: las transcripciones se habían acabado cuando sus jefes directos, el jefe de Operaciones y el director del CESID comienzan a asistir con él a las entrevistas en EFE, esas «comidas pequeñas» con Luis María Anson...

—En las reuniones en las que están mis jefes —se explica, como he dicho—, cuando mis superiores asisten a los encuentros en EFE, yo me limito a escuchar y callar.

—Pero es que, al parecer, tampoco figuraba en aquella carpeta que se entrega al ministro ni una línea de las que él había calificado como comidas «grandes», a las que asistían los financieros, políticos, empresarios...

—Tiene una explicación. Esa carpeta no podía incluir mis informes porque de mis resúmenes de lo hablado en aquellas comidas tan sólo existía una copia, la que yo le daba al director. Porque a mí, el general Bourgón, al que no le gustaba nada el mundo de la política y que temía que esta información pudiera caer en manos de gente que pudiera utilizarlas políticamente, me dijo: «De estas reuniones ni siquiera haga usted informes, limítese a contarme personalmente lo que suceda». Pero yo, a mí siempre me ha gustado preparar los informes de mis entrevistas, los hacía y le daba la única copia que se hacía a él personalmente. Por eso no podía estar en ningún informe que se le entregara al ministro Rodríguez Sahagún, porque era un tema tan delicado que nadie más que el director vio aquello…

Los espías dejan de serlo, el periodista sigue en su puesto

En las semanas siguientes a su toma de posesión, el nuevo ministro de Defensa adopta algunas decisiones que repercuten en los protagonistas de este episodio. El general Bourgón es ascendido a general de división, y con el ascenso es relevado al frente del CESID y se le destina a Melilla como comandante general. Alguien del propio Servicio me contará que el general, paseando por la Castellana, frente a la sede entonces de la dirección del CESID, le confesaría que había descubierto que padecía un cáncer y que había pedido el nuevo destino. El general José María Bourgón falleció un par de años más tarde. José Faura, entonces coronel, uno de los más veteranos en el Servicio, es destinado a principios de julio de 1979 también fuera del CESID. En cuanto a quien ha sido mi anfitrión, a la vuelta de ese verano de 1979 es convocado a su despacho por el nuevo director del CESID, el general Mariñas.

—Me ha dicho el ministro —le anuncia el nuevo director— que le pida a usted las llaves de la mesa y que a partir de mañana ya no venga…

—Mi general —contesta el hombre que se ha estado entrevistando durante más de un año y medio con Anson—, ya supongo que es porque hace diez días me han concedido el curso de EMACOM, y eso supone que estoy un año fuera… Pero como eso es sólo por la mañana, creo que puedo continuar en esos asuntos que llevo personalmente…

—Sí, ya sé, pero es que me ha dicho el ministro —insiste el general Mariñas— que me dé usted las llaves, que no se lleve nada más que lo que sea estrictamente personal suyo, y que deje el puesto de inmediato.

En esas semanas, al parecer, se produce una tensa reunión también en La Moncloa entre el presidente, al que le han llegado los «informes», y el organizador del plan. Pero al contrario de lo que sucede entre los integrantes del CESID, ningún periodista es cesado en su cargo. Luis María Anson permanecerá como presidente de la Agencia EFE hasta 1982, cuando es relevado por el primer gobierno del PSOE. Por ello, como se verá, cuando durante el final del verano y el otoño de 1980 redoblen los tambores de guerra contra Suárez, Luis María Anson y sus comensales estarán también atentos, en primera fila. Quizá es que el presidente no se atrevió a castigar a alguien por entregarse a lo que ya hacían tantos otros, porque como me vino a decir el veterano agente del CESID cuando le pregunté si conocía más «comidas» como la que organizaba Luis María Anson no pudo evitar un espontáneo: «Hombre, seguro, pero segurísimo... La gente de la democracia cristiana, por ejemplo... Recuerdo haber asistido a otras reuniones de los democristianos de entonces..., de Carriles, de José Luis Álvarez, de Osorio, de Landelino... y estaban en la misma línea...».

Es cierto, el acoso contra Suárez, los juegos al «amago» contra el presidente, habían dejado de ser exclusivos de los militares. Contra el presidente disparaban ya desde todas partes.

5

Políticos y militares, todos contra Adolfo Suárez

TODOS CONTRA UNO Y UNO CONTRA TODOS: UNA MIRADA SOBRE EL PAISAJE ANTES DE LA BATALLA

¿Era este grupo de financieros, empresarios, políticos, hombres de la cultura..., que se movía alrededor de Luis María Anson, la trama civil de lo que luego sería el 23-F? Y los otros grupos, incluso de la propia UCD, esa «gente de la democracia cristiana... los Carriles, José Luis Álvarez, Osorio, Landelino...» con los que se veía también el veterano oficial del CESID, ¿serían ellos? ¿Y otros políticos y empresarios que quizá él no conociera y que pudieran «estar en la misma línea»? ¿Eran ellos la cara civil, el anverso de la moneda en cuya cara figurarían Tejero y Milans y Armada?... Se verá que no. Pero ¿se puede decir que eran completamente inocentes ante los hechos que se desencadenarían después? ¿Sería justo asegurar que eran más inocentes estos civiles que hablaban de «amagos» para forzar la salida del presidente, que los militares que en los cuarteles, de manera cada vez menos disimulada y de forma más agria, criticaban a Suárez, a Gutiérrez Mellado y repetían hasta convertirlo en un *leit motiv* aquel «algo hay que hacer» que alimentaría a Milans y Tejero y serviría para que Armada pudiera ganarse las más poderosas voluntades?

Antes de seguir es necesario recapitular. Hay que situarse en el momento. Suárez se dispone a afrontar su segunda legislatura como presidente democráticamente elegido por los españoles, y recomponer el puzzle que van formando los «enemigos» del presidente en aquella ya tardía primavera de 1979. Para entender mejor lo que va a suceder, es preciso echar un a modo de vistazo sobre el paisaje anterior a la batalla:

Ocupando un lugar muy visible y extenso —quizá más de lo que en realidad les correspondía— unas Fuerzas Armadas, sobre todo un ejército, decididamente enfrentadas al gobierno. O por mayor precisión, a Adolfo Suárez y al general Manuel Gutiérrez Mellado, la pareja de hombres en la que ellos, los militares, incapaces, salvo pocas excepciones, de un análisis político complejo, encarnaban todo lo malo que sucedía. Adolfo Suárez a sus ojos no pasaba de ser el típico político trepador, un hombre de pocos valores, desmedido afán de poder y con un instinto de supervivencia tan reforzado que se sobreponía a cualquier otra razón. En cuanto al general Gutiérrez Mellado, casi sin excepción le repudiaban, le consideraban un traidor a los suyos, les disgustaba sobremanera lo que ellos calificaban de servilismo ante el poder civil, justo lo contrario de lo que la tradición militar española imponía, y peyorativamente se referían a él como «el Guti», o «el señor Gutiérrez». Ambos, en sus juicios, eran reos, sobre todo, de haber legalizado el Partido Comunista con una especie de «nocturnidad y alevosía»; es decir, en Semana Santa y sin consultarlos. Eso cuando les habían dicho, o ellos así lo habían entendido, que actuarían justo de la manera contraria: que no pondrían en la calle en igualdad de condiciones a aquellos que habían derrotado en «nuestra guerra», como se referían a la Guerra Civil, y que en todo caso no lo harían sin antes advertirles.

Estos militares, además, estaban descontentos en su inmensa mayoría con los valores de la nueva sociedad, que veían variar a un ritmo para ellos excesivamente rápido. Y sin embargo, y esto aparecía claro para muchos de quienes realizaban un análisis no superficial, los ejércitos, que a menudo eran utilizados maliciosamente como «amenaza» en las negociaciones políticas e, incluso, económicas y laborales —«cuidado con el ejército», «¿y qué dirán los generales?»... ¿y cómo reaccionarán en los cuarteles?»...—, tan sólo alzaban su voz, y amenazaban con pasar a los hechos, ante el acoso, brutal, del terrorismo de ETA, que había visto el rédito que podía sacar dirigiendo sus acciones asesinas muy a menudo contra los uniformados, y ante los procesos autonómicos, que los militares consideraban disgregadores de sus valores sagrados: la Patria, la unidad de España, y su símbolo, la bandera.

El hombre paradigma de este sentimiento, o así se veía él y le veían algunos otros, es Jaime Milans del Bosch. Un Milans que además tiene en lo personal cuentas pendientes con el gobierno que, siente él, le ha maltratado al decidir ascensos y destinos para los que se consideraba más cualificado que otros. Un Milans que incluso está dolido con el Rey, que no le recibe en audiencia, y sin embargo se ve con otros personajes de la sociedad más frívola, o incluso con compañeros que, él siente, lo merecen menos. Un Milans, en fin, que, por si fuera poco, se ve continuamente animado por un clan de compañeros generales, jefes y oficiales que le jalean, o así puede llegar a pensarlo él, para que siga con la herencia de los Milans[1] en cada ocasión que se les presenta.

Mucho más en la sombra está el general Alfonso Armada, tan descontento como el militar que más lo esté con la política de Suárez y Gutiérrez Mellado, y que también lleva una herida personal: ha perdido su primer pulso con Suárez y ha tenido que dejar su puesto en la Zarzuela, como hombre de máxima confianza del Rey. En esta época se lame las heridas, y destinado primero como director de la Academia de Artillería, después en el Cuartel General del Ejército y, aún más tarde, al frente de la División Urgel de Lérida, espera muy alerta a que llegue su momento, lo que va a suceder muy pronto.

1. Ya en 1817 hubo un general Milans, Francisco Milans del Bosch, miembro de la masonería, por cierto, que participó en un pronunciamiento frente a Fernando VII y que repitió más tarde contra Espartero en 1843.

Bajo todos los focos, como la figura más reconocible del sector más duro de entre los uniformados, el teniente coronel de la Guardia Civil Antonio Tejero es una figura aislada, a la que muchos amigos, como sucede en el caso de Milans, «animan» y «jalean», pero que no arrastra a nadie cuando llega «la hora de la verdad». La Operación Galaxia que han reventado precisamente los oficiales de su confianza, que han dado parte a sus superiores cuando ha acudido a ellos en busca de apoyo, le ha dejado una huella profunda de desconfianza, pero no le ha restado un ápice su decisión de actuar a la mínima ocasión que se le presente. En este momento Tejero está en la cárcel, a la espera de que se celebre el juicio contra él, pero se ha convertido en un símbolo y unos con campañas de apoyo —mujeres de militares y guardias civiles, además de grupos políticos de extrema derecha— y otros quitando relevancia a su actuación y a su determinación a seguir intentándolo hasta lograrlo —muchos militares de toda graduación—, lograrán que muy pronto sea liberado.

Pero no están solos los militares en su repulsa al gobierno; grandes capas de la sociedad civil también están actuando, o preparándose para actuar. De manera muy clara lo hacen los grupos llamados «ultras», estructurados en torno a la Confederación de Excombatientes de Girón y el partido Fuerza Nueva de Blas Piñar, y usando como altavoz sus medios de comunicación, entonces muy poderosos —diarios como *El Alcázar* o *El Independiente*; revistas como *Iglesia Mundo*, *El Heraldo Español*...—. También, aunque moviéndose en un ambiente muy diferente, cuasi clandestino, están esos otros grupos de grandes financieros, empresarios, políticos, periodistas..., que igualmente están «en marcha», que se reúnen en cenáculos, en tertulias, que erosionan y presionan sin descanso y cada vez con más fuerza en el ejército, en los partidos políticos y, desde luego, ante el jefe del Estado para que «se ponga una solución».

Esta visión general, y previa, resulta imprescindible para entender lo que después pasará.

LOS SOCIALISTAS PASAN DE RIVALES POLÍTICOS A ENEMIGOS

¿Y los socialistas? En ese mapa de situación de 1979, previo a la ruptura de hostilidades generalizada contra el gobierno o, si se quiere, contra Suárez, ¿dónde están? Malas noticias para el presidente: también se acaban de colocar justo en primera línea en su contra. Y en este caso el propio Adolfo Suárez tiene mucho que ver con la inquina con que los líderes del PSOE van a actuar contra él a partir de estas fechas.

«Nosotros pensábamos que podíamos ganar en aquellas elecciones. Tenga usted en cuenta que los sondeos y las encuestas entonces eran muy rudimentarios, pero apuntaban a eso, a una posible victoria nuestra. Si recuerda la foto que se hizo... la campaña en torno a Felipe González se centró en un cartel [en el que aparecía] muy serio, ya en plan de presidente. ¿Comprende?» Enrique Múgica me habla desde un ancho sillón, en uno de los rincones de su amplio despacho del palacete que acoge al Defensor del Pueblo. Da la impresión de que le gusta hablar de aquel tiempo, cuando él era un muy destacado miembro de la Ejecutiva del PSOE, un histórico de aquel grupo formado básicamente por treintañeros sevillanos, como el propio González, Alfonso Guerra, Chaves, Yáñez, y vascos, como él mismo, Txiki Benegas o, el más veterano, Nicolás Redondo. Entonces no sólo tenían Múgica y sus compañeros juventud, también una enorme fuerza e ilusión en un proyecto al que Suárez puso una zancadilla... inelegante. Sigue recordando Enrique Múgica: «Lo cierto es que hubiéramos podido cuando menos empatar o acercarnos mucho [a UCD]... Pero, el 1 de marzo del 79, bueno, un día antes del día de reflexión, me parece que Rafael Anson[2] era el que dirigía RTVE, apareció (en televisión y en una entrevista en el

2. Hermano menor de Luis María Anson, en realidad en esta fecha ya no dirigía RTVE, de la que había sido su primer director general, pero sí asesoraba a UCD, y en concreto a Suárez, en asuntos de imagen y campaña. A Rafael Anson se atribuye un *lapsus linguae* extraordinario que define a la perfección cómo los partidos han visto al llamado «ente público»: «Quien no esté de acuerdo con el gobierno, no puede estar de acuerdo con TVE».

programa de la Cadena SER *Hora 25*) un Suárez desmelenado, un Suárez que no tenía nada que ver, o muy poco, con el Suárez que había dirigido de forma poderosísima la transición... Porque el consenso de la Constitución, por ejemplo, se hizo entre los socialistas y Suárez con una excepción fundamental: parte del título VIII y sobre todo la disposición adicional segunda de la Constitución... lo del País Vasco, y del cual derivan muchas cosas no buenas..., muchas cosas nada buenas por como las han utilizado los nacionalistas... En eso no estuvo el PSOE, no intervino para nada. Eso se hizo en La Moncloa entre los dirigentes de UCD y del PNV... Y nosotros dimos el consenso [a la Constitución], sobre todo a partir de la permanente comunicación entre Fernando Abril y Alfonso Guerra... Bueno, pues el Suárez que aparece en televisión ese día previo al de reflexión, es el que podía haber estado vistiendo perfectamente la camisa azul y la chaquetilla blanca de jerarca del Movimiento, porque lo que dijo es "que vienen los rojos, que lo van a destrozar todo: la familia, la propiedad privada y el Estado... ¡Que vienen los rojos...!". Y la gente se acongojó. Fue tan tremendo aquello... Porque podíamos haber ganado [en el 79] si Suárez se hubiera comportado con el talante que en aquel momento rompió... Con todo respeto lo digo: en aquel momento rompió el talante...».

Rompió el talante el presidente. Enrique Múgica expresa lo que muchos otros socialistas sintieron. Hasta aquel día los dos partidos mayoritarios entonces, UCD y PSOE, habían mantenido mientras negociaban los Pactos de La Moncloa, primero, y, sobre todo, la Constitución después, un clima de rivalidad, pero también de estrecha colaboración. Suárez necesitaba a los socialistas para que sumaran la izquierda a «su modelo de transición», y los socialistas sabían que debían no poco de su estatus de principal partido de la oposición al propio Suárez, que había continuado una política de Estado a favor de un PSOE fuerte. «En realidad, era el diseño que se había decidido desde las más altas instancias del propio Estado —me lo contarían muchas veces miembros del Servicio de Información que de alguna manera diseñaron los primeros pasos de la transición—. Incluso durante el final del franquismo. Por ejemplo nosotros, en el SECED, fuimos quienes hicimos posible, dándoles pasaportes y facilitando su cruce de la frontera, que los líderes del PSOE "interior" acudieran a Suresnes[3] y se hicieran con el control del partido, que hasta entonces tenían los viejos republicanos en el exilio. Lo que se buscaba era un partido socialista de corte socialdemócrata, como el alemán, fuerte, que dominara la izquierda y taponara al Partido Comunista, el único partido con una estructura real, y con militancia de peso, durante el final del franquismo, y encima el verdadero "coco" que nadie quería ver dominando la izquierda del país... Claro que esto, un partido socialista fuerte que debilitara al PCE, no sólo lo deseaban en España. También, y es muy importante tenerlo siempre presente, lo querían así los norteamericanos... A los yanquis les preocupaba y mucho lo que fuera a pasar aquí tras la desaparición de Franco, pero no porque les quitara el sueño ver que nos convertíamos en un país democrático y eso, sino por el papel clave que en la guerra fría jugaba España, verdadera retaguardia del "frente europeo" en caso de que estallara al fin una guerra con el bloque del Este, con los Pirineos haciendo de barrera natural ante los tanques soviéticos... Pero, ya digo, lo cierto es que la orden que dio Suárez en los primeros tiempos siempre fue en este sentido, la de ayudar a formar un PSOE fuerte.»

Lo que sucedió es que los jóvenes socialistas aprovecharon tan bien las ventajas que se les daban que Suárez, como se ha dicho ya, muy pronto se dio cuenta de que podían arrebatarle el poder en las urnas y entre otras cosas forzó la legalización del PCE para evitar un voto masivo de la izquierda al PSOE y, en 1979, lanzó aquella proclama que tanto temor contenía: ¡que vienen los rojos!, y se rompió el embrujo. El propio Felipe Gon-

3. En esta pequeña ciudad del sur de Francia, en octubre de 1974, se celebró el XXVI Congreso del PSOE, en el que Felipe González, entonces conocido por su nombre en la clandestinidad, *Isidoro*, fue nombrado secretario general y los jóvenes del «interior» se hicieron con el control del partido.

zález, enfurecido y desilusionado, así lo expresó a sus compañeros en la reunión de la Ejecutiva que siguió a las elecciones: se había acabado el tiempo de vino y rosas entre oposición y gobierno... Pero aún más, se había roto el gran entendimiento que había habido entre los dos personajes. «Hasta entonces, en 1977, en 1978, Suárez y González —me dirá un hombre del PSOE— se llamaban casi a diario y sostenían entrevistas, la mayor parte de ellas en privado, al menos una vez en semana..., pero aquel "o yo, o el caos" de Suárez, aquel giro tan brutal, fue vivido por Felipe como una traición, y se puso fin a esta época.» González lo demostraría muy pronto: al explicar su voto en contra del candidato a presidente, se regodeó recordando repetidas veces que Suárez había sido secretario general del Movimiento. La política del PSOE contra el gobierno, y aún más contra el presidente, se volvió a partir de entonces muy dura. A veces llegaría a ser rayana en la descalificación personal.

Y se aceptó algo antes impensable: para acabar con Suárez todo, o casi todo, iba a valer. Algo que nunca se había imaginado... Bueno, nunca..., o casi nunca. Porque sí, había un «pecado de infidelidad» anterior del PSOE hacia el presidente. Un pecadillo que Enrique Múgica me había desvelado y que, hasta ahora, se había mantenido desconocido: «Mire, no voy a dar nombres, pero en el invierno..., al comienzo del invierno de 1977, hubo conversaciones de socialistas, de democristianos y de los llamados socialdemócratas de Fernández Ordóñez..., digo los llamados porque a mí no me quitaba ya nadie que el PSOE tenía que caminar hacia la socialdemocracia, como se caminó... [Las conversaciones] se hicieron para tratar de restarle apoyos a Suárez... Tenga en cuenta que la diferencia era relativamente pequeña, no recuerdo exactamente, pero pequeña...[4] Entonces hubo algunas reuniones de algunos socialistas, con democristianos y de los llamados socialdemócratas para tratar

4. Tras las elecciones de 1977, el Congreso español estaba formado así: 165 diputados UCD; 118 PSOE; 20 PCE; 16 Alianza Popular; 11 PDC; 8 PNV; 8 PSP; 2 DCC; 2 Independientes; 1 Euskadiko Esquerra, 1 Esquerra de Catalunya.

de restar apoyos a Suárez dentro de su partido. Claro, eso no prosperó. No podía prosperar, porque si tenemos en cuenta la contabilidad parlamentaria se podía, pero, claro, quienes estaban en eso olvidaron que en democracia había cosas más importantes que la contabilidad, como la coherencia política y la fuerza que entonces Suárez tenía por ser una de las claves que a todos ellos les había abierto el camino al Parlamento. Porque si cada partido que hace la UCD va por su parte, dígame usted lo que puede pasar... Esto se diluyó...»

No da nombres Enrique Múgica, pero él se excluye, y viene a excluir a la mayoría del que era su partido, en aquella política de alianzas contra natura que se intentó al parecer en 1977. Pero ni él, ni nadie más de la Ejecutiva del PSOE se borró a partir de 1979 en la nueva tarea que se asignaron: expulsar a Suárez del gobierno lo antes posible.

SUS HIJOS COMIENZAN A DEVORAR A SATURNO: UCD INICIA SU SUICIDIO

Los mismos que, según desvela Múgica, se planteaban ya en 1977 sustituir a Suárez, aquellos democristianos y socialdemócratas integrados en la UCD con desgana, y que a menudo se veían a sí mismos como políticos con más formación y capacidades que Adolfo Suárez, van a iniciar muy pronto movimientos contra su líder de filas. UCD había nacido como un conglomerado de intereses, resultado de las ambiciones de una serie de políticos en búsqueda de un lugar al sol del poder, y Suárez se había mostrado incapaz de superar ese «pecado original» que lastraba a su partido. El gobierno que formó tras las elecciones de 1979, lejos de rebajar esa tensión, la incrementó. Suárez decidió dejar fuera del gabinete a varios de los conocidos como «barones», líderes de las corrientes ideológicas, y echarse en manos de su amigo Fernando Abril Martorell, a quien entregó además la gestión de la difícil situación económica. Entre los que quedaban relegados,

Landelino Lavilla, líder natural de la Democracia Cristiana de UCD tras la salida de Alfonso Osorio, y a quien, muy contra la voluntad del interesado, «promovieron» a presidente del Congreso. También Rodolfo Martín Villa, como Suárez, antiguo dirigente «azul» reconvertido a la democracia, y líder de este sector, salió del gobierno, aunque esta vez a petición propia. Fernández Ordóñez, el líder del sector socialdemócrata, que siempre se sintió incómodo junto a las otras familias de UCD, quedaba igualmente sin cartera. Igual que otro histórico, Pío Cabanillas, que también había sido ministro en los últimos gobiernos de Franco y tenía mucho ascendiente sobre amplios grupos de la derecha tradicional inserta en UCD. A éste, además, le sustituía en la cartera de Cultura por un hombre que se convertiría en un verdadero talón de Aquiles del Ejecutivo en los meses siguientes, el andaluz Manuel Clavero. Entre los que se quedaban en el gobierno, tampoco todos estaban felices con la dirección de Suárez; en especial, Joaquín Garrigues Walker, el jefe de filas de la corriente liberal y que, lo reconocería él mismo al final al propio Suárez, lo que quería era el sillón del propio presidente.

Diseñar esta modificación del gobierno supuso a Suárez un verdadero quebradero de cabeza que, por ironías del destino, coincidió con un período de jaquecas reales, tan fuertes y continuadas, que llevaron a temer que estuviera padeciendo un tumor cerebral. Su padecimiento físico supuso que Abril Martorell, al que ya Suárez había dado grandes atribuciones, asumiera durante varios meses un papel aún más relevante, lo que se tradujo en mayores celos y desconfianza en los «barones» desplazados. Quejosos con lo que consideraban un exceso de personalismo en la dirección del partido, los barones muy pronto pasarían de las protestas a la acción.

La ocasión mejor se la daría la negociación de los estatutos autonómicos vasco y catalán, que si bien creaban en muchos ambientes la sensación de que «España se desmembraba», al tiempo fomentaban un sentimiento de «inferioridad» en las demás regiones. Los primeros que dejaron claro que no aceptarían un grado menos de poder para su autonomía fueron los andaluces.

Suárez había pretendido que las autonomías no «históricas», es decir, todas a excepción de País Vasco, Cataluña y Galicia, siguieran procesos más lentos y tuvieran menos competencias. Los aparatos centrales de UCD, pero también del PSOE, querían y apoyaban esta idea. Pero los dirigentes territoriales de ambos grupos, por razones obvias, y los partidos locales, lo rechazaban. En realidad, ese «hecho diferenciador» concedido a vascos, catalanes y gallegos, lejos de ser comprendido en otras regiones, lo que hizo fue provocar un a modo de contagio de sentimiento autonomista que impregnó incluso a los habitantes de regiones que jamás lo habían albergado históricamente. Manuel Clavero, que además de ser ministro de Cultura, ocupaba la presidencia de UCD en Andalucía, advirtió que no consentiría menos poderes, ni menos celeridad en su concesión, para el futuro Parlamento andaluz que para otras partes de España. Su rival del PSOE en Andalucía, Rafael Escuredo, no podía ser menos, y reclamó también autonomía rápida y plena para su tierra. Suárez, aunque se lo pidieron otros ministros y altos cargos del partido, se resistió a cesar a Clavero, que, aun ocupando una cartera, criticaba duramente la política autonómica del gobierno. Esto significó una enorme sangría de imagen tanto para la UCD como para el propio presidente. Esta herida, sumada a los pobres resultados obtenidos por el partido en los procesos autonómicos celebrados durante el mes de octubre de 1979, dejaron a Suárez en una posición de fragilidad entre sus «compañeros de partido» de la que nunca se recuperaría. Al año siguiente, los barones de la UCD devorarían la figura política de Adolfo Suárez hasta convertirse en factor clave en su rendición, y en los hechos que seguirían a ésta.

¿Y LA DERECHA? SÓLO SE DA Y SE RECIBE DESPRECIO

Alfonso Osorio, mano derecha de Suárez en sus primeros gobiernos, y hasta entonces la figura de más peso entre los democristianos, había abandonado UCD, disconforme con «el izquierdismo» del presidente, justo antes de las elecciones de 1979. Se fue con Manuel Fraga y José María de Areilza,[5] marqués de Motrico, para formar una llamada Coalición Democrática. Pensaban que sus nombres y sus largos historiales, como ex ministros, podrían reunir el voto conservador y el del franquismo moderado. En realidad no sólo obtuvieron los peores resultados de la derecha española en la historia de la democracia; además resultaron tan débiles que hicieron posible que por primera, y hasta ahora única vez, la extrema derecha estuviera presente en el Parlamento, ya que el notario Blas Piñar, fundador de Fuerza Nueva, pero que se presentó por una coalición llamada Unión Nacional, logró un escaño. Pero Osorio en realidad nunca se llegó a ir por completo de UCD. Los principales de sus correligionarios de la UCD seguían manteniéndose en contacto con él, y nunca dejarían de soñar con crear un gran partido democristiano de centro derecha. Un sueño al que no faltaron nunca gentes dispuestas a darles el «alimento» económico necesario para mantenerlo vivo.

En los primeros años de la transición, agrupados en la vigorosa CEOE, los grandes empresarios, siempre atentos a cuidar el lugar donde se asiente el poder, no dudaron en financiar entusiastamente a UCD. Rafael Arias Salgado, secretario general del partido justo antes de esta época, recibió la visita de Carlos Ferrer Salat y José Antonio Segurado, las dos cabezas entonces de la Confederación Empresarial. Los dos hombres prometieron financiación continua y abundante para la coalición del gobierno, aunque a cambio esperaban, claro, tener una cierta influencia sobre las políticas económicas y la legislación laboral. Otro de los altos dirigentes de la organización empresarial en ese mo-

5. Ministro de Asuntos Exteriores del primer gobierno de la monarquía, fue, con Fraga, el gran damnificado de la decisión del Rey de preferir a Suárez como presidente del Gobierno en 1976, cargo para el que el día antes se consideraba ya elegido. Según ciertos informes, el Servicio de Información realizó un dossier, fotos incluidas, sobre los comportamientos de Areilza que dañaron definitivamente sus posibilidades.

mento lo explica así: «La CEOE como tal no tenía fondos con los que financiar a nadie, pero sí es cierto que se animaba a que los empresarios dieran dinero, a que fueran generosos con los partidos adecuados». Pero con el paso del tiempo se les hizo evidente que la concesión que buscaban a cambio de su ayuda económica no llegaba. Al contrario, y aunque algunos miembros de la Patronal llegarían a ocupar carteras, como Ignacio Bayón en Industria, pronto se dieron cuenta de que Suárez no cedería a sus deseos. Al contrario, fuera por su resistencia a ser manejado, por algún resto de su pasado falangista o simplemente porque de verdad se sentía un hombre del centro izquierda, sus políticas, en especial las laborales, les eran muy poco favorables. Esto añadido a que además en este año setenta y nueve conocieron maniobras del presidente para «defenestrar» de su cargo a Ferrer Salat, uno de los habituales comensales de Luis María Anson, quizá en respuesta a los «esfuerzos» que, como se ha visto, hacía también el empresario catalán para «defenestrar» a Suárez del suyo, llevó al choque que se podía imaginar.

A partir de 1979, tanto a través de Osorio, como de Miguel Herrero de Miñón, y algún otro miembro de la familia democristiana, pero también de la rama liberal del partido del gobierno, los empresarios comienzan a presionar para lograr que se forme lo que, poco a poco, pasará a conocerse en estos círculos como «la gran mayoría», formada por la Coalición Democrática y los sectores más de la derecha y centro derecha de la UCD. Un esfuerzo en el que los grandes empresarios no sólo no cejarán, sino que insistirán con denuedo, a lo largo de 1980. Incluso, como se verá, llegarán a pedir a Fraga que apoye al PSOE en algún proyecto de moción de censura, con tal de ver la salida de Suárez.

Un sentimiento de desconfianza, de verdadera animadversión hacia el personaje, en el que los grandes empresarios están muy lejos de encontrarse solos. Fraga lo comparte de pleno. Aún más, a Fraga, en realidad, nunca le gustó Suárez. Claro, que esta falta de aprecio era mutua.

Félix Pastor Ridruejo, un rico notario, sobrino del histórico de Falange Dionisio Ridruejo, con un largo historial político siempre «atado» a la figura de Fraga,[6] me recibió en su finca, en un diminuto pueblo cercano a Soria, donde se disponía a pasar el final del verano. Pocos hombres como él han conocido al Fraga político y al Fraga personaje. Quería que me explicara las razones del enfrentamiento, de la saña, que había marcado de siempre las relaciones entre el político gallego y el abulense. ¿Sería porque Suárez había sido el elegido por el Rey en lugar de Fraga en 1976?

—Hombre, claro... Aunque la verdad es que más que desencuentro lo que no hubo nunca fue encuentro. El otro Suárez, Fernando,[7] contaba de Adolfo Suárez que habían estado juntos por razón de apellido en las Cortes franquistas, y que nunca le oyó hablar. No tenía ideas. No hablaba. Pero yo creo que la idea un poco general era de que se trataba de un hombre de poco peso... Fraga reaccionó con escepticismo al nombramiento: «¡La torta que nos vamos a dar!». Cosa que luego no resultó ser así, que fue un político muy a ras de tierra... [Los enfrentamientos] entre Fraga y Suárez eran continuos; en el Parlamento y fuera del Parlamento. Fraga no creyó nunca en Suárez... Pero la gente, con mucho instinto, apoyó a Suárez, porque él resultaba tranquilizador, y Fraga preocupaba... Sin motivo, porque Fraga hubiera sido un magnífico Suárez alternativo... ¿Que Fraga daba una imagen excesivamente autoritaria? Después de conocer a José María Aznar y el PP, Fraga de autoritario nada. Él

6. Socio fundador de GODSA, el gabinete que intentará diseñar el «nuevo Fraga» al final del franquismo; fundador de Reforma Democrática, el primer partido de Fraga, en 1976; cofundador de Alianza Popular, luego Partido Popular, y, como tal, también cofundador en 1978 de esta Coalición Democrática, en cierto modo la cuarta pata de la mesa que sostienen Osorio, Areilza y Fraga.

7. Fernando Suárez fue diputado de las Cortes franquistas —tuvo un papel de cierto relieve en su disolución, con un acertado discurso— y luego militó en Alianza Popular desde el inicio.

llevaba todos los temas a la dirección nacional y los llevaba con absoluta lealtad, y sometiendo a votación el tema después de debatirlo... Sin escabullirse o disfrazar el debate... Autoritario, pues sí, es autoritario... ¡y gordo! Sí, es muy gordo... Pero es muy inteligente y no dice majaderías. Ahora, es un hombre con un carácter muy firme, y no fácil. Le tengo que decir que Fraga no admitía que yo pensara que Suárez era el hombre... Y lo era. Lo era porque estaba ahí, y el Rey le apoyaba, y porque tenía una idea acertada... Una. Seguramente no tenía más ideas. Pero ésa, acertada. Fue una pena. El enfrentamiento de Suárez con Fraga fue una pena. Ahora, que conste que Suárez le dio mucha leña a Fraga también.

Ese pecado original, la elección del monarca a favor del político más joven, del menos brillante, pero del teóricamente más manejable, frente al Fraga en su madurez, número uno en todas sus oposiciones y dedicaciones, pero más autoritario, marcará la relación para siempre entre Fraga y Suárez. Tampoco ayudó que Fraga se negara a aceptar ser un «segundón» del presidente en su proyecto de UCD. Y mucho menos que Suárez, como toda compensación, al ex ministro de Información y Turismo, y de Interior, y embajador en Londres y «al que le cabía el Estado en la cabeza» —palabras aduladoras... ¡de Felipe González!, bien es verdad que dichas para «herir» la autoridad de Suárez—, le ofreciera tan sólo la presidencia del Tribunal de Cuentas, un puesto idóneo para un político que se vea cercano a la retirada, no como era el caso de Fraga, para uno aún imbuido de un pleno ardor por la erótica del poder.

Claro que Fraga siempre tuvo una desventaja con Suárez, Fraga nunca contó con la simpatía del Rey..., más bien al contrario: al Rey nunca le gustó Fraga. Pastor Ridruejo lo recuerda así:

—... el Rey es el Rey, y es un personaje con características propias que chirrían cuando rozan con Fraga. Siempre lo ha respetado, y lo ha tratado sustancialmente bien, pero ciertamente no simpatizan... Y el Rey no se fiaba de Fraga. No le decía nada.

Ni mentiras, le decía. Nada... No le soportaba... ¿Era un problema de edad? Un poco..., pero no. No era [solo] un problema de edad, era un problema de carácter... Al Rey hay que tratarlo un poco en plan de peloteo y Fraga...

Fraga siempre se sentiría «minusvalorado», él y sus partidos y coaliciones, por Suárez, que siempre despreció aquello de la «mayoría natural», la gran derecha, y prefería «flirtear» con el PSOE. Cuando llegara la ocasión, y eso iba a ser muy pronto, Fraga no dudaría un segundo en colaborar en la caída de Suárez.

Milans acumula razones para su rencor

Mientras, Rodríguez Sahagún, el ministro civil de los militares, sigue buscando fórmulas para bandear el evidente, y creciente, descontento de sus subordinados. Aunque la medicina que elige no siempre calma los dolores del enfermo. A veces, muy al contrario, aún lo irrita más. Por ejemplo, con la política de ascensos y de destinos. La principal de las elecciones a la que se entrega el ministro, la clave, es la del jefe de Estado Mayor del Ejército (JEME). O sea, el jefe de todos los militares de Tierra; sin duda, de los tres, el ejército clave a controlar si se quiere evitar cualquier revuelta. En los mentideros militares y políticos, en las semanas previas a la toma de decisión suena el nombre de Jaime Milans del Bosch como candidato mejor colocado para el puesto. Milans mismo, desde luego, está entre quien piensa así. Y no duda en confiárselo a algunos militares que han servido a sus órdenes, como el general Sáenz de Tejada, que desempeñará un papel relevante durante la noche del 23 de febrero entre los que «paran» el golpe, y el general Alvarado, que tendrá también un papel significado durante los preparativos del golpe, pero a favor de los que traman sublevarse: «... y recuerdo que vino a vernos Milans —explica el general Sáenz de Tejada— a Capitanía General, a decirnos que podían nombrarle JEME. En sus proyectos él creía que podía ocupar ese puesto... En fin, se celebró el Consejo Superior del Ejército[8] que fue ciertamente violento. Se manejó, al parecer, una terna donde podían estar el general Quintana, el general González del Yerro y otro que no recuerdo, que quizá fuera Elícegui, pero desde luego no estaba Milans. En esa terna, que era preceptivo presentar al ministro de Defensa, el Consejo Superior no es capaz de proponer a un candidato claro. Al ver Gutiérrez Mellado que el Consejo no se pronunciaba con la determinación suficiente, optó por nombrar al general de división José Gabeiras».

El problema es que cuando Gutiérrez Mellado y Rodríguez Sahagún deciden nombrar a Gabeiras para el cargo, éste es aún general de división, es decir, tiene rango inferior a todos los miembros del Consejo Superior, que son tenientes generales. La solución que da el gobierno al problema es aparentemente simple..., pero sólo aparentemente: asciende a Gabeiras a teniente general.

«Pero como además —sigue el general Sáenz de Tejada— Gabeiras en la escalilla [hecha en base a la antigüedad] tenía por delante a otros cuatro generales de división, para no enfadarlos se ascendió a todos ellos. A éstos los llamaron «los de El Palmar de Troya».[9] El problema era que con la promoción de Gabeiras el gobierno dejaba claro que ninguno de los doce o catorce tenientes generales del Consejo Superior del Ejército merecía la confianza del gobierno para ser JEME. Fue una decisión que produjo mucho malestar entre los altos mandos».

Gabeiras, como Milans, y como Armada, habían luchado en la Guerra Civil y después habían sido voluntarios de la División Azul; los dos hombres se conocían por tanto desde más de cua-

8. Este organismo, en el que figuraban los capitanes generales de las Regiones y los tenientes generales, cumplía un papel asesor del gobierno para la elección del JEME —ofrecía una terna—, así como para señalar los ascensos a general, aunque sus recomendaciones no resultaban vinculantes.

9. Una chanza relacionada con la Congregación del Palmar, entonces muy popular, y en la que un ex sacerdote, Clemente, se había autonombrado Papa, y en la que los «supuestos» clérigos que él consagraba ascendían a gran velocidad a los grados superiores de obispos y cardenales.

tro décadas antes, pero este desencuentro los llevará a romper sus relaciones personales. A partir de ese momento Milans buscará menoscabar la autoridad del nuevo JEME siempre que tiene ocasión en los Consejos Superiores, apoyado por otros generales. La antipatía que se crea entre los dos hombres es un hecho que sin duda juega un papel en la cabeza de Milans, a la hora de participar en el golpe, y tendrá su relevancia en la propia noche del 23-F. Un militar destinado entonces en la Casa Real, me diría —una opinión que quizá compartían otros militares de su misma línea ideológica— que el gobierno se equivocó con aquella política de nombramientos: «si en lugar de hacer a Milans y a otros sentirse perseguidos con la política de destinos, les hubieran dado cargos de relevancia, muy posiblemente los hubieran ganado para su causa y no los hubieran tenido enfrente». Imposible de saber lo que hubiera pasado a partir de decisiones no tomadas. Sólo las consecuencias de los hechos pueden ser reseñadas.

Tuve ocasión de mantener dos largas entrevistas con el general José Gabeiras semanas antes de su fallecimiento, en enero de 2005. Él recordaba así aquel suceso: «Mi nombramiento lo trataron políticamente en las alturas. Lo trataron Adolfo Suárez, Gutiérrez Mellado y Rodríguez Sahagún [...] Lo que pasa es que ya estaba cociéndose desde antes por la cosa, que se sabía, del mal ambiente que se respiraba en las alturas militares. Yo no sé si eso fue poca valentía de Gutiérrez Mellado o de Rodríguez Sahagún. Se lo dije después lo mismo a uno que al otro: «es que debisteis haberme ascendido a mí sin ascender a los seis anteriores, que fue por lo que armaron un bollo los periodistas y el energúmeno de la ultraderecha Blas Piñar, hablando de El Palmar de Troya...».

Como apuntan los dos generales, el nombramiento se ve a los ojos de todo el generalato como «un pasteleo» del gobierno, que asciende y da destinos por razones más políticas que profesionales. Esto se convertirá en un runrún que minará aún más la relación entre militares y Suárez y Gutiérrez Mellado. Y lo cierto es que no andaban descaminados por completo quienes pensaban así. Como se ha dicho, cuando Rodríguez Sahagún llega al ministerio desde la cartera de Industria, que había ocupado hasta entonces, su conocimiento del mundo militar era cercano a la nada. Y aconsejado por Gutiérrez Mellado, que los conoce, se pone entonces en manos de una serie de oficiales del CESID, en especial de Javier Calderón, en este momento secretario general del Servicio de espionaje, pero también de Florentino Ruiz Platero, Juan Ortuño y José Luis Cortina. Todos éstos son viejos amigos desde muchos años antes, cuando militaban en una organización militar-religiosa llamada FORJA. Javier Calderón lo explica: «El asesoramiento a Rodríguez Sahagún en estos temas [ascensos y destinos] no era tanto del CESID como personal de alguno de nosotros. Nuestra teoría era que si Madrid no se movía, fuera el que fuera el movimiento que se produjera en la periferia, no funcionaría. Y eso determinó nuestra política de consejos al ministro. En este sentido nos consultó mucho más los destinos Rodríguez Sahagún que Gutiérrez Mellado, que como militar tenía sus propios fundamentos para hacerse un juicio. Por ejemplo, en un momento Milans se ofrece como JEME o como jefe de la I Región (Madrid), y a ninguno de esos cargos llegó Milans porque se le temía. Y esto no tanto por su ambición como porque podía ser fácilmente instrumentalizado por la ultraderecha...».

Rodríguez Sahagún, es cierto, también tiene que decidir en estas fechas otro nombramiento que resultará clave el 23 de febrero a la hora de hacer fracasar el golpe: el del capitán general de Madrid. El que un mes más tarde sería nombrado JEME, José Gabeiras, recomienda a uno de sus grandes amigos, Guillermo Quintana. Los «consejeros» del ministro dudan de que el nombramiento sea adecuado; el general Quintana tiene fama de ser muy conservador y en su hoja de servicios aparece, imposible de soslayar, un larguísimo período sirviendo en el Regimiento de la Guardia de Franco. Rodríguez Sahagún decide mantener una entrevista personal con el general: «... y en la conversación personal —me diría el teniente general Javier Calderón—, Quintana le convenció. Y eso que le advirtió: "Le recuerdo que yo fui jefe del Regimiento de la Guardia de Franco y que le serví lealmente". Sahagún le contestó: "Eso no me importa... ¿Usted tiene inconveniente en servir conforme al papel que se reserva a las Fuerzas Armadas en la Constitución?". "Ninguno", dijo Quintana, y el ministro aceptó su nombramiento. Un error fue el nombramiento del propio Gabeiras. Era un caballero, pero mediocre, y no muy considerado dentro del ambiente de los generales. Era muy blando. Milans, por ejemplo, no se ponía al teléfono a Gabeiras por cómo se había producido su nombramiento. Si hubiera tenido carácter, el primer día que llama a Milans y este no se pone, le cesa y ya está, no pasa nada. Y luego está lo que nos dio más problemas: cómo quitar a Torres Rojas al frente de la División Acorazada».

Los motores de la División Acorazada comienzan a rugir

—La noche en la que el ministro decidió el cese de Torres Rojas al frente de la División Acorazada fue extraordinariamente tensa. Sería como a eso de las ocho de la noche cuando nos llamó a su despacho a Javier Calderón y a mí. Y no nos fuimos del ministerio hasta bien entrada la madrugada.

El general Santiago Bastos, jefe de la Célula Antiinvolución del CESID, sigue siendo convocado por el ministro Rodríguez Sahagún cuando se encuentra ante una crisis y busca consejo. Aquel 24 de enero de 1980 no es una excepción; al contrario, aquélla es de las crisis más graves que se le ha planteado al ministro en el corto año que lleva al frente del departamento. Le han llegado indicios, que califican de muy sólidos, de que la División Acorazada está preparando un golpe que dirige su general en jefe, Luis Torres Rojas. Otro de los grandes protagonistas del 23-F aparece en el mapa.

El nombramiento de Torres Rojas en junio de 1979 como máximo responsable de la División Acorazada Brunete, la unidad de más potencia del ejército español, la que aparecía como «imprescindible» en cualquier posible plan golpista, no había dejado de resultar sorprendente. Por un lado era de los generales de división más jóvenes y, además, había sido adscrito poco tiempo antes a un destino en Málaga al ascender a general de división. Pero es que, además, el historial de este general como hombre del sector más conservador del ejército no dejaba lugar a dudas. Su posición en contra de los «excesos» del caminar político, en especial los procesos autonómicos vasco y catalán, y sus apuestas por una contestación mucho más contundente al fenómeno terrorista, eran bien conocidas en el ámbito militar. Desde luego, el propio vicepresidente, Gutiérrez Mellado tenía que conocer bien la vehemencia que empleaba en la defensa de sus argumentos. Sólo tres años antes, cuando dirigía la otra gran unidad de fuerza del ejército, la Brigada Paracaidista, le había dado una muestra inequívoca. En los días que siguen a la concesión de una amnistía amplia para todos los delitos políticos, se comenta que ésta puede significar el regreso a sus destinos de los miembros de la Unión Militar Democrática, la conocida UMD.[10] El 18 de agosto, Torres Rojas, acompañado por su jefe de Estado Mayor, el coronel Eduardo Gómez Acebo, va a visitar a Gutiérrez Mellado, entonces aún jefe del Estado Mayor Central, el puesto que luego se llamará JEME. «Mi general, vengo a decirte —advirtió Torres a su superior— que si se reingresa [en sus puestos militares] a la gente de la UMD yo no respondo de lo que haga la Brigada Paracaidista.» Una amenaza muy poco velada, perfecta muestra de la idea del papel que para Torres Rojas debían desempeñar las fuerzas a su mando, y que repitió casi

10. Se trató de un movimiento clandestino de militares demócratas, cuya intención básica era asegurar que a la muerte de Franco hubiera un entramado de oficiales dispuestos a actuar si se intentaba paralizar desde las Fuerzas Armadas la transición a la democracia. Nueve de ellos fueron detenidos y procesados. Entre las condenas que se les impusieron estaba la expulsión de las Fuerzas Armadas.

paso por paso en la División Acorazada. De su opinión de que los militares debían tener una voz en los asuntos políticos dio pruebas inmediatas. Ricardo Pardo Zancada,[11] otro de los militares que jugará un papel crucial en los hechos del 23 de febrero, cuenta cómo Torres tenía «una verdadera obsesión» por que su Estado Mayor, del que Pardo formaba parte, siguiera el día a día de la actualidad que «podía afectar» a los militares. El resultado es que para otoño, coincidiendo con el nombramiento del coronel José Ignacio San Martín a la División Acorazada como jefe de Estado Mayor, comienzan a salir de la DAC hacia la Capitanía General de Madrid unos «estados de opinión»[12] explosivos. Torres Rojas no duda en utilizarlos para criticar, una vez más, los procesos autonómicos vasco y catalán, la política antiterrorista... En el Ministerio de Defensa y en la Capitanía General de Madrid comienzan a saltar las alarmas, y se propagan continuos rumores, con mayor o menor fundamento, de la preparación inminente de un golpe cuyo motor serán los blindados de la DAC. Aún más, en esas semanas de otoño se habla, y se publica, la posibilidad de que oficiales y jefes de la Acorazada estén coordinándose con los de la Brigada Paracaidista para actuar de manera conjunta.

—El primer momento de preocupación seria... —el general Bastos se esfuerza en ser preciso y hace una larga pausa antes de proseguir contándome— es cuando me llega por medio de un hombre de mi confianza que un mítico jefe de la Brigada Paracaidista, el teniente coronel Manuel Vicario, había reunido a los oficiales de su bandera y les había dicho que se estaban preparando planes para dar un golpe... Pero es más concreto. Lo que les dice es que van a municionarse y pertrecharse como si fue-

11. He tenido varias conversaciones en persona y por teléfono con Ricardo Pardo Zancada, que es, además, autor de un minucioso libro de memorias: *23-F, la pieza que falta*, Plaza y Janés, 1998. Cuanta referencia aparece en el presente texto sobre Pardo Zancada está extraída de su libro o/y de nuestras conversaciones.

12. Los estados de opinión eran unos informes que se crearon con la idea de recoger las inquietudes profesionales de jefes y oficiales de regimientos y unidades y que éstas llegaran al mando de cada Región Militar. Pero durante estos años esos «estados de opinión», lejos de recoger temas profesionales serán utilizados por determinados jefes y generales para realizar feroces críticas a la política del gobierno.

ran a salir de maniobras, pero que en realidad irán a ocupar determinados centros de poder. Nuestra información decía que había coordinación para realizar esto con la División Acorazada. Yo avisé de inmediato al ministro, Rodríguez Sahagún, que a su vez se puso en contacto con el jefe de la Brigada Paracaidista, el general Mendizábal. El general visitó la bandera y dio un discurso forzando las notas patrióticas. A la vuelta rezongó: pensaba que nada de aquello era verdad.

En realidad, a través de un amigo común, el propio Manuel Vicario me confirmaría estos hechos que me expuso el general Bastos.

Los rumores de movimientos de tropas en aquellos meses son continuos. Se realizan con frecuencia ejercicios denominados ALFA y BETA, que para algunos son simples ejercicios militares, y para otros «preparativos» para posibles golpes. El siguiente «temblor» en la División Acorazada, sin embargo, se presenta casi de inmediato. En una operación policial se detiene a unos miembros de ETA que están en posesión de listas con nombres de personas posibles objetivos de atentado. Entre ellos aparece un jefe de la División Acorazada, Espinós Orlando. El general Torres Rojas, tras ser informado de este hecho, reunió a su Cuartel General. Les informó y les vino a anunciar que si ETA atentaba contra uno solo de los hombres de la unidad, ésta respondería con todos los medios a su alcance contra los terroristas y contra las personas que los apoyaban desde el mundo político. Después pidió sugerencias a sus mandos. Las propuestas no faltaron: acciones de comando, la más repetida. Pero alguno —Pardo Zancada señala al coronel de Artillería Pontijas— llegó a proponer, simple y llanamente, que la división entrara en el País Vasco si ETA cumplía su amenaza contra el coronel Espinós. Por supuesto, tanto la celebración de esta reunión, como su contenido, trascendió los muros del Cuartel General de la DAC.

Una muesca más en la escala de desconfianza que se iba creando en el gobierno hacia Torres Rojas se produce el día de Todos los Santos, cuando tan sólo han pasado cinco meses de la toma de posesión de su puesto por parte del general. Ese año, este día, que era fiesta conforme al calendario eclesial, en un reajuste de los días festivos, el gobierno lo convirtió en laborable. El Ejército en pleno acató la orden..., excepto la División Acorazada. Al día siguiente, *Diario 16*, donde trabajaba como redactor especializado en temas de defensa uno de aquellos expulsados oficiales de la UMD, Fernando Reinlein, publicó en su primera página: «Los carros de la División Acorazada hacen fiesta el día de Todos los Santos».

Pero aún faltaban los dos grandes «bombazos» que deparará Torres Rojas en su corta estancia al frente de la División. El primero estalla nada menos que ante el Rey. El 6 de diciembre representantes de todas las categorías y rangos de la división han sido convocados para asistir a la presentación ante el Rey del nuevo diseño de una boina, que ha realizado el propio general Torres. Para preparar su discurso, el general pide ideas a sus subordinados. De nuevo no faltan sugerencias, y de nuevo no son precisamente suaves. Ante el Rey, Torres Rojas, en un tono al que no resta ni un ápice de solemnidad advierte, más que dice: «... Ante la inquietante situación mundial; ante algunos acontecimientos que se producen en nuestra patria, España, con el corazón enlutado por los crímenes que se cometen en las personas de españoles y compañeros nuestros, asesinados alevosamente con derroche de cobardía y traición; entristecidos por los atentados a la bandera que juramos; temerosos de cuanto pueda poner en peligro la sagrada unidad de España... [...]... os prometo Señor, que de la misma forma que antes dije que regamos con nuestro sudor los campos de España para estar en condiciones de cumplir la misión, también sabremos regarlos con nuestra sangre para defender la unidad de España, su independencia, su integridad territorial y el orden constitucional...».

Ante estas palabras, los comentarios sobre el diseño de la nueva boina quedaron, es evidente, muy en segundo plano. Pero aún faltaba la gota que acabaría por llevar al ministro Rodríguez Sahagún a actuar cesando a Torres Rojas. Para ello hay que volver al 24 de enero de 1980, a las ocho de la tarde, al despacho del ministro, a las palabras del general Santiago Bastos, entonces comandante destinado en el CESID, al mando de la pequeña célula de involución:

—Lo que sucedió fue que llegó destinado a la División Acorazada un capitán nuevo. Como era su obligación, se presentó al general Torres Rojas, y éste, en ese mismo momento de presentación, le suelta: «Ha llegado usted a tiempo de participar en la salvación de España». Y a continuación le insinúa que va a haber un golpe de Estado. Lo que sucede es que este capitán era... Hay que darse cuenta de cómo estaba entonces todo... El general da por sentado que cualquier capitán es tan integrista como él, y le larga nada menos que esto... Pero como da la casualidad de que este capitán no lo era, se pone en contacto con la red de «úmedos»[13] y me llega a mí... Yo advertí al ministro. Pero es que, además, esta indiscreción de Torres Rojas coincide en el tiempo con un viaje a Melilla de otro capitán, José Tormo, que nada más llegar se reúne uno a uno con los jefes de unidad y les anuncia que «me mandan de Madrid con la misión de que os comprometa en un golpe que se está preparando».

El ministro decide cesar de inmediato a Torres Rojas y llama a los dos oficiales del CESID en los que lleva meses confiando, para buscar consejo. Tienen claro desde el primer tiempo que se debe realizar todo el esfuerzo que sea necesario para rebajar la alarma que un cese semejante pueda causar; Torres Rojas en ese momento llevaba tan sólo siete meses al frente de la división. El ministro decide que va a presentar el cese del general de la DAC como un simple traslado dentro de una más amplia reorganización de destinos. Imposible. Cuando aún están en Defensa los militares del CESID, suena el teléfono del ministro.

—Oímos que le anuncian —dice el general Bastos— que al día siguiente *Diario 16* va a informar del cese de Torres Rojas.

13. Los oficiales que habían formado en la UMD, conforme a su idea primigenia de evitar un golpe involucionista, mantienen en estos años lo que ellos califican como una especie de «red de alerta», por la que compartían y «sacaban al exterior» informaciones sobre lo que ellos consideraban movimientos sospechosos dentro del ejército.

Un desastre... Escuchamos cómo el ministro discute con el director del periódico, Miguel Ángel Aguilar, al que intenta convencer inútilmente de que el cese de Torres Rojas no es tal, sino un simple cambio de destino. Forcejean, escuchamos al ministro subir la voz. Pero cuando nos vamos del ministerio, serían cerca de las tres, ya sabíamos que la historia iba a publicarse al día siguiente.

Diario 16, en efecto, publica el «cese» de Torres Rojas, pero aún va más lejos y publica los movimientos de oficiales que hay tras él y habla de intentona. A Miguel Ángel Aguilar se le llega a procesar por «injurias» al ejército en un tribunal militar, que lo condena, aunque el caso se ve después en la jurisdicción ordinaria, que lo absolverá. A Torres Rojas, que está de vacaciones en Canarias, le llama el ministro y le anuncia su inmediato traslado a La Coruña, donde va a ocupar el puesto de gobernador militar. Un viaje éste, de los cuarteles generales de la DAC en El Pardo a La Coruña, que deshará poco más de un año después Torres Rojas, el día 23 de febrero, cuando vuelva para, «si es necesario, hacerse cargo de la unidad».

Pero a la cúpula de Defensa aún le queda un epílogo, un último desafío al que hacer frente, en este *affaire* Torres Rojas, el tercer general que actuará el 23-F y que, como Armada, como Milans, a partir de este momento a su desacuerdo con la línea de actuación del gobierno suma agravios personales. Tan pronto como se conoce su destitución, entre jefes y oficiales de la Acorazada se produce un movimiento de repulsa e indignación.

«Decidimos entonces —me dirá uno de aquellos oficiales, César Goas—, como un homenaje hacia él, acudir vestidos de uniforme a esperarle al aeropuerto de Barajas. Pero se nos dijo: "Se prohíbe ir, porque se le va a despedir con un acto en el Regimiento Saboya, como corresponde". La verdad es que el problema, si nos presentamos parte de la división, todos de uniforme, para recibir al general que han cesado y el aplauso que se lleva... Porque en la DAC podríamos estar destinados unos cuatrocientos o quinientos hombres entre jefes, oficiales y suboficiales.»

Lo que ha sucedido es que el capitán general de la Región, Quintana, que ha sabido del homenaje «espontáneo» que quieren rendirle sus hombres en Barajas, llama al jefe de Estado Mayor, José Ignacio San Martín, y le ordena que paralice aquello: «Nos lo dijo [Quintana] a Manuel Vallespín, jefe de la Brigada XI, y a mí... —me contaría San Martín—. Yo me limité a avisar a todos de que estaba prohibido acudir a esperarle, y que tenían que cumplir las órdenes. La masa de oficiales, es verdad, querían haberlo hecho, bueno, a él, sin duda, le hubiera gustado encontrarse con un despliegue de toda la división, pero no se lo permitieron».

La comunión de la mayoría de sus hombres con Torres Rojas, sus acciones, y su forma de pensar, quedó suficientemente refrendada, sin embargo, en su cena homenaje de despedida. A los postres le dedicaron un aplauso de más de cinco minutos. Con muy pocos, mínimos cambios en su cúpula, ésta será la División Acorazada convocada a salir a tomar los puntos clave de Madrid el 23 de febrero.

Así se inicia 1980 en medio de los ensordecedores rumores que a lo largo del año ya no disminuirán. Tanto en el campo político como el militar éste va a ser el año de la batalla...

6

1980: El año de las conspiraciones

«Café para todos», y una taza muy amarga para Suárez

—¿1980?... ¿Cómo podemos hacer para poner un cierto orden en aquel año? Porque la verdad es que si se quiere comprender todo lo que pasa ese año tremendo no se puede parpadear, o se pierde uno algo y ya le resulta imposible comprender la película de los hechos...

De esta manera tan expresiva me lo puso mi viejo confidente, que me recomendó:

—A partir de ahora le sugiero que coja el calendario de aquel año y que veamos las cosas según iban sucediéndose, ¿le parece? Pero ¿por dónde empezamos? Porque enero, sin duda, fue el mes del lío de Torres Rojas, pero es que febrero se pasó con todas aquellas peleas internas de la UCD por el tema del referéndum en Andalucía... Allí se rompió todo definitivamente en el partido del presidente, con el lío de las autonomías, con lo que pasó a conocerse de inmediato con la frase aquella tan acertada..., los españoles somos ingeniosos para esto de los eslóganes, no se nos puede negar... Bueno, pues el lío de las autonomías quedó perfectamente reflejado en aquella frase del «café para todos», que en realidad fue «desastre para todos», porque si Andalucía o Castilla La Mancha querían tener las mismas competencias autonómicas que el País Vasco y Cataluña, el País Vasco y Cataluña de inmediato pedirían aún más aduciendo el hecho diferencial, sus derechos históricos, y así se entraba en una carrera imparable que nos trae hasta hoy... En Andalucía, desde luego, comenzó la caída de Suárez; allí se plasmó la evidencia de que su debilidad era imparable, lo que despertó el ansia de quienes tenían prisa por ocupar su lugar. Pero el presidente mostraría una enorme resistencia a aceptar la evidencia de que se había desgastado, que tenía que dejar paso, y eso llevó a que quienes le segaban la hierba bajo los pies utilizaran cada vez guadañas más afiladas... Así es que su resistencia podía ponerle en peligro no sólo a él, sino también a otros. No sé si me explico... Pero lo mejor es que vayamos entonces a los hechos... Y lo primero, me parece a mí, fue, como le digo, lo del referéndum en Andalucía...

El 28 de febrero los andaluces estaban convocados para decidir su vía de acceso a la Autonomía, lo que determinaría no sólo cuáles serían las transferencias que se les harían desde el gobierno central, sino también la velocidad a la que el proceso tendría lugar. El gobierno quería imponer en Andalucía, como en las demás autonomías «no históricas» el camino del artículo 143, un camino, sobre todo, más largo. Durante un tiempo el PSOE se mostró de acuerdo, pero como se ha dicho, Rafael Escuredo, presidente de la Junta de Andalucía, y el propio ministro de Cultura, Manuel Clavero, entraron en una carrera de reivindicaciones que llevó a forzar un referéndum para que los propios andaluces decidieran. Manuel Clavero, al que Suárez no tuvo el coraje de cesar, presentó su dimisión apenas un mes y medio antes de celebrarse el plebiscito, lo que aún dividió más a UCD en Andalucía. Un partido y un gobierno que ya de por sí acudían a las urnas en una postura excepcionalmente incómoda y antipática. No sólo llegaban pidiendo a los andaluces que no acudieran a votar, es decir que renunciaran a «ser tanto» como vascos y catalanes —como diría Fraga, que «en lugar del café para todos, se conformaran con recuelo»—, sino que además eran los autores de las draconianas reglas del juego —habían exigido que los síes superaran el 50 % no sólo de los votantes, sino de todo el censo, y que el sí triunfara en cada una de las provincias—, sino que además habían planteado una pregunta que llevara lo más posible a la confusión: «¿Da usted su acuerdo a la ratificación de la iniciativa en el artículo 151 de la Constitución a efectos de su tramitación por el procedimiento establecido en dicho artículo?». A pesar de todos los esfuerzos del gobierno, el «sí» salió triunfador en siete de las ocho provincias,[1] y aunque eso significaba en un primer momento que el gobierno había logrado «ganar», la victoria era tan pírrica y tan sospechosa —en Almería, la única provincia donde no se logró que ganara el «sí», se demostró que en el censo aparecían muchos muertos— que el referéndum se convirtió en realidad en un sonoro fracaso no sólo del Ejecutivo, sino también de UCD, que vio su imagen muy dañada. Los barones acusaron directamente a Suárez de lo que en los medios de comunicación pasó a calificarse como «el error andaluz».

Pero aún le quedaban a Suárez y a la UCD más disgustos en las autonomías. Tanto en el País Vasco como en Cataluña estaba previsto que se celebraran sólo días más tarde sendas elecciones para elegir a los miembros de los parlamentos autonómicos. La primera tuvo lugar en el País Vasco, el 9 de marzo. UCD quedó en un pobre quinto lugar, y obtuvo tan sólo un 8,5 % de los votos. En Cataluña, apenas dos semanas más tarde, el 20 de marzo, la cosa no le fue mucho mejor: el cuarto lugar entre los partidos, y un 10,5 % de los votos. Uno tras otro, estos tres enracimados fracasos dejaron a Suárez a pecho descubierto ante sus enemigos de «casa» y de fuera de «casa». Los que habían afilado armas, en especial desde el año anterior, atacan. Los que dan primero, como era de esperar, los de «casa».

1. Tras el primer recuento se dijo que tanto Jaén como Almería no habían alcanzado el 50 % de votos afirmativos; pero en Jaén, donde los «síes» sumaban un 49,8 %, tras un nuevo recuento, se superó la barrera que había establecido el gobierno.

Suárez era consciente de su situación en el partido, cada vez más aislado y débil, pero también de que si cedía podía costarle el puesto, porque muchos de aquellos barones lo que querían era, como Iznogud, el visir de los cómics, convertirse en califas en lugar del califa. Decidió entonces crear una Comisión Permanente del partido, en la que situó a todos los cabezas de familia de la UCD. En aquel órgano lo que pretendía era ofrecerles un lugar donde «intercambiar» opiniones y dejar escapar las tensiones... «dentro de casa». Y tensiones en esta comisión, desde luego, no faltaron.

Desde el primer momento, lo que le exigen a Suárez los Fernández Ordóñez, Lavilla, Cabanillas, Martín Villa y, sobre todos, Garrigues Walker es que delegue, que les de cancha, que comparta poder y capacidad de decisión con ellos, o le abandonarán a su suerte. O lo que es lo mismo, que rompa la camarilla que ha creado a su alrededor, en la que la pieza clave es su amigo íntimo, el vicepresidente Abril Martorell, que ha ido acumulando poder tras poder y *ninguneando* al partido. La «apertura de diálogo» entre los jefes de UCD llega tarde, sin embargo. Quizá si se hubiera producido antes tampoco habría modificado el final, porque UCD era una sopa en la que flotaban demasiados egos como para que se pudieran armonizar sabores, pero además el papel absorbente de Suárez y su guardia pretoriana tampoco había ayudado.

Durante toda la primavera tanto Francisco Fernández Ordóñez, líder de los socialdemócratas, que cada vez disimula peor sus buenas —buenas hasta la sospecha— relaciones con el PSOE, como Joaquín Garrigues Walker, que cada vez disimula también peor sus deseos de dirigir un nuevo proyecto, más de centro, como Herrero de Miñón y Lavilla, que cada vez resisten peor las tentaciones y presiones que reciben de empresarios y Alfonso Osorio para formar un «gran partido» de derechas, filtran a los periodistas y medios más afines informes, rumores..., en fin, dejan ver a las claras que UCD se ha convertido en una familia en la que ya nadie respeta «al padre». Una situación de debilidad que no pasa inadvertida para el principal partido de la oposición, que ha estado aguardando el momento de demostrar a Suárez hasta qué punto su intervención catastrofista de cierre de campaña el año anterior ha dejado huella en ellos. Y es que los socialistas se preparan para dar el primer gran golpe que acabará con Adolfo Suárez en la lona.

UNA MOCIÓN QUE GANA QUIEN PIERDE, QUE PIERDE QUIEN GANA

Con los resultados de las elecciones autonómicas vascas y catalanas aún calientes, una mañana de principios del mes de abril comienzan a llegar discretamente a la sede del PSOE, entonces aún en el número 165 de la madrileña calle García Morato (actualmente Santa Engracia), los miembros de su Comisión Ejecutiva. El interior del edificio aún se conserva impecable, aunque el olor a pintura por fin se ha ido, después de que durante buena parte del otoño los obreros estuvieran trabajando remozando y redistribuyendo las diferentes plantas, para dar acogida a la nueva Ejecutiva surgida del Congreso Extraordinario, el histórico 28.º Congreso, que ha permitido a Felipe González regresar a la secretaría general después de convencer a sus compañeros de la necesidad de borrar la definición de «marxista» de los estatutos del partido. La escasa veintena de asistentes es puntual. A todos les reconcome la expectación. La reunión ha sido convocada sin avisar a los periodistas, ni hacer pública agenda alguna. Y es que lo que se va a tratar exige el mayor secreto.

Los primeros minutos de la sesión los dedican a hacer un análisis de la situación del gobierno y el partido que lo sustenta... Las conclusiones a las que llegan se pueden resumir en estas palabras fruto del recuerdo de uno de los presentes en aquella reunión, Enrique Múgica:

«Sabíamos los problemas que tenían en el partido, claro. La UCD en aquellos tiempos era una especie de coladero: la sustancia salía por todas partes... Porque era cierto que tenían gente enormemente competente desde el punto de vista político, económico..., pero procedían de fuerzas muy distintas, y les faltaba la homogeneidad necesaria para afrontar la responsabilidad de gobernar el país durante un tiempo prolongado. Eso era básico. Unos procedían de la oposición moderada al franquismo; otros, de la democracia cristiana, pero también estaban allí la gente más inteligente del franquismo que vieron que así no se podía seguir, que había que ir a la democracia... Gente como el propio Suárez, o Martín Villa. Pero para afrontar los grandes problemas aquel grupo no servía... Nosotros, por el contrario, éramos un partido homogéneo, por su procedencia, por sus actuaciones, por su historia y por sus perspectivas... Frente a esa homogeneidad nuestra, UCD no... UCD daba tallas personales, pero como partido no funcionaba...»

En la Ejecutiva del PSOE tenían información de primera mano de cómo, por dónde y por qué aquella «sustancia escapaba por todas partes...». Los miembros de la corriente socialdemócrata de la UCD, el propio Fernández Ordóñez al frente, no dudaban en llamarlos personalmente y contarles.

Es después de comentar lo que ya todos saben, la delicada situación del presidente, cuando Felipe González les anuncia la idea que ha estado madurando: se dispone a presentar una moción de censura en el Parlamento. Los miembros de la Ejecutiva discuten sobre los pros y los contras de la idea. En realidad, durante poco tiempo. Analizan la figura del propio Suárez, sus dotes y sus carencias, y se dan de inmediato cuenta de las ventajas que un enfrentamiento parlamentario podrá traerles, aunque no se engañan: salvo un milagro inimaginable, que básicamente dependería de que la propia UCD estuviera en una situación aún mucho peor de lo que sabían y estallara ante sus ojos, la moción no puede triunfar.

«La dirección del partido era consciente de que no podía salir adelante la moción de censura, pero también era consciente de las debilidades de Suárez y de la debilidad del gobierno... y de que Suárez carecía de... no tablas, que me parece muy vulgar... digamos que carecía del sentido del Parlamento para afrontar situaciones difíciles... Suárez ha hecho mucho por la democracia en este país, pero su peso en la historia de España no será por sus comportamientos y habilidades parlamentarias... Pensábamos, en fin, que sus defectos como hombre parlamentario pondrían aún más de manifiesto los problemas que atravesaba el gobierno y que vivía la sociedad española en su consolidación democrática... y por eso se aprobó la idea de plantear la censura aun sabiendo que no iba a prosperar. Era un riesgo muy calculado.»

Por si fuera poco, este defecto de Suárez, sus pocas «tablas» como improvisado orador, su falta de cintura para un «cara a cara», contrastaban con el enorme gancho de Felipe González en los debates. Ante los ojos de todos, especulaban con fundamento los miembros de la ejecutiva socialista, González aparecería como un político de peso, frente a un Suárez muy débil.

Algunos de los miembros de la Ejecutiva, muy significadamente el catalán Raimon Obiols, advierten del peligro de desestabilizar aún más a Suárez. Pero la guardia más fiel a Felipe en ese momento —Alfonso Guerra, Javier Solana y el propio Múgica al frente— argumenta que, «al contrario, una operación como aquélla no hará sino revitalizar la democracia que Suárez y una UCD tan desquiciada ponen en peligro». Se aprueba, por tanto, presentar la moción tan pronto como sea factible.

Eso sí, los máximos dirigentes socialistas saben que para que su decisión alcance el máximo éxito debe contar con el factor sorpresa. Antes de salir de la reunión todos se conjuran en un pacto de silencio que cumplen a rajatabla. Algo de mucho más mérito en aquella España de 1980 en la que las relaciones entre políticos y periodistas aún eran muy estrechas, *contaminadas* como estaban por la connivencia de los primeros años de la transición, en la que unos y otros habían cultivado una proximidad cercana al compadreo y poco recomendable tanto para ejercer el poder como para el necesario ejercicio de la crítica.

«Era tal la solidez de aquella Comisión Ejecutiva —me dice Múgica sin contener una pequeña chispa de orgullo, que se tiñe en su voz de nostalgia— que ni en ese ambiente en el que los periodistas y los políticos nos veíamos tan a menudo se filtró nada. Absolutamente nada...»

Ignorante de lo que preparan sus principales rivales —si no se cuenta a los que están en su propio partido—, pocas fechas después de esta reunión de la Comisión Ejecutiva del PSOE, el propio Suárez va a servir en bandeja de plata la ocasión que esperan Felipe González y sus compañeros de la Ejecutiva. Fruto de las disensiones que se viven en el gobierno, dos de los ministros del sector económico, García Díez y Carlos Bustelo, ambos del sector socialdemócrata, presentan su dimisión por sus discrepancias con el vicepresidente para Asuntos Económicos, Fernando Abril. Suárez se ve obligado a realizar una reforma del gobierno, pero además, como forma de reforzar su posición, e ignorante de lo que en realidad pretenden, decide aceptar un debate parlamentario que han propuesto los socialistas para revisar el cumplimiento que se daba a las disposiciones constitucionales. Lo que busca Suárez es lograr una mayoría que sustente a su Ejecutivo y, de paso, un mayor apoyo popular. Así es que ordena a su grupo en la Cámara que acepte otra petición de los socialistas: que estos debates sean televisados.

Entonces, en un país en el que tan sólo había dos canales, esto aseguraba considerables audiencias. El presidente se había enganchado en el anzuelo y seguía nadando ignorante de que tiraban de él hacia aguas poco profundas en las que iba a ahogarse. O al menos, a comenzar definitivamente a ahogarse.

En el ambiente político —en los «corrillos», «comidas», «tertulias políticas», que menudean porque la política es para los españoles aún una enorme novedad y, por tanto, un tema que se vive con pasión— han comenzado a aparecer insinuaciones que al grupo de gente que se mueve en el entorno del presidente le preocupan; ante una situación económica desesperada, un terrorismo cada vez más duro y un proceso territorial abierto cuyo fin resulta imposible de predecir, hace falta un gobierno fuerte: un «gobierno de gestión», se dirá. Una idea aún pequeña, una especulación de mentidero, pero que de inmediato se refleja en la prensa a través de filtraciones nada inocentes, y que será acogida y alimentada por gente tan poderosa que no dejará ya de crecer hasta convertirse en una enorme nube que cubra todo el panorama político español.

Consciente de su debilidad, Suárez, antes de lanzarse al hemiciclo, busca aliados para su causa. Se entrevista entonces con Fraga. Como se ha dicho, los dos hombres se tienen una antipatía que ni siquiera las necesidades políticas logran tapar. Volverán a verse semanas después, justo el día antes de iniciarse el debate parlamentario, pero en ninguno de los dos encuentros son capaces de articular un acuerdo de apoyos que pueda beneficiar a uno y a otro. Fraga le pide al presidente colaboración, que dé espacio a su partido en el Parlamento, que dé a Coalición Democrática, aunque sea al precio de su apoyo, algo de lo que regala a otros; también le advierte de que, cuando se está en minoría, es un error pretender gobernar solo. «Suárez —escribirá Fraga[2] al rememorar estos encuentros— puso cara de póquer y es claro que aceptó el pulso; pienso que no tardaría en arrepentirse.» Porque Fraga cuando se ve con el presidente, esto resulta evidente, lo que está muy lejos es de «regalar» su apoyo, ya que es consciente de su escasa fuerza, únicamente nueve diputados, pero también del oxígeno político que podría significar para Suárez poder mostrar que no está solo.

De los nacionalismos catalán y vasco, a los que UCD ha ayudado tanto a establecerse en situación de fuerza en sus respectivos territorios, en especial al PNV, que Suárez y Martín Villa creyeron ingenuamente que jugaría algún papel en desactivar

2. En sus diarios en los que iba recogiendo sus experiencias durante la transición y que publicará con el título *En busca del tiempo servido*, Ed. Planeta, Barcelona, 1987.

a ETA, tampoco consigue el presidente promesas de apoyo firme. Aunque piensan en el gobierno que tampoco votarán en su contra.

En estas condiciones, se fija como fecha para iniciar el debate parlamentario, el 20 de mayo. Suárez, en el interregno decide escapar de los problemas internos. Como harán después sus sucesores González y Aznar, Adolfo Suárez había descubierto ya para entonces lo gratificante que puede resultar la política exterior, y en medio de esta crisis inicia un viaje por Oriente Próximo. Pero cuando está fuera recibe —no había semana sin sorpresa— una mala noticia más: el Consejo Supremo de Justicia Militar, al que ha recurrido el capitán general de Madrid, Guillermo Quintana, en disconformidad con lo que considera leves condenas dictadas por el Consejo de Guerra contra Tejero y Sáenz de Ynestrillas por la Operación Galaxia, ratifica la sentencia anterior, siete y seis meses, respectivamente. O lo que es lo mismo, puesto que ya han cumplido más que eso, los pone en libertad.

El 20 de mayo, Suárez toma la palabra y lee un largo y poco estimulante discurso confirmando sus problemas como orador. Por la tarde, cuando llega su turno, Fraga no desaprovecha la ocasión de volver a insistir en la necesidad de apostar por un gobierno de mayoría que haga frente a la difícil situación. Pero es el 21, cuando sube a la tribuna Felipe González, cuando estalla la sorpresa: al final de un discurso extraordinariamente duro con Suárez, toma un papel entre los que tiene en el estrado, se gira y se lo pasa al presidente de la Cámara, Landelino Lavilla, al tiempo que anuncia que ése es el documento por el que presenta una moción de censura. Es la guinda, la escenificación dramatizada para la televisión, del plan que tan minuciosamente ha preparado en las últimas semanas con Alfonso Guerra y sus más allegados. El efecto que tiene el anuncio completa de la mejor forma posible para los intereses del PSOE el cierre de la trampa: Suárez, petrificado en su asiento, sin capacidad de pedir la palabra ni moverse, parece estar aún intentando entender.

Para todos los diputados lo que ha sucedido ha sido una tremenda sorpresa... para todos, menos para el propio Manuel Fraga, a quien esa mañana Gregorio Peces-Barba, el más frecuente interlocutor del PSOE con el líder derechista, con quien ha creado un cierto vínculo mientras trabajaban en la redacción de la Constitución, le ha insinuado lo que va a suceder. A la mañana siguiente los socialistas continúan el cortejo del líder de la derecha y le invitan a desayunar. Presentes están Felipe González, Alfonso Guerra y el propio Peces-Barba. Le piden que considere votar a favor de la moción. Fraga no se atreve a tanto, pero sí les confirma su distanciamiento con Suárez y el gobierno. Lo que no saben ni los socialistas ni el propio Fraga, aunque sí lo reconocerá años más tarde en su libro de memorias, es que justo el día antes de celebrarse la moción recibirá una sugerencia que aún le reafirmará más en su pensamiento: «[me llega] una inspiración de la CEOE y de grupos económicos» para que no apoye al presidente.

Desde su presentación hasta el debate de la moción pasa una semana. Siete días durante los cuales en la UCD se disparan los nervios. El que más los sufre, al contrario de lo que parecería idóneo, es el propio presidente, que teme ser ridiculizado por Felipe González en el cara a cara en el Parlamento, y ante los ojos de todos los españoles, porque, por supuesto, era imposible hurtar aquel debate a las cámaras de TVE. Tanto es su temor que el presidente toma una decisión que acaba por hundirle a los ojos de sus «barones».

—Y nos enteramos entonces de que Suárez había decidido no defenderse él personalmente de la moción, sino pasarle la tarea a Arias Salgado (ministro de la Presidencia y hombre de su máxima confianza). Aquello era lo que nos faltaba. Porque nosotros en el primer momento vivimos muy preocupados la moción por dos razones: las encuestas que teníamos nos mostraban claramente que UCD iba bajando y el PSOE subiendo, y por otra parte, temíamos que todos se iban a dar cuenta de que Felipe González era mejor parlamentario, pero de ahí a ni siquiera comparecer...

Juan Carlos Guerra Zunzunegui, vicepresidente del Senado y uno de los dirigentes del sector democristiano de la UCD, comienza con frialdad a hablarme de aquellos momentos, pero su frustración va tiñendo más y más cada palabra que pronuncia según avanza en su relato.

—Y no salió. Landelino estaba muy enfadado... Nos dábamos cuenta de que la persona que en ese momento era líder de la izquierda podía a partir de ese día ganar las elecciones... Landelino se lo dijo a Suárez, que saliera, pero le daba reparo quedar a un nivel más bajo que González. Porque Suárez, pese a haber hecho la transición, arrastraba un poco el complejo de dónde venía, el haber sido más que franquista, el haber sido secretario general del Movimiento... Porque otras personas [de UCD] habían estado en el franquismo, pero habían jugado un papel más independiente... Por ejemplo en Tácito[3] nos reunimos muchos que habíamos estado en la Administración..., pero separándonos del Régimen, conscientes de que eso terminaba el día que muriera el general Franco...

—¿Y ése, el de la censura, diría que es el momento clave...?

—Hombre, yo creo que es el inicio del motín... Es el inicio de...

En España, de acuerdo con lo que marca la Constitución, la moción de censura ha de ser constructiva. Es decir, no se presenta para derribar a quien ocupa la Presidencia, sino para apoyar la candidatura de quien aspira a ella. Éste es un hecho que adquirirá en el futuro inmediato una gran importancia, porque va a di-

3. Tácito era un grupo de políticos democristianos, nacido al final del franquismo, que firmaban artículos en los periódicos de la cadena de la Conferencia Episcopal (el principal, el madrileño diario *Ya*). Entre sus miembros, Leopoldo Calvo Sotelo, José Luis Álvarez, Íñigo Cavero, Juan Carlos Guerra Zunzunegui...

ficultar, hasta hacerlos de hecho imposibles, acuerdos parlamentarios para poner punto final a la presidencia Suárez, y llevará a que en muy diversos círculos se maquinen operaciones que bordearán la línea constitucional, hasta caer por el lado oscuro.

En mayo de 1980, los socialistas presentan la moción y un candidato a presidente, Felipe González. Lo que manda la ley es que un partido presente la moción y su candidato, que a continuación el gobierno en el poder conteste y, por fin, el candidato defienda su programa de gobierno que los diputados deben aceptar o rechazar. El encargado de presentar la moción en nombre de los socialistas es Alfonso Guerra, que tira de toda su artillería verbal con la que, siguiendo sus modos, dispara lo mismo por alto que por bajo. Por ejemplo, conocedor de la trastienda de UCD, no duda en un momento determinado en mirar al lado donde se sientan los diputados centristas y clamar, con toda la sorna de que es capaz: «la mitad de los diputados de la UCD se entusiasman cuando habla el señor Fraga y la otra mitad cuando habla Felipe González». Una mofa en la que no le falta razón. El resto del discurso de Guerra no es menos hiriente, y se establece un ambiente ácido que no se perderá en toda la sesión.

Arias Salgado, en su réplica, hábil, no ahorra tampoco en el lanzamiento de descalificaciones. Insinúa que los socialistas se echarán en manos del Partido Comunista, y llega a decir que la presencia de éstos en un gobierno occidental supondría su aislamiento. Carrillo pide la palabra y, en aquel abierto intercambio de bombas, suelta la suya: Suárez le ofreció en 1978 un acuerdo de gobierno. Enorme revuelo que lleva a intervenir al vicepresidente Abril, primero, y al propio Suárez después, los dos para negarlo. Carrillo aún insiste e incluso amenaza con «decir otras cosas». En los enfrentamientos, en los que no faltan los desafíos y el tono casi chulesco, quienes saltan a la lona después son Arias Salgado y Guerra. El líder socialista blandiendo una cartera en el aire asegura que tiene «documentos, y si el gobierno me lo pide, hago público su contenido». Desgraciadamente para la

UCD, nadie del banco azul donde se sentaban los ministros exigió al vicesecretario del PSOE que abriera la cartera y la lectura de aquellos documentos.[4]

En su intervención, leída, Felipe González se mostró mucho más moderado, hizo una propuesta de programa de gobierno «tranquilizadora», y después se defendió con la brillantez que siempre demostró en el Parlamento ante los desafíos de varios de los ministros que intentaron desacreditarle en sus respectivos campos de actuación. Aquella moción de censura no prosperó,[5] pero ante los millones de espectadores que siguieron la sesión, el líder del PSOE demostró que era un político capaz de liderar un gobierno. Suárez, callado casi sin excepción durante todo el debate, fue la otra cara de la moneda, la que cae besando el suelo.

Al presidente le crecen «los enanos»

—Lo primero que hay que darse cuenta es que... algunos decían en plan de broma que UCD era como el Parlamento alemán: que reunía a un centro derecha, un llamado centro izquierda, los socialdemócratas de Fernández Ordóñez, y luego una amalgama... Eso tenía muchas dificultades internas, puesto que no había una clara sintonía política de centro derecha. Yo recuerdo que Alfonso Osorio en una ocasión le dijo a Suárez: «Tú tienes que ser el líder del centro derecha y deja a Felipe

4. Alfonso Guerra, en su libro de memorias, *Cuando el tiempo nos alcanza*, Ed. Espasa, 2004, pág. 284, dice: «... aquella carpeta guardaba documentos que probaban la comisión de al menos dos irregularidades: fraude fiscal y falsificación en documento de fe pública. Eran documentos, firmados ante notario, de compraventa en los que las cantidades estaban sensiblemente reducidas, lo que se explica en otro documento privado [...] ¿Y por qué ningún ministro mostró interés en conocer el contenido de la carpeta? Posiblemente porque muchos de ellos habían realizado prácticas semejantes...».

5. A favor de la moción votaron PSOE, PCE, Partido Andalucista y miembros del grupo mixto. Se abstuvieron PNV, Minoría Catalana y Coalición Democrática, más el resto del grupo mixto, en el que había varios tránsfugas de la UCD. En contra, sólo UCD, que, eso sí, a pesar de la ironía de Alfonso Guerra, aún votó unida.

González el centro izquierda, porque no conviene que Felipe sea el líder de la izquierda, porque hay que moderar a la izquierda, [que sea] un socialista como la mayoría de los europeos...».

Juan Carlos Guerra Zunzunegui intenta explicar así lo que para ellos mismos, los diputados, senadores y altos cargos de la Unión de Centro Democrático, resultaba inexplicable: su propio partido. Aquella amalgama de gentes provenientes del franquismo, gente de derechas, democristianos, liberales, incluso socialdemócratas, cada uno con una brocha en la mano intentando decorar el partido con un solo color y aun así mantener a todos dentro y contentos... Un espejismo que estalla definitivamente ante sus ojos al ver a su presidente callado, sentado en su asiento, *ko*, mientras ven crecer la figura de quien está frente a ellos... Para la mayor parte de los miembros de UCD ha llegado definitivamente el momento de hacer aquello que llevan mucho tiempo hablando: «enterrar» a su jefe de filas y clarificar, aunque no lo reconocerán públicamente, aunque muchos años después aún se niegan a reconocérselo a sí mismos:

—¿Cuándo piensan ustedes que Suárez de ser la solución ha pasado a convertirse en el problema? —pregunto a Guerra Zunzunegui.

—Yo no diría nunca que [Suárez] era el problema... Yo lo que diría es que había sido la persona imprescindible para hacer la transición, y una vez hecha la transición era necesario quizá por su parte el retirarse...

—¿Esto cuándo?

—Yo creo que ya en la segunda legislatura... Porque vamos a ver, [Suárez] hace la reforma política, la primera legislatura, la Constitución, los Pactos de La Moncloa... y entonces ya en la siguiente es cuando se ve que dentro del propio gobierno hay disensiones, que el señor Fernández Ordóñez, al final del consejo de ministros llama a los socialistas y les dice lo que había pasado en el consejo de ministros... Porque sucedía eso, que, claro, era una cosa impensable en ningún gobierno, ¿verdad? Si no se está de acuerdo, se dimite... Y todo eso estaba enrareciendo por dentro al partido. Porque allí se jugaba a unas coaliciones: los que se llamaban socialdemócratas, que estaban en contacto muy directo con los socialistas, y los liberales y democristianos, e independientes, los que venían un poco del sistema anterior... Se presenta un problema interior, y Suárez no quiere inclinarse decididamente hacia ninguna de las dos tendencias.

—¿Y en ningún momento se plantan y se lo dejan claro a Suárez, que tiene que definirse o irse?

—Yo creo que no se le dejó claro a él personalmente... Lo que se veía es que el partido por dentro tenía unos problemas muy gordos, que había unas tendencias ideológicas... Yo recuerdo que en una de las comidas Íñigo [Cavero, ministro de Justicia, democristiano] fue el que dijo: «Lo que no puede ser es un gobierno donde uno de los ministros llama al PSOE cuando termina el consejo de ministros». Y cuando Íñigo Cavero se lo señaló después a Suárez, el presidente le dijo: «... bueno, es que nos es necesario un centro izquierda que esté también con nosotros...». El problema es que Suárez no quería ser el líder del centro derecha español. Nosotros hacemos reuniones y se plantea...

—¿Estaban entonces pensando que en las próximas elecciones Suárez no podía ser su candidato?

—Suárez no puede ser el cabeza en las elecciones siguientes, pero nunca se pensó en fulano o zutano...

Con su líder desacreditado, con las familias dentro del partido al borde de la «guerra civil», los «barones» fuerzan una reunión de la Comisión Permanente a primeros de julio. En los meses previos, el líder liberal Joaquín Garrigues Walker había estado promoviendo encuentros semisecretos con sus compañeros, una especie de levantamiento de la «baronía» contra el presidente y, tras el desastre de la moción de censura, la hora de «poner las cosas claras» no podía esperar más.

Los once máximos dirigentes de la UCD se encierran en una finca situada en el pueblo madrileño de Manzanares del Real, una finca que los periodistas, en honor a la serie de moda del momento en televisión, bautizan como «la Casa de la Pradera». Teóricamente en la agenda de la reunión está el preparar el Congreso que a primeros de 1981 debe realizar el partido y debatir errores de estrategia. Pero el líder liberal Joaquín Garrigues hace saltar de inmediato todas las previsiones y plantea que se considere la posibilidad de debatir la sustitución del presidente. De lo hablado durante los tres días siguientes las notas más fiables son las que recoge el periodista Josep Meliá,[6] portavoz del gobierno. Ante la petición de Garrigues de debatir el liderazgo de Suárez, éste «anuncia la posibilidad de una dimisión incondicional si no se imprime un cambio radical a los comportamientos del partido». Martín Villa, que critica su falta de liderazgo e indefinición en los principios ideológicos, reconoce el desgaste que ha significado la moción de censura y habla de la necesidad de buscar una mayoría absoluta en el Parlamento para poder seguir gobernando. Garrigues[7] insiste, sin embargo, en personalizar los problemas del partido en Suárez y exige: «El pastel hay que repartirlo, y si no, no tiene sentido estar aquí. Debes hacer una propuesta de gobierno colegiado. Si no lo haces, esta mesa generará un nuevo líder y compartirá el poder». Pío Cabanillas advierte que «hemos tocado fondo», y pide a Suárez «comportarse de otra manera» y a sus compañeros ser más «solidarios con el hecho de gobernar que tiene el partido». Suárez, cuando contesta, usa las mismas balas que le dirigen a él, y pregunta: «... tengo una duda razonable: ¿de verdad estamos jugando al partido síntesis, o se juega a fomentar clientelas personales?». A continuación se ausenta para

6. *Así cayó Adolfo Suárez*, Josep Meliá, Ed. Planeta, Barcelona, 1971.

7. Joaquín Garrigues Walker —hijo del abogado, diplomático y ministro de Arias Antonio Garrigues—, aunque él lo desconocía, padecía en esa época ya una leucemia muy avanzada. Quienes rodeaban a Suárez han declarado que este hecho provocó que el presidente limitara mucho sus reacciones contra las intrigas que promovía el político liberal. También se cuenta que, justo antes de la muerte de Garrigues —el 28 de julio, sólo semanas después de la reunión en «la Casa de la Pradera»—, Suárez fue a verle y que aquél le dijo: «Si hubiera sabido mi estado de salud, no habría puesto en marcha esta operación contra ti». (*El enigma del elefante,* Prieto y Barbería, Ed. El País-Aguilar, Madrid, 1991.)

que los «barones» puedan discutir sin el peso de su presencia. Se repiten argumentos, pero Landelino Lavilla, el líder democristiano, es quien mejor resume la realidad ante la que se encuentran. «Veo el futuro muy negro —dice—. En teoría me sale una situación más desahogada en otoño cambiando al presidente. Pero si cambian los datos de partida, la teoría podrá ser otra». En resumen, la reunión deja muy claro que los dirigentes del partido en el gobierno desean más poder y quisieran cambiar al presidente, pero son conscientes de que sin él pueden muy bien, lejos de salir a flote, hundirse definitivamente. Suárez, por su parte, se da cuenta de que en el momento de crisis que vive necesita de los «barones» y se dispone a darles algo de lo que piden: reparte carteras ministeriales entre ellos. Inicia así otra remodelación del gobierno, la cuarta en menos de año y medio, que concretará en el mes de septiembre. Pero lo innegable tras el paso por «la Casa de la Pradera» es que nadie puede decir que sea el amor lo que mantiene unido al matrimonio entre Suárez y su partido.

Tejero, un hombre libre y con una obsesión

Mientras, Antonio Tejero está en su casa, sin nada con lo que llenar el tiempo, excepto la idea que le ronda desde un par de años antes y que en su cabeza ya ha alcanzado el grado de obsesión: tomar el Congreso. Como se ha dicho ya, en los días previos a celebrarse la moción de censura, el Consejo Supremo de Justicia Militar considera probados todos los términos de la acusación contra los inductores del golpe, pero sorprendentemente ratifica las benignas sentencias del consejo de guerra y el teniente coronel de la Guardia Civil, y su cómplice, el capitán de la Policía Sáenz de Ynestrillas, son liberados. «Y en lugar de enviarle a Lugo, o a una embajada en Centroamérica —me diría un militar que también estuvo procesado por el 23-F— le dejan en Madrid, sin darle un destino, con todo el tiempo del mundo para preparar el asalto al Congreso.»

Lo cierto es que cuando se inicia este verano de 1980 Tejero ya no es en la calle, ni mucho menos, el completo desconocido que ha saltado a las portadas de los periódicos con la Operación Galaxia. Muchos de sus compañeros de armas, incluso aquellos que le consideran un «hombre primario», le contemplan con simpatía; y la extrema derecha le ha convertido en una especie de mito del que se disponen a sacar todo el rédito posible. En los meses previos a su liberación, unos y otros han montado una campaña a favor de los dos procesados, para los que piden prisión atenuada. La ultraderecha utiliza sus medios de comunicación para influir sobre las autoridades. Las mujeres de militares y guardias civiles, se muestran entonces extraordinariamente activas —en las fiestas de las patronas de las Armas, por ejemplo, y ya que a sus maridos por disciplina les estaba prohibido hacerlo, se dedicaban a abuchear e insultar a los generales y autoridades que les parecía, con el general Gutiérrez Mellado ocupando, con mucho, el lugar preferente como objetivo de sus iras— y se convierten en una de las «armas» que más fuerte presionan. Las gestiones tendrán efecto en diciembre de 1979, cuando esa prisión atenuada fue concedida y los dos procesados pasaron a cumplir sus condenas mediante reclusión en sus domicilios.

Antonio Tejero, que está, a espera de destino, a disposición del director general, empieza a ser visto con frecuencia deambulando por la Dirección General de la Guardia Civil, por la Academia de Automovilismo del Cuerpo..., donde se deja querer por viejos amigos que le alaban por sus redaños y sondea a antiguos oficiales que han servido a sus órdenes en Guipúzcoa, en «el norte», con los que habla de la «insostenible situación política», y con los que realiza incluso reuniones, más o menos conspiratorias. Pero también se dedica en este tiempo a otra actividad mucho menos pública que él mismo confesará durante la vista del 23-F: va al Congreso, pasea a su alrededor, hace dibujos, observa y apunta dónde están las puertas, dónde se ponen quienes las guardan, cuántos son... En fin, comienza un detallado estudio del asalto al viejo edificio de la madrileña calle de San Jerónimo. Escarmentado por lo que le ha sucedido al intentar llevar a cabo la toma de La Moncloa —sus propios amigos, en los que confió, han informado a sus superiores—, esta vez guarda un absoluto secreto de sus intenciones a la espera de poder ponerlas en práctica. Pero eso no significa que no busque dónde y en quién encontrar «calor» para su proyecto.

Entre quienes se han acercado a él de la extrema derecha desde los hechos de la Operación Galaxia está un viejo líder de los sindicatos verticales franquistas, un hombre más cilíndrico que simplemente grueso, cuya estética no miente sobre sus creencias políticas, que se mueve en muchos ambientes, un clásico tejedor de redes conspiratorias: Juan García Carrés. Se hacen grandes amigos y desde que Tejero queda libre lo va presentando en sus círculos de influencia. Los dos se verán a menudo, por ejemplo, con uno de los generales —en este momento ya en la reserva— más significados en contra del nuevo sistema político, Carlos Iniesta Cano, otro que también se mueve febrilmente. Tejero les confía, a ellos sí, su proyecto.

El 30 de mayo, estos dos amigos de Antonio Tejero inician un viaje a Valencia. Han obtenido una invitación del teniente general Jaime Milans para visitarle, y acuden ilusionados a la cita. Los tres se ven en El Saler, el pequeño pueblo en las afueras sur de Valencia. Hablan de la situación política, del terrorismo, de rumores de movimientos militares, y de que hay que hacer algo… aunque Milans les advierte que él no participará «en nada que vaya contra el Rey». Y, por fin, García Carrés comenta al capitán general de Valencia los contactos que está manteniendo con Tejero. ¿Querría conocerle y conocer sus planes?, viene el viejo sindicalista a preguntar a Milans. Incluso le desvela que Tejero está comenzando planes para un posible asalto al Congreso. Milans no se niega, y acepta que haga de puente entre ellos su ayudante personal, el teniente coronel Mas Oliver. En ese momento se da, aunque ni los protagonistas son, por supuesto, conscientes de ello, el primer paso hacia lo que será el 23-F.

García Carrés no tarda en montar el encuentro entre Tejero y el hombre de Milans. Dos semanas más tarde se encuentran en un restaurante que muy frecuentemente visita el anfitrión de los dos militares: el mesón Gerardo, en la madrileña calle de don Ramón de la Cruz, cerca de Las Ventas. Tejero y Mas se entienden de inmediato. El teniente coronel de la Guardia Civil, tras este encuentro, intensificará sus «estudios» del plan de asalto al Congreso. El del ejército regresa y da la mejor de las opiniones a su superior. Tanto es así que en septiembre volverán a verse. Para entonces Tejero ya tendrá los planes muy avanzados.

«Golpe de timón», el honorable se hace con la «canción» del verano

—Aquello del «golpe de timón» lo dijo Tarradellas mucho antes, lo que pasa es que fue al repetirlo en algunas entrevistas en esta época cuando se popularizó la expresión —la memoria de mi viejo confidente vuelve a venir a guiarme—. Mírelo... Lo dijo en un mitin político meses antes de ese verano de 1980, ya le digo. Lo que sucede es que es ahora cuando todos van a repetirlo.

Fue en Morella, en la bella localidad castellonense de calles que miran, tendidas, hacia su imponente castillo agarrado a la cima del monte que domina todo, donde el «honorable» president de la Generalitat lo dijo por primera vez: había que dar un «golpe de timón», porque la política española había entrado en una deriva que si no se rectificaba nos llevaría «a la repetición de la catástrofe». Era el final del verano de 1979. Entonces su agorero pronóstico, dicho ante unas pocas decenas de personas, pasó casi inadvertido. Pero pocos días después lo repitió, esta vez ante un periodista, Joan Pla, y la frase provocó ya cierto revuelo. Meses más tarde volvió a repetirla durante otra entrevista, ésta con la periodista María Mérida. Pero para entonces no sólo la frase, sino también la idea que había tras las palabras, habían comenzado a calar, y aquel «si no se da un golpe de timón fuerte y rápido, habrá que emplear el bisturí» que pronunció el honorable pasó de inmediato al ranking de las frases más repetidas del verano. ¿A qué se refería el viejo líder de Esquerra Republicana, durante tantos años en el exilio, y president de la Generalitat que ya se había inmortalizado a su regreso a Barcelona con el famosísimo «*ja soc aquí*»? Pues no lo especificó nunca, pero quizá valga como idea de lo radical que consideraba que debía ser aquel «timonazo», que sólo dos meses antes, en marzo de 1980, había manifestado su temor a que la situación en el País Vasco —hablaba de la situación de ETA— no admitía ya soluciones políticas, sino que pedía una intervención militar, aunque ésta trajera unas consecuencias terribles. (Tarradellas, muy pocos días después del 23-F, se explicaría en una larga carta al Rey en la que recalcaba su convencimiento de que había sido un error el «café para todos» autonómico y hablaba de «improvisación e ingenuidad por doquier» para explicar la deriva política que había llevado al golpe.)

El «golpe de timón» empieza a cruzarse de inmediato con otra idea fuerza que se impone cada día de manera más profunda y más extensa: la de que ante la debilidad del presidente, abandonado por sus compañeros de partido, acosado tanto por la derecha como por la izquierda, repudiado por los poderes económicos y odiado por los cuadros militares sólo cabe una solución: que Suárez se vaya y montar un gobierno de «coalición», de «concentración», de «salvación»..., que cualquier calificativo parecía valer con tal de alcanzar la meta de ver al presidente, que había sido elegido un año antes, fuera de La Moncloa. Todos los políticos parecían de acuerdo en esto. Bueno, todos, claro, menos uno, que no parecía compartir esa idea: el propio Suárez. Y empieza a pensarse en «cómo convencerle»..., y en «quién puede convencerle».

—Tiene que pensar que aunque se había aprobado la Constitución, que limitaba mucho los poderes del Rey —resume sus ideas mi confidente—, don Juan Carlos seguía siendo una figura de enorme peso en la vida política. Esto, por un lado, porque él mismo así lo quería, pero también porque los demás de alguna manera le incitaban a ello... Por ejemplo, aunque los militares no fueran mayoritariamente de ideología monárquica, ni los viejos generales en las alturas, ni entre la oficialidad más joven, a nadie se le ocultaba que el ejército respondería a las órdenes del Rey disciplinadamente. Franco así lo había dejado dispuesto. Ésa era una razón de mucho peso, aunque ahora pueda parecer casi increíble. Cualquier militar que estuviera en activo entonces se lo confirmará... Y además, la monarquía, en tiempos que los militares percibían como de «disgregación de la Patria», les parecía una garantía de unidad y estabilidad... Entonces, como le digo, tiene que darse cuenta de que el Rey cumplía en ese año 1980 un papel mucho más activo en la política diaria que el que tiene ahora. Incomparable. Y muchos personajes, de todo el espectro social, se veían con él, e interesadamente le hacían partícipe de sus ideas, temores, proyectos..., y, luego, estaban otros que también le sugerían soluciones.

7

La enfermedad se llama Suárez

UN CAMBIO DE «CABALLO» EN MITAD DE LA CARRERA

—En Zarzuela las recepciones con políticos, empresarios, militares, son continuas... Es parte del trabajo del Rey: escuchar lo que unos y otros le van diciendo. Yo creo que entonces no había nadie en España con mejor información que el Rey. A mí, algún miembro del CESID me llegó a comentar cómo a veces era el Rey el que informaba al director del espionaje del Estado sobre algunos asuntos muy concretos y no al revés... Pues en aquel comienzo del verano de 1980 ya hacía semanas que casi todos llegaban allí con el mismo mensaje... Si quiere, lo único que variaban era el calificativo. Así, para unos la situación era mala, y para otros, desesperada. Y en general, también era unánime el diagnóstico: la enfermedad se llama Suárez.

Seguíamos mirando mis notas, mis entrevistas de más de un año con decenas de militares, a los que había sumado políticos, y algunos periodistas y financieros... Todo aquel material lo cruzábamos con los recuerdos de mi confidente. Fue al referirme esas visitas a la Zarzuela, esos comentarios hechos al Rey, cuando recordé y le conté lo que me había desvelado uno de esos personajes, un militar. Me escuchó atentamente y sentenció:

—Esto es clave, desde luego, porque este general, el mayor de una familia de enorme raigambre en el ejército formada por cuatro hermanos, todos números uno de sus promociones, todos tenientes generales... siempre tuvo un enorme prestigio entre sus compañeros. Se trata, desde luego, de un hombre muy conservador, que concibe el ejército a la vieja usanza, un ejército defensor de las esencias, no dependiente del gobierno, sino directamente del Rey como jefe del Estado; un ejército, si se quiere, garante de la democracia; este hombre es al mismo tiempo un caballero, un hombre de valores arraigados..., muy religioso, incapaz, porque no se lo podría permitir, de mentir o inventar...

—Sin duda estas palabras son importantes, ya que enmarcan muy bien estos hechos de los que estábamos hablando.

El personaje de quien hacía esta semblanza mi acompañante; el militar de quien yo acababa de contarle una confidencia, el teniente general José Ramón Pardo de Santayana, que a lo largo de su extensa carrera militar había estado en destinos tan diferentes como la dirección de un sector en los primeros tiempos del SECED, el antecedente del CESID, o como el de primer jefe de Estado Mayor de la Guardia Real cuando se transformó el Regimiento de la Guardia de Franco, puesto en el que había servido hasta 1977, y por lo que, aunque ya hacía un par de años largos que había salido de Palacio, en 1980 conocía aún muy bien, y desde dentro, el entorno de la Zarzuela.

Mi primera entrevista con el general Pardo de Santayana se había producido más de un año antes. La segunda, con la que yo buscaba confirmar y aclarar algunos puntos, cuando comencé a ordenar el material con que contaba para este libro hacía tan sólo unas semanas. En ambas ocasiones me había recibido en su casa, en un barrio residencial en la zona noreste de Madrid y habíamos charlado acomodados en un ala, recogida y algo oscura, de un salón, del que estaba separada por un biombo. Fue durante la primera de las conversaciones cuando me hizo partícipe de lo que voy a referir, aunque en nuestro segundo encuentro volvimos a hablar de ello porque yo le pedí contrastar algún punto.

Llevaba el general horas comentándome del papel del ejército durante la transición y la conversación nos había llevado, inevitablemente, al 23-F. Me contaba sobre sus recuerdos de las andanzas del general Armada aquella noche, en concreto, en la que él le vio varias veces, y fue entonces cuando me hizo esta confidencia:

—Porque como usted sabe ya se había hablado con los socialistas y con todo bicho viviente..., porque lo que se quería hacer era un gobierno de concentración que presidiera Armada. Cosa que ya me había dicho a mí Sabino Fernández Campo el verano anterior. Yo a Sabino iba a verle de vez en cuando, porque a él le gustaba que yo le diera información de las cosas y a mí que me la diera él. Habíamos hablado muchas veces de que el Rey estaba muy amigado con Suárez, y eso no nos gustaba a ninguno de los dos... y Sabino me dijo: «José Ramón, al Rey se le ha caído la venda de los ojos... Sí, sí, ya se ha dado cuenta de quién es Suárez». Lo que me quería decir es que don Juan Carlos estaba pensando en que Suárez ya no fuese... Me dijo más: «Y la solución es formar un gobierno de concentración nacional. ¿Quién te parece a ti que puede ser el presidente?»... «No me hagas pensar —le contesté—, que sabes que yo...» «Pues tiene que ser un militar.» «Pero mi general, un militar...» Y me dijo: «Armada». Y yo respondí de inmediato: «¡Ah, sí! Tienes razón. Ése sí, porque es una persona que sabe de política, lo ha hecho bien al lado del Rey...». Y entonces me confesó: «Pues mira, eso está hablado, incluso los socialistas están de acuerdo... y eso se va a hacer». Eso me lo dijo Sabino ¡en julio del ochenta!... Antes de las reuniones famosas de Lérida. ¿Que si a Sabino tampoco le gustaba Suárez? No, no le gustaba. Por lo del PCE, pero también por todo lo demás... Porque cada vez que pasaba algo, decía: «Cuidado con el ejército, y el ruido de sables». ¡Pero hombre, eso no es justo! Nos sentíamos utilizados totalmente.

Desmenucé esta confidencia con mi acompañante. En estas palabras se ratificaba, una vez más, la mala acogida que la figura de Suárez tenía entre los militares, incluso entre los más cultos y políticos; igualmente, estaba claro, que el Rey había dejado de confiar en el presidente del Gobierno; pero, sobre todo, de este relato lo que teníamos que deducir era que ¡en julio de 1980 el jefe de la Secretaría General del Rey reconocía a un viejo y respetado compañero, es decir en gran confianza, que había en marcha una operación para formar un gobierno de concentración y que Armada era el que iba a presidirlo! Ninguno de los dos, como se ha explicado, por la fuente de la que provenían, podíamos dudar de la existencia de aquella conversación ni, desde luego, de la veracidad de sus términos. Al menos en lo esencial. Claro, que aquello entrañaba, al menos, no sólo que en la Zarzuela se conocía que había algo parecido a lo que luego se denominaría Operación Armada, sino, sobre todo, que se apoyaba semejante operación. ¿Cómo entender esto en su plenitud, es decir, cómo ponerlo en su contexto, en su tiempo y en sus circunstancias? La mejor solución era repasar los hechos que se pudieran haber producido en torno al palacio de la Zarzuela en aquellas fechas. Yo eché mano de entrevistas, libros, viejos periódicos... Mi acompañante, de su memoria.

El Rey recibe a muchos, y muchos son los que le van con la misma queja

Las visitas de los políticos al Rey eran durante los años setenta mucho más frecuentes, y menos publicitadas, que lo son ahora. Las razones para esto eran varias, pero la principal tenía que ver con el papel que jugaba el monarca en la vida política española, en la que desempeñaba un rol mucho más participativo en el día a día. Era, en algunos aspectos, y aunque la Constitución ya había recortado las funciones políticas que «heredó» del franquismo, un jefe de Estado más cercano al presidente de una república, por ejemplo, que al de los reyes de las monarquías nórdicas. Las quejas, más o menos directas, contra la política del gobierno habían sido frecuentes y de manera creciente en las audiencias reales desde finales de 1979 y a lo largo de 1980.

Desde luego, en las audiencias a militares. El caso del general de la División Acorazada Torres Rojas, ya comentado, podría ser el ejemplo más claro, aunque no el único. Pero en las audiencias de los políticos no habían faltado tampoco, ni mucho menos, contundentes críticas.

Preocupado ante la situación que se vivía, durante el final de la primavera y el inicio del verano el Rey facilitó que estas entrevistas menudearan. Alguien del entorno del monarca en aquel tiempo me diría que quizá los más duros con Suárez en sus juicios fueron los propios miembros de su partido, de la UCD: «se le había acabado el repertorio», «no tenía más ideas» decían de él.

Pero para conocer el contenido de alguna de aquellas entrevistas no hacen falta los testimonios de terceros. Algunos de aquellos políticos han dejado constancia, por sí mismos, de lo que dijeron al Rey. Por ejemplo, Manuel Fraga. «Creo que no cumpliría una grave obligación como viejo servidor del Estado español y de la Corona si no expresara a Vuestra Majestad mi gravísima preocupación por el rápido deterioro de la situación y del estado moral de los españoles.» Así recoge en su libro *En busca del tiempo servido*, que se dirigió al Rey durante una entrevista con el monarca, en la que acabó hablando, una vez más, de la necesidad de formar «una nueva mayoría», ya que la UCD no podía seguir gobernando en solitario.

La verdad es que el político «al que le cabía el Estado en la cabeza» se había mostrado muy activo en el acoso a Suárez durante los últimos meses. La situación de enfrentamiento entre Suárez y los socialistas, y la propia crisis de la UCD le habían convertido, a pesar del mínimo peso de su grupo en el Parlamento, en una figura muy cortejada. Él mismo recoge muchos de esos devaneos en su citado libro de memorias. En la primavera, antes y después de la moción de censura, se ve con Gregorio Peces-Barba, que no le oculta el deseo de formar nuevas mayorías en el Congreso para desde ellas derribar a Suárez y formar «otros gobiernos». El propio Fraga había dicho en las Cortes que «no hay otra solución que formar una gran mayoría». Una idea a la que aún le animarían más sus frecuentes contactos con el ala democristiana de la UCD, en especial con Herrero de Miñón, que al amparo de las organizaciones empresariales promovía también en cada ocasión que se le presentaba esa «nueva mayoría». A Fraga se lo diría en una comida durante el mes de junio: «... me reconoce que Suárez ya no puede entenderse con la mayoría de UCD y que él es el obstáculo para todo entendimiento con nosotros: "hay que sacarlo"». Los diarios de Fraga siguen siendo una valiosa fuente para seguir los acontecimientos del momento. Pero ¿cómo «echar» a Suárez? Fraga no es original, y como muchos otros llega a la conclusión de que hay que azuzar a quien, aunque no por ley, puede «empujar» a Suárez a irse. Escribe en su diario: «No podía olvidarse, por otra parte, que seguía al frente del gobierno la misma persona que el Rey había designado al comienzo de la transición, aunque ahora estuviera con otros títulos;[1] pero así como en la Zarzuela podía aparecer con ellos, en otros lugares podía parecer (y ello se procuraba) como el hombre del Rey». Es decir, Fraga advertía a don Juan Carlos del peligro de «contagio» que sobre la monarquía podía tener aquel gobierno que estaba causando un «rápido deterioro de la situación y del estado moral de los españoles» y que a ojos de muchos estaba sostenido, no sólo por los votos, sino también por el Rey, ya que él lo había puesto en la jefatura del gobierno en 1976.

En realidad, Fraga tenía algunas razones para expresarse así. Él mismo, siempre en sus diarios, recoge algunas de ellas. Habla, por ejemplo, de una reunión con «mis viejos amigos de GODSA» (el *think tank* que, como se ha dicho, le apoyó desde 1974 con propuestas y documentos, e incluso realizó el programa de su partido), varios de los cuales eran militares.[2] Escribe de este encuentro: «Cena preocupante con mis viejos amigos de GODSA, que ven agravarse el descontento militar. Según ellos,

1. De esta forma, aunque parece no querer decirlo aquí, se refiere Fraga a que Suárez había sido elegido por el pueblo español en dos ocasiones, 1977 y 1979.
2. Javier Calderón, Juan Ortuño, José Luis Cortina, Florentino Ruiz Platero.

se está discutiendo si es "golpe" o "presión"; pero las cosas no pueden continuar así, sobre todo en materia de terrorismo». Uno de los asistentes a la cena, uno de esos militares que habían fundado GODSA, me dirá que «nos veíamos con él de vez en cuando. Éramos muy sinceros con él siempre en estos casos. Sobre el descontento militar, seguro que hablamos, porque es que lo hacíamos nosotros y todo el mundo. En todas partes se hablaba de esto. Aunque nosotros no buscábamos ponerle las pilas con algún tema, no...». No querrían ponerle «las pilas» a su viejo «protector», pero él iba juntando esta información y otras, como la que recoge más adelante, en la misma primavera de 1980: «Mientras aumenta la preocupación de los militares, se alienta insensatamente la presión para la desmilitarización de la Guardia Civil. Se habla de un "papel" de bases para la "presión institucional" del estamento militar cerca de las supremas instancias». Y con todos estos argumentos juntos, podía hablarle al Rey del peligro de «contagio», del peligro de que en algunos «lugares [Suárez] podía parecer [y ello le procuraba] como el hombre del Rey».

No era, por supuesto, Fraga el único que hizo esas semanas finales de la primavera, principios de verano de 1980, este camino hacia el palacete de los montes de El Pardo. También Felipe González acudió a la Zarzuela. Y consciente, o inconscientemente, el líder socialista hurgó en una llaga por la que el Rey sangraba en su relación con Adolfo Suárez. Vino a decir González que el presidente del Gobierno más se comportaba como un jefe de Estado, preocupado en los grandes diseños de futuro, en la política internacional, etc. que en el propio trabajo de gobernar la nación, lo que había delegado en gran medida en el vicepresidente Fernando Abril. Razón no le faltaba en buena medida al jefe de la oposición. A Suárez —como irónicamente pasaría a sucederles en parte años después al propio González, al que acusarían de «ausentismo» de los problemas de España mientras se entregaba a «arreglar» el mundo, e incluso a Aznar, uno de los «cruzados» de las Azores— le aburría el día a día. Conducir la transición, los Pactos de La Moncloa, sacar adelante la Constitución eran todas tareas tan grandes y apasionantes que el diario trabajo de pura gestión parecía aburrirle. O quizá simplemente fuera tan sólo un hombre de decisiones, y no de pensamiento. Su hijo, Adolfo Suárez Illana, lo expondría así: «Mi padre es para los momentos de emergencia».[3] Esta acusación contra Suárez de estar apropiándose de sus funciones era algo que en el ego del Rey encontraba eco, desde luego. Un añadido que sumar a la tormentosa crisis general por la que atravesaba la nación y en la que Suárez parecía naufragar. «Entonces no lo sabía —me confesará el general Fernández Campo—, pero después uno de los políticos que veía al Rey me contó que a veces, en momentos de confianza, el monarca le había insinuado "tenemos que encontrar fórmulas de hacer ver a Adolfo que su tiempo ha acabado, que es mejor que deje paso...".»

EN POLÍTICA NO HAY AMIGOS PARA SIEMPRE

La relación personal entre el Rey y Suárez, en ese verano de 1980, no atravesaba ciertamente por su mejor época. De su complicidad en los últimos años sesenta, que había derivado en amistad en los primeros, y difíciles, tiempos de la transición, iba quedando poco. La idea, ya expuesta, de que tanto el Rey como Torcuato Fernández Miranda,[4] su primer mentor político, habían pensado en Suárez como el hombre con el coraje suficiente para «quemarse» en el proceso de traer el cambio y después apartarse a un lado, de haber existido, la «quemó» el propio Suárez que nunca pareció verse como hombre de carrera corta. Un político de la UCD, que tuvo un papel relevante en todos es-

3. José García Abad, *Adolfo Suárez, una tragedia griega*, La Esfera de los Libros, Madrid, 2005, pág. 98.

4. El hombre que pensó que podría heredar el gobierno de Suárez una vez éste hubiera hecho el trabajo «sucio» de la transición, murió precisamente en ese verano de 1980, el 19 de julio, en Londres, de un infarto de miocardio. Quienes le frecuentaban dicen que estaba amargado y se sentía traicionado.

tos años, me aseguraba que ese compromiso de echarse a un lado, en realidad nunca existió: «El único compromiso que se tomó al formar el primer gobierno de Suárez, cara a las elecciones siguientes, fue por parte de los ministros... De hecho, varios de ellos, como Marcelino Oreja, Rodolfo Martín Villa o Landelino Lavilla fueron nombrados senadores por designación real y no se presentaron a las elecciones de 1977. Pero Suárez sí que lo hizo, porque no existía ese compromiso. Además hay que tener en cuenta que UCD, que entonces no era sino una coalición, una conjunción de fuerzas, estaba basada en la figura de Adolfo Suárez. Sin él no tenía sentido. Y UCD era, de alguna manera, en aquel momento, "el partido del Rey"». Torcuato Fernández Miranda, en sus memorias, deja claro que él parecía tener otra idea, y que albergaba la esperanza de suceder a quien había sido no sólo el elegido por el monarca, sino también «su» elegido.

En los años siguientes la relación entre el jefe del Estado y el presidente del Gobierno tiene sus momentos buenos. Pero aún será mejor el entendimiento, en el plano privado, entre Juan Carlos de Borbón y Adolfo Suárez. Sin embargo, avivado desde luego por influencias externas —hemos visto el caso Armada, las ideas que le hacen llegar desde el grupo de Anson y las visitas de los políticos— al final se produce la inevitable erosión en las relaciones entre los dos hombres. Hacia el final de 1979 la distancia es, para quienes los conocen, visible. Y en ese alejamiento, dicen, han jugado un papel no pequeño los celos. Entre otras razones, los celos sobre la paternidad del éxito con que se ha llevado a cabo la transición política.

Suárez, tras el triunfo en el Referéndum sobre la Constitución, había atravesado un momento de vanidad importante y decidió que merecía el premio Nobel por cómo había pilotado el proceso que había llevado a España hasta allí. Aconsejado por su viejo amigo Rafael Anson, al que él había incorporado a su vieja asociación política, aun en los tiempos de Franco, la Unión del Pueblo Español (UDPE), decidió «invertir» tiempo, pero también el dinero necesario, en la promoción de su imagen. Rafael Anson logró que en los periódicos suecos y noruegos se hablara de la figura como estadista de Suárez, pero la influencia no le llevó a la meta, ya que la Academia sueca prefirió premiar a Beguin y Sadat por los acuerdos de Camp David. El Rey, que también había sonado como posible «premiado» en éste y en años anteriores, como es lógico no vio con agrado aquella competencia que le hacía Suárez por los méritos de haber transformado España de una dictadura en una democracia.

Esta pérdida de simpatía entre los dos hombres y los mensajes, continuos y procedentes desde muy diversas fuentes, en los que se habla al Rey del peligro de «sostener» a quien se está quedando solo, van sumándose y erosionando definitivamente ante él la imagen del presidente. Esto y acontecimientos como la moción de censura, en la que Suárez pierde mucha de su imagen ante todos. Incluida la Zarzuela. Escribe la periodista Pilar Urbano[5] que justo en el momento en que se produjo el debate habló con la Zarzuela —«ni decir "Buckingham" es decir "Isabel II", ni decir "Zarzuela" es decir "Juan Carlos I"», se ve obligada a advertir la periodista— para saber cómo se había visto allí. Escribe que le dijeron que «quizá a Suárez le venga bien este revés... La moción es saludable y hasta conveniente, cuando un hombre se ha crecido y piensa que puede volar solo... o estar encerrado, solo, sin dejarse ver... o que puede pasar del consenso al aislamiento y del aislamiento al consenso cuando lo necesita... Esto ha sido una clara llamada de atención para Suárez». Pero unas líneas antes, de su conversación con «Zarzuela», Urbano se había preocupado de destacar esta idea: «Percibí cierto interés, en la Zarzuela, por deslindar nítidamente la figura del jefe del Estado de una "plástica" de excesiva identidad con un determinado líder y un determinado partido, "porque para ser rey de todos, no debe ser, ni aun parecer, el rey de 'algunos'...".»

No sé si «Zarzuela» tendría entonces, en 1980, la misma voz y la misma cara a la que acudí yo muchos años después,

5. Pilar Urbano, *Con la venia... yo indagué el 23-F*, Plaza y Janés, 1982, pág. 38.

pero lo cierto es que los juicios recogidos por Pilar Urbano me devolvieron a la memoria lo que me había venido a decir a mí Sabino Fernández Campo. Cuando le pregunté por cómo se habían contemplado las consecuencias de aquella moción, quizá más gráficamente de lo que él pretendía, el ex jefe de la Secretaría General del Rey me dijo: «Suárez con sus defectos o sus inconvenientes era gente aún normal, pero el Felipe que venía con la chaqueta de pana y del socialismo más republicano y todo eso pues..., llamaba más la atención, costaba más trabajo admitirle. Era una transición demasiado drástica. O eso parecía entonces». Es decir, que a los ojos de todos el debate por la moción de censura no sólo había mostrado un Suárez en sus peores horas, sino a un Felipe González listo para tomar el relevo. Y este hecho, una llegada demasiado temprana del PSOE al poder preocupaba, y mucho, en «la Zarzuela» y su entorno. De hecho pocas semanas después, apenas tres meses después, de recibir este «mensaje preocupante» sería cuando el mismo hombre, Sabino —siempre se le conoció en todas partes tan sólo con decir su nombre—, en la confianza de la conversación de dos hombres que se conocen desde muchos años antes, contaba a su compañero, primero que «al Rey se le ha caído la venda de los ojos... [porque] ya se ha dado cuenta de quién es Suárez», y después que «la solución es formar un gobierno de concentración nacional» que presidiría Armada.

SE LLAMARÁ OPERACIÓN ARMADA, PERO PUDO HABER TENIDO OTROS NOMBRES

En un lujoso chalet de una muy exclusiva zona en las afueras de Madrid, en los días finales del verano, me recibe un financiero. Como tantas veces ha hecho falta a lo largo de estos meses, para concretar el encuentro ha sido preciso el buen hacer de un intermediario. Se trata de alguien que me ha abierto tantas otras puertas y tan comprometido con la verdad se ha mostrado, que me resulta imposible encontrar la forma adecuada de expresar lo decisivo de su apoyo en esta investigación. Me acompaña durante la comida y la larga sobremesa, varias horas en total, que paso en aquel lugar. Por supuesto, el financiero, que durante la sabrosa comida ha mostrado su erudición en asuntos de la historia española contemporánea, antes de hablar me impone la reserva de su nombre. Estamos sentados en los amplios y mullidos sillones de una hermosa y repleta biblioteca, donde nos van a servir el café. «Me importa más la información que me pueda dar, que publicitar su nombre», le explico e, imagino, me cree sin dudar por la simple presencia de quien me acompaña. Hablaremos de los militares y de los financieros en aquel tiempo durante un buen rato —como se verá posteriormente—, pero es justo al despedirnos, ya fuera de la casa, en la pequeña plazoleta a la que llegan los coches una vez cruzada la verja de la entrada a su residencia, cuando hablando de la Operación Armada desvela un hecho que viene a sustanciar, aún de manera indirecta, mucho de lo expuesto en los párrafos anteriores.

—Entonces —nos dice a mí y a mi acompañante— lo que se sabía es que aquel gobierno de concentración podía ser presidido por un militar, que ésa era la idea... Pues bien, en Zarzuela se valoró durante un tiempo, si ese militar iba a ser Armada, o si iba a ser Sabino... Y lo que hicieron fue poner sobre la mesa los pros y los contras de cada uno de ellos. ¿Por qué ellos dos? Porque los dos habían servido al Rey, eran profundamente monárquicos y de su total confianza. En ningún caso se repetiría una historia como la de Suárez, y cuando se les pidiera que era el momento de dar un paso al lado, lo harían sin dudar. Pero es que además eran militares. ¿Por qué se quería un militar? Porque la misión principal de ese gobierno de concentración sería evitar un golpe duro, un golpe de quienes podían acabar con el proceso político, incluso con el sistema monárquico, y eso sólo podía lograrlo alguien que hablara a los militares de tú a tú, o sea uno de ellos. Y en este punto, Alfonso Armada adquiría ventaja. Por un lado, esto claro, a usted que no es militar quizá le cueste más trabajo entenderlo, pero un militar lo entendería de inmediato, Alfonso Armada era de un Arma, artillería, mientras que Sabino era de un Cuerpo, el de Intervención... Era militar, pero como un militar «de segunda», no sé si me entiende. Armada, por otra parte, era un hombre que no sólo había luchado en la Guerra Civil, sino también en la División Azul; entre sus compañeros tenía un prestigio, como militar, mayor... Aunque ideológicamente los dos se movían en un campo similar, era un hombre con ascendiente entre los generales y los oficiales más influyentes. ¿Quién podía ofrecer mayores garantías como gobernante? También esto se consideró, y aquí quizá Sabino, sin duda con mayor poso intelectual, salía ganando... Conocía muy bien el funcionamiento de la Administración tras su larga permanencia en la Secretaría Militar del Ministerio del Ejército y haber servido incluso como subsecretario en Información y Turismo... ¿Quién podría resultar más «convincente» a los partidos cara a embarcarse en una operación de este tipo? En este asunto, los dos eran hombres con amplísimos contactos tanto en el mundo político como empresarial y conocían, por haber mantenido un trato más o menos directo, a casi todos los hombres de cierto peso en ambos campos... Armada tenía una ventaja más, quizá: la de ser de una familia noble, muy conocida en el entorno de la familia real desde generaciones; no hay que olvidar que la madrina de Armada fue la reina Cristina, bisabuela del Rey... En fin, parece que al final, la decisión tomada en el entorno favoreció a Armada, y en ello pesó también, desde luego, que aunque los dos eran hombres que todo el mundo relacionaba con el Rey, Sabino Fernández Campo en ese momento seguía a su directo servicio, lo que, de producirse cualquier filtración inconveniente o surgir cualquier problema, implicaría al monarca casi de manera inevitable.

Por supuesto, tan pronto tuve ocasión, pregunté por este asunto al general Sabino Fernández Campo. Él negó cualquier conocimiento de todo ello... «No, yo no supe nunca de esto... Es cierto que mi nombre apareció en algún periódico, pero como salían los de otros militares, como Lacalle, e incluso algunos civiles...» Pero la misma historia que me había contado el financiero, y casi en idénticos términos en el momento de explicar las razones de la decisión final a favor de Armada, me la contaría alguna semana más tarde alguien del entorno de los hermanos Antonio y José Luis Cortina[6] que, como se verá, tuvieron un papel relevante en los acontecimientos que empezaron a desarrollarse a partir de la decisión de «montar» la «Operación Gobierno de Concentración», que aún no había sido bautizada, en realidad entre sus protagonistas no lo sería nunca, Operación Armada.

«Secretos» de tal tamaño son difíciles de guardar, más aún en aquel momento en el que, como ya ha quedado reflejado, la relación entre políticos y periodistas era más estrecha, y el ejercicio de la libertad de prensa por parte de los profesionales, en muchos aspectos, envidiable. Así, como dice quien entonces era el jefe de la Secretaría General del Rey, la historia del «gobierno de concentración» presidida por «alguien» que no fuera un «político» en el mes de agosto ya saltó a los periódicos: los columnistas y los «profesionales mejor informados» especulaban y especulaban. Naturalmente, no saltó toda la historia. Tan sólo el rumor de que podía estar gestándose aquello..., de que era una posibilidad en marcha. Y comenzaron las quinielas.

Bien porque los citara ya quien echó a rodar el «rumor», bien por lógica o por cualquier otra gracia, lo cierto es que tanto el nombre de Alfonso Armada como el de Sabino Fernández Campo surgieron en el primer momento. A ellos, muy pronto, se sumó el del general Álvaro de Lacalle Leloup, quien años antes había sido presidente del Banco de Crédito a la Construc-

6. Antonio Cortina nunca sería involucrado en el proceso por el 23-F. José Luis Cortina, en esos momentos miembro del CESID, fue acusado y procesado, pero resultó absuelto. El fiscal, que había anunciado un recurso, al final se abstuvo de hacerlo ante el Supremo.

ción, e incluso subsecretario del Tesoro, y en 1980 ocupaba la Secretaría General de Asuntos Económicos del Ministerio de Defensa. Molesto, el general Lacalle le diría a un compañero militar suyo: «Yo no sé para qué me meten a mí en esos líos... Yo no quiero tener nada que ver». A quien debía reclamar el general era a «alguien» que le dio su nombre al periodista José Oneto, entonces director de la revista *Cambio 16*. «Alguien» que aún le dijo más: Lacalle Leloup sería el candidato favorito militar del PSOE para presidir ese gobierno de concentración.[7] Una conjetura que no deja de ser sorprendente dada la ideología, muy conservadora, del general. Es verdad que también, tanto en los periódicos, como, aún más, en los cenáculos políticos entonces tan en boga, sonaron otros nombres tanto de juristas, como de catedráticos de prestigio y, desde luego, de financieros. Uno con mucho peso, el del presidente del Banco de Bilbao, José Ángel Sánchez Asiaín, en quien, como me enumeraría alguien que colaboró en aquella búsqueda del hombre adecuado, coincidían las siguientes virtudes: ser banquero, por lo tanto conocedor del mundo empresarial y financiero y con conocimientos para hacer frente a la gravísima crisis económica que se vivía en España; ser vasco, por lo que no sólo era conocedor del problema, sino que podía tener más fácil acceso en todos los aspectos a quienes podían facilitar alcanzar una solución al tema terrorista, y, por fin, el ser un hombre del entorno del Rey, de su absoluta confianza, consejero en sus asuntos económicos personales. Como en el caso de los generales Armada o Sabino, el banquero Sánchez Asiaín hubiera sido fiel y atento a las sugerencias que pudieran llegar desde la Zarzuela. De hecho, me diría esta fuente, su nombre nunca se descartó hasta que se «consensuó» que, sobre cualquier otro, el principal peligro para la transición era el de un golpe duro militar, y que, por tanto, un militar-presidente era la mejor «medicina».

7. En Lima, al iniciar el regreso de un viaje a Sudamérica, Adolfo Suárez dijo a los periodistas que le acompañaban: «Conozco la iniciativa del PSOE de querer colocar en la Presidencia del Gobierno a un militar. ¡Es descabellado!».

Claro, que había otros que ni siquiera se preocupaban por el nombre, sino que lo que incitaban era simplemente a que el hecho se produjera. En el número correspondiente a la semana del 7 al 13 de agosto de ese año, 1980, el semanario *Heraldo Español*, editado por el mismo grupo que el diario *El Alcázar* —y por supuesto, de la misma línea ideológica—, publicaba una curiosa portada. Se veía en ella el dibujo de un caballo con un inequívoco titular: «¿Quién montará este caballo? Se busca un general». El periodista Fernando Latorre,[8] que firmaba con el seudónimo de *Merlín*, en páginas interiores hacía una lista de posibles candidatos, aunque al final se limitaba a exigir, más que a pedir: «el que pueda, que elija». Si no se producía esa elección por parte de «quien puede» (alusión clara al Rey), sólo quedaba, decía Merlín, la opción «o Pavía, o Prim».[9]

Pero ¿por qué estaba tan bien informado aquel periodista que se escondía tras el nombre del mago artúrico? He hablado un número considerable de veces, en persona y por teléfono, con el famoso Juan Alberto Perote, el hombre del CESID que con «sus papeles» hizo posible que Mario Conde y Pedro J. Ramírez se vengaran de Felipe González. Perote fue el hombre que, tras un breve interregno de apenas un año, sustituyó a José Luis Cortina al frente de la Agrupación Operativa del CESID. Muchos de los que habían trabajado con éste, siguieron trabajando con aquél, y le hicieron muchas confidencias. Algunas de ellas las reflejó Perote, al que le gusta escribir, en un par de libros. Uno de ellos dedicado al 23-F.[10] En él —aunque hay que advertir que la relación entre los dos hombres dista de cordial—

8. Según parece un periodista «muy cercano» al jefe de la AOME, José Luis Cortina, que podía haberle servido con cierta frecuencia de «fuente».

9. El general Pavía dio un golpe de Estado el 3 de enero de 1874, irrumpió en las Cortes, las disolvió y convocó a los partidos a los que forzó a crear un gobierno de concentración presidido por un general, Serrano. El general Prim, un militar de claro gusto por la participación en la política, intervino en varios pronunciamientos. Fue figura clave en la restauración monárquica, y responsable de la elección de Amadeo de Saboya como nuevo rey en sustitución de los Borbones. Fue asesinado.

10. Juan Alberto Perote, *23-F: Ni Milans ni Tejero*, Ed. Foca, Madrid, 2001, págs. 47-48.

escribe: «[...] Cortina... se sabe que ejerció una intensa influencia sobre algunos periodistas, como es el caso de Fernando Latorre quien, bajo el seudónimo de Merlín, sirvió en numerosas ocasiones como correa de transmisión para los mensajes que, desde el CESID, se quería hacer llegar a todos aquellos que tomaban parte en la conspiración generalizada... La relación del periodista con quien él llamaba su meiga acabó mal, asunto al que el periodista se refirió en un tétrico artículo titulado "Carta a un desconocido", que se publicó en *El Heraldo Español* el 18 de mayo de 1982. El artículo contenía frases cargadas de resentimiento: "[...] A unos y a otros nos manejabas como querías, porque sabías de nuestra disposición al servicio de España [...] ¿A cuántos engañaste? ¿Cuántos sufren hoy, por tu culpa, al menos la zozobra? ¿Olvidaste aquello de los luceros? No quiero seguir... En fin, corramos un tupido velo, una cortina de humo y... a esperar. Técnico de la espera, te va a tocar esperar». José Luis Cortina —el propio Perote lo recoge— negaría ser «la meiga de nadie» al historiador Roberto Muñoz Bolaños, pero lo innegable es que en sus artículos en *El Heraldo Español*, Merlín mostraba sorprendentes capacidades adivinatorias.

El general busca quien le escriba

Como he contado en otro momento,[11] el general Sabino Fernández Campo me comentó que el propio Armada le había dado, para que se lo hiciera llegar al Rey, el estudio de un constitucionalista en el que se contemplaba esta posibilidad de un gobierno de concentración que vería la luz en lugar de a través de «una moción de censura por parte de Felipe... con una propuesta de que no fuera a ocupar el gobierno el jefe de la Oposición, como debía hacerse por ley si la moción prosperaba, sino que pasaría a establecerse un gobierno con representación de todos los parti-

11. Véase capítulo 3, págs. 71-72.

dos políticos y presidido por una persona neutral». No recordaba la fecha exacta en que recibió este texto el general —«para las fechas soy un desastre, y ha pasado tanto tiempo»—, pero sí que había sido varios meses antes del 23-F y que Armada le pidió que se lo hiciera llegar al Rey. «Y eso se le pasa al Rey. Y lo ve el Rey», me dice, aunque de inmediato me advierte que no sabe «qué uso pudo hacer después el Rey de aquel documento».

Alfonso Armada tenía una vieja amistad con Antonio Cortina, un hombre que desde hacía años se movía, y mucho, en los círculos políticos. El mismo general será quien me lo confirme: «Conocí a Antonio [Cortina] en el ayuntamiento [de Madrid, donde fue concejal durante años con el alcalde Arespacochaga]. Tuve mucha relación con él, y me presentó a su hermano [José Luis], que era de la promoción del Rey». De hecho, en los años finales de la dictadura, cuando al príncipe le «seleccionaban» personajes con los que verse que le ayudaran a «conocer» bien la España real, José Luis Cortina, experto ya en temas de «operaciones especiales» y destinado en el Alto Estado Mayor en la persecución de espías del bloque del Este, sería más de una vez uno de los seleccionados. En los años siguientes sus contactos con el Rey se limitarían más, hasta reducirse prácticamente a las reuniones de los miembros de su promoción. Antonio Cortina había visitado también en alguna ocasión la Zarzuela; de hecho, en este período, aún lo hacía muy esporádicamente. Pero Alfonso Armada y Antonio Cortina tenían más razones para el contacto. Uno de los hijos del general había sido candidato de Alianza Popular al Congreso, y los dos hermanos Cortina, como se ha visto, habían estado muy cerca de Manuel Fraga ya desde los años de la dictadura a través de GODSA.

Comprender qué era GODSA puede ayudar a entender mejor quiénes eran los hermanos Cortina, cuáles eran las tareas a las que les gustaba dedicarse. Cuando a finales de los años sesenta y primeros setenta se empieza a intuir el cambio político, en muchas capas comienzan a moverse todos aquellos a los que la política les interesa. Cada uno con su enfoque y en su mundo. Por ejemplo, hay unos cuantos militares, antiguos miembros del grupo FORJA, que colaboran en publicaciones, con sus nombres, o con seudónimos individuales o de grupo, que deciden ponerse en marcha... Entre ellos Javier Calderón, un militar que durante buena parte de su carrera trabajó en los Servicios de información: «[...] Pepe Cortina y yo, que habíamos coincidido en el Alto, pensamos: ¿por qué no creamos una especie de gabinete de documentación que nos valga para nuestros trabajos y al tiempo se lo ofrecemos a otras empresas? Porque nosotros escribíamos todos... Unos, como los Cortina, en la revista *Índice*, en el Equipo XXI; otros lo hacíamos en prensa diaria usando seudónimos, o en revistas como *El Mundo*... Y así creamos la sociedad GODSA. En realidad un proyecto utópico, porque no teníamos un duro y a los tres meses andábamos ya sin dinero. Pero entonces..., en el 72-73, Fraga estaba fuera del gobierno después del escándalo que sigue al asunto Matesa, pero lleva una actividad brutal: da conferencias sobre la necesidad de la Reforma, se ve con Dionisio Ridruejo... Y entonces es cuando se nos ocurre, puesto que coincidíamos con sus ideas de entonces, ofrecernos a Manuel Fraga como un equipo de estudios que le apoye y de paso nos buscamos una financiación...». Eso era GODSA: una sociedad de estudios, un equipo que piensa en soluciones para los problemas, que plantea alternativas, que diseña un partido o los detalles necesarios para que un proyecto, una operación, la que sea, pueda realizarse... Lo que los militares llaman el trabajo de un Estado Mayor. En eso es en lo que le gustaba trabajar a los hombres de GODSA. Desde luego, a Antonio Cortina. Alfonso Armada sabía esto muy bien. No sólo porque los dos hombres se habían conocido y congeniado durante esos años, sino también por los trabajos de la propia GODSA, algunos de cuyos estudios y prospectivas políticas habían hecho llegar a don Juan Carlos en sus últimos años de príncipe e, incluso, en sus primeros años de rey.

Las decisiones políticas de Manuel Fraga tras no ser el «elegido» por el Rey, en especial la alianza de su partido Reforma

Democrática, cuyo programa «inventarían» en GODSA, con los «restos del franquismo» en Alianza Popular, lo que se llamó en la calle «los Siete Magníficos», distanció a muchos de ellos de Fraga. Otros como el notario Félix Pastor Ridruejo o los abogados, socios de bufete, Carlos Argos y Nicolás Rodríguez González, seguirían aún durante años al lado de Fraga y le acompañarían en la travesía hacia la creación del Partido Popular. Los miembros militares, además, cuando Gutiérrez Mellado prohibió a todo oficial en activo ejercer la política de cualquier forma, tuvieron que renunciar. Pero siguieron moviéndose. Todos los que frecuentaban a los hermanos Cortina, en especial a Antonio Cortina, en estos años 1979, 1980, dan fe de su gusto por este mundillo... «allí donde había un ambiente político, en especial en ese mundo que se movía entre el ala más moderada de Alianza Popular y la UCD, incluso en contactos con los más socialdemócratas del PSOE, siempre estaban ellos...».

Y en verano de 1980, cuando el general Armada ha entregado el estudio del anónimo constitucionalista a Sabino, cuando en la Zarzuela el secretario general del Rey le dice a su viejo compañero que «la solución es un gobierno de concentración que presidirá Armada», cuando en los mentideros políticos y en las columnas de los periodistas «más introducidos» se habla de ese gobierno «de todos» y de que la figura ideal es Armada..., en ese verano, el general Armada, y su «entorno», recuerda que conoce a Antonio Cortina, un hombre al que le apasionan la política y buscar «soluciones», idear operaciones... Porque claro, todos los que ante la situación económica crítica, ante el terrorismo brutal que no dejaba de golpear, y además no dejaba de golpear provocadoramente a militares y miembros de las Fuerzas de Orden Público, ante lo que parecía el caos autonómico que iba a disgregar España, creían que la solución era poner punto final al mandato de Suárez y entregarse a ese «gobierno de concentración» o de «coalición» o de «salvación», ¿qué pensaban realmente hacer una vez instituido ese gobierno?

DOS AÑOS DE «PARÓN», UNAS REFORMAS CONSTITUCIONALES, «MANO DURA» Y A CASA

Igual que cada grupo político ha llegado por su propio camino de convicciones e intereses a la conclusión de que Suárez ya no es el hombre adecuado, también cada uno de ellos cuando habla, aun de manera soterrada, de la posibilidad de un gobierno de todos con un «neutral» al frente, imagina planteamientos y salidas diferentes. El principal problema que se le plantea a quien quiera aunarles, por tanto, es cómo encontrar un proyecto con el que la mayor parte de ellos puedan sentirse identificados en un grado suficiente como para querer y poder participar en él. Algo así como un «mínimo común» que a todos pudiera valer.

«Esta inquietud por la situación hay un momento que cala en todos, del Rey para abajo, de AP a los comunistas moderados. Porque en aquel momento era la obsesión de muchos que la democracia en España no volviera a ser un simple ensayo de pocos años..., un nuevo paréntesis corto entre períodos de dictadura. Los más optimistas decían que una vuelta atrás era imposible. Pero lo más pesimistas, o, también podría decirse, los más realistas, decían que la situación había que "reconducirla" antes de caer en un punto de no retorno.»

Quien comienza así a hablarme de «la Operación» es alguien, no el único, ni el principal, pero si uno de los que dedicó parte de sus esfuerzos, antes incluso de ese verano de 1980, a buscar ese mínimo común, a hablar con unos y con otros, a sondear, a especular... A ir formando, con lo que se decía en muchas partes, ese proyecto de mínimos. Por supuesto, ni su intención, ni la de los que harían una labor similar a la suya en ese momento, era imitar al doctor Frankestein y generar un monstruo. Sinceramente creían que con sus gestiones, sus planes e intrigas podían ayudar a evitar que «la democracia en España volviera a ser un simple ensayo de unos pocos años».

«Era un convencimiento bastante generalizado, por tanto, que había que hacer correcciones y Suárez no se dejaba... No hay otra razón de que se hablara de gobierno de gestión. Y ese gobierno nacía con un espíritu de transición. Se hablaba de que esta fórmula retendría el poder durante un período de dos años, no más... Se hablaba de dos años. Claro que para garantizar que esto no fuera a suponer una vuelta a ninguna dictadura era por lo que resultaba crucial que el Rey, como garante, estuviera detrás. Y también el Congreso, es decir los partidos políticos, cuantos más, mejor. ¿Y qué se pretendía? Pues aprovechar la "reconducción", ese paréntesis en el proceso democrático, para retocar cosas que muchos pensaban que estaban mal acabadas. Por ejemplo, retocar el Título VIII de la Constitución.[12] Poner de alguna forma coto a los procesos autonómicos... Algo, diré, en lo que estaban de acuerdo Tarradellas y algunos líderes nacionalistas vascos, con los que se había hablado de ello. Tarradellas, le diré, estaba de acuerdo; él era de alguna forma el garante de que no se iban a cercenar los derechos al autogobierno. También dar un papel a los empresarios para que trabajaran en la corrección del desastroso estado de la economía. Y para tranquilizar a las Fuerzas Armadas era para lo que se había pensado en un militar para presidir el gobierno. Alguien con el prestigio suficiente entre sus compañeros como para, además, poder acallar las voces más discordantes, parar o dejar sin espacio para moverse a quienes podían estar pensando en soluciones muy drásticas. Claro, que había en todo aquello hilos sueltos y cosas inciertas... El tema de cómo resolver el asunto ETA uno de ellos. Aquella ETA estaba formada por gente más nacionalista que la actual y hablaba siempre en sus panfletos de negociar "con los militares". Se pensaba que quizá un jefe de Gobierno militar y la participación de determinadas figuras políticas vascas podría facilitar una salida. Era un tema muy complicado... Se habló incluso de crear una unidad militar puramente vasca, en la que se integrarían los etarras tras dejar las armas, una especie de Legión... Desde luego en lo que se estaba era en un

12. Es el que recoge la ordenación territorial.

proceso largo, donde todo estaba sólo esbozado. Y se hablaba a Zarzuela de aquello, se hacían estudios constitucionales..., porque ¿resultaba viable aquello? Es que en el intento te podías llevar por delante la Corona. Por eso se pidió a catedráticos que miraran la viabilidad de todo esto. ¿Cómo llegar a esta situación de entendimiento entre partidos de diferente ideología, la Corona, las Fuerzas Armadas? Porque allí tenían que estar todos... La "anomalía" era, claro, que para derribar a Suárez era necesario que alguien, más que probablemente el PSOE, planteara una moción de censura y la apoyaran no sólo Coalición Democrática, sino sobre todo sectores de la propia UCD, como el portavoz del partido, Herrero de Miñón... Ante este hecho anómalo, difícil de explicar, se especula entonces con otras alternativas, como que algo extraño, imprevisto, dé pie a que el Rey llame a los líderes políticos y sociales y se propicie esa salida del gobierno de concentración con alguien independiente al frente.»

¿Y en qué momento se inician estas conversaciones?, pregunto. «En el verano..., hacia el final del verano —me responden—. Pero hay que entender que todo esto era un guiso que se estaba cocinando, no había ningún plan cerrado, nada decidido... Armada lo que hacía era sondear cómo estaba el ambiente, y eso es lo que hace cuando se ve con un montón de políticos, pero también de gente de las finanzas...»

¿Y es para eso para lo que recurre a Antonio Cortina y sus conocidos, para que le presenten a políticos y empresarios? «¡Nooo! Pero si Armada tenía unas relaciones tremendas de sus años en la Zarzuela. Conocía a gente de todas partes. Sus relaciones eran totales. Él, para que fuera a verle Martín Villa, no necesitaba más que levantar el teléfono. Vamos, digo Martín Villa o cualquier otro... Cuando Antonio Cortina se ve con él es por su relación de antes. Se ven siete, ocho, diez veces... No sé. Pero mucho más aún cuando estaba en Lérida que cuando regresó a Madrid. Armada tenía la idea de que Antonio Cortina y la gente que le apoyaba sabían preparar estudios, que podían hacer encargo de los papeles necesarios... En fin, cosas como las que ya había leído de GODSA cuando estaba Armada aún en Zarzuela. Por ejemplo, como el estudio que se le envió a Palacio sobre cómo organizar y qué hacer para el día de la Victoria, y es entonces cuando piensa en este grupo.»

Buscando esas soluciones «en un proceso largo, donde todo estaba sólo esbozado [...] un guiso que se estaba cocinando», van a entrar en el otoño y el invierno de 1980 los que «trabajan» en esa Operación Armada. Siempre, eso sí, teniendo en mente, como me diría mi fuente, algo que va a ser cada vez más importante según Suárez vaya dando muestras de gran resistencia a la presión: «También es verdad que todo aquello podía coger velocidad de crucero si se presentaba algo, alguna situación, algún suceso, que llevara a cristalizarlo. Si se producía una circunstancia excepcional que hiciera que todo esto tuviera que cristalizar..., pues entonces nadie se asustaría de que estos proyectos se pusieran en marcha con rapidez...».

Un hecho excepcional. En Francia en el año 1958, como hemos visto, la amenaza de los generales Salan y Massu de desembarcar las tropas desplegadas en Argelia sobre la metrópoli fueron el hecho excepcional que había hecho posible que De Gaulle se presentara ante la Cámara y viniera a decir a los diputados: o el golpe, o yo. ¿Cuál podría ser ese hecho excepcional en España?

8

Y si un coronel loco se echa a la calle... ¿tú qué harías?

El dinero es un animal cobarde que apuesta a todos los caballos

Los encuentros con mi confidente en esta época se habían vuelto muy frecuentes. En algún momento nos veríamos dos y hasta tres veces por semana. Cuando logré saber las líneas generales de cómo se había montado la Operación Armada y qué se pretendía con ella, le llamé. En ese momento, me dijo, le daba datos que podía asegurar que en el gobierno de Suárez no habían conocido. De hecho se resistió un instante a aceptarlos.

—... Es más —le dije, para completar mi conversación con quien me había dado los detalles sobre la operación política que debía poner a Armada de presidente del Gobierno—, esa fuente me dio a entender que es la buena recepción a sus sugerencias en el, digamos, «entorno de Zarzuela», la que pone en marcha al general en Lérida. Aunque también es cierto que me dijo que poca falta hacía estimular a Armada porque no sólo estaba muy en contra de la gestión del gobierno, sino que además estaban sus cuentas personales pendientes con Suárez.

Pensó un instante y, quizá por ser justo, o tan sólo por salir en defensa de las instituciones, me dijo:

—Bien, pero no olvide que aquí de lo que se está hablando

es de una operación política... Lo que se sugiere es que se haga una operación política, nada más. Nada de golpes de Estado.

Le di la razón, pero aceptó en silencio lo que a continuación le expuse y que me parecía un argumento irrefutable:

—Es cierto. Pero también lo es que si no se hubiera puesto en marcha la Operación Armada es más que probable que el 23-F nunca habría tenido lugar.

De nuevo quizá no fuera en interés de diluir las responsabilidades de nadie, sino tan sólo por ayudarme a exponer lo que de verdad pasaba, por lo que cuando volvió a hablar fue para decirme:

—De todas formas no olvide que, como hablamos el primer día, no era Armada el único que se movía entonces. Que había otros militares, aquel grupo que en los informes del CESID llamaban «los primarios», Tejero y otros generales y oficiales franquistas, y el grupo de «los coroneles», «los inteligentes», que les decían... Pero estaban también los civiles, que sabíamos que no habían dejado de medrar. Determinados líderes de la organización de empresarios con irreprimibles vocaciones políticas, que yo creo que lo que pensaban es que ellos mismos podían ser «la solución» al desgobierno. Y, desde luego, había grupos de altos financieros, algunos banqueros, que andaban muy revueltos, que se mostraban muy activos. Y éstos también cada uno andaba buscando sus fórmulas para acabar con Suárez. Porque estaba el grupo aquel de los banqueros que se sentían identificados con los valores del viejo régimen, que daban dinero, o eso nos decían los que podían saber de ello. Y claro, seguían las comidas de EFE... En fin, que había un ambiente muy revuelto más allá de Armada. Le contaré una anécdota por si no la conoce, aunque ya se ha publicado y en el círculo más íntimo de Suárez se ha reconocido: el presidente en esa época desconfiaba tanto de la situación que dormía, y vivía en La Moncloa, no lo olvide, con una pistola en la mesilla de noche. Ya le digo que el ambiente estaba realmente enrarecido.

Me recomendó intentar hablar con alguno de aquellos empresarios, y me dio algún nombre. Cuando colgué el teléfono, busqué la forma de seguir su recomendación. Y así fue, ya lo he adelantado en el capítulo anterior, como alguien me abriría una puerta por la que conocería que en esos círculos del verdadero poder, el del dinero, se habló entonces de que la Operación Armada podría haber sido Operación Sabino. Pero también supe otras cosas.

Empezó reconociendo este hombre, antiguo altísimo ejecutivo de un banco importante, la existencia de reuniones y cenas «entre amigos», a las que asistían miembros de la familia Fierro, de la familia Oriol, de la familia Urquijo y otros banqueros y grandes financieros.

—Es cierto que en esas reuniones hablábamos de política, de la situación general y lo que estaba claro es que no gustaba lo que estaba haciendo Suárez —me dice—. En el campo económico era un desastre. Vivíamos con aquella inflación del veintitantos por ciento... Y su política laboral era incomprensible: tenía una política más de izquierdas que los propios socialistas. A los empresarios no les concedía ni una ventaja. El resultado era un desempleo galopante; fue entonces cuando se llegó al millón de desempleados, una productividad bajísima... Ahora, tengo que decirle que, si algo aprendí en los años en los que estuve en la banca es que el dinero carece de valentía. No toma riesgos. Yo no he conocido nunca a ningún grupo financiero que se atreva a meterse a derribar al poder establecido... Y si lo hacen ponen una vela a Dios y otra al diablo... En cualquier caso, cuando se da dinero, es siempre en pequeñas dosis.

Quise entender en principio que lo que me decía era que los grandes financieros no participan en política. O que si lo hacen, procuran dar dinero a todas las partes, de forma que gane quien gane, está en deuda con ellos. Pero cuando quien me acompañaba le hizo la pregunta adecuada, su respuesta se modificó sustancialmente:

—Entonces, ¿nos dices que ninguno de aquellos hombres daba dinero a determinados personajes políticos?

—Bueno, a nivel personal, no sé..., digo yo que el que quisiera daría dinero. Yo me refiero a que las instituciones, los bancos, no dan dinero para actuar contra un gobierno. Los hombres... Yo no sé si José María de Oriol, que era un hombre de fuertes convicciones, irreprochable, o Alonso Fierro, o algún Urquijo darían dinero y apoyo a algún político con el que ellos tuvieran amistad, o en los que creyeran...

Los hechos eran más contundentes que una suposición. Desde meses antes del verano de 1980, pero desde luego de manera clara en esa época, estos banqueros buscan promover una «verdadera derecha» que, no sólo rectifique el rumbo económico, sino que también haga frente al «izquierdismo» de Suárez y a los peligros que él no sabe combatir del terrorismo y el separatismo. En sus reuniones, celebradas a menudo en la casa de Antonio Oriol, amigo del ex ministro de Franco y líder de la Confederación de Combatientes, José Antonio Girón de Velasco, pero también en otras —«en esta casa —reconocería mi anfitrión banquero— nos reuníamos a cenar también a veces»—, estos hombres animan a que se produzcan acercamientos entre añejas figuras políticas. Ellos son los que hacen posible, por ejemplo, que cuando se celebra la anual Asamblea de la Confederación de Excombatientes, en torno a la figura de Girón no sólo aparezcan sus viejos aliados, políticos como Blas Piñar y Fenández Cuesta, sino también antiguos ex ministros franquistas, supuestamente «moderados», viejos aliados de Manuel Fraga, como Federico Silva y Gonzalo Fernández de la Mora, quien incluso vendría a declarar que se había caído del caballo y reconocía en Girón, «a quien sabéis que no podía tragar... un gran patriota y un hombre que nada busca para sí y todo en razón... de salvar a España y poner un valladar al marxismo y al separatismo».[1] En este acto, celebrado en pleno verano, donde se reunían las viejas y hasta entonces enfrentadas familias del Movi-

1. Manuel Soriano y otros, *Los Ejércitos... más allá del golpe*, Ed. Planeta, Barcelona, 1981.

miento y el *tardofranquismo*, Girón no dejó dudas de lo que pretendían. «Ya no es el momento de las urnas», diría, para pasar a advertir de que había que «liberar al Trono de las ataduras... ya que la Corona ha quedado prisionera no de la soberanía popular, sino de la soberanía de los partidos políticos que han reducido a la Corona a la nada». Los viejos y antimonárquicos, por su raíz falangista, miembros del Movimiento, advertían de que aceptarían al Rey si éste volvía a ser un «verdadero» jefe de Estado, liberado «del sistema liberal y parlamentario que hoy hace ingobernable a España». Esta impensable declaración monárquica les permitía de paso sumar a muchos de los sectores del franquismo que rechazaban la transición que el propio Rey había impulsado, pero no encontraban a un «nuevo Franco» por ninguna parte. Era la apuesta por «una nueva derecha», un eufemismo que no escondía, en realidad, sino el deseo de la vuelta de la vieja derecha. ¿Cómo lograr su meta? Entre los presentes, además de los políticos y algunos de los banqueros citados, también estaban los generales Iniesta Cano, De Santiago, Cano Portal o el teniente coronel Tejero.

La apuesta de los banqueros y grandes financieros no era nunca, como me dijo mi anfitrión, a un solo caballo: el dinero ponía «un cirio a Dios y otro al diablo». No todos eran tan devotos como Antonio María de Oriol y Urquijo a Girón. Le pregunté si la meta de muchos de estos financieros no era escindir a la UCD, provocar que se creara una nueva mayoría entre el sector democristiano del partido de Suárez y la gente de Fraga y otros. «Esto es verdad, eso no se lo niego», me respondió.

EN LA AGENCIA EFE LAS COMIDAS SIGUEN SIENDO LIGERAS, Y LAS SOBREMESAS, LARGAS

Los máximos dirigentes que tiene en ese momento la patronal, la CEOE, son hombres que también creen poder resolver los problemas que tiene España. Pero éstos además piensan que pueden desempeñar un papel activo. José Antonio Segurado y Carlos Ferrer Salat, los dos primeros presidentes de la organización, están muy activos. El catalán, de hecho, es uno de los habituales a las comidas de EFE, que han seguido celebrándose. Las públicas, y, desde luego, las restringidas, mucho más apetitosas por lo que se habla en sus sobremesas.

En este foro, tras dar cuenta del «frugal menú», que sigue estando compuesto de los inamovibles consomé, filete y helado de pistacho, al final del verano en las sobremesas lo que se sirve ya es la sustitución de Adolfo Suárez, no sólo como recomendable, sino como inevitable. Incluso, como reconoce el organizador de las comidas, Luis María Anson, que sigue al frente de la Agencia, se juega a buscar el nombre del mejor sustituto posible del presidente.

—¿Que si llegamos a formar un gobierno en la sombra? No, de un gobierno no se habla. Lo que creo recordar es que en alguna de esas comidas, pero no en las de cuarenta personas..., ahí efectivamente, lo que estudiamos mucho, con gente muy leal al Rey, gente muy cercana también a Adolfo Suárez, cuál sería la persona adecuada, [para sustituirle] si Suárez al final no podía continuar, y..., lo propuso Juan Carlos Guerra Zunzunegui, me acuerdo, en una comida, la persona ideal era Calvo Sotelo... [La candidatura de] Calvo Sotelo, en una buena parte se cuece en esos sectores, pero no los desleales a Suárez, leales a Suárez, sobre todo al Rey, que lo que dicen es: «Bueno, si esto se termina, ¿quién puede sustituir [al presidente]... y que dentro del partido sea denominador común? Y se llegó a la conclusión de que era Leopoldo Calvo Sotelo, que entonces tenía mucho prestigio... Porque Leopoldo Calvo Sotelo no tiene votos, como se demostró, pero en cambio es un hombre intelectualmente de primera...

Así los leales «sobre todo al Rey», pero también leales a Suárez, que asisten a este foro piensan en Calvo Sotelo. Juan Carlos Guerra Zunzunegui, a quien se le ocurrió el nombre, me recibe una tarde en su despacho de abogados, cercano a la Castellana, al final de otro verano, justo veinticinco años después de aquel en el que tuvo la ocurrencia: «Bueno yo creía que Calvo Sotelo era la persona... ¿Por qué? Porque reunía las siguientes características: era un hombre preparado, era un ingeniero de caminos, muy culto; segundo, era además de lealtad absoluta a las instituciones y a la Corona —y digo a la institución porque fue un hombre que iba con cierta frecuencia a Estoril a ver a don Juan—; tercero, no pertenecía a ninguno de los grupos más significados dentro de UCD, tenía más bien una tendencia democristiana, pero no se había definido como tal... Y yo decía: "Será adoptado por la democracia cristiana, pero incluso también por algunos de Fernández Ordóñez que no están a favor de romper el partido, o por independientes...". Además, tampoco era que por su apellido, Calvo Sotelo, fuera un hombre rechazado por la izquierda, no, porque no era un hombre que se hubiera significado en la dictadura, con lo que en una alternativa de un gobierno amplio... Ahora, la verdad es que luego, yo fui secretario de Estado en su gobierno, y la verdad es que no fue lo que pensábamos... Lo que pasa es que teóricamente era un hombre preparado, culto, de lealtad total a la Corona, impecablemente decente en su vida profesional... Y creíamos que esa persona podría ser el relevo para llegar hasta las siguientes elecciones... Nos confundimos».

Pero a la vuelta del verano de 1980 ni Anson, ni Guerra Zunzunegui, ni los demás miembros de aquella comida-tertulia podían saber esto. Por cierto, Guerra Zunzunegui me aclara que no era él, ni mucho menos, el único cualificado militante de UCD que se sentaba en aquella mesa de EFE: «Miguel Herrero estuvo en alguna comida... Y José Luis Álvarez estuvo en alguna...», me dice, pero de inmediato rectifica: «No, no, creo que no, José Luis Álvarez no, porque él formaba parte del gobierno, y en este grupo no había nadie del gobierno...».

¿Y Suárez, puesto que quienes le buscaban sustituto eran «leales», sabía que había gente apoyando la candidatura de Calvo Sotelo para su puesto? Luis María Anson asegura tener razones para afirmar que sí; él mismo se lo decía:

—¿Y esta sugerencia de ustedes le llegó a Suárez? Porque entonces Suárez lo que hacía era aceptar en el fondo una imposición...

—Le llegó tan claramente, que Calvo Sotelo fue su candidato... Aceptó completamente. Quizá porque se dio cuenta de que era el hombre denominador común entonces entre los distintos sectores de UCD, lo aceptó... Supongo que en sus memorias, si es que salen, hablará de esto...

—¿Usted llegó personalmente a hablar de ello con el presidente?

—¿Sobre Calvo Sotelo?...Sí, sí, sí...

—Diciéndole «pensamos, hay una serie de gente...».

—Sí, sí... Eso yo lo he hablado con él a comienzos del otoño del año ochenta en alguna ocasión. Y con aquiescencia suya. Él le tenía una gran admiración a Calvo Sotelo. Ten en cuenta que estuvo en el gobierno de Carlos Arias con Calvo Sotelo..., en el tercer gobierno de Carlos Arias... Calvo Sotelo estuvo en Comercio y él era ministro secretario general del Movimiento.

—¿La banca también veía bien a Calvo Sotelo... Es decir esa gente con la que usted se veía, los empresarios, la banca...?

—Sí, lo veían bien... Calvo Sotelo en ese momento concitó la aquiescencia de la mayor parte de la gente. Ésa es la verdad...

—Ferrer Salat, Carlos March, esa gente de las finanzas que se veía con usted...

—Sí, Ferrer Salat, por ejemplo, estaba en la idea de que había que pensar un nombre y no sabía cuál... A lo mejor porque pensaba que él mismo, el propio Ferrer Salat, pero al final aceptó lo de Calvo Sotelo.

Quizá Luis María Anson no interpretara bien las palabras o los gestos de Suárez cuando le «desvelara» el nombre de «su sustituto» en aquel comienzo del otoño del ochenta, porque el presidente, al fin y al cabo era de su cese de lo que se hablaba, no parecía estar en ese momento muy a favor de que nadie le sustituyera. O al menos eso recuerda el general Javier Calderón, en aquel momento secretario general del CESID, pero, sobre todo, como ya se ha dicho, hombre de confianza y en determinados asuntos consejero tanto de Gutiérrez Mellado como del ministro más fiel del presidente, Agustín Rodríguez Sahagún, y que al recordar todos aquellos esfuerzos por encontrar salidas me diría: «… A estos intentos de buscar soluciones desesperadas se oponían Suárez, Gutiérrez Mellado y Rodríguez Sahagún, y con ellos también muchos de nosotros. Pensaban que no había que ceder, que lo que había que hacer era aguantar y ganar tiempo. Los que nos oponíamos decíamos que eso que intentaban eran experimentos con mucho riesgo. Había que aguantar el tirón, decíamos. Porque los "golpes de timón", los lícitos, son peligrosos, ya que sabes cómo se inician, pero no como acaban; y aún mucho más peligrosos son los otros».

Esta forma de ver las cosas podría explicar el hecho de que, al parecer, en el gobierno no había disminuido el interés por saber de lo que se hablaba en estas reuniones de EFE y se pedían informes y seguimientos a quienes podían hacerlos: «Hombre, podía existir, como es lógico —reconoce Luis María Anson—, una preocupación en el gobierno de que [en estas comidas] se amparara a gentes hostiles al gobierno, incluidas personas dentro del propio partido, pero vamos, a Adolfo Suárez yo le daba cuenta no sólo de las comidas públicas, sino también de las privadas… Porque, por cierto, Felipe González venía por lo menos una vez al mes…, y yo le daba cuenta [a Suárez] de lo que allí se hablaba, un poco por encima, pero le daba cuenta, porque era mi obligación hacerlo, ¿no?… salvo aquellas cosas que Felipe González pidiera que fueran *off the record*, claro, entonces yo soy un periodista y no las puedo decir…».

Los generales aprietan el paso…

La vuelta de las vacaciones veraniegas también significa la vuelta a la intriga para algunos militares. Tejero, a comienzos de septiembre, vuelve a verse con el teniente coronel Pedro Mas, el ayudante del general Milans. Como muy gráficamente expresó Tejero durante la vista del 23-F, «encontré calor en la III Región Militar» [Valencia]. Un calor sofocante, casi podría decirse. Y es que tras la entrevista que habían mantenido el general Iniesta Cano y García Carrés con Milans en El Saler, que sirvió para que el capitán general de Valencia supiera del plan, y la posterior sobremesa que había reunido en Madrid a Tejero y Mas en los días previos al verano, en la que el jefe de la Guardia Civil se ganó el respeto del hombre de confianza de Milans, ésta era la tercera vez que desde Valencia mostraban interés en Tejero y su obsesión. A la comida de los dos tenientes coroneles se suman los dos muñidores del encuentro entre las partes, García Carrés e Iniesta Cano. Pero en la comida no sólo se vuelve a hablar del «plan Tejero»; también se hace un repaso de los rumores que impregnan todo el ejército, en especial de las noticias que van tomando cuerpo de un «golpe de los coroneles», y el análisis del golpe que acaba de producirse en Turquía, en cuya situación política encuentran muchos paralelismos con España y que ha dirigido un personaje, el general Kenan Evren, en el que ven muchas similitudes con el hombre cuya sombra planea sobre todos ellos, Jaime Milans.

Lo cierto es que el propio Milans no ha perdido el tiempo durante el estío. Ha estado llamando a generales amigos y se ha visto con alguno de ellos. Está sondeando voluntades. Habla ya de la necesidad de un golpe y quiere saber quién se pondría a su lado. A uno de los que llama es al general José María Sáenz de Tejada, que en ese momento ocupa un puesto clave, el de jefe de Estado Mayor de la Capitanía General de Madrid. Le llama a su casa. Le conoce muy bien, porque ha sido su jefe de Estado Mayor durante alguno de los años en los que Milans ha dirigido la División Acorazada, y de aquel tiempo han salido amigos. Le cita en el hotel Eurobuilding. Allí, en una de las cafeterías, le expone lo que bulle por su mente.

—La verdad es que cuando me llamó —me dice el general Sáenz de Tejada—, me imaginé para lo que era... Y en efecto, me habló de eso: «aquí hay que dar un golpe». Estuvimos hablando durante dos horas, casi tres horas. Intenté convencerle de que aquello era un disparate, de que no llevaba a ningún sitio. Pero no le convencí... No tuve aún la sensación de que ya estuviera en marcha ninguna operación, él lo que me repetía era que se había llegado a una situación sin vuelta, que los problemas se estaban enredando mucho, agravándose hasta un punto sin vuelta, y que «tenemos que pensar seriamente en hacer algo»... Él pensaba que el ejército estaba dispuesto a intervenir y que había que solucionar lo que pasaba por la fuerza. Yo le expliqué que se confundía, que no había ese ambiente entre las Fuerzas Armadas, pero no pude convencerle.

No es, ni mucho menos, la única entrevista del general. En Benicasim, el costero pueblo castellonense, la policía, que vigila a distancia a los generales de los que el gobierno más desconfía, detecta al menos dos encuentros de Milans con otros compañeros. El asistente a uno de ellos ha trascendido: se trata del teniente general Manuel de la Torre Pascual, capitán general de Baleares. Sería durante la noche del 23-F uno de los capitanes generales más decidido a apoyar a su compañero de Valencia, hasta el punto de que sólo la intervención de su segundo jefe de Estado Mayor le salvaría de encontrarse en las complicaciones en las que él quería meterse.

En el CESID también detectan otros contactos de Milans durante ese verano. En este caso el lugar de encuentro lo pone un general que en esa época se encuentra ya en la reserva: Enrique Arias Bayón, un general de división que durante 1974 y 1975 ha estado mandando la Brigada Paracaidista. Arias Bayón era amigo de Milans, de su mismo estilo de general, aristocrático, escrupuloso en su vestir, decimonónico en su concepción del papel del ejército, habitual de los restaurantes y los bares de copas del momento que frecuenta la alta burguesía en el madrileño barrio de Serrano. Como me diría, quizá con un tono algo despreciativo, uno de los militares que se movían en el entorno del gobierno, «Bayón era el que ponía el té»; es decir, su papel allí, no sólo porque ya estaba en la reserva y, por tanto sin mando de tropas, se limitaba al papel de anfitrión. Pero los invitados eran de nivel; buena parte de los capitanes generales del momento, el círculo ideológicamente más cercano a Milans —Elícegui, capitán general de Aragón; Merry, de Sevilla; Campano, de Valladolid... y algunos otros generales ya retirados—. Los encuentros se realizaban en el chalet que tenía Bayón en Marbella y en otro de una lujosa urbanización de Madrid. Aquellos generales eran muy amigos todos, héroes de la Guerra Civil, de la División Azul, y se dedicaban horas y horas a analizar lo que pasaba, a rumiar que no podían seguir las cosas igual, que algo había que hacer, discutían planes... Y lo curioso es que todos azuzaban y el que parecía más moderado era el propio Milans.

Quizá no tan paradójicamente; quienes se veían con Milans, los que le azuzaban, sin excepción, le fallarían la tarde noche del 23 de febrero, cuando los llamaría a todos, uno a uno, y no recibiría más que palabras. En cualquier caso, para Milans, como se ha dicho, aún era tan sólo el tiempo de sondear y de sembrar. Posiblemente porque se daba cuenta de que después del día del golpe venía otro, y para entonces, cuando los soldados regresaran al cuartel, haría falta alguien que se hiciera cargo de España y él, como diría un general, «de política era un absoluto ignorante, un cero, la nada... No entendía. De hecho, cuando se produce el golpe, él no piensa en sí mismo como presidente, ni para estar en el gobierno... Él lo que se veía era de presidente de la Junta de Jefes de Estado Mayor. En cosas militares. No tenía entre sus compañeros el prestigio de ser el gran general al que todos seguirían con los ojos cerrados... La noche del 23-F se demostraría que entre sus compañeros generales no tenía el ascendiente que él creía tener. Él pensaba que a su grito "¡a mí la Legión!" todos acudirían al unísono a desfilar tras él. Y, sin embargo, ni uno se movió». Justo lo contrario de lo que había sucedido en Turquía el 12 de septiembre anterior, donde el golpe lo había encabezado la máxima autoridad militar y a su lado se había colocado toda la cúpula del generalato.

... PERO LOS QUE SE MUEVEN, SON LOS CORONELES

En el mesón Gerardo, donde se han reunido Tejero, Mas, García Carrés e Iniesta Cano, se habla, como se ha dicho, de un rumor que está atronando en los cuarteles: «hay un grupo de coroneles que está organizándose, y en el grupo está buena parte de lo mejor que tiene el ejército en ese momento». El ruido que hacen, a pesar de moverse con todo el sigilo que su finalidad exige, es tan grande que en el CESID, a la hora de repartir etiquetas, les dan el nombre de «los inteligentes» y a través de sus informes, así pasa a ser conocido también el «golpe de los coroneles» entre quienes en el gobierno deben saber de su existencia. Muy pronto, y para todos, resulta claro que al frente de este grupo está el coronel jefe de Estado Mayor de la División Acorazada, José Ignacio San Martín. Quienes él va sumando a los preparativos son viejos compañeros, todos ellos antiguos oficiales del viejo servicio de contrasubversión que el propio San Martín ha montado bajo el paraguas protector de Carrero Blanco, el SECED, y a los que ha captado en buena medida él mismo directamente de entre los primeros números de cada promoción.

—Todos los que estaban en el núcleo motor del llamado «golpe de los coroneles», insisto, eran ex SECED, lo cual no quiere decir que todos los ex SECED estuvieran en el golpe, claro. —Santiago Bastos, jefe de la Célula Antiinvolución del Servicio de Inteligencia, que los conoce muy bien a todos, porque ha trabajado durante años con ellos, puerta con puerta, en la sede del propio SECED, asegura que éste era el grupo que realmente más les preocupaba a ellos y al gobierno—. Nuestro convencimiento era que estos hombres, que se preparaban para actuar durante la primavera, seguramente en mayo, eran los que tenían la verdadera capacidad de poner patas arriba el sistema. También es del grupo que más llegamos a saber porque pudimos tener buena información de dentro, a entrar en el meollo de sus movimientos.

»Para empezar —continúa el general Bastos— hay que tener claro que eran todos ellos personas muy válidas, verdaderos líderes en el ejército, con una sólida preparación política y experiencia en los mecanismos de manipulación de la opinión y la creación de conflictos, que habían adquirido en el SECED. Les preocupaba, porque eran muy conscientes de su importancia, con cuánto apoyo contarían al día siguiente del golpe y que éste apareciera ante amplias capas de la sociedad como algo muy necesario y justificado.

»También le preocupaba a este "grupo de coroneles" que los oficiales del ejército estuvieran convencidos; coparon la revista *Reconquista* "del espíritu militar"; hicieron un boicot a una copa en la Escuela de Estado Mayor a la que no asistió casi nadie y otros años eran cientos los que iban... Agitación y entrenamiento. Nunca en el ejército se había conocido nada parecido... Tenían recursos y voluntad y una gran confianza en sí mismos.

»San Martín, desde luego, era el motor ¡y se había situado nada menos que como jefe de Estado Mayor de la División Acorazada!, que era el elemento de fuerza imprescindible para un golpe de Estado sin réplica posible, cayendo los carros de combate sobre los centros de poder. Como en Grecia y en Turquía. Tener a los coroneles de sus Regimientos convencidos, comprometidos y dispuestos era tanto como tener la partida ganada. A ello se dedicó San Martín a fondo. Y tenía en su Estado Mayor como jefe de la sección de Operaciones al comandante Pardo Zancada (muy protagonista el 23-F), es decir, ¡el hombre encargado de elaborar y tramitar las órdenes! Ellos dos se entendían bien porque habían estado en el SECED y no estaban en esos puestos por casualidad.

El hombre que entonces dirigía la Célula Antiinvolución va desgranando ante mí lo que fue una investigación de meses cruciales. Me falta conocer nombres... ¿Quiénes pensaban en el CESID que integraban aquel grupo al que tanto temían?

—Estaban dispersos —me dice— casi todos en puestos clave. Su verdadero apoyo y mano derecha en Inteligencia y visión política era Leandro Peñas: no exagero si digo que tenía talla para haber sido un presidente de Gobierno. Estaba destinado como representante del ejército español ante la OTAN. Fue segundo de San Martín en el SECED. Se mató en un accidente... Por otra parte, el a modo de servicio de información que se había montado por parte de Sánchez Asiaín en el Banco de Bilbao, lo crearon los coroneles Marchante y Villalba —ambos jefes de División en el SECED— y aportaba al grupo una información extraída de allí, muy privilegiada. Marchante era un intelectual de primera categoría, una buena cabeza, pero no un hombre de acción. Aportaba su inteligencia y su pluma fácil. Era, extrañamente, muy integrista a pesar de su inteligencia.

»El compañero, amigo y apoyo moral de San Martín era Eduardo Fuentes Gómez de Salazar, conocido como *el Napo*. Era el alma de cualquier reunión. Un entusiasta incombustible y simpático, el que haría posible el «pacto del capó» y la salida a la crisis del 23-F. Un gran hombre. Amigo desde el colegio de Leandro Peñas.

»También hay que hablar del teniente coronel García Mouriño, de cómo manipulaba todo el Servicio de Información del Ejército, un verdadero líder natural, muy fanático, pero muy valioso y valiente. En el SECED había sido jefe del Servicio en el País Vasco. Bueno, creo que todos eran excepcionales... Estaba también Beneito. Un entusiasta contagioso, Guillén, destacado en la Capitanía General de Valencia... y así muchos otros que colaboraban desde sus puestos. Pero los nombres son lo de menos. Lo interesante es figurarse, con imaginación, a San Martín y los suyos..., más o menos los suyos, hablando uno a uno con cada mando para captar o compremeter o convencer diciendo tan sólo lo justo y necesario, porque el que hablaba se la jugaba si se le denunciaba... Iban así tejiendo ese compromiso personal "para cuando llegue el momento, si llega...".

»Y cómo estarían los coroneles de la División Acorazada de comprometidos que el 23-F, prácticamente, la mayoría de ellos quiso salir con sus carros o sus tropas, fíjate bien, ¡después de conocer el asalto al Congreso! Bien sabían lo que hacían y bien tuvo que luchar el capitán general Quintana para sujetarlos y hacerlos volver.

»Ésa era la obra maestra de San Martín, que se desató por el impulso de Milans antes de tiempo y sin ninguna preparación. No quiero pensar qué hubiera sucedido si llegan a salir en el mes de mayo. Porque para dar un golpe de Estado lo esencial es tener dispuestas las unidades que puedan ejecutar las acciones de fuerza necesarias. Por otro lado es también esencial copar el aparato de información del ejército y evitar que puedan detectar tus propósitos, pero igualmente que tú puedas intoxicar al mando. Bien, San Martín, por ejemplo, había logrado tener copados con su gente, unos más comprometidos, otros menos, pero dispuestos a colaborar, todos los puestos de jefe de la Segunda Sección de los Estados Mayores de las Capitanías Generales. Uno de los principales integrantes del grupo, García Mauriño, estaba destinado como jefe de la Segunda Sección de Sevilla, y había protagonizado pocos meses antes un sonoro escándalo por el que se descubrió su implicación en preparativos para un golpe, un asunto que se llamó «de las cintas aleatorias»... Tuvo incluso un juicio por ello... A ver si lo explico de manera simple...

El general Santiago Bastos me cuenta entonces cómo las Segundas Secciones de Información de las Capitanías Generales tenían una red de télex por la que estaban unidas todas. Aquellos télex llegaban cifrados conforme a unos códigos. Para poder leer los télex se necesitaban unas llamadas «cintas aleatorias» que permitían proteger los mensajes, que sólo se descifraban automáticamente a su llegada si se empleaba una cinta agujereada idéntica a la del emisor.

—Tú fíjate lo seguro que estaba García Mauriño de su control sobre las demás Segundas Secciones, que en un momento dado envía a todas las Capitanías Generales un paquete con una cinta aleatoria especial y única que ha confeccionado tan sólo para esto, diciendo algo así como «ahí tenéis la cinta aleatoria que será utilizada en caso de que tengamos que intervenir para salvar a la Patria y tal, tal...». La única conclusión que se puede sacar es que estaban casi todos los jefes de las Segundas de acuerdo en aquello... Pero dio la casualidad de que se había ido de permiso el titular de la Segunda Sección de Valladolid y estaba uno de suplente... Aquél, cuando recibió la cinta y el mensaje se asustó... Fue al capitán general, y le dijo: «Mi capitán general, le doy cuenta oficialmente de que me ha llegado esto...». Y el capitán general, que era nada menos que Ángel Campano, como se lo daban oficialmente, no tuvo más remedio que despacharlo a la justicia militar, y aquello entró en el rodillo judicial...

¿Qué pretendían aquellos coroneles?

—Lo tenían planificado todo —me dice el general Bastos—. Lo suyo era un golpe duro, querían un régimen totalitario, aunque con un rostro democrático. Pensaban en tener un gobierno con civiles, hombres que habían sido ministros con Franco, y que tenían una sólida imagen de eficacia... Gentes como Federico Silva Muñoz, o como Pérez de Bricio, que había sido ministro de Industria. Incluso yo tenía entonces informes de que, por ejemplo, San Martín habló varias veces con Fraga...,[2] tuvieron sus conversaciones con él... No quiero decir con esto que Fraga estuviera de acuerdo en este golpe. Lo que digo es que estos hombres no se veían como un grupo de militares aislados, sobre todo no querían dar hacia el exterior una imagen como la de las dictaduras sudamericanas...

2. Tras su forzada salida del SECED, San Martín pasó un tiempo destinado en el Sahara, pero Manuel Fraga, con quien mantuvo buena relación siempre, lo recuperaría para la «vida política» nombrándole director general de Tráfico.

Al CESID, y al gobierno, les preocupa tanto ese servicio de información instalado en el Banco de Bilbao al que se ha referido el general Bastos, dirigido por los coroneles Marchante y Villalba, que sus informes hacen que el ministro de Defensa, Agustín Rodríguez Sahagún llame un día al presidente del Banco, Sánchez Asiaín. Durante la conversación le llega a exponer su convencimiento de que tiene a dos golpistas trabajando para él y de que están utilizando sus instalaciones para preparar informes y documentos con esa finalidad.

Pasé meses intentando localizar a Armando Marchante. Le dejé mensajes a través de personas de las que iba entrevistando y que sabía que eran, o que habían sido, amigos suyos. Todos me advertían de que se trataba de un hombre hosco, difícil, y no poco soberbio. Al final, uno de quienes recibió mi petición, alguien que me conocía bien, por ayudarme hizo una llamada exploratoria. ¿Estaría dispuesto el general Armando Marchante a verme? Para su sorpresa, y la mía, Armando Marchante no sólo estaba dispuesto, en realidad quería verme hacía tiempo, porque había leído un libro anterior mío sobre el papel del ejército en la vida política de los últimos treinta años,[3] del que tenía una opinión muy favorable que había publicado incluso en una reseña en una revista, «aunque también le he encontrado fallos —me advertiría— y es que algunos compañeros míos te han mentido». A pesar de las advertencias previas, conmigo el general Marchante —su ascenso a general encontró muchas resistencias en el ministro, entonces ya el socialista Narcís Serra, que no aceptó después su ascenso a general de división, lo que provocó uno de los escándalos de su mandato con los temas de ascensos y destinos— se mostró como alguien extraordinariamente atento y abierto. Eso sí, de pocos compañeros suyos, quizá de ninguno por completo, me dio buena referencia.

Nos encontramos en una cafetería cercana al estadio Santiago Bernabéu. Hablamos durante casi toda una mañana. Me co-

3. *Memoria oculta del Ejército, los militares se confiesan*, Ed. Espasa, Madrid, 2004.

mentó su vieja amistad con Adolfo Suárez en los primeros años setenta: «Le conocí muy a fondo: era hábil en política, pero muy inculto, presumía de no haber leído nunca un libro». Habían comido él y su compañero Villalba con Suárez, a petición de el periodista Luis Ángel de la Viuda, cuando el futuro presidente andaba deprimido porque había sido cesado como vicesecretario general del Movimiento. «Nos dijo que sentía truncada su carrera política y que lo que él quería era "ser ministro como sea, con quien sea y de lo que sea". A la salida Villalba y yo comentamos que no nos gustó esa frase». Cuando pocos meses más tarde le nombraron ministro secretario general del Movimiento, Suárez le ofreció a Marchante ser su jefe de gabinete. «Le dije que no, que a mí lo que me interesaba era mi carrera militar, que me llamara cuando fuera presidente para cambiar la situación del ejército, que estaba con grandes problemas.» Negó, el general Marchante, todas las informaciones por las que le fui preguntando y que le colocaban como uno de los militares que «se movía» en 1980 contra el gobierno. Sabía, eso sí, que despertaba desconfianza. Conocía la entrevista entre sus dos «jefes» en ese otoño de 1980, el ministro de Defensa y el presidente del Banco de Bilbao, «provocada por la envidia de mis antiguos compañeros del SECED». Era consciente de que el CESID le vigilaba. «Sabíamos que teníamos un chivato, Manuel de la Pascua [militar, también antiguo miembro del SECED], al que habíamos colocado en el Banco de Bilbao nosotros, que daba informaciones al secretario general del CESID, Javier Calderón, pero lo que hacía era dar informes falsos...» ¿Y del «golpe de los coroneles»? El general Marchante no conocía nada de «golpe de los coroneles», pero sí de «reuniones de coroneles». «Fui a la primera reunión, en casa de José Luis Carrasco, y a la segunda y la tercera, que se celebraron en la Escuela Superior del Ejército, donde hacíamos el curso de ascenso a general... Quien nos había convocado era San Martín.»

Los coroneles se reúnen, sondean... y les animan

El coronel José Ignacio San Martín murió a comienzos del verano de 2004. En los meses previos me había recibido en su casa un par de veces, y también habíamos conversado por teléfono otras cuantas más. En la primera de ellas hablamos de estos movimientos de coroneles. José Ignacio San Martín era mucho menos contundente a la hora de negar «un golpe de los coroneles», sobre todo si se le «escuchaba entre líneas». Compartió conmigo el contenido de algunas de las páginas de un libro inédito de memorias al que quería llamar *Apuntes de un condenado del 23-F* —ya había escrito otro antes[4] en el que narraba sus años al servicio de Carrero Blanco—, en el que recogía sus experiencias alrededor del 23-F. Me leyó, con una grabadora puesta entre él y yo, alguno de aquellos folios muy esclarecedores. Por ejemplo, sobre el ambiente en la División Acorazada, de la que él era jefe de Estado Mayor:

—«A mí la legalización del PCE no me inquietó tanto como el tema de las autonomías y el tema ETA, ¡que estaban matando a ciento y pico compañeros todos los años! Y por eso salen los informes que salen [de la División Acorazada] a Capitanía General, que realmente los redacto yo, y los firman el general Torres Rojas y el general Juste, en los que se decía que esa situación reclamaba una actuación militar. Así mismo. Pero así mismo; en el informe se ponía: "se reclama una actuación militar". Y esos informes llegaban a Quintana, ¡a Quintana, el capitán general [de Madrid]!, que después lo mató la ETA... Esto es de uno de los "Estados de opinión" que enviábamos de la División Acorazada: "... El 6 de noviembre de 1980 entregaba personalmente al capitán general de Madrid un informe en el que decía que había advertido en las unidades cotas más elevadas de indignación por el gravísimo deterioro de la paz y la convivencia, especialmente en el País Vasco. Y que quería decir, de forma disciplinada y res-

4. José Ignacio San Martín, *Servicio Especial*, Ed. Planeta, Barcelona, 1983.

petuosa, en qué basaba su inquietud, a la vez que aportaba con la mejor fe sugerencias por si pudieran ser tenidas en consideración". Terminaba el informe así: "los mandos de la División basan su preocupación e inquietud en los cincuenta últimos asesinatos de que han sido víctimas miembros de las Fuerzas Armadas en lo que va de año, que comienza con el asesinato del comandante de Caballería don Jesús Velasco Zuazola, el 10 de enero, y termina el 3 de noviembre con el del guardia civil don Julio Castillejos Pérez, y ante las escasas medidas que se adoptan, consideran que ha llegado el momento de que las fuerzas políticas reconozcan que se están equivocando. De no enderezarse la situación, creen que el ejército deberá intervenir en un ambiente doloroso. Confían en que su capitán general acoja sus opiniones que comparte plenamente el mando de la División".»

El coronel San Martín también me lee lo que ha escrito sobre alguna audiencia suya... con el Rey:

—En la DAC, al Rey se le criticaba, pero mucho más se le defendía. Se veía en el soberano una garantía de futuro y al jefe supremo de las Fuerzas Armadas. Y se pensaba que sus funciones arbitral y moderadora podían contribuir a enderezar el rumbo de la nave del Estado. En año y medio, el Rey había visitado en dos ocasiones a las unidades de la División Acorazada... El día 18 de noviembre de 1980, a los trece meses y pico de hacerme cargo del mando del Estado Mayor Su Majestad me recibió en audiencia. Antes me llamó Muñoz Grandes para que estuviera con cierta anticipación en el palacio de Oriente, porque quería hablar conmigo, y así lo hice. Me preguntó qué pensaba decirle al Rey. Y como le dijera que nada, ya que se trataba de una audiencia protocolaria y además el Rey estaba perfectamente informado, Muñoz Grandes[5] me rogó que le hablara claro y duro,

5. El propio general Muñoz Grandes, uno de los ayudantes militares del Rey, me confirmó este hecho: «Vino a ver al Rey poco antes del 23-F. Antes... había allí un salón, yo estuve charlando con él. Me dijo: "No le voy a contar nada, algunas anécdotas...". Y le dije: "Tienes la obligación de contar al Rey con toda crudeza cuál es el ambiente en las unidades..., que el ambiente en las unidades empieza a ser malo, tienes la obligación de contárselo"».

porque el Rey necesitaba que se le dijeran las cosas con rotundidad. Durante la audiencia me referí a los problemas de instrucción y logística de la DAC, y en cuanto a nuestra moral le dije que estábamos «cabreados, muy cabreados», disculpándome por utilizar tales términos. Le manifesté así mismo que el ejército ante tantos muertos estaba de luto. Me dijo que él compartía nuestro dolor y que ése iba a ser el tono de su discurso navideño. Y me preguntó con preocupación qué pasaría si algún exaltado decidiera actuar por su cuenta. Contestándole que en efecto eso podría crear problemas. Al salir de la audiencia estuve unos minutos con el teniente general Valenzuela y el entonces capitán de fragata Poole, a quienes comenté la audiencia, subrayando que consideraba que la situación en España era grave, a pesar de que Rosón[6] dijera que todo iba muy bien. «Eso no se lo cree ni él mismo», dijo el teniente general Valenzuela. Pocos días después estuve con el capitán general Quintana, y me dijo que el día de mi audiencia con el Rey había estado buscándome para que le dijera al monarca que en el ejército estábamos muy irritados, y que eso mismo se lo había dicho él al ministro. Indiqué que prácticamente eso era lo que yo había manifestado al Rey, y también insistí en mi idea de que Su Majestad, el gobierno, los líderes de los grupos políticos, la Junta de Jefes de Estado Mayor, y los más antiguos de los Consejos Superiores de los Ejércitos deberían reunirse para, con patriotismo, dar el necesario «golpe de timón». Yo ahí todo lo que pensaba era en presionar sobre el Rey, sobre los Consejos Superiores, para que, sin necesidad de golpe de Estado..., pero las cosas no salieron como tenían que salir. ¿Que el golpe de timón era también en lo que estaban los políticos? Sí, pero claro, el tema es que no te lo crees. No te lo crees. Porque por ejemplo, al terminar en una conversación yo puedo decir: «Bueno, ya veremos qué pasa...». No le das importancia. Porque baladronadas había...

6. Juan José Rosón era en ese momento ministro del Interior.

Pero cuando el relato del coronel San Martín comenzó a resultarme definitivamente esclarecedor fue cuando decidió leer para mí lo que había escrito sobre determinadas reuniones que había sostenido con otros coroneles, gente de su generación, la mayoría viejos compañeros de la Academia con los que había compartido parecidas experiencias en las últimas tres décadas:

—... estuve a ver al coronel Juan Sánchez Bilbao en la Jefatura de las FAMET. Quería comprobar cuál era su estado de ánimo porque sabía que no compartía mi opinión sobre la democracia española. Y es que cualquier acción que se hiciera no tendría que recaer sobre los nostálgicos, sino sobre la gran mayoría de los miembros de la Institución castrense, ya que no se trataba de que los militares gobernasen, sino simplemente que se enderezase una situación que veíamos que comprometía la unidad nacional y de la cual eran víctimas un elevado número de compañeros. Me dijo: «Pienso que el ejército debe asumir con toda naturalidad que los socialistas accedan al poder, aunque habrá que tender a frenar el crecimiento del paro, germen de graves alteraciones del orden ya que el hambre es mala consejera. Lo que no debe tolerarse es la debilidad ante el terrorismo de ETA. No estoy convencido de que si el ejército tuviera que asumir responsabilidades políticas fuera capaz de resolver la mayoría de los problemas». Esto lo dice Sánchez Bilbao. «En parte estoy de acuerdo —le dije yo—, pero creo que debemos vernos más a menudo y cambiar impresiones con otros compañeros, todo ello sin impaciencias y sin dar un paso en falso. Y por supuesto sin ocultarnos, ya que no somos ni conspiradores ni sediciosos. Y si nos preguntan si nos hemos visto, diremos la verdad, que sí, y que hemos hablado de la situación nacional, de la unidad del ejército y del apoyo con el que pueden contar nuestros mandos para tratar de que la situación no se deteriore más.»

Conviene fijarse en que el coronel San Martín acude a ver a un militar, Juan Sánchez Bilbao, que es conocido por sus ideas a favor de la democracia y por ser monárquico porque, como se encarga de descubrir él mismo, «cualquier acción que se hiciera no tendría que recaer sobre los nostálgicos». Es decir, está pensando en «acciones», y al parecer no sólo con quienes son o pueden ser considerados meros franquistas. El coronel continuó leyendo para mí de su libro de memorias:

—«Mis reuniones con compañeros. En el clima que se estaba viviendo, incluso antes de mi incorporación a la DAC, nada era de extraño que los compañeros que sentíamos gran inquietud ante la evolución de los acontecimientos, nos viéramos individualmente y en grupo. Pero antes, en el curso de mandos de la Escuela Superior del Ejército, en la propia clase de Sociología Militar, se abordaban temas tan delicados como las hipótesis que podrían justificar la intervención de las FAS en la vida política. Y a nivel de alumnos llegó a hacerse una encuesta ambiciosa sobre cuál sería la posición de cada uno ante cualquier iniciativa militar. La contestación fue unánime: todos estarían del lado de sus compañeros y jamás enfrente. Bien es cierto que era una exigencia que las inquietudes se canalizaran jerárquicamente. Por mi parte me reunía con varios compañeros de promoción [...] quise tener algunas reuniones en grupo. Para ello acudí al coronel José Luis Carrasco, para que tomara la iniciativa de citar en su casa a dichos coroneles y a mí. Carrasco y yo éramos impacientes, pero creíamos que lo que España necesitaba era una mera reconducción de la transición. En la primera reunión, noviembre de 1980, inicié yo la conversación, manifestando mi idea de no permanecer impasibles. No era cuestión de oponernos sin más al desarrollo de la democracia, sino de que las cosas transcurrieran de modo que no se comprometiera gravemente la unidad nacional. Habló José Ramón: "Antes de seguir hablando quiero hacer la siguiente observación. Me parece muy bien que vayamos creando un ambiente en el ejército para oponernos a toda corriente disgregadora, pero me niego a colaborar en cualquier proyecto que pudiera ser desfavorable al Rey". "Me lo has quitado de la boca —dijo Sánchez Bilbao—, pues aparte del afecto que siento por Su Majestad, para mí el Rey es una garantía, bien es verdad que por encima del Rey está

España." En mi opinión, incluso por razones prácticas, al Rey había que respaldarle siempre, incluso combatir a los que le criticaban. Pero es que además les dije que había hablado con dos personas, Antonio Cortina, hermano del comandante, y José Luis Pérez Sánchez, quienes me habían dicho que estaba en marcha la Operación De Gaulle, apoyada por algunos centristas, aliancistas e incluso socialistas, para promover la formación de un gobierno presidido por el general Armada. "Eso está mejor —comentó Sánchez Bilbao—, pues Alfonso Armada cuenta con la total confianza del Rey. Además esa solución me encanta." "Sí —dijo Carrasco—, Sabino me habló de ella hace poco, diciendo que había una fuerte corriente tanto en políticos como en militares sobre la necesidad de que Suárez abandone el poder y que pensaban en Alfonso Armada. Además, con Armada se harían las reformas precisas, lo que simplificaría mucho más las cosas."»

Sorprendido, interrumpí al coronel San Martín que venía de esta manera a confirmar no sólo la operación de derribo a Suárez, sino la relación de Antonio Cortina con ella: «Esto me lo dijo Antonio Cortina en el hotel Mindanao»,[7] me respondió sin dudar. En noviembre de 1980, dos coroneles, ambos de la línea «dura», hablaban de esta operación liderada por Armada, y explicaban que a uno de ellos le había informado uno de los organizadores, y al otro se la había confirmado nada menos que el Secretario General del Rey. Pero ¿y ellos qué iban a hacer? San Martín siguió su lectura:

—«Convinimos que nos reuniéramos de nuevo, y que ampliáramos el arco de asistentes. Y que sin pregonar nuestros cambios de impresiones no desmintiéramos en su caso que nos reuníamos y las razones que nos habían llevado a ello. Se acordó así mismo que se convocara al coronel Marchante, y al teniente coronel Emilio Alonso Manglano, por ser de distintas tendencias, ya que nos interesaba ir creando una especie de

7. Sobre esta reunión se dan los detalles en el capítulo siguiente.

doctrina común sobre el comportamiento de las FAS ante situaciones comprometedoras para España».

El ex coronel detuvo la lectura y me miró. Él mismo sintió la necesidad de explicarse:

—Pero claro, esto que hemos hablado antes... No era llevar nosotros la transición, sino decírselo a las autoridades superiores para que convencieran al monarca de que en función de su cargo...

Volvió José Ignacio San Martín a la lectura de sus propias memorias inéditas:

—«La segunda reunión se celebró en el domicilio de Carrasco. No asistió Sánchez Bilbao. Creo que Alonso Manglano cuando supo el objeto de la reunión se asustó un poco, pero tomó la palabra Marchante, que enderezó la reunión. Seguíamos con la idea de no saltarnos nunca la cadena de mando, y de que no consideráramos nuestra reunión como clandestina. A este efecto, José Ramón Pardo de Santayana comentó que había hablado con Sabino Fernández Campo sobre lo que estábamos haciendo, y que le parecía muy bien, y que adelante. Por su parte, José Luis Carrasco dijo que se lo había expresado con parecidos términos al teniente general González del Yerro, que se sintió complacido al saber que podía contar con subordinados capaces de aportar información y sugerencias a los capitanes generales. También le comentó Carrasco que éramos partidarios de que se constituyera el Consejo Superior de las Fuerzas Armadas, más independiente del gobierno que la JUJEM, y que en comunicación directa con el jefe supremo podría desempeñar un papel eficaz para evitar que la situación degenerase. Por otra parte habría que insistir en la creencia de que era mejor que las FAS no estuvieran en el poder ejecutivo y que la gobernación del país siguiera recayendo en personal civil, a excepción de la presidencia de Armada.»

Como me explicaría meses después el general Santiago Bastos, en efecto todo indica que San Martín estaba entregado a una campaña de influencia sobre sus compañeros, y al parecer sobre algunos generales de línea ideológica afín y de gran valía, como

González del Yerro,[8] para crear un estado de opinión lo más amplio posible, a favor de un «golpe» o la «reconducción» que fuera necesaria. Pero aún más, un militar que, sin duda, no estaba a favor de una solución golpista, y menos aún antimonárquica, Pardo de Santayana, anuncia que lo que hablan está siendo consultado al secretario general de la Zarzuela que, lejos de reprender, anima.[9] Vuelve a la lectura de su pasado el que fuera creador del Servicio de información español:

—«La siguiente, y última reunión, la tuvimos en la primera decena de diciembre en la Escuela Superior del Ejército. Asistimos los seis. Cada cual hizo un resumen de las opiniones de los jefes y oficiales más destacados de sus respectivas unidades o sus destinos. Para Alonso Manglano la situación no era tan negra, pero si llegaba un momento crucial pensaría antes que en rebelarse en exiliarse en el extranjero. En lo que sí insistió es en que había que hacer todo lo posible para que cesara como ministro Rodríguez Sahagún. Se encomendó a Sánchez Bilbao y Alonso Manglano que hicieran un análisis sobre la situación y el papel que podía jugar en ella el ejército, y que nos volveríamos a reunir después de las vacaciones de Navidad. Se acordó que estuviéramos en contacto con los tenientes generales con los que teníamos más confianza. A solas conmigo, Manglano me sugirió que debía sumarse al grupo Pepe Pontijas dado su buen sentido común y su prestigio. En algunos círculos castrenses se comentaba que los coroneles no estábamos preocupados más que de ascender, y en otros se decía que estábamos perdiendo el tiempo en disquisiciones filosóficas. De todos modos había una opinión casi unánime de mantener la lealtad al Rey.» Esto es todas las reuniones que tuve con esta gente. Y esto demuestra que

8. Jesús González del Yerro era en esos momentos capitán general de Canarias. Se trataba de uno de los generales de mayor prestigio entre sus compañeros, de la línea dura, pero su nombre era uno de los que más frecuentemente aparecían en las especulaciones en prensa sobre un posible presidente del «gobierno de coalición». El teniente general Javier Calderón me diría que el hecho de que, a pesar de su peso, Milans estuviera en Valencia y González del Yerro en Canarias, y ninguno en Madrid, no era casual.

9. El general José Ramón Pardo de Santayana me confirmó este extremo.

gente muy preparada estábamos pensando que la situación era insostenible.

Pero ¿y él, y quizá otros, incluso de los coroneles aquellos que se reunían, podían estar en alguna otra operación paralela? Como he dicho, he tenido ocasión de hablar con otros dos de los presentes en estas reuniones. El primero de ellos, José Ramón Pardo de Santayana, cuyo recuerdo añade matices muy importantes:

—... y ahí se estableció cierta polémica, porque había dos bandos. Unos que decían, los más apasionados, concretamente los lideraba San Martín, la situación es insostenible, aquí hay que hacer algo, el ejército no puede quedar desamparado... No se pedía una revolución ni nada, pero que sí teníamos que presionar a nuestros mandos, hacer escritos informando sobre lo que ha pasado... Ésa era la línea dura, diciendo estamos a punto del treinta y seis, vamos a tener que hacer lo que hicieron nuestros padres en el treinta y seis... Y otros, entre los cuales me encuentro, que decíamos: mira, el ejército no puede moverse por lo que le hagan a él. En todo caso tiene que intervenir si es en el bien de España, no en el del ejército. Que nos insulten, porque había cosas tremendas, por ejemplo el caso de cómo se trataba a los muertos del terrorismo, pero por mucho que el gobierno haga esto, el gobierno está haciendo también lo posible por sacar esto adelante. No es un gobierno irresponsable. No es un gobierno comunista que permite la muerte de Calvo Sotelo. La situación del treinta y seis no es ésta. Una cosa es que estemos más alerta, que presionemos, que esto está siendo intolerable... Y recuerdo que entonces San Martín salió diciendo: «Bueno, y si un coronel loco saca su regimiento a la calle, ¿tú sacas el tuyo enfrente?». Bueno, eso es como si te dicen vas en una barca y se hunde y vas con dos hijos, a cuál salvas... Ya veré lo que haré en ese momento. Claro, luego según vimos, el coronel loco era él, que ya estaba preparando... Yo temo que sí. No sé si estaba ya... Pero él hablaba mucho con Milans... A mí el general Milans en una ocasión, porque yo tenía también mucha confianza con él, me dijo: «No admito que me presionen los tenientes coroneles». O sea, que viene de eso. Porque así como a Armada no le iba a decir nada, a Milans sí creo que le iban a decir: «mi general, que tal...», hasta que le convencieron de que iba a ser el salvador de la Patria. Y se lo creyó. Desde luego para muchos sí que lo era. A él le decían que era responsable, porque era uno de los más prestigiosos.

«¿Y si un coronel loco saca su Regimiento?...»[10] La pregunta de San Martín parece desvelar sus intenciones. Le pregunté al teniente general José Ramón Pardo:

—¿Sacó usted la sensación de que San Martín lo que buscaba era sondear a ver si alguien se sumaba?

—Seguramente. Seguramente buscaba eso.

«Eso», lo que buscaba San Martín, resultaba extraordinariamente parecido a la idea que manejaba el jefe de la Célula de Involución del CESID, aunque el coronel San Martín se lo había dicho a sus compañeros con palabras mucho más «tranquilizadoras», desde luego: «... éramos partidarios de que se constituyera el Consejo Superior de las Fuerzas Armadas... que en comunicación directa con el jefe supremo podría desempeñar un papel eficaz para evitar que la situación degenerase... era mejor que las FAS no estuvieran en el poder ejecutivo y que la gobernación del país siguiera recayendo en personal civil...». Es decir, un gobierno sustentado por los Ejércitos, pero con rostro civil.

En el Servicio de espionaje del Estado, como se ha dicho, existía el convencimiento de la pertenencia de Armando Marchante a ese grupo de coroneles que trabajan en la sombra. Él me lo negaría. Lo haría más de una vez. Aunque no huirá de po-

10. Es necesario saber que en todos los ejércitos son los coroneles quienes tienen el mando directo sobre las unidades que forman los regimientos. Por ello tienen un «poder» más efectivo incluso que el de los generales, que las mandan por conducto de los coroneles.

nerse en el centro de la escena en las reuniones que ha descrito San Martín: «… Y después de que San Martín preguntó aquello de "y si hay un coronel loco que se levanta, ¿vosotros sacaríais vuestro Regimiento para hacerle frente?", pues Manglano dice: "El que tiene más capacidad de síntesis es Armando, que él haga una propuesta". Y fui yo el que dijo: "Entonces nuestra labor debe ser convencer a nuestros generales de que vamos hacia el precipicio y que deben pedir al Rey su intervención para solucionar esto". Y dije, muy claro, "si se hace algo, que sea con el apoyo del Rey". Sánchez Bilbao y Manglano, los dos más monárquicos allí, se levantan y me abrazan y me felicitan: "Has reflejado muy bien nuestra posición". Después, cuando nos despedimos, en las escaleras que dan de la Escuela Superior del Ejército a la Castellana, íbamos San Martín y yo y me dijo: "Eres un cabrón, tú sabes que eso que has dicho no refleja lo que tienes en la cabeza". Y yo le dije: "José Ignacio, no sé lo que tienes en la cabeza, pero espero que no vayas a hacer la locura de repetir un 10 de agosto"…[11] Sé que esta conversación llegó al Rey por medio de Javier Calderón [secretario general del CESID], porque cuando el Rey me recibió en audiencia en la primavera del 81 al tomar posesión como jefe de cuerpo, me dijo: "Te estoy agradecido, porque sé que de todos los jefes de cuerpo de la III Región, el único que siempre me fue leal fuiste tú".» También, cuando le pregunté a Marchante directamente, me negó otras reuniones de coroneles diferentes que aquellas que San Martín me había develado leyéndome las cuartillas en las que había recogido su memoria.

En cualquier caso, fuera cual fuese el momento en el que se encontrara el «golpe de los coroneles»… el temido en el gobierno

11. El 10 de agosto de 1932 el general José Sanjurjo, entonces capitán general de Sevilla, se levantó contra la República y declaró el Estado de Guerra en toda Andalucía. Esta intentona golpista, mal concebida y peor ejecutada, pasaría a ser conocida como *la sanjurjada*.

«golpe de los inteligentes», iba a ser sobrepasado por esa otra «operación» de la que varios de los coroneles presentes en estos encuentros tanto parecían saber a través de los propios muñidores de la Operación y de «Zarzuela». Porque Armada y los suyos, así como los políticos, en ese otoño de 1980 seguían entregados, con un afán cada vez más acelerado, a la búsqueda de la fórmula que permitiera concretar el «gobierno de coalición» que andaba en boca de todos.

9

El misterio de Lérida

LAS AMBIGUAS CONVERSACIONES QUE SE ENTABLAN EN EL AMBIGÚ

«Y entonces es cuando el general empieza a expresar esa preocupación por el terrorismo, que hace falta la unidad de todos frente al terrorismo... es cuando dice lo de un gobierno de concentración, que estén todos los partidos allí y presidido por un independiente civil..., y fue entonces cuando uno de los que estaban en la comida, yo no digo quién —me dice Enrique Múgica—, es entonces cuando alguien le dice: "¿y por qué no presidido por un general?". Éste es el misterio de Lérida...»

De pocas comidas en la historia de España se habrá hablado tanto como de ésta que ahora recuerda Enrique Múgica, y que se presenta como la prueba de que el PSOE aceptaba participar en un gobierno de concentración con un militar, en concreto Armada, a su frente. La comida tiene lugar el 22 de octubre, ya bien entrado el otoño. Pero no surge de la nada. Al contrario, las semanas anteriores también han tenido sus comidas y sus misterios, porque el horno político está caliente y muchos panes se están cociendo a la vez.

Por ello, si se quiere comprender de verdad este ambiente de la política de hace treinta años, quizá ahora inimaginable con la mayoría de la clase política española, es bueno detenerse un momento y escuchar aún a Múgica Herzog, al actual Defensor del Pueblo, al entonces todavía joven político socialista, mientras describe una fotografía de cómo era entonces el escenario en el que actuaban los diputados. Él tiene incluso nombre para la pieza:

«Yo la transición la he explicado a través de la "teoría del ambigú".[1] Porque el ambigú hizo que se entendieran gentes procedente de campos muy diversos... Por ejemplo, yo en el año sesenta y dos estaba en la cárcel de Carabanchel, cuando Fraga andaba lanzando sus proclamas contra los mineros asturianos como ministro de Información y Turismo... y así no le voy a decir Santiago [Carrillo] y Pilar Bravo. Pero todas estas personas con historias tan diferentes se juntaron físicamente, porque no había otro remedio... Hoy en el Congreso todo es diferente, pero entonces... Usted sabe que entonces el ambigú, lo que llamábamos el ambigú, era la sala que estaba en el exterior... O sea, la entrada se hacía por la calle Marqués de Cubas [confunde Enrique Múgica esta calle con la calle Fernanflor, a la que da una pequeña entrada del Congreso y por la cual se ingresaba entonces en el edificio original de las Cortes, el de los leones], pues se entraba y allí estaba aquello, que era un ambigú, y no había otro bar en el Congreso. No había nada más... Y junte usted trescientos cincuenta diputados, otro montón igual de periodistas, y en pleno debate de la Constitución allí... Se vivían presiones tremendas... Bueno, pues la gente iba a tomar un café, o su cerveza..., yo qué sé, y entonces el ambigú ya sabe lo que era, una barra, y unos sofás y unas sillas... Y claro, cuando había un hueco libre, uno se lanzaba a por el hueco libre, y resulta que a lo mejor estaba allí sentado Manolo Fraga y al lado se sentaba Santiago Carrillo, o estaba Martín Villa y al lado, yo qué sé..., Luis Gómez Llorente, o estaba Herrero de Miñón y allí se sentaba Alfonso Guerra... Y, claro, no va a estar uno mirando..., se empieza la conversación, se habla de lo que esté pasando, aquel contacto físico, aquella proximidad inevitable se convierte poco a poco..., y la gente empieza a hablar. Y así no

1. Ambigú: bufé. Bufé: 3. Local para tomar refacción ligera en estaciones de ferrocarriles y otros sitios (*Diccionario de la Lengua Española*, Real Academia Española, 21.ª edición, 1992).

sorprende lo que pasó, que fue formidable. Entonces estaba esto, era esto... Esto es lo que llamo la teoría del ambigú.»

Ese roce, literalmente codo con codo, que surge de sentarse diputados de partidos de toda la geografía parlamentaria en el primer espacio que queda libre en el ambigú crea con el paso del tiempo una sensación de intimidad irrepetible. Eso es lo que dice Múgica. Un roce, quizá, que era el que permitía ir más allá del ambigú a quienes en el Congreso habían congeniado. Peces-Barba y Fraga son una de esas parejas. Si durante la primavera, antes de la crítica moción de censura ya habían compartido mantel y confidencias, la vuelta del verano los lleva a reanudar hábitos. El 5 de septiembre cenan juntos. Poco más de una semana más tarde, repiten. Fraga, que sigue anotándolo todo en sus diarios, da cuenta del menú de sus conversaciones: «La estrategia del PSOE era mantener la crisis abierta, presionar donde pudieran (incluso en la Zarzuela) sobre la idea de un gobierno de gestión con UCD, pero sin Suárez, al que pensaban seguir acorralando con acciones parlamentarias y extraparlamentarias». Esa última palabra de la anotación de Fraga pesa tanto como mide. Los socialistas estaban dispuestos a todo por tocar poder tras el tan anunciado fin de Suárez, venía a sugerir.

Lo cierto es que la dirección del PSOE temía que, una vez explotara UCD, acabara por concretarse esa «gran mayoría» de las derechas que los empresarios seguían, y seguirían, apoyando hasta más allá de las palabras, dejándolos a ellos fuera, a la intemperie. Y argumentos no les faltaban para pensar que ese «big bang» del partido en el gobierno se acercaba.

En el mes de septiembre, preocupado por la revuelta que ha tenido que soportar en «la Casa de la Pradera», el presidente decide sumar a los jefes de cada clan al ejecutivo. Piensa, quizá ingenuamente, o quizá demasiado tarde, que de esa forma no sólo los deja sin el argumento de que no reparte el poder, sino que además los implica en las responsabilidades del gobierno. El socialdemócrata Fernández Ordóñez, los democristianos José Luis Álvarez e Íñigo Cavero, los «azules» Martín Villa y Rosón, hombres de peso en el partido como Pío Cabanillas y Rodríguez Sahagún, todos están dentro. Con este gobierno remodelado y, aparentemente, reforzado —¡el tercero en lo que va de año!— se presenta ante el Congreso y pide una moción de confianza. Logra que además de los suyos voten a su favor la Minoría Catalana y el Partido Andalucista. Suárez parece respirar. Pero en casa del presidente las alegrías duran poco. Tan sólo un mes después de lograr esta victoria parlamentaria, UCD se encuentra ante la disyuntiva de tener que elegir a un nuevo portavoz del partido en la Cámara. Un puesto goloso que debe ser decidido por votación de los diputados, y por ocupar el cual resurgen de inmediato las luchas intestinas. Suárez y el aparato del partido apuestan por un candidato de la línea socialdemócrata, que ha demostrado dotes de buen parlamentario, Santiago Rodríguez Miranda. Pero los partidarios del giro a la derecha de UCD piensan que el hombre tiene que ser el brillante y florido orador Miguel Herrero de Miñón, verdadero líder de esa corriente a favor de «la gran mayoría».

En realidad, Herrero de Miñón, de todos los políticos de UCD, quizá sea el que más desprecia a Suárez el político y, de alguna manera, también al hombre. Le considera inculto, mal orador, oportunista... Pero hay que decir en su favor que es también el que de manera más abierta trabaja por su sustitución. No limita sus críticas a reuniones en despachos con puertas cerradas, o sobremesas en reservados de restaurantes... Sus desavenencias las airea tan públicamente como le resulta posible. Por ejemplo, justo en esas fechas, el 19 de septiembre, publica en *El País* un artículo que titula: «Sí, pero...», en el que plantea un decálogo, en realidad una serie de proclamas, en forma de apoyos y rechazos, que dejan a Suárez a los pies de los caballos. Escribe Herrero: «1. Sí a UCD, nuestro partido, el que por dos veces en tres años ha querido la mayoría de los españoles... el que, dando a nuestra vida pública un talante de moderación, ha prestado un inapreciable servicio a la estabilidad política de España... 2. Sí a la solidaridad de nuestro grupo parlamentario... al que, como es propio de todo sistema democrático occidental, debería corresponder, junto con su homólogo del Senado, la dirección de la política parlamentaria de UCD... 3. Sí al gobierno recientemente constituido, algunos de cuyos miembros unen a su alta competencia personal la calidad de jefes históricos del centrismo español... 4. Sí a la colaboración de nuestros homólogos de Cataluña... porque ello permite renovar y consolidar la necesaria mayoría parlamentaria con dosis de sensata modernidad, abundante en la periferia, y, lo más importante de todo, abre la esperanza de corresponsabilizar al nacionalismo catalán —y ojalá fuera lo mismo con el vasco— en lo que es tarea de todos... 5. Sí a la decisión —¡tantas veces anunciada!— de ser firmes, austeros y eficaces; a la decisión, en fin, de gobernar de una vez, aunque no sabemos cómo y por qué ahora va a cumplirse tan pío deseo. 6. Pero no al caudillaje arbitrario que pretende ocultar la irremisible pérdida del liderazgo político en el partido, en el Parlamento y en el Estado... 7. Pero no al ejercicio o, lo que es peor, a la inerte posesión solitaria del poder, tendente a reducir el partido y la mayoría parlamentaria a un mero séquito fiel... 8. Pero no a los pactos y connivencias secretas con minorías de muy distinta laya; nacionalistas unas; seudonacionalistas, otras, y... ¡ojalá pueda parar aquí la enumeración! Porque no sabemos el precio que por estos apoyos se pagan, y lo que de ello sabemos, por su inconstitucionalidad, por su incoherencia política, por la falta de criterio que revelan, atentan al pudor de la cosa pública... 9. Pero no al enfrentamiento radical y personal con la única oposición democrática y nacional que existe, el Partido Socialista Obrero Español (PSOE), ante el que no es preciso ceder, como se hacía antaño, pero con el que es necesario dialogar siempre y coincidir en grandes temas de Estado... Y no también a la falta de un diálogo serio con CD. 10. Pero no a las ambigüedades de un programa vagoroso, apto sólo para ir tirando. Porque el quid de la política no consiste en estar en el poder, sino en saberlo utilizar, y gobernar no es permanecer indefinidamente a bordo, aun sin jarcias ni timón, como un náufrago. Consiste en saber fijar el rumbo, en saber alcanzar el puerto de destino…; en saber incluso desembarcar».

Más allá de lo irónico que puede resultar escuchar ahora a Miguel Herrero de Miñón hablar de los seudonacionalistas, el decálogo de síes y noes era una evidente declaración de guerra al presidente del Gobierno, en la que no falta, incluso, la invitación final a, simple y llanamente, irse. Este hombre, tan sólo dos semanas después de haber publicado este artículo, es el que se presenta como candidato de portavoz del grupo parlamentario. Pues bien, sus compañeros no dudan en la votación. La bofetada que dan a Suárez es sonora. Su candidato obtiene tan sólo 45 votos, mientras su gran y público enemigo obtiene 103. Las intenciones del nuevo portavoz son tan claras que ni él mismo las ocultará cuando escriba sus memorias, en las que explica cómo llama primero a Suárez y después a Fraga, «al que invité a almorzar días después y cuya ayuda recabé ya aquella tarde para superar cualquier votación adversa en el pleno de la Cámara».[2]

Las heridas, era evidente, no habían cicatrizado y su propio partido no perdía ocasión de decírselo al presidente de la manera más pública posible. Los que se movían en el entorno de Suárez dirían después que desde ese día empezó a tomar cuerpo en su cabeza la idea de la renuncia.

Los líderes socialistas, atentos a cualquier movimiento en el seno de la UCD —además a través de Fernández Ordóñez, a pesar de que ahora ocupe una cartera ministerial, siguen recibiendo información interna de la situación del partido en el gobierno—, deciden redoblar su apuesta por un gobierno de coalición. Alfonso Guerra empieza a decir a todo el que quiere oírle que el gobierno es un desastre y «hace falta una mayoría» para rectifi-

2. Miguel Herrero de Miñón, *Memorias de estío*, Ed. Temas de Hoy, Madrid, 1993, pág. 218.

car la deriva en la que anda el país. De hecho, comienza a empujar él mismo el rumor de que se acerca el momento de presentar una nueva moción de censura. Un rumor que no se recatan en propagar otros miembros del PSOE en el Congreso, incluso de los que menos pana llevan, como Carlos Solchaga, y hasta llegan a hablar de que esa nueva moción de censura será en los primeros meses del año siguiente.

Felipe González se mueve en la misma dirección. Durante una reunión del Comité Federal celebrada el 18 de octubre alumbra una de esas frases suyas que enseguida calan: «Se han encendido todas las luces rojas». El PSOE, por el bien de España, vino a decirles a los miembros de su partido, tenía que aceptar la posibilidad de entrar en operaciones, aunque no les acabaran de gustar. En aquel momento había una gran operación flotando en el aire, una tormenta que iba cogiendo fuerza y cuyo centro se encontraba en Lérida.

La extraña amistad entre los socialistas y el general

Se ha dicho que el propio Felipe González estaba invitado a asistir el 22 de octubre de 1980 —sólo cuatro días después de hablar de luces rojas— a la comida que iba a celebrarse en casa del alcalde de Lérida, Antoni Ciurana. No asistió. ¿Por qué se celebró aquella comida? Según me diría Alfonso Armada, «la comida se improvisó esa misma mañana, cuando me llamó el alcalde de Lérida y me dijo que tenía unos amigos que le gustaría que conociera». Según dijo Enrique Múgica al diario *El País* el 13 de marzo de 1981, «al llegar a Lérida, y teniendo en cuenta mi interés por mantener contactos con miembros de las Fuerzas Armadas, Ciurana organizó una comida con Armada». En el inicio del verano de 2005, cuando me recibió en su despacho del palacete del Defensor del Pueblo, Múgica me dio esta versión: «Se celebraban las elecciones sindicales y los miembros de la Comisión Ejecutiva, en una reunión, nos habíamos repartido las diversas regiones españolas para ir a ayudar a la UGT. Y a mí me tocó Cataluña... El secretario general del PSC-PSOE..., ahora es sólo PSC, pero antes era PSC-PSOE..., era [Joan] Raventós y le llamo: "Oye voy a ir a Barcelona"... Él estaba también preocupado por problemas militares... Y entonces me dice: "Oye, Enrique, el general Armada, que es el que manda la División Urgel es muy amigo de Ciurana..., se entienden muy bien, y nos ha preparado Ciurana una comida en su casa para que estemos con él..., estaremos pues, Ciurana, tú, yo y el general". Y efectivamente vamos a Lérida, hacemos la visita normal, y después nos vamos a casa de Ciurana. Y empieza una comida muy cordial...».

Añado un hecho, aparentemente casual, pero que podría también ayudar a explicar este encuentro. Como se ha dicho en los sondeos y proyectos que realiza el general Armada, con conocimiento de la Zarzuela, para buscar «una solución», Antonio Cortina, pero también su hermano el comandante José Luis Cortina, jugaban un papel muy relevante. Pues bien, al parecer José Luis Cortina y Enrique Múgica habían tenido ocasión de conocerse y entablar una amistad que continúa hasta hoy en día.

Múgica, en efecto, era el hombre para los asuntos militares en la ejecutiva del PSOE. Lo había sido desde los inicios parlamentarios. En 1977, al formarse, todas las comisiones del Congreso las habían copado diputados de UCD. Pero «hay dos comisiones —me explica Múgica— que son de Estado, una la comisión del Estatuto de Exteriores y otra la de Defensa. La presidencia del Estatuto de Exteriores se la dan a Ignacio Camuñas, y entonces se me escoge a mí como presidente de la Comisión de Defensa porque yo soy el más moderado de la Ejecutiva socialista, y porque eso va a permitir comunicarse con los militares..., hacerles ver que los socialistas no son el demonio, que no tienen rabo... que son gente normal y corriente. Tenga en cuenta que uno de los vicepresidentes de la comisión de Defensa es Pujol... Y entonces vemos acuartelamientos, hablamos con militares... Ahí iban Enrique Múgica y Jordi Pujol en una labor de que vieran que ni los socialistas ni los nacionalistas eran demonios...». Múgica, en efecto, aprovecha su posición para visitar acuartelamientos, a veces con el resultado contrario al buscado, por la cerrazón de algunos militares —en Zaragoza llegó a redactarse en 1978 un manifiesto calificando estas visitas de «quienes fueron derrotados por estas Fuerzas Armadas» como una «vejación»—, y también se entrevista con militares que considera pueden tener un futuro de liderazgo entre las FAS.

La comida en casa del alcalde de Lérida aquel 22 de octubre de 1980 parece desarrollarse muy dentro de la lógica de un primer encuentro entre quienes no se conocen. Hay una primera fase de educada conversación informal —según me dice Armada, expuso a los otros comensales varios asuntos militares, por ejemplo el problema que suponía la escasez de mulas para las unidades de montaña—. Después una segunda fase de acercamiento al tema que interesa —Armada me dice que pasaron a hablar de la situación en el ejército: «recuerdo que también me preguntaron por lo que pensaba de alguno de mis compañeros de armas»—. Y, por fin, cuando se ha creado una mínima confianza se pasa al asunto, aunque en este momento las versiones que se dan de lo sucedido, como a la hora de explicar el origen de la comida, no son coincidentes. Me dice Armada: «[Se habló] de temas generales, entre los que estaba la política, pero no de manera fundamental. ¿Que si me ofrecieron participar en un gobierno de concentración? Jamás, lo niego rotundamente». Múgica, en *El País*, en 1981, declaró: «Se mostró [Armada] profundamente preocupado por las autonomías y el terrorismo, así como por el crecimiento del desempleo y la falta de inversión. Él pensaba que la situación podía empeorar si no se establecía un cambio de clima político, y para ello propuso que todos *arrimaran el hombro*; en concreto, se refirió a un gobierno UCD-PSOE presidido por un independiente». ¿Mencionó algún nombre? «Bueno, tengo que decir que en ningún momento se postuló él mismo como presidente de ese gobierno, y que en su planteamiento no entraba la posibilidad de que la formación de ese gabinete se hiciera al margen de los procedimientos constitucionales.»

En 2005, Múgica recuerda así este momento de la comida:

—... de pronto, como es lógico, sale el tema terrorista. Y entonces es cuando el general empieza a exponer esa preocupación por el terrorismo: hace falta la unidad de todos frente al terrorismo, y es cuando habla de un gobierno de concentración, en el que estén todos los partidos y presidido por un independiente... civil... Y es cuando alguien le dice... «¿Y por qué no por un general?». Éste es el misterio de Lérida...

—¿Y él no dice nada de sí mismo? Porque él sonaba ya...

—No, no... Él dijo un civil. No, no, yo no recuerdo más... Creo que ante ese tema, estando en aquella comida como estábamos el secretario general del PSC, uno de los hombres más importantes de la Ejecutiva del PSOE, uno de los de más tradición política..., aquella pregunta —¿y por qué no un general?— cae como algo... Entonces la conversación deriva hacia otra parte.

—¿Y qué le dicen Ciurana o Raventós cuando sale...?

—No, yo les digo... No digo cuál de los dos que me acompañaban es el que hizo la pregunta... Y yo al salir del domicilio le digo a ese socialista: «Te das cuenta de lo que has dicho?, ¿te das cuenta de lo que has dicho?»... Y él dice «¿Qué he dicho?»... «Pues has dicho esto»... «Bahhh, no tiene importancia». A lo mejor acertaron... ¿eh? A lo mejor acertaron. Acertaron en que como algunos piensan [Armada] vio el cielo abierto y da un giro en sus posturas..., otros dicen que no... Yo creo que a lo mejor Armada ya podía estar en ello ya, y lo que propuso era para ver cómo se respondía a esa propuesta [de un gobierno de concentración]... Armada en ese recorrido que estaba lanzó eso a ver cómo tres políticos importantes socialistas reaccionaban ante esa propuesta... Como una piedra, como una especie de cubeta de ensayo, a ver qué pensábamos los socialistas a un gobierno de concentración presidido por un civil. Por eso digo..., yo creo que intentar dar una única interpretación a eso... ¿Que a Armada se le abrieron los ojos ante eso?... Puede ser... Pero también puede ser que Armada ya estaba en eso y que lanzara esa propuesta para ver cómo iban a reaccionar los socialistas...

—Porque tal y como me lo cuenta..., la propuesta se lleva un minuto de la comida...

—Muy poco, muy poco... Armada dice eso, ante el terrorismo, un gobierno de concentración presidido por un civil... Muy poco...

Aquel «bahhh» despreciativo que expresa quien planteó la pregunta «¿y por qué no un general?», queda ridiculizado por la trascendencia que de inmediato se da a la comida, y a ese «muy poco, muy poco» que dedican al asunto. Porque estuviera la comida concertada como una forma de sondearse mutuamente Armada y la Ejecutiva socialista, o fuera «casual», lo cierto es que a su regreso a Madrid Enrique Múgica pone al corriente de lo sucedido a su secretario general. González reacciona pidiendo un informe por escrito. Armada me dirá que informó de inmediato a su superior, el capitán general de Cataluña, por temor a que el almuerzo fuera a llegar a los periódicos y él pensara que intentaba ocultarle alguna actividad de tipo político. Pero aún más, al parecer el propio Adolfo Suárez, muy pocas horas después ya estaba al tanto de la existencia de la comida, pero no porque se lo hubiera dicho el PSOE o el ministro, sino ¡a través de la Zarzuela!, que tenía información directa del hecho y de lo hablado. ¿Quién podía haber llamado allí? Tan sólo Armada. ¿Por qué sintió el gobernador militar de Lérida que debía hacerlo?

Pero no es ésta, ni mucho menos, la única reunión con políticos que está sosteniendo Alfonso Armada en esa época. El mismo general me comentará que «gente de UCD sí me hablaron de temas políticos y de que era necesario enderezar la situación. No estaban contentos con Suárez y se veía muy claro que el partido se escindía... Recuerdo los nombres de quienes fueron los que vinieron [a hablar conmigo], pero no me parece correcto dar nombres».

De estos contactos, de los que el general se niega a dar nombres ni muchos detalles, nada se supo en los momentos que rodearon a los acontecimientos del 23-F. Ni él, en su discreción, los sacó a la luz, ni sus visitantes, por razones imaginables se mostraron deseosos tras el 23-F de hablar de ellos. Pero en un plano no menos discreto el general mantuvo algunas charlas con un viejo amigo: Alfonso Osorio. El antiguo vicepresidente de Suárez, que disconforme con la resistencia del paciente a «moderarse» y convertirse en lo que él le pedía, ser el líder del centro derecha y dejar el centro izquierda en manos del PSOE, había saltado de UCD para formar con Fraga y Areilza la llamada Coalición Democrática. Desde su nuevo puesto, aunque los electores habían mostrado su rechazo casi con saña y habían dado tan sólo nueve diputados al invento, Osorio se había convertido en el puente entre el sector democristiano-liberal de su antiguo partido y Fraga, con la mente puesta en crear, una vez rota UCD, el gobierno de «gran mayoría» de la derecha. Sin duda, ideológicamente, éste sería el lugar en el que el general Armada se sentiría en casa. Pero es que además, estas charlas tienen un plus de morbo añadido: según iba pasando el otoño, el nombre de Osorio tomaba más y más fuerza en los mentideros políticos y en las columnas de los periódicos y revistas como el de la persona que iba a presidir ese gobierno de concentración tras la salida de Suárez. Tanto que Pilar Urbano, en su citado libro, *Con la venia...*, llega a escribir: «El 27 de noviembre, el rumor "Osorio presidente de un gobierno de gestión" tenía suficiente cuerpo como para que en el Congreso de los Diputados no se hablase de otra cosa... [...] Saqué del hemiciclo a Osorio y le pregunté si aquel rumor tenía "madera". Me contestó a la defensiva, aunque visiblemente halagado: "¡Que conste que yo no he movido un solo dedo en este invento! ¡No tengo ni arte ni parte!". Y agregó: "No quiero estar en ninguna especulación ni conspiración que se produzca al margen de la Constitución y el Parlamento..."». ¿Conspiraciones al margen de la Constitución? Urbano no le había hablado más que de un gobierno de nuevas mayorías, pero es muy posible que el político conociera ya para entonces información de algunos asuntos cruciales que la periodista ignoraba.

La primera información que tuve de que había habido charlas políticas entre los dos colocados en la carrera sucesoria, hasta ahora desconocidas, fue casual. Hablando con el entonces vicepresidente del Senado, Juan Carlos Guerra Zunzunegui, como se ha dicho democristiano y habitual a las comidas de EFE, le pregunté por la primera vez que escuchó de la Operación Armada: «Pues yo creo que porque alguno de los que estuvo en Lérida informó...», me dijo. Extrañado, pues no conocía más que la publicitada visita del líder socialista, pregunté: «¿Múgica les dijo...?». Me miró rechazando como absurda mi suposición: «No... Alguno... Yo creo que fue Osorio... Alguno de los que estuvo allí en Lérida, informó, diciendo, bueno... Armada se quiere constituir aquí como, incluso con el gobierno éste... con comunistas... Pensamos: está en la inopia. Si él quiere eso, el ejército no lo permite...». Le pregunté sobre la fecha de esa reunión. «Ya no recuerdo —me dijo— pero después de la reunión de Múgica... Sí.» Otras dos personas me confirmarían en las semanas siguientes que habían conocido la Operación Armada por Osorio, aunque tampoco podían aportar precisiones de sus charlas. Hablé, ya cuando redactaba estas páginas, una vez más con Alfonso Armada: «Es muy amigo mío Osorio —me dijo—, le tengo mucho afecto y nos veíamos y hablábamos. Pero no recuerdo, es más, estoy seguro, de que él no vino a Lérida. Por Lérida vino mucha gente, muchísimos, porque yo tenía muchos amigos de todos los campos, que paraban y me saludaban...».

Ya lo decía Guerra Zunzunegui, «alguno de los que estuvo en Lérida». La ciudad catalana se había convertido en un destino popular para los políticos españoles en el otoño del año 1980.

Políticos a la búsqueda del gobierno perdido

Hablando con un socialista sobre las razones que pudieron llevar al PSOE a querer participar en aquellas conjuras del llamado «gobierno de concentración», o «gobierno de coalición», o «gobierno de salvación»..., salió este argumento: de lo que se hablaba era de crear un gobierno que iba a diseñar una especie de «rectificación» de la Constitución, que iba a protagonizar los siguientes años y tomar decisiones clave; el error hubiera sido mantenerse al margen. Esto me recordó unas palabras que había leído[3] puestas en boca de Felipe González durante la reunión del Comité Ejecutivo ya citado del 18 de octubre, ¡justo 4 días antes del encuentro Múgica-Armada!: «Hay ocasiones en que los partidos no se enteran de por dónde pasan las cosas». Palabras con las que González, al parecer, quería convencer a sus compañeros de la Ejecutiva de la necesidad de vencer los escrúpulos y participar en ese futuro gobierno de coalición.

Todo indica que las palabras de González surtieron su efecto. O que algunos de sus principales compañeros compartían su pensamiento plenamente. Porque en las semanas de noviembre y diciembre el PSOE parece convertirse en uno de los grandes motores de la doble idea: Suárez está acabado, y la solución tras él es un gobierno de todos con un «neutral» al frente.

Muy pocos días después del encuentro de Lérida, el propio Múgica se verá con el que había sido su compañero de visitas a los cuarteles, ya convertido en presidente de la Generalidad de Cataluña, Jordi Pujol. Durante el encuentro el líder socialista no duda en hablar de las ventajas del gobierno de coalición presidida por Armada y cita a ¡Alfonso Osorio! como uno de los políticos que están de acuerdo en el tema y a Jordi Solé Tura, del PSUC, como uno de los posibles integrantes de ese gobierno. Aún falta para esto, pero cuando Armada, presionado por Tejero, la madrugada del 23-F dé nombres de futuros miembros de «su gabinete»

3. Joaquín Prieto y José Luis Barbería, *op. cit.*, pág. 87.

de concentración, citará a estos dos. Lo que pide Múgica a los catalanes —Pujol ha acudido a la cita acompañado de su portavoz en el Congreso, Miquel Roca— es que dejen de sostener a Suárez, porque eso no hace otra cosa que prolongar la agonía.

Pero no son los catalanes los únicos nacionalistas que tantean en el PSOE. En esos mismos días Alfonso Guerra y Peces-Barba invitan a visitarlos en la sede de la Ejecutiva al portavoz del PNV en el Congreso, Marcos Vizcaya. Ante el vasco repiten los argumentos que Múgica ha empleado con los catalanes, y después, según contará el propio Marcos Vizcaya a los periodistas Prieto y Barbería diez años más tarde: «aludieron vagamente, sin atribuirse la idea, a la posibilidad de que la situación del país exigiera un gobierno de concentración o de salvación nacional». Marcos Vizcaya añade: «El momento más peliagudo se produjo cuando recabaron mi opinión sobre la idea de poner al frente de ese gobierno a un independiente prestigioso, y me preguntaron qué me parecería si ese personaje fuera un militar». El portavoz de los nacionalistas vascos evadió contestar con rotundidad a lo que califica que fueron sondeos por parte de los dirigentes del PSOE: «Yo no creía en el mirlo blanco del militar independiente», dice Marcos Vizcaya que contestó. La conversación le pareció tan importante como para realizar un informe a su partido sobre ella.

¿Y el propio Felipe González? Después de recibir el informe de boca de Enrique Múgica sobre la conversación de Lérida, el secretario general del partido y jefe de la Oposición, parece reafirmado en la idea que ha expuesto a sus compañeros de Ejecutiva: resulta inevitable un «gobierno de coalición» que realice el «giro de timón» y sería un gran error estar fuera de ese gobierno que tendrá un papel tan importante en el diseño del futuro. El 7 de noviembre, en la presentación de un libro de Fernando Morán,[4] Felipe González «vaticina la formación, en breve plazo, de una nueva mayoría parlamentaria, con inclusión de los socia-

4. Recogido de *La Alternativa Militar, El golpismo después de Franco,* José Luis Morales, Juan Celada, Ed. Revolución, Madrid, 1981, pág. 125.

listas [...] la explicación la da el propio Felipe González, quien en una reunión del partido decía: "El PSOE solamente asumirá tareas de gobierno en coalición en una situación de extrema gravedad. El PSOE no quiere esta coalición PSOE-UCD, pero el agravamiento de la situación puede hacerla necesaria a corto plazo"».

Pero no sólo los socialistas se mostraban interesados en promover a Alfonso Armada y la idea del gobierno de todos. Muy pocos días después de aquel encuentro en los pasillos del Congreso entre Osorio y la periodista Pilar Urbano, referido con anterioridad, los mismos protagonistas repetían la escena, esta vez en otro teatro, el entonces famosísimo cenáculo político que había montado una periodista peruana llamada Mona Jiménez y que alcanzó el estrellato sirviendo, como Anson, una comida muy simple; en este caso, lentejas. Entre cucharada y cucharada, Urbano cuenta que volvió a preguntarle a Osorio por el origen del rumor que le colocaba al frente del gobierno de concentración.

> «... aquí hace ya tiempo —escribe Urbano que dijo Osorio— que hablamos en reuniones, en cenáculos, en despachos, en pasillos del Parlamento y en los periódicos, de "un gobierno de concentración", de un "golpe a la turca", de un "gobierno de gestión"... Este verano saltó el nombre de Areilza, ahora el mío... La realidad es que las cosas no marchan bien. Estamos en un *impasse*. Y lo que parece el juego de los esperpentos es, en realidad, el juego de las desesperaciones. Pero yo puedo asegurarle dos cosas: ni me he inventado la teoría del "gobierno de gestión", ni aceptaría entrar en ninguna "operación" fraguada fuera del Parlamento y forzando la Constitución».

Pero escribe Urbano que minutos después volvería Osorio *per se* a hablar del tema:

> «... un gobierno de gestión puede ser auténticamente parlamentario y constitucional, si se genera por la vía "moción de censura" y

> se presenta como una oferta constructiva». Y entonces otro contertulio, una especie de mediador, *cuasi profesional* de las tertulias y los rumores de los que había muchos entonces, Antonio García López, también presente, dijo: «Este gobierno de gestión, con Osorio o con un militar a la cabeza, va a votarse en el Parlamento...¡con votos de todos los partidos! Al Partido Comunista también se le ha consultado».

Era cierto. Los más «moderados» de los comunistas —serían también de los primeros en dejar el PCE tras los desastres electorales que les esperaban—, habían sido tanteados por quienes se movían en torno a Armada. José María Mohedano reconoció los contactos. Mucho más concreto fue «el comunista» que desde hacía años presentaba la cara «dialogante» con el «estamento oficial», Ramón Tamames; éste había aludido a esa posibilidad de un gobierno «presidido incluso por un militar» en declaraciones públicas que serían contestadas por Carrillo con cierta sorna: «Ramón desvaría». Pero es que Carrillo, seguramente, fue de los políticos que más tuvo que preguntar para entender lo que había sucedido el 23-F.

Quizá era un tiempo en el que resultaba fácil «desvariar», o las tentaciones para hacerlo se planteaban cada día. En el partido del gobierno, por ejemplo, los que apostaban en la UCD por la «gran mayoría» de la derecha, los democristianos, recibieron la «tentación», en forma de dos millones de pesetas... de 1980, de empresarios de la CEOE para organizar oficialmente la oposición a Suárez dentro del partido. «Gracias a este dinero se estableció una sede permanente en el hotel Palace, frente al Congreso de los Diputados», llega a escribir el propio Herrero de Miñón. La idea de estos políticos «centristas», «alimentada» por los empresarios, era asegurarse de que Suárez no saliera reelegido como líder del partido en el Congreso previsto para pocas semanas después, a finales del mes de enero. Las posibilidades de quemarse eran muchas, y no menos la gente que estaba dispuesta a alimentar el fuego.

Y los que trabajaban por la «solución Armada», ¿qué hacían? Antonio Cortina y otros que creen en esta organización política realizan una labor parecida de *lobby*. Hablan con gente de la política y de la empresa, explican la necesidad de dar el «golpe de timón», tantean. Y piensan «soluciones». Realizan «papeles» con propuestas que no sólo hacen llegar al «hombre de Lérida», sino también a «Zarzuela».

El coronel San Martín, «cabeza» del descontento de los coroneles, me desvelaría en una de nuestras charlas una curiosa entrevista que tiene lugar durante el otoño. «Me llama Antonio Cortina y me cita en el hotel Mindanao. Cuando nos vemos me pregunta: "¿Tú estarías dispuesto a colaborar en un Estado Mayor para que Armada sea presidente del Gobierno?". Y me dice: "Porque tanto los socialistas como los de AP quieren que el próximo presidente sea Armada". Es más, me dijo textualmente que había más de veinte personas totalmente de acuerdo en hacer presidente a Armada. Yo contesté: "Yo sí estoy dispuesto, pero quien me lo tiene que pedir es Armada". Entonces, a los pocos días muere la madre de un tal Pérez Sánchez, que han sido varios militares, Federico, y otros, y voy al funeral, a una iglesia que hay ahí cerca de... donde está la Escuela de Estado Mayor, no sé si es la iglesia de San Pedro, una cosa así... Total, ahí en esa iglesia me encuentro a Armada. Yo le saludo y no me dice nada. Pues se acabó. Yo de aquello me olvidé. Armada nunca se dirigió a mí para nada. ¿Que por qué me llama Antonio Cortina? Yo conocía a los hermanos... A uno [se refiere a José Luis Cortina] de la época de Carrero.[5] Porque él llevaba las Unidades Operativas del Alto Estado Mayor, y estaba formando a la gente nuestra [del SECED]. Y a Antonio, como era un zascandil que se mueve por todas partes, también conectó conmigo valiéndose de la amistad que yo tenía con su hermano, y entonces

5. Según un testimonio plenamente fiable por la fuente de primerísima mano que lo produce, es José Ignacio San Martín quien saca en esa época, mediados de los años sesenta, a José Luis Cortina del ostracismo al que le tienen sometido en el Alto Estado Mayor, donde por su historial se le tiene calificado de «rojo».

entró en contacto conmigo. Quedamos solos aquel día. Y me cuenta todo este cuento de la Operación De Gaulle, y tal...»

En el entorno de los hermanos Cortina no me negarían este encuentro, sí el origen y el contenido de la conversación. Según esta versión es el coronel San Martín, que conoce a Antonio Cortina de la época en la que éste, civil, trabaja en el Ayuntamiento de Madrid como delegado de Servicios, quien solicita el encuentro que, por ello, no se celebra en el hotel Mindanao, como dice el coronel, sino en el propio domicilio particular del coronel, muy próximo al hotel. Durante la entrevista, me dice esta fuente, el coronel no pasa de exponer una serie de generalidades sobre sus intenciones. En cualquier caso, un encuentro así entre estos dos hombres, en ese momento, no deja de llevar a realizarse preguntas en vista de los acontecimientos posteriores: ¿Era aquella entrevista una forma de saber lo que estaban haciendo «los otros»? ¿Se trataba de un primer intento de «reconducir» a los «duros» por parte de los que patrocinaban «el golpe de timón» moderado? Tengo confirmación de que la contestación a las dos preguntas debe ser afirmativa. Los dos hombres hablaron durante un tiempo considerable de «sus ideas» respectivas sobre la «solución» que podía darse a la situación en España y se hicieron guiños.

Jorge Verstrynge, que conocía a Antonio Cortina porque Manuel Fraga, que le «había descubierto» en la Universidad lo llevó a GODSA en los primeros tiempos, cuenta en sus memorias[6] una de esas «soluciones». Hablé para preparar este libro con él. Tomamos unas cervezas en la terraza de un pequeño bar, cerca de su casa, en una colonia de pequeños chalets en lo que ahora es casi pleno centro de Madrid. Me ratificó todos los detalles. «Para cuando se produjo esta historia, yo —me dice Jorge Verstrynge— ocupaba la Secretaría General de Alianza Popular» y después me resumió lo que cuenta en su libro, que es lo que sigue: «Antonio Cortina —el de GODSA— me citó, bastan-

6. Jorge Verstrynge, *Memorias de un maldito,* Ed. Grijalbo Mondadori, Barcelona, 1999.

te antes del 23-F, para sondearme respecto a una intervención militar. Fue en un edificio del final de la calle Juan Bravo y me llevé como testigo, por si las moscas, a Javier Carabias. El diálogo, más o menos, fue éste: "¿Podría AP colocar 30.000 personas en Burgos? Luego te explico para qué. En todo caso nosotros pondríamos los autobuses, la comida, el alojamiento...". "AP tiene ahora unos 20.000 afiliados, pero sí, se podría alcanzar esa cifra..." "Se concentrarían en Burgos y, de allí, la columna iría a pie hacia el País Vasco. Fraga se pondría al frente..." "Pero habrá enfrentamientos..." "Claro, conforme nos acerquemos a Vitoria. Cuando la columna quede bloqueada por los contramanifestantes, un helicóptero del ejército embarcará a Fraga para Madrid. Y, en Madrid, Fraga quedaría encargado de formar gobierno..." "Bien, debo consultar con Fraga..." "Claro, claro; coméntale esta conversación..." Carabias y yo salimos lívidos de aquel inmueble. Tras contárselo a Fraga, éste me preguntó cuál era mi opinión: "Pues que estos locos intentan reproducir el golpe en la Rue d'Isly, durante la batalla de Argel". (En ella la OAS dirigió una manifestación masiva de franceses en Argelia, por la calle de Isly de la capital hacia el barrio musulmán dominado por el FLN. La idea era que el ejército francés se interpondría, que se provocaría al FLN mediante francotiradores ocultos y que, cuando éste replicase, el ejército dispararía contra los musulmanes. En aquel entonces el ejército francés no cayó en la trampa y disparó contra los manifestantes de la propia nacionalidad, produciéndose una matanza de europeos.) "Bien —me dijo Fraga—, suspenda usted inmediatamente el contacto. Yo seré el único en contactar con el señor Cortina." Nunca sabré, me imagino, hasta dónde llegaron los contactos una vez fui apartado de las "transacciones"». Después, en el entorno de los hermanos Cortina, se restaría importancia al hecho: «es posible que se hablara de ello, como una forma de mostrar el resto de los españoles su solidaridad con los vascos que se sentían maltratados por el terrorismo, por los vascos que estaban en desacuerdo con aquella situación política terrible, para que supieran que no estaban solos. Pero lo de Fraga y el helicóptero, es una locura que jamás se pudo considerar».

Manuel Fraga sabrá más de la Operación Armada, desde luego, en los días siguientes. El 12 de diciembre, en sus diarios, que lleva con ese sentimiento notarial, apunta: «visita de amigos militares: me cuentan los últimos incidentes en la Escuela de Estado Mayor [se habla de ello más adelante en este capítulo]; no están bien enterados pero creen que hay tres operaciones militares en marcha, que van desde el "gobierno de gestión" (ayudado) a la ruptura radical». Diez días después, esta vez no contando toda la verdad, apunta: «Me llega información segura de que el general Armada ha dicho que estaría dispuesto a presidir un gobierno de concentración». ¿Qué oculta aquí Fraga? La información que le ha llegado es desde luego segura. Tan segura como que se la ha dado el propio Armada. En una de mis conversaciones le pregunté al general por sus contactos con Fraga y si había habido alguno en estos finales de 1980. Me desveló que sí, que el 22 de diciembre habían coincidido en el avión que los llevaba de Madrid a Galicia para pasar la Navidad. Se sentaron juntos: «... diré que Fraga entonces no era monárquico; luego ha cambiado mucho. Siempre, eso sí, fue un hombre muy inteligente, muy trabajador... Yo no tenía gran amistad. Coincidimos en el avión y es verdad que hablamos mucho. Pero sobre todo de flores y de Gaspar de Portolá, el oficial que mandaba la compañía del Regimiento de Alcántara que conquistó California... Había un parador en Viella, que se llama Gaspar de Portolá y que Fraga había inaugurado hacía poco y por eso sabía tanto... Hombre, no recuerdo si hablamos de alguna otra cosa. Fraga sabe de todo un poco... Comentaríamos algo de actualidad, pero... Me admiró lo mucho que sabía de Gaspar de Portolá... Yo digo lo que recuerdo. No miento. Porque una cosa es mentir y otra decir lo que a uno le parece..., que puede estar equivocado. Pero yo no le miento nunca». Para quien no conozca a Alfonso Armada, estas palabras, esta forma de contar los hechos...

esto es Alfonso Armada en estado puro. En cualquier caso, esta vez el apunte en su diario de Manuel Fraga y el relato de Armada permiten llegar a una conclusión clara. Desgraciadamente, no siempre será así.

El Rey, mientras, se ha seguido viendo con los líderes de la oposición. A finales de noviembre se ve con el propio Manuel Fraga. El día 3 de diciembre, con los otros dos líderes políticos nacionales, fuera del propio presidente, con peso presentes en el Parlamento: Felipe González y Santiago Carrillo. Este último reconocerá años después que, «aun sabiendo de su amistad con Suárez», el Rey le insinuará que el presidente quizá no acababa de darse cuenta de la gravedad de la situación; aquella frase, ya apuntada en boca de alguno de estos líderes a través de Sabino Fernández Campo, «tenemos que encontrar fórmulas de hacer ver a Adolfo que su tiempo ha acabado, que es mejor que deje paso…».

Pero también el 18 de diciembre el monarca ha sostenido una importante entrevista, que ha encontrado mucho eco en quienes tienen información: el recibido en audiencia ha sido Armada. Esta visita ha traído cierta cola, porque a causa de un malentendido que llevó al general a tener que esperar en la puerta de la Zarzuela largo tiempo, se dijo que en Palacio no se quería recibir a Armada. En realidad los contactos con el Rey no se habían cortado en ningún momento. El propio general en sus memorias recoge todas las veces que vio al monarca en 1980: «En el invierno de 1980 subí a Baqueira la primera vez que vinieron los reyes, previo permiso, para presentarme a sus majestades. Era el mes de febrero… en la primavera, el Rey me llamó dos veces para cenar en Baqueira… En otoño la nieve tardaba en llegar y vinieron los reyes muy poco. Sólo subí una vez». Es decir, se han visto cuatro veces antes de ese 18 de diciembre, fecha en la que la audiencia será larga: «estuve bastante tiempo con el Rey. Me enseñó la alocución de Navidad y conservo una fotocopia de las cuartillas… que tenían algunos retoques hechos de su puño y letra». Pregunté al general en nuestras charlas sobre el contenido de esta conversación que duró «bastante tiempo»: «Nunca comento mis conversaciones con el Rey. No puedo hacerlo. No es correcto. Lo que sí puedo decir de forma general es que "informé al Rey sobre el ambiente en el ejército"».

Mucho más se van a ver, y más largas serán las conversaciones que mantengan los mismos protagonistas, en las semanas siguientes, justo al doblar el año.

Los generales se reúnen: Todo por el Rey

Durante este otoño ETA asesina como nunca antes. En apenas dos meses mata a veinte miembros de las Fuerzas Armadas y de la Guardia Civil. El malestar entre los uniformados se dispara. Un militar de elevada graduación me contará que en algún momento, macabro «humor» fruto de la desesperación, cuando se encuentran llegan a preguntarse «¿a quién han asesinado hoy?». En ese ambiente, el 17 de noviembre, el general Alfonso Armada coge su coche en Lérida y enfila hacia la costa mediterránea. Su destino es Valencia, la Región Militar que manda su viejo amigo Milans del Bosch. Un camino que no ha realizado esta única vez, aunque ésta, por haber trascendido, ha tomado más relevancia. Como siempre, cuando el que cuenta es Armada, las cosas tienen explicaciones simples, o precisamente, al explicarse, se ve que no son simples. Este viaje me lo contó el general así:

—Yo a Valencia iba por dos razones. O bien para ver la casa que había heredado mi mujer de su padre y en la que estábamos haciendo obras, o bien para acudir a Iberflora por el tema de las camelias. Yo sé que dicen siempre que es una excusa que me he inventado, pero la casa la seguimos teniendo. Y diré que... La cosa era la siguiente. Yo iba desde Lérida, donde estaba destinado, conduciendo mi coche, y aunque no lo crea, aparcar es difícil, y si daba un par de vueltas por la casa y veía que no encontraba hueco, pues iba y aparcaba el coche en un parking que tenían en Capitanía General, que estaba cerca. Y lo dejaba allí. Claro, como contaban a Milans que dejaba el coche, pues tenía que saludarle luego… Era por aparcar, pero yo no iba a Valencia a verle. Ésa era la razón fundamental. Claro, dicen que eso es un invento que he hecho… Luego, sí es verdad, siempre he sido amigo de Jaime Milans, le conocía de la época de Rusia. Defendimos una posición juntos. Yo le apoyaba como artillero y estuvimos allí. Sí, sí, fuimos muy amigos. Además éramos monárquicos, que había muy pocos en el ejército… Tenía buen concepto de él… Así como con Tejero nunca había hablado, a Milans, sí, claro. Pero de este encuentro… Me inclino más a pensar que fuera en octubre, porque es cuando se celebra Interflora. Pero no lo recuerdo exactamente. Luego hablábamos… ¿Que Milans había dicho a otros que estaba dispuesto a hacer algo? Eso sí, es verdad que lo decía siempre, que no estaba contento. A mí no me decía que él fuera personalmente a hacer algo, pero sí que es verdad, se lo aseguro, que no estaba contento con la situación de España. Y siempre me decía, tienes que decirle al Rey esto y lo otro, que no podemos seguir así… Ahora, no me dijo nada concreto que tuviera pensado hacer. Luego yo, lo que hablábamos, se lo contaba todo al Rey.

En esos «informes sobre el ambiente en el ejército» que da su antiguo jefe de la Secretaría General al monarca, los «algo hay que hacer» de Milans debían ocupar un puesto prioritario. Porque el general Milans cada vez disimula peor lo que su amigo Armada califica de «descontento con la situación». Ricardo Pardo Zancada, como se verá, hombre de máxima confianza de Milans en la División Acorazada, en su citado libro *La pieza que falta*, recoge que muy pocos días antes de este 17 de noviembre el general ha estado en Madrid y le ha llamado a casa… «Mi mujer me avisa que ha telefoneado el general Milans del Bosch mostrando su interés por hablar conmigo… Como había dejado su número de teléfono, lo marco de inmediato… Quedamos citados tres cuartos de hora más tarde en un restaurante situado en la entrada de la zona residencial de la Moraleja… Gracias a una vieja costumbre que adquirí durante mi paso por los servicios de inteligencia, la de recoger por escrito el contenido de las entrevistas mantenidas apenas finalizadas, puedo reproducir casi textualmente el contenido de esta conversación...

»—Pardo, la situación va de mal en peor. Esto degenera a un ritmo vertiginoso y hay un total desgobierno. Tengo noticias de que algo se está cociendo a nivel militar y quiero saberlo, en la inteligencia de que si se trata de una organización seria, yo no haré nada por interferir. Por supuesto, cuenta con mi apoyo y mi respaldo. Ahora bien; no puedo permitir desde mi empleo y cargo que España sea destrozada por quienes tienen el deber de defender su prestigio, el orden y la paz. En consecuencia, si no hay nada o lo que hay carece de consistencia, yo me lanzo por mi propia iniciativa. Quiero que me des información sobre lo que haya en este momento, si dispones de ella.

»—... en estos momentos hay un tímido intento por parte de algunos coroneles... Estimo que aún no existe más que una toma de contacto inicial... Existe después un grupo de jefes y oficiales, entre ellos algunos expertos en temas de información, que puede haber alcanzado un nivel operativo algo mayor con ramificaciones en las unidades. Finalmente, sé de otro grupo de menos importancia y que de seguro se encuentra muy al descubierto por integrarlo oficiales que han de estar muy marcados por los servicios de información.»

Siguen hablando el general Milans y el comandante Pardo Zancada. El comandante expone su idea de que los consejos superiores debieran presionar al Rey para que, a su vez, éste intervenga. Y Milans advierte: «... no puedo mover a mis compañeros [del Consejo Superior del Ejército]. Cuando planteo mi parecer siempre hay varios que se apresuran a echarle agua al vino. El resto, que es mayoría, se calla y no toma partido». Más adelante escribe Pardo Zancada que le contó esta conversación a su superior, y amigo, el coronel San Martín y concluye: «No sé si esta conversación influyó o no en el ánimo de Milans para impulsarle a hacer algo y si tuvo que ver en aquellos contactos posteriores de San Martín e Ibáñez, pero sí sé que para mí supuso un paso más de compromiso personal». Este Ibáñez del que habla Pardo Zancada, es Ibáñez Inglés, el coronel jefe de Estado Mayor de Milans. Quizá sea por aquí, de estos y otros coroneles de su misma línea ideológica, por donde haya que buscar esa «conjura de coroneles» de la que podría salir «un loco» que se ha visto en el capítulo anterior.

Una de las frustraciones de Milans en esta época me la descubriría Sabino Fernández Campo en una de nuestras conversaciones. Milans, a pesar de ser de los pocos monárquicos que había en el generalato, como apunta Armada, se sentía alejado del entorno de la Zarzuela, donde no era recibido en audiencia... «Hicimos un viaje [los reyes y sus ayudantes] a Albacete a un acto de aviación que había en Los Llanos, y como corresponde a la III Región pues vino el capitán general de la zona, que era Milans. Estaba allí con su mujer. Después, o antes, no recuerdo, de los actos militares, en el parador se sirvió un aperitivo... Había pedido Jaime audiencia varias veces desde que era capitán general y el Rey no le recibía. Y él estaba muy incómodo. Hizo entonces unas declaraciones que luego fueron recogidas en un libro de María Mérida, *Hablan los generales*... En ese libro Jaime se mostraba muy sublevado, sobre la situación, sobre el desprecio del ejército, sobre adónde íbamos a parar... Y el gobierno le tenía mucho miedo a Milans. Así es que el Rey no le recibía, pero por indicación del gobierno. Y en esa copa que se estaba tomando en el parador, se me acercó la mujer de Milans, yo la conocía de antes, y me dijo:

»—Oye, Jaime está enfadadísimo... Porque además cada vez que ve que el Rey recibe a un cantante o a un futbolista o no sé qué, y que no le haya recibido, con la de veces que lo ha pedido desde que es capitán general... ¿No puedes hacer algo?

»Entonces yo le dije:

»—Mira, dile a Jaime que yo me voy a acercar al Rey, que se

acerque y que le recuerde las audiencias que ha pedido... Yo estaré al tanto e intervengo.

»Y entonces ya no hubo más remedio que darle la audiencia. Se hizo así y ya el Rey me dijo: "Búscale un sitio...". Entonces, cuando el Rey se lo dijo al gobierno, que no tenía más remedio que recibirlo, Rodríguez Sahagún y Suárez estaban asustados. "¿Qué va a pasar... Este hombre está en una actitud, con lo del libro, y lo de las declaraciones..." Cuando llega el día de la audiencia no dejaban de llamarme, sobre todo Rodríguez Sahagún. Así es que cuando se marchó Milans, yo subí a ver al Rey:

»—¿Qué tal ha ido la entrevista? Ya sabe que está el gobierno preocupado, ¿qué les digo?

»Y el Rey me dijo a mí:

»—Todo ha ido fenomenal. Me he anticipado a decirle yo a él todo lo que él me venía a decir a mí...»

Es decir, las preocupaciones, «el descontento», como lo expresa Armada, que Milans le iba a exponer al Rey, es el Rey quien se adelanta y los expone a Milans. Todas las personas que han tratado al monarca y con las que he hablado me han advertido de esta característica personal suya, la de «simpatizar» con los problemas y las posiciones de quienes están con él. Una disposición que, además de ganarle la simpatía de sus interlocutores, puede llevar a quienes no le conocen a pensar que los apoya o les pide actuaciones, o cosas «cuando en realidad no es exactamente eso...». Hay que conocer al Rey.

Alguien cuyas informaciones siempre se me mostraron absolutamente fiables me añadió un dato de gran relevancia sobre las actividades de los dos generales que serán protagonistas el 23-F. «Tengo certeza —me dice este militar— de que el segundo domingo de noviembre Armada se entera de que Tejero está planeando el asalto al Congreso. Es más, que cuando lo sabe, pide a quienes le están ayudando que averigüen todo lo posible sobre el hecho.» ¿Se lo ha dicho alguien de su «entorno»..., por ejemplo José Luis Cortina, con quien trabaja Vicente Gómez Iglesias, uno de los capitanes de la Guardia Civil en los que confía Tejero? ¿Es por confirmar esta información o por conocer más detalles por los que tan sólo una o dos semanas después Armada viaja a Valencia, con la excusa de Iberflora, y come con Milans?

El teniente coronel se pone en marcha: todo por la Patria

Porque lo cierto es que el teniente coronel de la Guardia Civil pasa el otoño entregado, junto a su amigo García Carrés, a la campaña de recogida de firmas que, dirigida desde el diario *El Imparcial*, se ha montado para oponerse a una supuesta ley de «desmilitarización» de la Guardia Civil. Una campaña con actos públicos, festivales musicales, etc. que extiende la popularidad de Antonio Tejero ya no sólo entre los militares, sino también entre determinadas capas de la sociedad civil. Mucho menos públicas son las actividades que sigue llevando a cabo el jefe de la Guardia Civil para concretar el asalto al Congreso.

Juan García Carrés, que hará de consejero e intermediario, es quien mejor ha dejado constancia de la primera piedra que pone Tejero para que su plan sea factible: la compra de unos autobuses para transportar a «la fuerza» que debe tomar el Congreso. Según el líder de los viejos sindicatos del Movimiento, Tejero piensa primero en alquilar unos pisos bajos para concentrar allí las fuerzas. Pero evidentemente resultaría llamativo ver entrar a decenas de hombres en unos pisos, aparte de lo oneroso, y complicado, que podría resultar alquilar varios apartamentos en la zona. Se decide entonces por adquirir unos autocares: calculan que necesitarán una media docena para poder llevar unas trescientas personas. Localizan los autobuses que se ajustan a sus deseos en una empresa, Doaldi S.L., que pide a cambio dos millones de pesetas. García Carrés pide el dinero al general Iniesta Cano, su enlace con la cúpula de la gente que se mueve en torno a Girón y la Confederación de Combatientes (el

Ex con el que antecedían su nombre ha desaparecido años antes incluso en la cabecera de *El Alcázar*, diario que editan). El general les provee el dinero. Se dirá y publicará que este dinero procede de Martín Berrocal, el empresario taurino, aunque para encubrir al generoso «donante» Tejero llegue a utilizar a su mujer como supuesta compradora. El teniente coronel completa la logística de la operación con la compra de anoraks y gabardinas con los que «uniformar» a quienes vayan a realizar la operación ¿Y éstos, quiénes debían ser?

El teniente coronel piensa en utilizar en un primer instante a unidades de los Grupos de Acción Rural de la Guardia Civil, los GAR, con base en Guadarrama, en las que está destinado como oficial un yerno suyo.[7] Antonio Tejero comienza en esta época a contactar a los capitanes de más confianza suya, aquellos que han servido con él en la Comandancia de Guipúzcoa, pero mantiene en sus manos toda la responsabilidad de la Operación, sin querer delegar nada, aunque algún capitán se ofrece a ayudarle en los preparativos. Sorprende, pero llegado a este punto, y a pesar de su experiencia en la Operación Galaxia, frustrada por las indiscreciones cometidas por terceros, Antonio Tejero tampoco se muestra especialmente cauto esta vez. Tengo testimonio de que el teniente coronel al menos en dos ocasiones, una en el bar de la Dirección General de la Guardia Civil, y otra en un encuentro en un domicilio particular, no se recata a la hora de anunciar que está preparando el asalto al Congreso.

Pero también en este momento se produce un movimiento muy oscuro que lleva a pensar que durante un tiempo se consideró la posibilidad de que no fueran guardias civiles quienes tomaran las Cortes. Por pura casualidad descubrí que quien entonces era un jefe del Frente de Juventudes y un cabecilla muy

7. Durante el 23-F estas unidades de los GAR estarían irónicamente situadas cercando el Congreso, entre ellas el propio yerno de Tejero. Claro que, como me diría un militar que estuvo en la zona y llegó incluso a entrar en el Congreso: «Aquella noche no se sabía si los del GAR que estaban rodeando el Congreso lo hacían para asediar a los que estaban dentro, o para protegerlos si alguien quería atacarlos de fuera».

destacado y activo de la extrema derecha, Ernesto Milá, había escrito de una eventual participación de miembros del Frente de Juventudes en el asalto. Pude entrar en contacto por teléfono con Milá, que vive alejado ya de estas actividades de su juventud. Me confirmó los siguientes extremos: «A través de uno de los responsables del Frente en Madrid, hijo de militar, entraron en contacto con nosotros un grupo de militares que no sabíamos a quiénes obedecían... Lo que le dijeron a este camarada es que se quería, textualmente, que participáramos en la toma del Congreso. Durante unas semanas este hombre, uno de nuestros cabecillas, se estuvo entrevistando con un sargento del entorno de Tejero, y juntos estuvieron repasando el famoso dossier que sobre el Congreso había preparado el mismo Tejero. Todo lo que vio este camarada en aquellas páginas fue lo que luego se hizo el 23 de febrero. ¿La diferencia? Que en este caso hubieran sido los miembros del Frente de Juventudes los que habrían actuado. En el dossier que vio nuestro camarada se especificaba que los que fueran entrarían "armados, encapuchados y sin signos externos". La idea era que pareciera que ETA o el GRAPO o algún otro grupo terrorista se hacía con el control del Congreso. Las Fuerzas Armadas hubieran entonces salido a la calle para hacerse con el control de la situación y salvar a España. El plan era una locura, pero lo que pensó la dirección del Frente es que aquello nos permitía estar subidos en el "tren de lo que pasaba", y que si decíamos que no aquellos militares buscarían otros que hicieran el "trabajo". Decidimos entonces mantener abierta aquella puerta, aunque para los que iban a entrar en el Congreso aquello hubiera significado cuando menos pasar un tiempo en el exilio, en Argentina o en Chile, que era lo previsto en los planes como salida para ellos. Al final, los contactos, que se limitaron a las reuniones de este camarada, se cortaron».

En el CESID se estaba muy pendiente en esta época de los pasos que daba un sargento del ejército, de apellido Montero, experto en explosivos, en tácticas de guerrillas, y con contactos muy estrechos con el mundo de Tejero. También de las activi-

El Rey y Franco. «Mire, yo he sido jefe de Estado todo este tiempo porque gané una guerra. A usted le queda la guerra de ser rey de todos los españoles. Si esa guerra [del cambio político] se la gano yo también ¿qué le va a quedar a usted?»

El Rey en las Cortes el día de su proclamación. En su primer discurso, el Rey realiza un intento de no disparar alarmas en los sectores más fieles al Régimen, al tiempo que intenta no frustrar tampoco esperanzas de cambio de los más reformistas. Esta cuidadosa y premeditada ambivalencia va a presidir todas sus acciones en los meses siguientes.

El Rey y Jaime Milans (enero 1977). Legalización de la ikurriña, secuestros de Oriol y Villaescusa, asesinatos políticos en la calle... Un mes terrible que se cierra con esta instantánea, la muy conocida «foto del bocadillo», que se utilizará como prueba de normalidad en las Fuerzas Armadas.

El Rey y Alfonso Armada (1978). «No, no es que (los militares) acudieran a mí por mi relación con el Rey. Pero sí que me hacían comentarios para que yo formara una opinión clara de la "situación" en el Ejército. El único que yo recuerde que me dijo que hablara al rey fue Jaime Milans del Bosch.»

Legalización del PCE (9 de abril 1977). En el convencimiento de que el ministro no ha sido informado de la legalización del Partido Comunista, el Consejo Superior del Ejército recomienda que su ministro presente la dimisión como respuesta a lo que en la cúpula militar se califica, sin reparos, de traición.

Adolfo Suárez y el Rey (1978). Los primeros encuentros entre los dos hombres se producen en los últimos años sesenta, cuando uno era gobernador civil de Segovia y el otro aún príncipe. Para cuando el Rey elige a Suárez su relación es tan abierta que incluso se tutean. Aún no habían llegado los desencuentros, rivalidades y celos sobre la paternidad de la transición...

Luis María Anson con Adolfo Suárez en la agencia EFE. «Un oficial del CESID comienza a verse con Anson hacia 1978, y el director de EFE comienza a hablarle, pero paso por paso, con claridad meridiana, de cómo podría actuarse para, como se diría después, "reconducir" la situación...»

Referéndum sobre la autonomía vasca (25 de octubre 1979; vota el dirigente socialista Ramón Rubial). Las derrotas en las elecciones autonómicas vasca y catalana, y el fracaso en el referéndum andaluz sacan a la luz, por primera vez, la inmensa grieta que separa a los barones de UCD del presidente Suárez.

El honorable Josep Tarradellas y el Rey (1979). El presidente de Cataluña, durante el verano de 1979, en Morella, pronuncia por primera vez una frase que «pondrá en marcha» a mucha gente: «Es necesario un golpe de timón».

Felipe González durante la moción de censura (29 de mayo 1980). «La dirección del partido era consciente de que no podía salir adelante la moción de censura, pero también era consciente de las debilidades de Suárez y de la debilidad del gobierno... y por eso se aprobó la idea de plantear la censura aun sabiendo que no iba a prosperar. Era un riesgo muy calculado.»

Adolfo Suárez, solo en el banco azul del Congreso (29 de mayo 1980). «Nosotros vivimos muy preocupados la moción por dos razones: las encuestas mostraban que UCD iba bajando y el PSOE subiendo, y por otra parte, temíamos que todos se iban a dar cuenta que Felipe González era mejor parlamentario... yo creo que es el inicio del motín...»

Suárez dimite. Intervención en TVE (29 de enero1981). «Aquí quien da un golpe es Suárez. Porque no sólo dimite, sino que usurpando lo que es un derecho de la Corona, anuncia su sucesor, lo que hace imposible que se ponga en marcha la solución constitucional, la solución Armada: que por sugerencia de los partidos, el Rey entregue el poder a un militar y se dé paso a la creación del gobierno de concentración.»

Los Reyes en Guernica (4 de febrero1981). El abucheo de los diputados abertzales, así como la incriminación de la policía en la muerte del etarra Joseba Arregui por parte de miembros del Gobierno aceleró los preparativos del 23-F.

Jaime Milans del Bosch (1981). «Y entonces se plantea:después del golpe ¿cuál va a ser el gobierno? Y en esto, insistió Tejero en que él de entrada quería una junta militar. Después ya se vería. Pero Milans salió muy bien de aquello: "Hombre -le dijo- si el Rey nos respalda ¿no es lógico que se deje esto al Rey?". Y no hubo más comentario sobre eso.»

Antonio Tejero, entre José Bono (abajo) y Landelino Lavilla. El teniente coronel es quien inicia el golpe y quien lo hace fracasar al no permitir pasar a Armada al hemiciclo: «La razón que me da Tejero es que yo pretendía seguir "el juego de la democracia" y él quería una dictadura presidida por Milans».

José Luis Cortina, director de la Agrupación Operativa del CESID. Tejero le acusó de ser el hombre que organizó su entrevista con Armada y de facilitar la coordinación de las diferentes columnas de la Guardia Civil la noche del 23. En la vista del 23-F resultó absuelto.

Suárez y Gutiérrez Mellado se enfrentan a los guardias civiles. «El golpe comienza a fracasar por un problema de estética; una operación que se suponía palaciega no podía incluir aquellos gritos, aquellos empujones a un hombre, teniente general, ya mayor, al que ni siquiera se derriba...»

Guillermo Quintana, capitán general de Madrid (en la foto con el general Lago). Quintana y su jefe de Estado Mayor, general Sáenz de Tejada, tuvieron un papel fundamental en el fracaso del golpe al detener a la División Acorazada en sus cuarteles. Lo asesinaría años después ETA.

La noche del 23 en Valencia. «La última llamada que me hizo Milans sería hacia las ocho o nueve de la mañana. Buscaba un poco de desahogo con un amigo.., para decir algo parecido a "pues hombre, esto ha salido así, yo creo que tenéis que hacer lo posible porque las cosas se arreglen en España. Yo no entiendo de política, ni he entendido nunca...".»

El Rey en Televisión (24 de febrero 1981). «Cuando empezamos a grabar era cerca de la medianoche. De hecho, por esta razón se tuvo que repetir la grabación. Se ha dicho que había dos discursos. No. Lo que se hizo fue parar la grabación la primera vez, porque sonó un reloj de carrillón. La propia Reina se subió a una silla y lo paró. Después el Rey leyó todo el texto...»

Alfonso Armada y otros militares tras negociar «el pacto del capó» (24 de febrero 1981). «Salieron todos (los diputados). Muchos me abrazaban y me daban las gracias... Yo creo que a mí me procesan por orden del Rey. Pero no tengo pruebas.»

Francisco Fernández Ordóñez, Leopoldo Calvo Sotelo y Manuel Fraga (25 de febrero 1981). El primero y el último, como muchos otros de los diputados en la cámara, habían conspirado para derribar a Suárez. Fraga incluso llamó a Lérida para ofrecerse a Armada. Este día sí, tras el susto del 23, Calvo Sotelo sería aceptado por el Congreso como nuevo presidente.

dades de otro militante de la extrema derecha, Antonio Asiego, andaba muy pendiente en estas fechas la Célula Antiinvolución del Servicio de Inteligencia. Este Asiego acompañaría la noche del 23 de febrero a un coronel, Ricardo Garchitorena, pistola en mano los dos, a tomar el Gobierno Militar de Madrid.

Los Almendros «amenazan» con florecer

—El año terrible aquel, 1980, acabó como había empezado —me dice mi interlocutor—: con una muestra de presión de los militares. A los rumores no se les podía hacer ya caso, porque se repetían cada día, pero a los hechos... Fue por aquí, por noviembre, cuando se produjo un documento que luego se ha utilizado mucho en todos los libros que se han escrito sobre los sucesos del 23-F, uno que hacía una panorámica de todo lo que había en marcha.

Le interrumpí.

—El documento del CESID..., que no tenía nada que ver con el CESID.

Le conté lo que en realidad él ya sabía, que aquella «Panorámica de las Operaciones en Marcha» no había salido del Servicio de Inteligencia, sino de un despacho del Ministerio de Defensa y que su autor era el entonces teniente coronel Manuel Fernández Monzón de Altolaguirre. Me lo contó el propio autor, entonces en el gabinete de Información del Ministerio. Manuel Monzón, como es más conocido, se había movido siempre en el entorno de la Inteligencia militar, primero destinado en el Alto Estado Mayor, después a través de sus relaciones con los oficiales del SECED y luego del CESID. Hombre con una enorme capacidad de comunicación y facilidad para entablar contactos, me explicó de manera muy simple aquel «secreto»:

—¿Que quién hizo aquel «informe del CESID que no hizo el CESID»? Nosotros, en el gabinete...

—¿Usted?

—Yo; sí, lo hice yo. Pero no me hicieron ningún caso. Aún estoy cabreado desde entonces. No me hicieron ni el más mínimo caso. Luego se da como informe del CESID, pero estaba escrito por mí personalmente ¿Qué información recopilé para hacerlo? De todos ellos... Si éramos todos amigos y hablábamos. Aquello era el secreto de Polichinela...

El éxito a posteriori de esta «Panorámica» consistió en lo acertado de sus augures. Se hablaba de «Operaciones Civiles», en las que se repasaban todos los movimientos políticos de las familias de UCD y de los socialistas; «Operaciones Militares», en las que se citaban la «Operación de los tenientes generales», la «Operación denominada "de los coroneles"» y una tercera, que se calificaba como «Operación "espontáneos"», en la que, sin citarlo, se señala a Tejero; y «Operaciones de ámbito mixto Cívico-Militar», es decir, la Operación Armada o De Gaulle.

—Yo siempre dije que ese informe no había salido del CESID, pero... —Mi interlocutor se sonríe, quizá por el éxito del «malentendido», que él no considera del todo inocente por parte de algunos de quienes se empeñaban en «engañarse»—. En fin, que como le digo, unos más infundados y otros menos, rumores sobre conspiraciones había tantos que resultaba casi imposible seguir el rastro de todos. Pero eso sí, cuando la cosa se concretaba, entonces no había más remedio que mirar allí donde se producía el ruido. Y así como el año empezó con el asunto Torres Rojas y la División Acorazada, acabó con el tema de «la copa en la Escuela de Estado Mayor». Aquello, nos dijeron, estuvo organizado por «los coroneles» y los oficiales que los seguían, que estaban ya en plena campaña de propaganda, «vendiendo» la idea de que la situación era insostenible... La misma campaña que días después llevó a que se publicara el primer «Almendros». ¿Sabe de lo que le hablo?

Es costumbre de siempre que el 8 de diciembre, día de la Inmaculada, en la Escuela de Estado Mayor se invite a una copa a todos los diplomados, que son cientos y aprovechan este día para renovar su trato. Aquel año 1980 no es diferente. Se prepara la copa y se mandan las invitaciones. Pero en realidad, sí que lo va a ser. En el *ABC*, el 30 de agosto, Pilar Urbano publica una columna en la que da voz, aunque bajo anonimato, a los hombres que han llevado a cabo la detención de los militares de la UMD, el general Sáenz de Tejada y el teniente coronel Carlos San Gil. Éstos pronuncian veladas amenazas en contra del posible reingreso de los militares expulsados. Como reacción a esta columna, días después, un comandante destinado en la Escuela de Estado Mayor, que había sido de la UMD, aunque no estuvo entre los detenidos, envía una «carta al director», en respuesta a la columna de Urbano. Él firma su carta: comandante José Monge Ugarte. En la Escuela se produce un boicot inmediato al comandante e incluso, su superior, el coronel Recio Figueiras, tras sostener una agria discusión con él, le arresta. El escándalo llega a la jefatura del Ejército, que en decisión salomónica decide cesar a los dos. Este hecho provoca una masiva reacción de repulsa entre los diplomados, que deciden boicotear la copa anual, a la que asisten apenas un diez por ciento de los invitados. En las más altas instancias militares, y por tanto en el gobierno, este hecho, perfectamente organizado, se percibe como una manifestación del peso del «grupo de los coroneles» sobre la oficialidad. El comandante Ricardo Pardo, que reconoce ser uno de los que «convocan a la no asistencia», explica que es el teniente coronel «Fernando Pardo [de Santayana] quien me convenció de la necesidad de promover la inasistencia a la copa de ese año». Este coronel no estaría entre los «coroneles» que lidera San Martín, aunque sí era el jefe de una Unidad de la División Acorazada.

En cualquier caso, los hechos «preocupantes» no venían entonces de uno en uno... Muy pocos días después, el 17 de diciembre, en *El Alcázar* aparece un artículo extenso, titulado «Análisis político del momento militar» y firmado por un supuesto grupo que utiliza el seudónimo «Almendros». Nacía así uno de los grandes misterios de la época, hasta aquí por resolver:[8] ¿quiénes se escondían bajo ese nombre? En este primer artículo, se recoge la situación de malestar entre los militares, una situación que él, o los redactores demuestran conocer muy bien. Sus propuestas, ideológicamente, tienen en apariencia mucha similitud con las que apoyan San Martín, y sus allegados, en las reuniones de coroneles que él mismo me ha desvelado: hay queja por el aislamiento entre el Rey y los mandos de los Ejércitos; por relegar a éstos a niveles «terceros y cuartos de la Administración»; por dejar «al total arbitrio del gobierno los nombramientos y destinos de los generales...», y sugiere que hay que buscar un «sucesor» al presidente del Gobierno que diseñan así: «debería reunir las condiciones necesarias para recuperar la autoridad moral sobre unos militares que, ante todo y sobre todo, apetecen el ejercicio de su profesión en un ambiente de honor y disciplina, al servicio de España, de todos los españoles y de un sistema de libertades que respete la pluralidad en el ser y el sentir, pero sin que ello menoscabe o ensombrezca la innegociable unidad de la Patria».

Después se publicarían otros dos «Almendros», siempre en *El Alcázar*. El segundo, titulado «La Hora de las otras Instituciones», que vería la luz el 22 de enero, da por fracasada la experiencia democrática tal y como se está desenrollando y ante la «falta de moral» de la clase política —«¿puede el desguazador reconstruir la misma nave que ha desguazado?»—, pide paso a las «otras instituciones»: es decir, el Rey y las Fuerzas Armadas. De nuevo, la ideología que apoyan los coroneles da la impresión de estar aquí presente. Habrá un tercer «Almendros», éste ya tras la dimisión de Suárez, y poco antes del golpe, el 2 de febrero de 1981. En él se insiste en que «la irresponsabilidad política ha culminado un triste proceso en el que forzosamente se obliga a intervenir a la Corona».

Desde que aparecieron, la lista de nombres de «autores» de estos artículos ha sido tan larga como indemostrable. Civiles

8. Véase el Epílogo, pág. 411.

como González Fernández de la Mora; Federico Silva; el propio director del periódico, Antonio Izquierdo, o militares como los generales De Santiago, Cabeza Calahorra, los coroneles San Martín, Marchante... Una cosa es cierta: del análisis de los artículos, de su léxico y sintaxis todos los que se han acercado a los artículos han concluido que son hijos de distintas plumas.

Alguien que conocía a San Martín desde muchos años antes, y que le visitó en la cárcel, me asegura que el propio coronel le reconoció su autoría del segundo de los artículos. En el CESID, y ésta es la suposición que manejaron en el Ministerio de Defensa, tras el estudio por quienes conocían su forma de redactar y que estudiaron los artículos, también se creía que este segundo Almendros era hijo de San Martín, que el primero se debía al coronel Armando Marchante y que el tercero podía ser de algún otro miembro del «grupo de coroneles». En un libro titulado *23-F, el golpe del CESID*,[9] su autor dice que el general Cabeza Calahorra, alguien por quien los coroneles sentían respeto y con el que mantenían contacto, le confiesa ser el autor. Aunque la fórmula que emplea crea en sí dudas: «... Pero si lo que quiere oír es si yo era Almendros, le diré que sí, yo fui Almendros». Tuve ocasión, como he dicho, de hablar con los dos coroneles que el CESID apunta como autores de los primeros dos artículos, los de más enjundia. San Martín me dijo: «... Cabeza y yo nos carteábamos. Leí sus artículos con gran atención y por alguno de ellos le felicité, pero nada más. Yo no creo sinceramente, al analizar los estilos, que Almendros fuera Calahorra. Más bien creo que era un civil... Pero no lo sé. Ni a Antonio Izquierdo conseguí sacarle nunca la respuesta a este tema, y bien que se lo pregunté. Pero ni a mí ni a nadie se lo quiso nunca contar... Lo que es seguro, desde luego, es que yo no escribí nada de Almendros...». El coronel Marchante, después de escucharme, imperturbable, me lo negó igual de categóricamente: «Yo entonces [se le achaca ser autor del prime-

9. Jesús Palacios, Ed. Planeta, Barcelona, 2001, pág. 272.

ro] estaba haciendo el curso de ascenso a general, estaba en Huelva. ¿Cómo iba a escribir eso? No tenía ni tiempo». Años atrás el periodista Miguel Ángel Aguilar publicó que «los Almendros» eran él y su compañero Villalba; entonces su respuesta fue más contundente: interpusieron una querella criminal contra Aguilar por difamación. Parece que San Martín «sabía» más. Como se verá al final de este libro, «un civil» parece ser cuando menos el «inspirador» de Almendros.

Acaba el año ochenta. Lo que deja tras de sí es una gigantesca y negra tormenta que se ha ido alimentando con vientos llegados desde muchos puntos. Una tormenta que se va a poner en marcha de inmediato y no tardará en descargar.

10

El «regreso» del general Alfonso Armada

Lo que el general dice y el Rey escucha, y viceversa

—Le voy a contar lo que, cada uno por su lado, a su vez me contaron a mí dos militares de los que ya hemos hablado antes, los tenientes generales José María Sáenz de Tejada y José Ramón Pardo de Santayana...

—... dos militares de enorme prestigio entre sus compañeros, ya lo hemos hablado. Muy del ala conservadora del ejército los dos..., del ala muy mayoritaria, ésa es la verdad, y con una actuación impecable el 23 de febrero —me interrumpió mi interlocutor con el que seguía analizando lo sucedido aquellos días.

—Sí. Yo lo que quiero es conocer su opinión sobre el hecho que me explicaron porque me parece que puede muy bien servir para comprender lo que pasó en las semanas estas de comienzos del año ochenta y uno, donde se desarrollan todos los hechos directamente relacionados con el 23-F... A mí me dijeron... Primero me lo contó el general Sáenz de Tejada, que se reservó el nombre de su acompañante, y después Pardo de Santayana, que era el otro... Bueno la cosa, tal como me la contaron, es así...

El 1 de enero de 1981, Alfonso Armada llama a dos de los hombres en los que más confía de la Región Militar de Madrid. Son antiguos amigos suyos, pero además el general sabe que son dos hombres a los que sus compañeros militares acuden con frecuencia a descargar ideas y frustraciones tanto profesionales como políticas. No les dice Armada para qué quiere verlos, pero los convoca para que le visiten esa tarde en su domicilio, en unas casas militares en el centro de Madrid. Los dos hombres, que aprecian al gobernador militar de Lérida, a pesar de ser la fecha festiva de que se trata, acuden a la cita. Cuando llegan, se encuentran a un general casi eufórico. Y lo primero que les dice es la razón de su estado:

—Tengo dos noticias que contaros... Me ha llamado el Rey esta mañana. Quiere que suba a Baqueira Beret, a la estación de esquí, porque me ha dicho que desea hablar conmigo, así es que voy a adelantar mi vuelta a Lérida para mañana mismo. Y la segunda, os pido máxima discreción porque no es aún oficial, tiene que ser aprobado por el ministro, Gabeiras me ha dicho que me va a proponer como segundo jefe de Estado Mayor...

«Lo que venía a decirnos a mi compañero y a mí aquel Armada al que se veía tan satisfecho —me revelaba años después el general Sáenz de Tejada— es que contaba otra vez con la confianza plena del Rey..., que después de su salida tan difícil de Zarzuela, el Rey de nuevo buscaba su consejo, y por eso le había llamado para que subiera a la estación de esquí de Baqueira, donde pasaba las vacaciones la familia real. ¿Me explico? Y lo segundo, que el jefe de Estado Mayor del Ejército, Gabeiras, le quería a su lado como segundo, un puesto de enorme relevancia, claro. Por eso estaba tan contento. Esto significaba su regreso a Madrid por la puerta grande...»

Pero como consecuencia de esa llamada de su antiguo pupilo, cuya razón Alfonso Armada imagina, el general quiere saber por boca de sus compañeros, cuya opinión valora y que ideológicamente siente cercanos, algo más.

«¿Para qué nos llama entonces Armada? Pues para saber, así nos lo pregunta, cómo están las unidades de Madrid de moral. Y nosotros le decimos, lo que en mi opinión era absolutamente la verdad, que la gente estaba enfadada con lo que pasaba, que el terrorismo les preocupaba, que no estaban contentos con la manera en la que se estaba desarrollando el tema de las autonomías, en fin, lo de siempre, pero que no percibíamos una situación crítica, ni creíamos que pudiera pasar nada grave. Y, curiosamente, aquello no pareció gustarle. Tuve la sensación, lo tengo que decir así, de que en cierto modo le desilusionaba nuestra opinión. Que él esperaba otra cosa; que le dijéramos que la cosa estaba peor, que la gente estaba a punto de levantarse...»

El general Pardo de Santayana añadiría: «... y llegados a este punto se entabló una discusión entre Sáenz de Tejada y él acerca de la situación que se vivía en el ejército, de lo que se podía hacer y no hacer...». Cuando salen de la casa de Armada, los dos hombres se van con cierto regusto amargo, no entienden esa especie de deseo de su anfitrión en que las cosas estuvieran aún peor de lo que ya estaban.

—Ya entiendo —me dice mi interlocutor—. Si Armada se va frustrado del encuentro con Sáenz de Tejada y Pardo porque no le han dicho exactamente lo que quería oír, que los cuarteles están a punto de reventar, ¿qué pudo contarle él al Rey en Baqueira dos días más tarde? Desde luego, por lo que yo sé de aquella entrevista en la estación de esquí, los informes que debió de dar Armada debieron de sonar bastante alarmantes... Resulta evidente que una exageración suya... En fin, que cuanto peor fueran sus informes sobre la situación militar, más fácil le resultaría convencer al Rey sobre la urgencia de acelerar la operación esta del gobierno de concentración, o, al menos, de seguir adelante con ella...

¿Qué le habría contado Alfonso Armada al Rey en el Pirineo? Lo que yo sabía de aquella conversación resultaba algo frustrante a pesar de que —o precisamente por ello— quien me había dado la información había sido el propio Alfonso Armada. («¿Había recuperado la plena confianza del Rey en estas fechas?», le pregunté. Me respondió: «No lo puedo asegurar, pero creo tener la impresión de que el Rey comprendía que el descontento en el ejército era cierto y se interesaba por mis informaciones». «¿Hablaron de reconducción, le dijo que había algún golpe duro en marcha?» «No hablé de reconducir ningún golpe. Nunca pensé en ello.» «¿El Rey le mostró su confianza con alguna frase del tipo: "confío en ti, Alfonso", o fue más explícito en pedir su colaboración?» «El Rey me habló de volver a Madrid, pero no estoy seguro del puesto. Nunca repasamos nombres de un jefe de "gobierno de salvación". Hablamos del ejército. No de política. Saqué la impresión de que Suárez estaba en baja.» «¿Es verdad que la Reina se suma en un momento a la conversación de ustedes dos y es ella quien, al oír cómo ustedes repasan candidatos para presidir un posible "gobierno de salvación", dice que el elegido debiera ser usted?» «Esto está contestado. Creo que el Rey quería traerme a Madrid.»)

Aquella conversación justo cuando el año 1981 empezaba a desenvolverse era clave para entender los acontecimientos posteriores, porque los determinó.

—¿Qué sabe usted de la conversación de Baqueira...? —le pregunté a mi interlocutor.

—De aquella conversación tan sólo podrían hablar con justeza el Rey y Armada, claro. Yo lo que tengo son referencias, debo ser sincero, aunque, eso sí... de segunda mano. No sé si me entiende...

—¿Me quiere decir que se lo contó a usted alguien a quien se lo habían contado el Rey o Armada?

—... Pero no puedo darle más detalles... La conversación, le resumo lo que me contaron, se desarrolla así: Alfonso Armada vuelve a exponer al monarca su análisis de la situación, que él ve muy crítica. El ejército, en consecuencia, dice, está muy soliviantado, y aunque el Rey sigue contando con el respaldo que significa ser el heredero de Franco y el garante de toda una serie de valores cruciales para las Fuerzas Armadas, no son muchos los monárquicos entre sus filas. Un desliz y todo podría complicarse, incluso para la propia institución monárquica. Por ello, una de las medidas que recomienda, ya lo ha hecho antes en otras conversaciones previas, al parecer, es recomponer la cúpula militar, empezando por la JUJEM, con la colocación en los puestos clave de los generales más adictos posible. El Rey, que está preocupado por la crisis política, que no se sabe cuándo, ni por dónde puede estallar, teme que en efecto algún sector militar radical estalle con consecuencias absolutamente impredecibles. Se muestra pesimista en cuanto a una pronta dimisión de Suárez, y nervioso ante esa dificultad que encuentra para hacerle comprender que su tiempo ha pasado. Armada le vuelve a hablar de las reuniones y rumores que conoce y le insiste sobre la peligrosidad del «grupo de coroneles» que él piensa que pueden actuar hacia la primavera. La Reina, que se suma en un determinado momento a la conversación, muestra su confianza en el general Armada y las gestiones que pueda hacer. Se coincide en la necesidad de acelerar el regreso de Alfonso Armada a Madrid para que desde allí pueda estar más encima de cualquier movimiento y, en caso de que algo suceda, «reconducirlo». Aunque esta palabra creo que es más de Armada que del propio monarca.

—Pero esto es básicamente lo mismo que dirán los procesados en el juicio por el 23-F que Armada transmite a Milans días después...

—El problema siempre es cuánto exagera Armada en sus informes al Rey, cuánto exagera de los posibles comentarios del Rey a Milans... Por eso lo mejor es atenerse a los hechos que, es cierto, dan la sensación de precipitarse a partir de ese momento.

NO HAY «BORBONEO», PERO LA PUERTA DE SALIDA DE REPENTE SE ILUMINA

En efecto, tras aquella conversación, los dos protagonistas se separan. Pero aún van a sostener dos entrevistas claves, cada uno por su lado, con otros personajes no menos relevantes en esta historia. El Rey tiene invitado para el día siguiente —esto lo dicen varias fuentes—: se trata del presidente del Gobierno. ¿Ha llamado el monarca a Armada para que el día previo a su entrevista con Adolfo Suárez el general le surta de argumentos de peso?

La conversación entre los dos principales responsables del Estado se desarrolla de un modo y en un clima muy diferentes de las que sostenían tan sólo tres años atrás, cuando la transición todavía era una tarea que los unía estrechamente. Esa Navidad, en su tradicional discurso, el Rey ha pronunciado unas palabras que a nadie, y menos que a nadie a Suárez, se le han pasado por alto: «... los políticos, desde el poder o desde la oposición, han de poner la defensa de la democracia o el bien de España por encima de limitados y transitorios intereses personales, de grupo o de partido... No podemos desaprovechar en inútiles vaivenes, compromisos y disputas, esta voluntad de transformar y estabilizar a España».

«Era la forma en la que un rey puede expresar su preocupación —me dice alguien que conoce bien la Zarzuela—. El Rey no pide las cosas, como mucho las puede insinuar... Igual que en su entrevista con Suárez: lo que le dijera sería muy por encima, como un comentario general: "La situación está mal; los rumores de inquietud en el ejército siguen... es posible que llegue el momento de realizar algún gran esfuerzo, de buscar alternativas"... Sería así como se lo dijera»

El Rey no pide a Suárez en este encuentro que se vaya. No exactamente con esas palabras inequívocas. Pero sí le habla de la situación en las Fuerzas Armadas, de las amenazas que se cuecen en los cuarteles, quizá exageradas, como hemos visto, por Alfonso Armada. Incluso le cuenta por encima lo que sabe de las operaciones principales. El Rey da señales inequívocas de que su preocupación es profunda. Incluso sugiere alternativas de gobierno que puedan dar mayor estabilidad. Suárez está muy solo, y no es descabellado pensar que si sigue asido al cargo, en esa comunión original que a ojos de muchos hay entre los dos, el Rey sienta que el presidente puede arrastrarle en su hundimiento.

Suárez se da cuenta de lo que le dice el monarca. Es la confirmación definitiva de un hecho que ya le atormenta desde hace meses y que incluso le ha llevado a abrirse a un hombre de absoluta confianza para el jefe del Estado.

«Hay un momento en que los políticos, yo diría que incluso más los de UCD que otros, cada vez que hablan con el Rey no dejan pasar la oportunidad de criticar a Suárez, al que se veía quizá cansado tras los éxitos iniciales. Y todo eso, me parece, llegó un momento en que debió influir en el Rey... Hasta el punto de que pasó a notarlo el propio Suárez, que le veía más frío con él...» Sabino Fernández Campo me cuenta cómo asiste a este distanciamiento entre los dos hombres. Prosigue: «Suárez se sintió un poco afectado en ese sentido. Habían tenido una verdadera intimidad y amistad, ¿no? Y además le debía a él el nombramiento, porque las cosas se hicieron con una gran presión del Rey. En fin, veía que aquel cariño del Rey se enfriaba y entonces un día me llama: quiere invitarme a comer en Lhardy. Cuando llegué, vi que también estaba presente Rodríguez Sahagún, hombre de mucha lealtad y confianza suya y por eso le había traído... O sea que comimos los tres en un reservado... Me acordaré siempre, sí. "¿Qué le pasa al Rey conmigo?", me preguntó. Le encontraba frío al Rey y quería saber. Yo le dije que no pasaba nada, que el Rey a veces está influido por gente... Le expliqué que los reyes no son como los demás, que tenía que entender que son distintos a todos, que tienen un sentido de la supervivencia de la monarquía... Pero claro, habían sido verdaderos amigos y Suárez notaba mucha diferencia. Él lo captó bien».

Hay aún que volver a Baqueira, el 4 de enero, al encuentro entre el Rey y el presidente. Porque el monarca desea pasar otro mensaje a Suárez, y de nuevo no quiere resultar categórico, pero sí claro: cree que para ayudar a controlar los movimientos en los cuarteles lo mejor es que Armada regrese a Madrid y sea nombrado segundo jefe de Estado Mayor del Ejército. Para Suárez, que como se ha visto, considera a Armada un enemigo de su política y ha luchado por verle alejarse de la Zarzuela, aquélla es otra noticia terrible. Aún más cuando días después compruebe que su gran amigo, Rodríguez Sahagún, ministro de Defensa y, por tanto, quien debe tomar la decisión definitiva, se lo anuncie.

Pero a Suárez aún le queda algo de fuerza en la reserva y cuando vuelve a Madrid no se muestra predispuesto a bajar los brazos. No, si es cierto lo que me desvela alguien directamente envuelto en la Operación: «Quien me lo dijo era una fuente muy, muy fiable. Un alto cargo de UCD. Muy alto cargo. Y lo que me cuenta es que Adolfo Suárez, tras la entrevista con el Rey, en la que le ha sugerido "hay que dar un paso adelante, quizá ha llegado el momento...", se va al Congreso y allí se hace el encontradizo con Felipe [González]. Quien me lo cuenta me dice que Suárez, contrariado, le dice a Felipe... No olvidemos que el Rey entonces mandaba y le gustaba mandar mucho más de lo que lo hizo después del 23-F... En fin, Suárez, muy cabreado, le dice a Felipe lo que ha pasado y advierte: "Esto es crear un precedente peligroso, porque lo que deciden las elecciones no debe poder cambiarlo el monarca..., y lo que me hace a mí ahora te lo puede hacer a ti después". En fin, que le pide ayuda para hacer frente a la presión del Rey. Pero Felipe no dice esta boca es mía al respecto. Suárez esperaba un apoyo en este asunto, pero González, que lo que quiere es que caiga el otro como sea, no mueve un dedo».

La resistencia de Suárez llega a preocupar al Rey hasta el punto de que comentará: «Arias era un caballero, me bastó con insinuarle la necesidad del cambio para que él actuara en consecuencia». Al monarca, para su frustración, se le hace patente que ya no es un jefe de Estado provisto con los amplísimos poderes que le dejó Franco al morir, y a los que él, en un innegable acto de proclamación democrática, ha renunciado. Sin embargo, Suárez, aunque no lo parezca, está ya resquebrajándose sin remedio por dentro, y en muy pocos días va a derrumbarse.

Los generales monárquicos deciden salvar a la Patria... ¿o no? ¿o sí?

Pocos eran los generales españoles —todos aún militares de la Guerra Civil, «hijos» del franquismo— que se sentían monárquicos de verdad. Que pusieran la supervivencia de la institución como tal en la cima de sus prioridades, quizá tan sólo dos, Armada y Milans. El mismo Armada me lo había dicho. Éste es un dato importante a retener, y que, sin duda, está en la cabeza del gobernador militar de Lérida cuando, acompañado esta vez de su esposa, temprano, la mañana del 10 de enero, tomó de nuevo la carretera desde Lérida hacia la costa mediterránea.

Porque él iba a verse prioritariamente con Milans, y de paso solventar otros asuntos particulares. ¿O eran esos asuntos particulares los que le llevaban a Valencia, y lo secundario..., incluso no previsto, era el encuentro con Milans?

El problema que se plantea a partir de este instante, cuando se inician los acontecimientos que determinarán la existencia del 23-F, es que al intentar aclarar toda la trama habrá dos historias: una la que cuente el general Armada; otra, la que expondrán el general Milans... y los demás. Aparentemente, tan sólo los hechos, por tanto, pueden servir para decidir quién cuenta la verdad y quién... no. Como si se tratara de un careo, veamos las historias que de este encuentro del 10 de enero dan los dos viejos amigos.

Desde 1981 hasta nuestros días, el general Armada dirá que él no inicia aquel viaje para ir a hablar con Milans. Ésa no era la causa. Iba a supervisar las obras que estaban haciendo en la casita que había heredado Paquita, su mujer. ¿Qué pasó entonces para que acabara comiendo en la Capitanía General con los dos hombres de total confianza de Milans, el coronel Ibáñez y el teniente coronel Mas, y sus esposas? «La reunión y la comida en Capitanía —me dice Armada— surgió por aparcar el coche (que yo conducía) en el aparcamiento de Capitanía, cerca de la casa de mi mujer. Jaime Milans me convidó a comer y después hablamos. Yo no le había avisado con anterioridad.» Durante la vista del juicio, a fiscales y abogados no les había reconocido mucho más. Lo que sigue está tomado de las propias actas del juicio: «El motivo fundamental para ir a Valencia no fue la reunión, fue la realización de unas obras en la calle San Cristóbal», dice Armada al fiscal, y después reconoce que antes de la comida hablaron los dos —Milans y él— «privadamente»: «... hablamos de la situación general —sigue Armada—, hablamos del problema de las autonomías [...] y desde luego no le hice ninguna confidencia que me hayan hecho los reyes. Eso tenga la completa seguridad ¿Que hablamos de los reyes? Es posible, pero en unos términos completamente generales, y nunca como ningún deseo de los reyes; porque los reyes no me lo habían dicho».

El fiscal, claro, intenta aclarar esta contestación y pregunta si hablaron de la situación política en España. Dice Armada: «¿Que tenía que cambiar? ¡Desde luego! Que tenía que mejorar, pero no como un deseo de S.M. el Rey, sino como un deseo mío y del teniente general y de muchísimas personas».

El fiscal intenta, con mayor o menor éxito, montar una pregunta que aclare lo que dice el general: «¿Comentaron ustedes algo de la existencia de unos grupos de acción violenta, los cuales pudieran haber intentado algo respecto a esa situación que ustedes veían y de la posición de España?». Armada: «Ha dicho una palabra que quizá sea clave: "lo que pudiera". Yo no recuerdo ninguna concreción sobre grupos violentos; ahora, hay que pensar en el ambiente de enero del ochenta y uno: existía en el ejército descontento, y que pudiera —por eso digo la palabra "pudiera"— realizar alguna acción, es posible; pero no se habló, o por lo menos, no tengo la menor conciencia de ningún tipo de grupos de ninguna clase concreta. Es más... se habló mucho más de situaciones pacíficas, de ir poco a poco haciendo, avanzando, haciendo planes para enderezar la situación, pero de ninguna acción violenta».

El interrogatorio sigue, pero nunca se librará de las frases oscuras y bajará a los hechos. Hay que deducir, por tanto. El general Armada reconoce que aquel 10 de enero, antes de la comida, habló a solas con Milans —después del almuerzo lo harían ambos generales con Ibáñez y Mas también presentes—, que los dos pensaban que la situación era mala; concede que hablaron del pensamiento de los reyes «en términos completamente generales»; que conocían de la existencia de «posibles» grupos en el ejército dispuestos a actuar, y que ellos hablaron de «enderezar la situación» por vías pacíficas.

La versión de la comida del 10 que da Jaime Milans es mucho más «reveladora». La disparidad se inicia con el propio origen del almuerzo. Según el capitán general de Valencia, «era un almuerzo que yo daba precisamente porque venía el general Armada». Y su intención no era nada social: «Entonces en ese almuerzo me interesaba que conociera, no sabía si le conocía o no, al que había sido mi jefe de Estado Mayor, el coronel Ibáñez Inglés, y al teniente coronel Mas...». Cuenta que hablaron de política antes y después del almuerzo: «Era el motivo de la reunión. El motivo del almuerzo era hablar de todo eso». Cuenta, en fin, de lo que Armada le ha referido sobre su conversación con el Rey en Baqueira: «... El general Armada, yo creo que la primera mitad de esas dos conversaciones que tuvimos, la de la mañana y la de la tarde, pues me estuvo dando las últimas entrevistas que había tenido con Su Majestad el Rey. Naturalmente que le di crédito absoluto. Me contó de la disposición que estaba. Me dijo que realmente estaba ya harto [el Rey] del señor Suárez —del presidente del Gobierno—, que estaba decidido a cambiarlo, que en unas conversaciones que duraron más de seis horas, creo, no sé si exactamente cinco o seis horas, con SS.MM. el Rey y la Reina, había pasado revista a quién podía ser. Él presentó posibles presidentes del Gobierno. No encontraban ninguno idóneo. El Rey se inclinaba porque había que cambiar el gobierno, pero había que buscar a alguien que fuera idóneo para esto. Que debiera ser un gobierno civil. Y, según Armada, parece que la Reina se inclinaba por un gobierno de militares. Y esto fue todo lo que estuvimos hablando y, por supuesto, después venía la solución Armada, una solución en la que todo el mundo...». A continuación el fiscal pregunta: «Entonces, como consecuencia de aquel comentario o confidencia política que le hizo el Rey, entre el general Armada y usted tomaron alguna resolución, algún acuerdo...». Milans responde: «Bien, no. Después de esto me contó, hablamos de que el Rey que sabía, también ese nerviosismo que podía existir en las Fuerzas Armadas, y que estaría dispuesto, si se producía alguna acción violenta, a reconducirla, y me acuerdo perfectamente de la palabra, porque él dijo: «Quiero recordar la palabra que dijo Su Majestad el Rey, y creo que fue exactamente «reconducir». Entonces, dijo, si se produjese algún intento de tal..., habrá que reconducirlo. «Reconducirlo» fue la palabra que dijo».

Aún preguntado por el fiscal, el teniente general Milans explica que durante ese día 10 de enero deciden los dos generales que él podría ocupar el puesto de presidente de la Junta de Jefes de Estado Mayor[1] —«había que pensar en poner un PREJUJEM, toda una Junta de Jefes de Estado Mayor muy afecta a S.M. el Rey...»—, entrar en contacto con los grupos más radicales dentro del ejército —«tratábamos de buscar ese contacto y que prevaleciera, porque había procedimientos mejores, o al menos retrasarlo»—, y, en fin, de la «solución Armada» —«... la solución Armada era poner un gobierno afecto al Rey, que fuera acabando, que cortara un poco los vuelos de las Autonomías en aquello que podía ser necesario, que impidiera el terrorismo, en fin que volviera la seguridad a España, que no se desmembrara, etc. etc., pero desde arriba...».

Lo que Armada rebaja casi a nivel de simples comentarios sobre política y ejército, como se ve Milans lo sitúa en el mundo de las

1. Este organismo, que ya existía, reunía a los jefes de los Ejércitos de Tierra, Mar y Aire, y al frente había un presidente, un teniente general o almirante.

acciones..., y muy concretas. ¿Se pusieron o no de acuerdo los generales, aquel 10 de enero, en iniciar una operación para «salvar» a la Patria y a la monarquía tanto de la «crisis política» como de un posible «golpe duro»? Milans no sólo es muy concreto en sus respuestas al fiscal. Además, dos días después, comienza ya la «reconducción» que, según él ha entendido, el Rey ha pedido a Armada.

MILANS BUSCA UN EXAMINADOR PARA TEJERO

El 12 de enero, el capitán general de Valencia da una fiesta. Celebra el segundo aniversario de su nombramiento. Están presentes todos los mandos de la Región, pero también un general de brigada llegado de Madrid que ha pasado recientemente a la reserva, Carlos Alvarado. Se trata de un hombre de absoluta confianza de Milans que, en pago a esa confianza, venera al anfitrión. El propio general Alvarado me recibirá en su modesta casa, cercana a la madrileña Casa de Campo, para hablar de aquellos días de 1981. Guarda apuntes, escritos a mano en decenas de folios, de estos acontecimientos. Mientras hablamos, echará de vez en cuando mano de ellos para leerme párrafos...

Lo que sucedió aquel 12 de enero de 1981, según me dice, es que cuando ya la fiesta acaba, el teniente general le pide que se quede un rato más. Quiere hablar con él. También se quedan sus inseparables ayudantes, Ibáñez Inglés y Mas Oliver. «... Y nos reúne y me expuso la situación. Y qué proyectos había, vamos. Y me habló concretamente de tres: el de los coroneles, en el que estaban metidos Ibáñez Inglés y San Martín. Ése se había originado, precisamente, cuando habían hecho el curso de generales. El curso que habrían hecho el año anterior. Y me dijo que esto lo estaban estudiando, pero que tardaría todavía unos meses en poderse llevar a cabo. El de los tenientes coroneles, del que tenían muy poca información concreta, pero que había algo en marcha. En el que estaba metido uno de los hermanos

Crespo, el más joven. Bueno, y habló de lo de Tejero. Y lo de Tejero era perfectamente concreto. Además, se había ofrecido él. Y no habló nada de que hubiera nada de generales. Absolutamente nada. Eso sí, comentando en alguna ocasión, me dijo que no confiaba nada en ellos. Que en el único que tenía cierta confianza era en el general Cabeza Calahorra. Pero sin decir nada más. Cabeza Calahorra después fue defensor de él. Yo creo que para entonces Cabeza ya estaba en la reserva. Había estado de capitán general de Zaragoza... Y entonces me dijo que a éstos había que añadir otro, el del general Armada, que consistía en aprovechar lo de los coroneles y la acción de Tejero. Y que esto estaba respaldado por el Rey... Por los reyes, el Rey y la Reina. ¿Especificó que la Reina también lo sabía? Sí, sí, sí..., de las reuniones que tuvieron en Baqueira Beret, que habían tenido dos o tres reuniones, las cuales él [Armada] comentaba luego con Milans».

Me sigue diciendo el general Alvarado que la del día 10 no era la primera reunión que habían sostenido con el mismo fin Armada y Milans. Me habla de otras anteriores, siguiendo visitas de Armada al Rey, y por fin me cuenta la razón por la que verdaderamente ha sido convocado allí:

—En esa reunión del día 10, y después de la entrevista que había tenido Armada con el Rey, ya llegaron a una decisión, a un plan, a un bosquejo del plan. Al exponerme esto, Milans me hace la siguiente pregunta: «¿A ti qué te parece, tú por cuál te decides, cuál prefieres?». Y yo le dije que de todas, todas, la solución Armada... Era combinar el proyecto de los coroneles con la acción de Tejero... Y me pregunta «¿por qué la prefieres?». «Pues sencillamente, porque está avalada por el Rey. Y al Rey —le añado— le obedecen todos los capitanes generales.» ¿Por qué le obedecen? Por el testamento del Caudillo. Y así fue. Podría haber alguno al que no le gustara, pero le obedecían todos. ¿Quién de los capitanes generales era el menos monárquico? Sé que el más monárquico era Milans, y los demás aceptaban todos... Los más del Movimiento ya estaban en la reserva: Iniesta... Total, entonces me dice que habían acordado también el día 18 de enero que habría una reunión aquí en Madrid, en la casa de su ayudante Mas, en la calle General Cabrera, a la que me invitaba a ir».

Interrumpo al general Alvarado: Entonces, ¿Milans y su grupo habían decidido ya la opción Armada? «Indudablemente —me dice—. Pero a Tejero no se le había comunicado todavía. Por eso tenían la reunión del 18 de enero. Pero antes, allí en Valencia, yo le dije [a Milans]: "De lo que dudo es de que lo de Tejero se pueda llevar a cabo". Y me dice [Milans]: "¿Por qué?". "Porque Tejero acaba de estar procesado, acaba de estar en prisión por otro intento, lo de Moncloa, y Tejero tiene que estar completamente vigilado, le tienen que estar siguiendo los pasos." Y me dice: "Bueno, vas a venir a la reunión y le vas a examinar tú el 18 de enero"». Aún le hago otra pregunta al general Alvarado: «¿Y le dicen qué va a ser "lo" de Tejero?». «La toma del Congreso. Ya era lo del Congreso... Tejero lo que iba era a ocupar el Congreso aprovechando un pleno de las Cortes. Ya no se consideraba lo de ocupar La Moncloa.»

Con el conocimiento o no del general Alfonso Armada —él lo negará hasta hoy, aunque los hechos no hacen fácil aceptar esta hipótesis—, en esa reunión de la calle General Cabrera va a producirse, bajo la supervisión de Milans, que pasa a ser la cabeza de todos ellos, la conexión de los «tres golpes» que hay en marcha. Lo que mi interlocutor me dice es que lo que en el gobierno se conocía como «el golpe de los primarios», cuyo rostro visible era Tejero, y en el que estaban implicados la ultraderecha y políticos y financieros nostálgicos del franquismo, que asomaban a través de García Carrés y el general Iniesta Cano; el «golpe de los inteligentes», la acción que preparaban coroneles en cuya cúpula estaba José Ignacio San Martín, y en el que participaba el mismo ayudante de Milans, Ibáñez Inglés; y la operación política, la llamada Operación Armada y que en los últimos momentos ha cambiado de apellido hasta convertirse en Operación De Gaulle, se van a unir en una sola. La intención de Milans, y de Armada, si ha de creerse al capitán general de Valencia, es subordinar los movimientos «militares» al «político», reconducirlos, salvar la monarquía de los peligros que le acechan y utilizarlos como justificación para hacer viable un gobierno de concentración que pasaría a ocupar un militar: Alfonso Armada.

El general Milans se saca el carnet de «reconducir»

El 18 de enero, uno de los primeros en llegar al número 15 de la calle General Cabrera es Carlos Alvarado. Allí se encuentran ya el propietario del piso, Pedro Mas, y el hombre que dirige todo, Jaime Milans. Aparece a continuación el teniente coronel Tejero. Lo hace con sus acompañantes habituales, el general Carlos Iniesta Cano y el viejo sindicalista Juan García Carrés. Aunque se han enviado mensajes, y saben de sus mutuos planes a través de Mas y de los dos acompañantes del teniente coronel de la Guardia Civil, ésta es la primera vez que coinciden físicamente Tejero y Milans. Después llega otro general, también hombre de confianza de Milans, Francisco Dueñas, que ha desarrollado casi toda su carrera en puestos relacionados con la Policía Armada. Durante los últimos años en vida de Franco, Dueñas ha ocupado el cargo clave de director general de Seguridad. También ha dirigido la Academia de la Policía Armada. Esperan un tiempo más a otros dos invitados que no acaban de aparecer, pero pasado un tiempo prudente deciden empezar sin ellos. Los que faltan son el general Torres Rojas, el antiguo general de la Brigada Paracaidista y de la División Acorazada, que sigue en su «exilio» de La Coruña, y, sobre todo, el general Alfonso Armada, que junto a Milans creen todos el inspirador de la reunión. Torres Rojas aparecerá más tarde. Armada, nunca. ¿Por qué? «No fui a General Cabrera —me dirá Armada por escrito— porque ese día tuve en Lérida una reunión social. No puedo hablar, por tanto, de algo que no conocí más que por referencias. Y nunca evité estar con más de una persona, pero nunca asistí a ninguna reunión clandestina de militares.» El subrayado lo puso el general, a quien había preguntado por su habilidad para evitar siempre a partir de la reunión en Valencia, estar con más de una persona a la vez; es decir, que su versión de los hechos pudiera ser contradicha por más de una persona. En una conversación posterior me dijo que acabó yendo a una boda que hubiera preferido evitar, pero que, en efecto, no quería verse involucrado en algo que era delictivo y podía salir a la luz. Durante el juicio, sin embargo, lo que hizo fue negar haber sabido de este encuentro hasta no leerlo en el sumario de la causa.

De todos los presentes en esta reunión crucial de la calle General Cabrera, intenté hablar con el general Luis Torres Rojas, que rehusó amablemente verme; con Antonio Tejero, que nunca ha aceptado hablar sobre estos hechos, y con el general Carlos Alvarado.[2] Es el relato que me hizo este general en su domicilio particular, por tanto, el que recojo. «Antes de empezar la reunión, Milans toma una decisión que tuvo que ser muy fuerte: pide a García Carrés que se vaya, porque aquélla es una operación plenamente militar, y al teniente general Iniesta le ruega igualmente que abandone la reunión. ¿Por qué? Porque Iniesta, aunque ya estaba en la reserva, era teniente general más antiguo que Milans y tenía que quedar claro que sólo había un mando allí. Iniesta era un hombre simpático, muy ecuánime..., sabía dominarse, claro, aunque imagino que no le agradaría aquello.»

El general Milans a continuación informa del plan, «que consistía —me dice el general Alvarado leyéndolo de unos folios manuscritos que ha titulado "El 23-F, cómo y por qué se

2. La participación del general Dueñas y el general Alvarado en esta reunión fue mantenida en secreto, de común acuerdo, por el resto de los que habían estado presentes, y que habían sido todos arrestados tras el 23-F. Irónicamente, durante el juicio, el fiscal, que sabía que había habido más personas presentes en el piso de General Cabrera, preguntó por sus nombres, mientras Dueñas y Alvarado le escuchaban a sólo unos pasos; y es que ellos eran, respectivamente, los defensores militares de un capitán, Pascual, y del comandante Pardo Zancada. En prensa, y en algunos libros, se especularía sobre los participantes, incluso se elevaría el número de los participantes hasta diecisiete.

llegó a él", y de los que me da una fotocopia— en lo que sigue: El día D, hora H (que se fijaría oportunamente), y aprovechando un pleno de las Cortes previsto para mediados de febrero del 81, el teniente coronel Tejero, con fuerzas de la Guardia Civil, ocuparía el Congreso y retendría en él al gobierno y a los diputados. Acto seguido, el capitán general de Valencia publicaría un bando haciéndose cargo del gobierno civil y militar de la Región, como consecuencia del vacío de poder producido, y ocuparía puntos importantes de la capital de la Región y provincias. Simultáneamente, en Madrid, la División Acorazada Brunete número 1, al mando del general Torres Rojas, ocuparía puntos de la capital previstos en la "Operación Diana"[3] y esperaría órdenes del general Armada. A partir de este momento, todas las órdenes partirán de la Zarzuela, cursadas o transmitidas por el general Armada, que, en principio, se encontraría en el Estado Mayor del Ejército... Posteriormente se acordó que fuese desde la propia Zarzuela. A continuación [Milans] insistió mucho en el respaldo regio de la acción y de cómo la dirección sería ejercida por el Rey a través del general Armada una vez iniciada. Insistió también en que debía ser aplazada, o congelada por lo menos hasta mediados de febrero del 81 en espera de dos premisas indispensables: que el general Armada fuera destinado y se hiciera cargo de la Segunda Jefatura del Estado Mayor del Ejército y de que se convocara un Pleno de las Cortes». Dice el general Alvarado que en un momento de la reunión se habla de la finalidad del movimiento que van a realizar... «Y entonces se plantea —me dice—: ¿después del golpe cuál va a ser el gobierno, la

3. La Operación Diana la había organizado el Estado Mayor del Ejército, un tiempo antes de la muerte de Franco, en cumplimiento de una misión asignada a las Fuerzas Armadas en el artículo 37 de la Ley Orgánica del Estado, y en 1981 aún vigente. El contenido de esta Operación se refería a la ocupación y control de objetivos que bien por ser centros de poder, o de comunicaciones —radio, televisión, correos...—, o de comunicación —estaciones, aeropuertos...—, no debían por razones de orden público quedar fuera de control. Lo que se imaginaba para la aplicación de esta Operación Diana era un supuesto en el que la subversión se hiciera con el poder, las Fuerzas de Orden Público no pudieran controlar la situación y el gobierno tuviera que llamar a las Fuerzas Armadas. Es decir, si el poder civil no puede ejercer el control, entonces, siguiendo la Operación Diana, los Ejércitos pasarían a ocupar los puntos cruciales.

autoridad? Y en esto insistió Tejero, insistió en que él de entrada quería una junta militar. Después ya se vería. Pero Milans salió muy bien de aquello: "Hombre —le dijo—, si el Rey nos respalda, ¿no es lógico que se deje esto al Rey?". Y no hubo más comentario sobre eso.»

Como se ve, el general Milans a la hora de poner fecha a su plan habla a los reunidos de «un pleno de las Cortes previsto para mediados de febrero». ¿Por qué se iba a convocar ese pleno? ¿Se trataba de la nueva moción de censura de la que venían hablando diputados socialistas, y para la que, como se verá, miembros de la UCD iban recogiendo firmas? Lo que resulta seguro es que el hecho de poner esa fecha tendrá sus consecuencias, y es que Tejero, porque le convenía así creerlo, o porque no lo entendió bien, pensó que una vez pasado un mes —el que iba desde este 18 de enero en el que se reúnen, hasta el pleno de mediados de febrero—, si la Operación Armada no tenía lugar, se pasaría a su «solución»: el asalto al Congreso y el paso a un gobierno de militares. En la vista del juicio lo cuenta así: «FISCAL: Y si en ese mes no llegaba por sus pasos "la solución Armada", vendría, no quiero decir "solución Tejero", sino precisamente lo que ud. había estudiado, proyectado...». «TEJERO: Yo entendí que entonces se hablaría de la posibilidad de la operación "Toma del Congreso".» Pide entonces el fiscal aclaración a esta operación y dice el teniente coronel: «La misión exacta que recibí cuando me dieron la orden de tomar el Congreso fue la de no permitir que saliera de allí ningún diputado hasta que llegara —me dijeron a las "H-2" (dos horas más tarde de la toma)— una personalidad militar que les hablara. Nada más; ésas fueron las órdenes que yo recibí. También órdenes complementarias de gritos que tenía que dar al entrar [los guardias civiles entraron en el Congreso gritando: "En el nombre del Rey"], etc., pequeñas cosas...». Esto explica que Tejero, como se verá, el 18 de febrero busque la manera de ponerse en marcha al deducir: no hay Operación Armada, es hora de la «Operación Toma del Congreso». Pero volvamos a la calle General Cabrera.

Alvarado tiene en la reunión una misión que le ha encargado Milans en Valencia, y que llegado este momento le pide que ponga en práctica: examinar el plan de Tejero. Vuelve Alvarado a sus apuntes manuscritos: «Le dije [a Tejero]: "¿Cómo piensa usted hacer esto?". "Pues haré converger sobre el Congreso tres columnas; una que vendrá de Valdemoro, del Colegio de Guardias Jóvenes; otra que vendrá del acuartelamiento —que se llamó en tiempos el cuartel de las cuarenta fanegas—, donde está el Parque de Automóvil y la Guardia Civil de Tráfico, y otra que procederá de Guadarrama, donde hay una Academia." ¿Hacerlas coincidir? Yo le dije: "Eso es imposible, porque usted tiene que estar vigilado paso a paso, a usted no le dejan llegar al Congreso". Y Tejero, que dicen que era un loco, pero de loco no tenía absolutamente nada, es un hombre entero con una serenidad extraordinaria..., claro, no me dijo toda la verdad... y cuando le dije: "¿Y la policía?". Él me dijo...: "No bueno, nada, no hay que preocuparse..." Yo me digo, éste está de acuerdo con ella. Pero luego deduje, éste, con quien está de acuerdo es con los del CESID, que es quien hizo que las columnas coincidieran, que eso era difícil ya entonces con el tráfico que había». Como dice el general Alvarado, ésta es una suposición que hizo a toro pasado.

En un punto ya avanzado de la reunión se ha sumado al grupo el general Luis Torres Rojas, que se disculpa por llegar tarde, pero da una explicación muy aceptable para su tardanza: ha estado con el coronel José Ignacio San Martín. De los «tres golpes en marcha», están presentes allí Tejero y su asalto al Congreso; Milans, que ya representa la operación política; tan sólo faltaban «los coroneles». Pero Milans cuenta con el respaldo de su antiguo jefe de Estado Mayor, el coronel Ibáñez Inglés, y al cabecilla del grupo lo ha sumado minutos antes, utilizando su influencia con él, Torres Rojas. José Ignacio San Martín me confirmó aquella entrevista paralela en el tiempo a la reunión de la calle General Cabrera:

—Yo tenía confianza en Milans. No mucho tiempo antes, de

hecho, estuvo Milans viendo la división, porque hacíamos prácticas en Chinchilla, y, como el campo pertenecía a su Región Militar, un día se presentó a vernos en helicóptero... Y Milans me dijo: «¿Qué tal está la gente?, ¿está...?». «Sí, mi general, la gente tiene un espíritu de indignación general...» Y con Ibáñez yo ya estaba en contacto, y además le había visto en Chinchilla de Monte Aragón... y sabía que tenía una predisposición golpista, y yo también estaba dispuesto a no decir que no. De manera que a mí sí me piden una colaboración para una acción, sobre todo auspiciada por el Rey, pues efectivamente yo era partidario de esa acción ¿Que quién me dice que el Rey está de acuerdo? Torres Rojas ya me lo dice en enero del ochenta y uno, cuando me llama y me dice por primera vez que se está preparando algo. Entonces me dice: «Esto está bien visto por el Rey»... ¿Que si entonces me olvido del tema de los coroneles? No, si yo no me dedico a preparar nada... Torres Rojas no me dice en aquella conversación nada de Milans. Tan sólo dice: «Hay un movimiento», y yo le dije: «Ya me imagino por dónde vendrá». Pero nada más. Y sigue el general: «Esto incluso está bien visto en la Zarzuela y te pido tu colaboración». «Pues, mi general, la tienes.» Después pasa lo de Suárez y no me entero de nada más. Se paraliza todo eso, sí. Lo que tengo después es tan sólo una conversación, cuando dimitió Suárez, con Ibáñez Inglés. Me veo con él en Manacor, quedamos en Salinas. Pero nada de... Hablamos de la división, y qué tal espíritu hay... No me había dado ninguna clave... Tanto es así que hablé con Ricardo Pardo y Eduardo Fuentes y les dije: «He tenido una reunión con Ibáñez y no me ha aclarado nada, porque sólo me dijo: "claro, estando por medio el Rey y la Reina, si hay que intervenir, pues habría que hacerlo todo muy bien..."».

Milans, que desde el principio ha advertido que es él quien dirige toda aquella operación y juramenta a todos los presentes a mantener en secreto todo lo relativo a este encuentro y lo hablado en él —llega a decir «perseguiré a muerte a quien falte a este compromiso»—, reparte las tareas antes de separarse: pide al general Dueñas que haga de enlace entre Torres Rojas, Tejero y Valencia. Y al general Alvarado, que estuvo durante años destinado en la división, que haga de puente entre la Acorazada Brunete y su Cuartel General. Concluye a continuación la reunión citándolos para un posterior encuentro a celebrar el día 1 de febrero, aunque advierte que la cita se reconfirmará por teléfono.

El capitán general de Valencia, cumpliendo lo que se ha comprometido a hacer con Armada, acaba de tomar el control de todos los principales grupos «que se mueven». A partir de ese momento está en condiciones de «reconducir» cualquier intento de golpe, conforme a lo que el Rey, según le ha dicho Armada, ha pedido.

El irresistible ascenso de Alfonso Armada

Cuando regresan a Valencia, el general Milans y el teniente coronel Mas ponen al día de lo sucedido a la tercera pata del asiento levantino del golpe: el coronel Ibáñez Inglés. Milans le hace después un encargo: quiere que haga de correo suyo en la relación con Armada, y le pide que vaya a Lérida a contarle lo sucedido. Ya que Armada no ha ido donde estaban los acontecimientos, el eco de los acontecimientos acude a Armada. El general Armada en nuestras conversaciones no me negará este encuentro, pero «no recuerda» haber hablado de nada especial con Ibáñez que, me dice, va a la capital del interior catalán por asuntos personales.

En realidad, de acuerdo a la narración que de los hechos hace Alfonso Armada todo sucede alrededor de él, pero sin que él se dé cuenta. Porque otra cosa que prospera, sin que él haga nada por ello, es su nombramiento como segundo jefe del Estado Mayor del Ejército.

Tuve la ocasión de entrevistar al teniente general Gabeiras en su casa, en el acomodado barrio madrileño de Argüelles. José Gabeiras era quien ocupaba el puesto de JEME desde 1979.

Cuando hablamos tenía aún una considerable vitalidad. Me contó que andaba entonces en lucha con la Junta de Galicia y algún ayuntamiento y en defensa de una ría. Sin embargo, falleció unos meses después... Cuando nos vimos seguía llevando el cuidado y fino bigote que le hace tan fácilmente reconocible en todas las fotos de la época. Él me explicó la idea del nombramiento de Armada:

—... Bueno, pues a Alfonso Armada lo propuse yo, y eso en contra, yo creo que hasta del Rey, bueno, en contra del Rey no puedo decirle, pero en contra de Adolfo Suárez y de Guti sí. A Guti le dije: «Pero bueno, para la inmensa mayoría, tú y yo somos "rojos". Y para una gran masa de los de abajo estamos engañando al Rey. Pues Alfonso Armada..., no porque valiera menos Fontenla —que era el otro que estaba en la terna, y la prueba es que Fontenla fue segundo JEME después—, sino porque al colocar a Alfonso Armada de segundo JEME a mi lado la gente no podrá decir ya eso de que si nosotros estamos en contra del Rey, etc. etc.». Y ése fue mi razonamiento, y me lo admitieron.

Era un hombre poco modesto, quizá, el general Gabeiras. Porque es verdad que él lo propuso, pero ante la resistencia que él mismo da a entender por parte del vicepresidente Gutiérrez Mellado, y, desde luego, del presidente del Gobierno, sólo va a verse confirmado el nombramiento de Armada por la persistencia del Rey..., y «la rendición» del ministro de Defensa. Porque aunque se considera su amigo, y aunque le es fiel, y conoce la resistencia que Adolfo Suárez está poniendo al nombramiento de Armada, que suena en todas las quinielas de los gobiernos de concentración habidas y por haber, Rodríguez Sahagún a mediados de enero se rinde ante la evidencia y deja de oponerse al nombramiento. Dos hombres que están entonces en el CESID y que hablan con el ministro con cierta regularidad me dan una versión muy parecida de los hechos. Uno me dice: «Cuando Rodríguez Sahagún nos llama y nos comenta el nombramiento, en realidad él ya estaba bastante convencido... ¿Por Gabeiras? O... quizá por el Rey. Lo que consideramos de Armada, que evidentemente era un conocido conspirador, era que podía frenar a los más duros, y a los de San Martín, y tenía capacidad para ello. Y el miedo prioritario era que se dispararan esos resortes. A éstos sí que se les tenía miedo. Claro que todo esto con un riesgo muy grave, y es que le estás dando capacidad al propio Armada para hacer... Pero eso no lo pensábamos ninguno, aunque oíamos hablar en todas partes de la Operación Armada... Que él fuera a utilizar ese puesto para movilizar un ejército de manera que fuera él el que protagonizara el amago militar, no lo pensamos ninguno. Además sabíamos que intervenía el Rey, que era una bofetada que se le daba a Suárez y que sin la presión del Rey, sin su bendición, puesto que además era el propio Rey quien se había deshecho de Armada dos años antes más o menos de mala manera, no podía ni siquiera sugerirse la vuelta de Armada...».

La versión del segundo oficial del CESID que habla con Sahagún no es muy distinta: «Cuando Rodríguez Sahagún acepta el nombramiento de Armada, Suárez lo vive como una traición. Su seguidor más fiel, Rodríguez Sahagún, nombra a su peor enemigo ante el Rey para un puesto, si no clave, sí de cierto relieve. Esto, sin duda, le lleva a Suárez a pensar o bien que Rodríguez Sahagún cede ante el Rey, o bien que se está preparando su futuro tras "su fin". Y no se equivoca, porque Rodríguez Sahagún lo comenta a su entorno, nos lo dice: él piensa que Suárez es ya un cadáver político y que él puede ser el presidente en lugar de Suárez, que le puede suceder. Porque él se ve como el hombre puente dentro del partido. Claro que, quizá por eso, cuando Suárez piensa en su sucesor, no le elige a él, su hombre fiel hasta ese momento, sino a Calvo Sotelo».

Suárez, cadáver político. Para cuando Rodríguez Sahagún habla con algunos de los hombres destinados en el CESID, el presidente aún no ha «expirado», pero sí «agoniza». Está tan sólo a falta de una nueva conversación con el Rey para alcanzar la última casilla.

11

La OTAN, la CIA... Estados Unidos

... Y LUEGO, CLARO, ESTÁ LO QUE DIGAN QUIENES TODO LO PUEDEN...

—Me ha extrañado que no me haya aún preguntado por algo..., por uno de los motores, podría decirse que importantes, si no esenciales, en todos estos hechos de los que llevamos semanas hablando...

Me quedé sin saber qué decir. Intentaba encontrar la respuesta al acertijo, pero no se me ocurría a qué podía referirse... Hice un repaso en voz alta, como un alumno que, al cantar las operaciones que va realizando, busca un gesto en el profesor que le ayude a encontrar el camino a la solución del problema...

—Hemos hablado de los diferentes grupos que se movían amenazantes en las Fuerzas Armadas: los primarios, franquistas arracimados en torno a la figura de Tejero; los coroneles que reúne y empuja San Martín; también hemos repasado las andanzas de Milans y el descontento de algunos generales... Hemos hablado de las intrigas políticas para derribar a Suárez..., las que protagonizaban Fraga y Osorio, las que llevaban a cabo los miembros de la Ejecutiva del PSOE..., y sobre todo las que realizaban los propios miembros de la UCD, Miguel Herrero y los democristianos y liberales; hemos hablado de empresarios y periodistas que intrigan para que la democracia consista en lo que ellos piensan que debe ser...; hemos hablado de Armada y del Rey y de la Operación De Gaulle con la que se pretende paralizar por un tiempo el proceso democrático, ajustarlo en los puntos que ellos consideran que debe hacerse para evitar el estallido de una democracia aún en fase experimental... Hemos hablado también de cómo Armada se ha estado moviendo, preocupado por la supervivencia de la monarquía, para atraer a su idea, para hacer confluir todos esos otros grupos que amenazan con dar un golpe no de timón, sino de Estado...

Y ahí me quedé. No supe decir más. Así es que miré al «profesor», esperando la respuesta que yo no encontraba...

—Es que nos hemos centrado tanto mirando sobre nuestras miserias políticas que quizá se nos olvida algo fundamental: ¿acaso la operación no tuvo, si no su origen, sí un aliento clave fuera de España?...

—¿Fuera de España?...

—Sí... No digo yo, insisto, que los hechos del 23-F se diseñaran fuera, pero me parece que no hay que dejar pasar algún hecho muy relevante en política internacional que sucede de manera paralela a la crisis que se vivía aquí...

—¡La elección de Ronald Reagan! —recordé—. Sí, Reagan gana a Carter en noviembre de 1980. Precisamente yo vivía en Estados Unidos en ese momento... ¿Y qué relación hay entre los dos hechos?

La siguiente hora transcurrió mientras recibía una excelente clase de geopolítica. Hice mis deberes después de aquello, aunque no sería mucho lo que pude añadir a lo que allí se me expuso.

El 9 de febrero de 1979, justo al inicio de la campaña de las elecciones generales que le darían la segunda victoria, Adolfo Suárez recibió a un grupo de periodistas seleccionados por su gabinete. Era una conversación de esas supuestas *off the record*, en las que políticos y periodistas juegan a la ficción de que lo que se dice no saldrá a la luz..., aunque unos y otros también saben, y esperan, que no se cumplirá el compromiso de confidencialidad. En cualquier caso, con ese escudo, Suárez decidió desahogarse y contar todo lo que realmente pensaba sobre los militares, su partido, los de la oposición, incluso bajando al terreno del análisis de los hombres: habló de González, Areilza, Osorio, Fraga, Carrillo... Cuatro largas horas de conversación que concluyeron con Suárez frente a una bola del mundo situada cercana a su mesa de trabajo, mientras confiaba a los periodistas un secreto: había recibido una carta personal de Leonidas Breznev en la que el líder soviético le hablaba de las consecuencias del ingreso de España en la OTAN. Puso entonces su dedo el presidente sobre la península Ibérica y dijo a los periodistas, apenas disimulando su euforia: «Somos la barriga del mundo». El orgullo quizá no le dejó ver las consecuencias de un hecho tan incontestable..., más aún en aquel momento, uno de los más difíciles de la guerra fría.

Fuera por la carta de Breznev, por el sentimiento antiamericano que anida, aunque sea inconscientemente, en el corazón de casi todo español al menos desde el desastre del 98, por resabios del falangismo de que se había imbuido en su formación, o por reflejos incontenidos del político de centro izquierda que deseaba ser, lo cierto es que Suárez en política internacional apostó por no definirse muy claramente a favor del bloque occidental. Jugaba, con mayor o menor descaro, a merodear entre ese grupo de países que se llamaban «no alineados». Otra de las razones, sin duda, que le enfrentaba a buena parte de «su gente». «... Nos dábamos cuenta de que el partido no estaba definido, de que nosotros éramos partidarios de entrar en la OTAN, en el bloque occidental y Suárez... Recuerdo una frase que alguien decía: "Nosotros lo que no podemos es ser la Yugoslavia de Occidente", había que definirse.» Son palabras de Juan Carlos Guerra Zunzunegui que muestran el sentir mayoritario de muchos en el partido.

Pero a Suárez le gustaba más recibir a Yasir Arafat en La Moncloa, o viajar a Bagdad o a Latinoamérica... Pensaba que, mejor que militarmente alineada, España podría tener un papel de mayor peso en la escena internacional como mediador, si se mantenía tan neutral como le resultara posible. Una idea que, en realidad, compartía con muchos españoles, aunque no con el más reducido círculo de los que tienen poder. En determinados países europeos y, desde luego y sobre todo, en Estados Unidos, esta posición provocaba un verdadero sarpullido. Lo malo para ellos era que la alternativa previsible de gobierno, Felipe González y sus compañeros, «jóvenes socialistas de sentimientos muy nacionalistas y antiamericanos», como se los calificaba en los documentos de la Secretaría de Estado, no eran precisamente más favorables al ingreso en la Alianza Atlántica. No entonces, desde luego. Javier Solana, por ejemplo, se contaba entre los más fervientes opositores al ingreso de España en la organización de la que luego sería entregado secretario general, y hombre de máxima confianza de Washington. Pero en 1979 aún está en la Casa Blanca el demócrata James Carter. La renuencia de Suárez a pedir el ingreso en la OTAN produce en Washington un malestar «sin consecuencias». Una situación que está a punto de cambiar.

A lo largo de 1980 se produce el desplome acelerado de la presidencia de Carter. A una crisis económica creciente se suma otra intolerable para el orgullo del pueblo americano: la crisis de los rehenes[1] en Irán. Washington se prepara para vivir un cambio radical. Los que se acercan al poder son el sector más

1. El 4 de noviembre de 1979, instigados por el ayatolá Jomeini, nuevo líder iraní, unos cientos de estudiantes iraníes rodean la embajada norteamericana. Dentro hay 52 norteamericanos, que son hechos rehenes. Después de que las gestiones diplomáticas y la presión económica sobre Irán no den resultado, Carter decide poner en marcha un plan de rescate: la Operación Garras de Águila. Unos helicópteros con fuerzas especiales a bordo, apoyados por otros aviones, debían asaltar la embajada y sacar a los que están en el interior. Pero el intento de rescate es un desastre. A causa de una tormenta de arena unos helicópteros se averían y otro choca con uno de los aviones que los apoyan. Ocho soldados mueren, otros resultan heridos. La Administración Carter se mostrará incapaz, posteriormente, de liberar a los rehenes. Para mayor escarnio del hombre que en política exterior apostó por buscar la disensión y «un mayor respeto a los derechos humanos», el mismo día de la toma de posesión de su sucesor, el halcón Reagan, Irán liberó a los rehenes. Claro que después vendría el escándalo del «Irán-Contra».

duro de la Administración y el *establishment* norteamericano. En política internacional el cambio será brutal. Carter no sólo ha sido incapaz de hacer frente al problema de Irán, dejando llegar al poder a Jomeini, sino que en Nicaragua ha permitido la victoria de los sandinistas. Ellos tienen otra idea en mente, y en Reagan, el mal actor de ideología ultraconservadora y formación intelectual endeble, pero dotado de una gran capacidad de comunicación con el americano medio que en muchos aspectos encarna, encuentran al hombre perfecto para llevar sus ideas de regreso a la Casa Blanca.

Durante el verano de 1980, las encuestas muestran de manera rotunda la ineluctabilidad del cambio que se avecina. Los equipos que van a desembarcar en la Administración norteamericana se lanzan a trabajar a todo ritmo para tener preparado su proyecto cuando llegue el momento. En la política exterior los halcones de la diplomacia se hacen con el poder; su apuesta está clara y se resumirá en una frase que calará pronto: «darle una vuelta de tuerca a la guerra fría». Hay datos ciertos de que si se empuja a los soviéticos a una carrera desbocada de gastos en defensa su economía primero y todo el sistema a continuación saltarán por los aires. Ellos apuestan por eso. Y Reagan abraza la idea con fe absoluta. Claro, está el riesgo de que los soviéticos, llevados al límite, decidan hacer uso de los misiles nucleares. Los nuevos señores de la diplomacia y la guerra norteamericanos tienen para ello, en la recámara, la «Guerra de las Galaxias» que, piensan, hará inútil el arma nuclear.

En noviembre, las urnas confirman de manera abrumadora el resultado esperado. Carter y su política de gestos por el «deshielo» son historia. Reagan será quien jure el cargo como nuevo presidente en enero de 1981. Pero Reagan no se va a encontrar solo cuando comience a exportar por el mundo su doble mensaje: liberalismo en economía y dureza total frente al «comunismo», es decir, contra el bloque soviético, en política exterior. No estaba solo el nuevo presidente americano, no. Un par de años antes, en mayo de 1979, Margaret Thatcher ya se había ganado el sobrenombre de «dama de hierro» por su furibunda defensa de los mismos principios. Pero también, quizá aún más importante, en octubre de 1978, en Roma, el Espíritu Santo había iluminado a los cardenales católicos el nombre de un nuevo Papa, un polaco que iba a resultar decisivo para cambiar el mundo: Karol Wojtila. Un Papa, que ya con el nombre de Juan Pablo II, tan sólo tardó ocho meses en ir a su Polonia natal a gritar a más de un millón de sus compatriotas, que se aplastaban para escucharle: «Sois hombres. Tenéis dignidad. No os arrastréis sobre vuestros vientres». Un mensaje en el corazón del mundo «comunista» que tuvo acogida inmediata. En 1980 se creaba, con dinero y protección de la Iglesia, el sindicato Solidaridad, en cuyas pancartas tan a menudo aparecería la cara de «su» Papa junto a sus reivindicaciones políticas. Polonia, la primera ficha del dominó de la Europa del Este había comenzado a tambalearse. Desde el instante inicial el trío Reagan-Thachter-Wojtyla funcionaría de manera coordinada en la lucha contra la Unión Soviética y su bloque. Y en esta nueva fase de la guerra fría no se admitían paños, ni personajes, templados.

El Míster Marshall que sí se detuvo en Villar del Río

El interés de los norteamericanos por España y, sobre todo, por las cosas de España, había comenzado a ampliarse más allá de los sanfermines mucho antes, desde luego. En los años cincuenta, los generales de la OTAN tuvieron que aceptar una evidencia estratégica: en caso de que se produjera una guerra «caliente» con los países del Pacto de Varsovia, saldrían derrotados. O se hacía uso de las armas nucleares, o los carros de combate rusos rodarían por las llanuras que conforman el centro de Europa, atravesarían Alemania y Francia de manera incontenible... hasta alcanzar los Pirineos. Pero allí, flotando entre mares, atada a Europa tan sólo por esa cremallera que forma la cordillera pirenaica, la península Ibérica se aparecía a sus ojos como una inmensa retaguardia, una balsa gigantesca, en la que resultaría posible hacerse fuerte. Alguien me contó, o quizá lo he leído, que a la entrada de la Secretaría de Estado —¿o es en los cuarteles centrales de la CIA, en Langley, Virginia?—, hay un mapamundi en el que la península Ibérica aparece con un tamaño mucho más grande del verdadero, casi como un gigante, que sostiene a Europa. Quien me contaba eso, o escribía eso, decía que lo que sucedía era que en realidad aquel mapa no era geográfico, sino estratégico, y en ese caso el tamaño desmesurado de Iberia sí se ajustaba a la más estricta «realidad».

Eisenhower, que antes que presidente había sido general, hizo el reconocimiento de este hecho cuando en 1959 vino a España, rompiendo un bloqueo internacional de años, y después de darle un abrazo ante todas las cámaras posibles, se sentó con Franco para agradecerle que media docena de años antes les permitiera montar unas cuantas bases para su ejército en suelo español. Unas bases que no iban a dejar de crecer en aquellos años. Por eso el final de Franco y el franquismo les preocupó tanto, desde luego.

Es bien conocido que la mañana anterior a su asesinato, Carrero Blanco estuvo durante horas hablando con Henry Kissinger, entonces secretario de Estado de Nixon. Sobre el contenido de las conversaciones, al parecer, los dos personajes decidieron pactar el secreto. La cercanía entre esta entrevista y la muerte del «sucesor» de Franco pudo ser una casualidad, aunque desde entonces se ha especulado sobre la frustración que sintió el norteamericano al comprobar en persona lo que decían los informes de la embajada: que Carrero era más inmovilista que el propio dictador. También pudo ser una casualidad que Carrero muriera a tan sólo unas decenas de metros de la enorme embajada americana en la calle Serrano, y que los servicios de seguridad de la delegación diplomática no hubieran detectado que durante semanas se había estado cavando un túnel allí al lado. Es cierto que se exagera siempre la «longitud de la mano» de Washington, pero no lo es menos que la muerte de Carrero resultaba conveniente a los intereses norteamericanos en España, que, según los documentos de la época, para asegurar una salida pacífica al franquismo apostaban por una apertura política «controlada», sin partido comunista y que acabara con España integrada en la OTAN.

En los años siguientes, Washington siguió tomando regularmente el pulso español. De manera abierta, a través de la embajada, o encubierta, a través de sus muchos agentes y espías. Pero también con las visitas de expertos «analistas» que pasaban por España para mirar sin que se les notara demasiado, y que estaban al servicio de la Secretaría de Estado, o de esas decenas de instituciones de estudios, *lobbys* de influencia, cuyos verdaderos patronos y agendas nunca quedan del todo claros. Uno de éstos, un hombre que llevaría después una larga y peculiar carrera diplomática, estuvo en Madrid al final de la década de los setenta. Su nombre, Lewis A. Tambs. Como siempre sucede en estos casos, tanto sus andanzas como los fines de éstas aparecen envueltos en indescifrables nebulosas.

Lewis A. Tambs era un «experto» en Latinoamérica, como lo eran tantos de los diplomáticos «halcones» —Thomas Enders, Terence Todman, Dean Hinton, William Walker, John Negroponte...—, cuyo momento histórico llegaría con el triunfo del «reaganismo». Todos estos hombres se movieron bajo la «inspiración» del senador Jesse Helms,[2] una de las almas del ala más ultraconservadora del Partido Republicano, y que dejaría su última huella con la llamada Ley Helms-Burton, con la que se endurecía el embargo contra Cuba gracias a una nueva arma: perseguir y expropiar los bienes en Estados Unidos a toda aquella empresa o individuo, fuera cual fuera su nacionalidad, que invirtiera en la isla caribeña. Todos estos diplomáticos fueron al-

2. Jesse Helms fue también el senador que presidió el *impeachment* contra el presidente Bill Clinton por el *affaire* Lewinski.

ternándose en las diferentes embajadas de Centro y Sudamérica, desde los años setenta y «dirigiendo» con mano férrea los acontecimientos políticos que allí se fueron sucediendo. Tambs, quien nos interesa ahora, fue embajador norteamericano en Colombia y en Costa Rica, pero se le puede seguir el rastro por muchos otros de estos países donde iba hablando —y con el cazo dando— sobre el orden del mundo conforme a la mirada de Washington. Como pasaría con Enders y Todman, aunque su «especialidad» era Latinoamérica, el hecho de dominar el español, o algún otro mimetismo que llevaba a considerar la política española asimilable a la de Latinoamérica, Tambs también pasó por España. Lo hizo en el año 1978. Y me enteré por casualidad. Buscando «otra cosa», me crucé con un dirigente del Frente de Juventudes de entonces, Ernesto Milá. Como la extrema derecha no era tan grande como podía pensarse por el mucho ruido que sí hacían, él conocía a la perfección lo que sucedía en ese lado del mundo político español. Y también los demás que se movían por ahí, le conocían a él. Resultado, en agosto de 1978 le invitaron, junto a otros de sus camaradas, a un seminario que organizaban quienes él califica de «instancias clandestinas» de la Confederación de Combatientes. Él mismo me contó la historia.

«La idea de aquella reunión era crear una organización clandestina, golpista, que englobase militantes de otras organizaciones. La cosa estaba dirigida por un personajillo de tercera fila, de procedencia carlista, cuyas iniciales eran Emilio M. de B. Yo entonces tenía veinticinco años, pero allí estaban presentes cualesquiera menudencias de la extrema derecha más estrafalaria; había gente de cincuenta y sesenta años con sus canas, aunque con mucha menos experiencia en todo aquello que yo. En fin, aprovechamos el encuentro para entablar relaciones con otros grupos. Sólo al final supimos que tras esta red estaba un militar en activo que nos recibió al concluir el curso, uno a uno: quería conocer de primera mano nuestro grado de compromiso. El curso en sí no fue más que una continua frustración, con unos ponentes que no me merecían otro calificativo que el de "golpistas de pacotilla". La única conferencia que valió la pena fue la que dio un americano, Lewis Tambs, que hablaba un excelente español. Nos dio una clase de geopolítica que tuvo la virtud, cuando menos, de interesarme para siempre con este tema. ¿Qué hacía este Tambs allí? Yo entonces no sabía aún nada de lo mucho que supe después de él, cuando viví en Latinoamérica.[3] En nuestro entorno entró a través de *El Alcázar* y de la Confederación de Combatientes. Se había presentado en España con un libro bajo el brazo sobre la División Azul, que supuestamente había escrito a medias con otro cuyo nombre también aparecía en la portada. Yo más bien pienso que debía de ser el otro el que había hecho el trabajo y él el que sacaba provecho. En fin, gracias a aquella excusa, y con la acreditación de una entrevista que le hicieron en *El Alcázar*, se introdujo por todo aquel mundo y llegó a una reunión tan clandestina como esta de la que hablo. ¿Qué era lo que pretendía Tambs entre nosotros? Yo entonces pensé que trabajaba para la CIA. Ahora más bien creo que debía de ser un enviado de la Secretaría de Estado o de alguna fundación... y, evidentemente, lo que estaba haciendo era pulsar la capacidad real de la extrema derecha española, saber quién era quién y cuál era la capacidad que había de hacer algo: un golpe, o provocar cambios... Debió de llevarse una impresión contundente: aquella gente era incapaz de hacer nada serio. Y eso contaría.»

Tuve ocasión, en circunstancias que nada tenían que ver con este trabajo, de conocer a Charles Svoboda, un canadiense que vive en España, en la costa alicantina, al parecer a su pesar, y que fue durante muchos años jefe del Servicio Secreto canadiense. Durante una cena, y en un momento en el que hicimos un aparte, pude preguntarle por Tambs y la posibilidad de que hubiera sido agente de la CIA: «Ninguna —me dijo—. Jamás, jamás, los estadounidenses utilizan a un miembro de la CIA

3. Acusado de haber participado en un atentado contra una sinagoga en París, Milá escapó de España y vivió durante muchos años en diferentes países latinoamericanos, en especial en Bolivia.

como embajador. Es imposible». Tambs debía de estar en España, por tanto, como enviado de alguna otra agencia norteamericana. Como él vendrían muchos otros. Seguro. En Washington entonces, como se ha dicho, preocupaba mucho lo que podía pasar con esta balsa de roca que era la península-retaguardia.

La cabra tira al monte..., pero con una idea en la cabeza

Pero no todo eran maniobras y estrategias ocultas. Algunas de las formas de «intervenir» en la vida española eran mucho menos disimuladas. Incluso podría decirse que descaradas. Por ejemplo, la labor que realizaban en el seno de las Fuerzas Armadas españolas.

Desde el primer momento que incorporan España a los territorios «ocupados» por sus soldados, los norteamericanos se entregan a buscar las formas más efectivas de mejorar la condición de los ejércitos locales para que cumplan las misiones que les interesan. El armamento sobrante de la Segunda Guerra Mundial y de la guerra de Corea que dan a cambio de las bases es una de ellas. Pero, ni mucho menos, la única ni en la que más esperanzas operativas ponen.

Al poco de establecerse en Torrejón, Zaragoza, Rota, Morón..., los sobrinos del Tío Sam se empeñan en dos tareas casi simultáneas: por un lado, formar un sistema de contraespionaje eficaz; campo en el que España carece casi por completo de efectivos y, más aún, de medios. Esto se convierte en tarea clave para asegurar, precisamente, la protección de sus bases, porque a partir del momento de su establecimiento comienzan a desembarcar en España decenas de espías provenientes «del frío». El caso más famoso es el retorno de los «niños de la guerra», entre los que figurarían no pocos agentes del KGB. Por otro lado, las tropas estadounidenses comienzan a organizar en los Pirineos unos cursos de «guerrilla» para oficiales. Pero ¿quiénes eran seleccionados para estos cursos? El control del ejército americano sobre estos cursos, en especial los primeros años, es total. Tanto que las listas de los que realizaban este curso pasaban a la inteligencia norteamericana, tanto la del ejército como de la propia CIA, y ellos «estudiaban» cada caso y entraban después en contacto con los oficiales que les interesaba. Por ello no puede decirse que sea casual que entre los asistentes a estos ejercicios estén muchos de quienes integrarán posteriormente los Servicios Secretos españoles: Javier Calderón, secretario general del CESID en el momento del 23-F y director del CESID con posterioridad; José Luis Cortina, jefe de la Agrupación Operativa en las mismas fechas; Diego Camacho, capitán destinado en la AOME; Juan Alberto Perote, en ese momento capitán destinado en la división de Contrainteligencia del CESID... Con todos ellos he hablado en diferentes ocasiones —con unos más que con otros— en los últimos años. Todos desempeñaron su papel, más o menos relevante, en el desarrollo del 23-F. Todos eran oficiales en los que los norteamericanos confiaban como miembros del «nuevo ejército» español.

«Los cursos que se hacían en la Escuela de Montaña, en Jaca, se llamaban "Operación Sarrio".[4] Hubo varias, y se iban numerando sucesivamente, Sarrio I, Sarrio II, Sarrio III... Aquellas operaciones, que se iniciaron en los primeros años sesenta, las realizaban los norteamericanos con una idea... Ellos pensaban que si los soviéticos atacaban, los desbordarían y que su forma de hacerles frente sería con la guerra de guerrillas, naturalmente desde las montañas, que llevarían a cabo comandos especializados. Se trataba de maniobras conjuntas, pero claro, nosotros allí lo que hacíamos era aprender de las técnicas que nos enseñaban los míticos "boinas verdes" norteamericanos. Lo que hacíamos, básicamente, era lo mismo que hacía en el siglo XIX el Empecinado contra los franceses, pero traído a nuestro tiempo... Cortes de vías de comunicación, golpes de mano... Claro, todo esto siempre con la idea de que si hubiera que ponerlo en

4. Sarrio es el nombre que se da en los Pirineos al rebeco.

práctica habría un mando superior, no se sabía dónde, que determinaría las misiones y coordinaría a todos los grupos: porque como nuestros comandos sabíamos que habría otros en Francia, en Italia...» Quien me cuenta su experiencia es Juan Alberto Perote, que ya la había recogido más ampliamente en uno de sus libros.[5]

Le pregunté entonces si la CIA y los servicios de información del Ejército americano «controlaban» a los oficiales españoles: «¡Hombre! Ellos hacían lo que se llama el Orbat, el control de la oficialidad no sólo de los ejércitos enemigos, sino también de los amigos. Tienen sus ficheros en los que van anotando los datos del seguimiento de quienes les interesan. Los americanos, es lógico, nunca perdían ya la pista a aquellos militares... Entonces éramos jóvenes oficiales, que les interesábamos... ¿por qué? Porque frente a los, digamos los "africanistas", el ejército que había hecho la guerra civil, o los que se habían formado justo después del 39, tan ideológicamente influidos por el franquismo, estábamos estos oficiales, más jóvenes, también influidos por nuestros profesores, claro, pero más abiertos, más dispuestos a un cambio, y a los americanos éramos los que les interesábamos de cara al futuro, por si nos necesitaran en la lucha contra los soviéticos, por ejemplo, pero también porque acabaríamos por ser los que mandaran el ejército español en un futuro a medio plazo. Nosotros éramos ya ese grupo que hacía que el bloque militar fuera menos monolítico...».

Sobre ese «seguimiento» norteamericano a los oficiales españoles, otro militar me había comentado una anécdota que él presenció y resulta reveladora: «Esto tuvo lugar hacia 1978 o 1979 en la Hípica de Alcalá... un oficial de la embajada americana se acercó a Manuel Vicario, entonces sería comandante, quizá, estaba destinado en la Brigada Paracaidista, y sin ningún disimulo le preguntó: "¿Es usted el comandante Vicario?". "Pues sí..." "¡Ah, pues queríamos hacía tiempo hablar con usted...!" Y

5. Juan Alberto Perote, *Confesiones de Perote*, Ed. RBA, Barcelona, 1999.

allí, con todo descaro, delante de todo el mundo se puso a "chequearlo", como dicen ellos... Con los oficiales que ocupaban puestos clave, o con aquellos que les contaban que despuntaban como líderes, no tenían ningún reparo en acercárseles y decirles eso de "queremos hablar con usted". Así de simple».

Los americanos, no sólo la CIA, sino también el FBI y otros servicios, tenían también muy infiltrada a la Guardia Civil. Se preocupaban por las carreras de determinada gente, los felicitaban por Navidad... «Y claro, para un oficial español, que le llegara por Navidades una felicitación de los americanos le hacía sentirse muy importante...», me diría alguien que trabajó en el CESID.

Claro que en un caso como el español, en el que el espionaje estaba en manos de militares, pocos hombres habría menos apetecibles para los norteamericanos que los destinados en el CESID. Perote, en su libro de *Confesiones*, cuenta cómo de casualidad supo después de haber realizado el curso de guerrilleros que su ficha había sido remitida a los archivos de dos Servicios de espionaje norteamericanos, la CIA y la NSA, y no duda en escribir: «mi carrera militar comenzó a trazarse así, con automática inercia, por los derroteros del espionaje y la acción secreta en tiempos de paz».

Sin duda, los oficiales que solicitaban realizar aquellos cursos eran los que tenían más sentido de la aventura, de la acción, y también de entre ellos es lógico que salieran los que después buscarían dedicarse a actividades operativas, al contraespionaje o al espionaje en el exterior, pero también es en buena medida cierto que quienes eran seleccionados para dar el paso no lo debían todo a la casualidad, sino que resultaban a menudo apoyados por una fuerza nada invisible. «Pero es que —me dice Perote— no se puede olvidar que quienes dan los primeros cursos a la gente de contraespionaje español, que estaban adscritos al Alto Estado Mayor, eran los americanos... Ellos los forman y se establece una conexión estrecha que ya no se romperá. Luego también dan cursos operativos los israelíes, la gente del Mossad, pero igualmente porque se lo piden los norteamericanos. Mira, en esos tiempos del 23-F yo estaba destinado en el servicio de Contraespionaje. Pues bien, todas las semanas, tan religiosamente como si se tratara de la visita del médico, recibíamos la visita del hombre de la CIA, que se preocupaba por las misiones en las que andábamos... Si es que hacíamos muchas misiones conjuntas, y hacíamos trabajos específicamente para ellos. Nos decían dónde querían que les pusiéramos los "canarios" (los micrófonos en jerga de espionaje), a quiénes querían que siguiéramos. En fin, había una dependencia muy evidente del CESID con respecto a la CIA.»

GOLPES, INTENTOS DE ASESINATOS, MAGNICIDIOS... ¿EXISTEN LAS CASUALIDADES?

Aquellos norteamericanos, los «halcones» de Reagan, que se disponen a hacerse cargo de la Administración y que desde meses antes están escudriñando cada rincón del mundo con la intención de escribir, conforme a sus intereses, cómo va a ser el futuro en cada país, ¿qué pensarían sobre aquella España, un país clave en sus nuevas estrategias para ganar la guerra fría? ¿Qué pensaban al contemplar que se vivía en una crisis política profunda, con un presidente muy débil y que se resiste a integrar el país en la OTAN, y al que según todos los indicios va a sustituir otro presidente, que no sólo es antialiancista, sino nada menos que socialista? Un oficial del CESID me comentó que frecuentaba, por razones de trabajo, un bar de la calle Orense de Madrid, una de las zonas «de copas» más de moda entonces en la capital. Aquel bar se llamaba Serpentine. Era un local muy frecuentado por militares y oficiales de la Guardia Civil. «Y un día, a finales del año ochenta, o quizá en los primerísimos días del ochenta y uno, estoy hablando con uno de los relaciones públicas del local y me dice: "Aquí quien viene con frecuencia es el general de la Guardia Civil tal y tal... y lo que dice sin cortarse es que tan pronto como Reagan tome posesión, en España va a haber un golpe...".»

Juan Alberto Perote, que un año después de José Luis Cortina se hará cargo de la Agrupación Operativa del CESID, y lo tiene escrito en uno de sus libros, me cuenta una significativa anécdota más. Su chófer, que había seguido siendo el mismo que tuvo su predecesor, un día le comentó que cuarenta y ocho horas antes del golpe del 23-F llevó a José Luis Cortina a entrevistarse, primero con el embajador americano, Terence Todman, y más tarde con el nuncio vaticano, Antonio Innocenti. Aún más demostrable es otro hecho que vivieron cientos de españoles, todos los que trabajaban en las bases americanas en ese momento: tanto las bases, como los recintos diplomáticos estaban en máxima alerta desde primera hora de la mañana del día 23-F. Además de conocer... y aprobar la Operación Armada, ¿habían hecho algo más los invitados norteamericanos por que aquellos sucesos tuvieran lugar? Es bien conocido que Alexander Haig, el nuevo secretario de Estado, calificaría los sucesos del 23-F como «un asunto interno español» en el que Estados Unidos no tenía nada que decir y sólo mucho después rectificó felicitando a la «democracia española». Pero aún hay otro dato significativo: cuando, tras la dimisión de Suárez, el Rey tiene que posponer un viaje ya cerrado a Estados Unidos —don Juan Carlos iba a ser el primer jefe de Estado en ser recibido por el nuevo presidente—, el embajador Todman logra que se incluya como invitados para compartir un desayuno con Reagan a ¡Federico Silva y Fernández de la Mora!, que se convierten así en los dos primeros políticos españoles con los que se ve el presidente norteamericano.[6]

6. Joaquín Prieto y José Luis Barbería, *op. cit.*, pág. 126.

El año 1981 es un año muy peculiar; crucial, visto desde la distancia que dan los años transcurridos. Es un año bisagra en la historia de la «guerra fría», que mantenía congelada la geoestrategia del mundo desde los años cuarenta. Un año que nació sólo unas semanas después de que en Turquía, el país adosado al vientre de la entonces aún muy viva URSS, y miembro de la OTAN, los militares dieran un golpe de Estado que acababa con una serie de revueltas políticas y el peligro de escisiones territoriales pretendidas por armenios y kurdos. Un año que nacía con la toma de posesión de Reagan y el anuncio de la «Guerra de las Galaxias». Un año que apenas un mes más tarde veía cómo en el país retaguardia del bloque occidental, España, se producía un fallido intento de golpe de Estado, lo que daba pie a una abierta e intensa campaña a favor del ingreso en la OTAN como forma de «modernizar» a sus Ejércitos... Breznev, el hombre que escribía cartas a Suárez desde el Kremlin, y los suyos, ¿qué pensarían ante estos hechos? ¿Qué medidas decidirían tomar? Porque aquel año 1981 también fue el año en el que sucedió que en marzo un «loco» dispara contra el presidente a la salida de un hotel en Washington. Y en el que en el mes de mayo, en plena plaza de San Pedro, un turco al servicio del espionaje búlgaro dispara y casi mata al papa Wojtyla. El mismo año en el que el gran aliado norteamericano en el mundo árabe, el presidente egipcio, Anuar el Sadat, es asesinado por oficiales de sus propias Fuerzas Armadas durante un desfile... También Margaret Thatcher, aunque dos años más tarde, sufriría un atentado «a manos del IRA»... ¿Serían todos estos hechos las batallas del comienzo del fin de la guerra fría?

12

Suárez se va, pero deja el problema

UNA DE ESPÍAS... Y PROFESORES

Aproximadamente falta un mes para que, según su chófer, José Luis Cortina realice la comentada visita al embajador americano, Terence Todman, y al nuncio Innocenti, cuando el comandante al mando de la Agrupación Operativa del CESID tiene otro encuentro sustancioso. Su interlocutor es un profesor de sociología que ha desarrollado buena parte de su carrera en Alemania, en la Universidad Libre de Berlín, miembro del PSOE y que muy recientemente se ha integrado en su Comité Ejecutivo: Ignacio Sotelo. Me han llegado dos versiones sobre el origen de este encuentro. Una proviene del entorno del comandante. La otra me la ha dado el propio profesor Sotelo. Según la primera, el encuentro es casual. Félix Pastor Ridruejo, el notario político que ocupa un puesto destacado en Alianza Popular, que conoce muy bien a José Luis Cortina de los tiempos de GODSA, le invita a una fiesta bastante numerosa de amigos, una cena buffet —«de pinchos»— en la que también está el político del PSOE. Allí se entabla una conversación casual entre ambos. Según Sotelo, sin embargo, Pastor Ridruejo organiza el encuentro entre los dos a petición del comandante y se produce en un ambiente de total discreción. Sea como fuera, lo importante es lo que se habla durante la charla, y en esto hay mayor coincidencia. Ignacio Sotelo me va contando según le pregunto:

«Yo no sabía antes de aquel encuentro quién era José Luis Cortina, pero el organizador me dijo cuál era su función, que estaba en el CESID. ¿Que si me dijeron que podía venir en nombre de Zarzuela? Me dijeron que en efecto era del entorno del Rey, que habían sido compañeros de promoción en la Academia, y que era de cierta confianza suya... Aquella entrevista fue, desde luego, en enero, días antes de la dimisión de Suárez, dos o tres días antes, y semanas antes del golpe. Lo que yo recuerdo de aquella conversación son sobre todo dos puntos: uno, que quería explicarme la indignación que se vivía en el ejército contra Suárez por la legalización, a escondidas, en un Viernes Santo, del PCE. Que los militares habían vivido aquello como una traición y los había escandalizado. Y dos, que existía la posibilidad cierta de un golpe. Pero no como luego fue el 23-F. Él entonces me habla de una especie de reconstrucción del levantamiento militar de Jaca que terminó con el fusilamiento de dos oficiales en los años treinta...[1] Cortina fijaba el levantamiento, no sé por qué, en la posibilidad de que en el norte se levantaran unos oficiales como motor de petición de un cambio. El ejército, aunque los levantados fueran un grupo pequeño y fácilmente controlable, no haría nada contra ellos, dejando así patente la prueba de su enfado con el gobierno. Esto, decía él, provocaría una gran crisis».

Es evidente el parecido entre el supuesto que expone el comandante Cortina al profesor Sotelo, y la Operación De Gaulle. En este momento la mayor dificultad para la formación de ese «gobierno de concentración» es que «raya» lo inconstitucional. Y, además, en términos políticos es difícilmente explicable a la opinión pública que el gobierno socialista con el acuerdo, o el apoyo expreso, del partido en el gobierno o parte de él, presente una moción de censura para que un «independiente» pueda presidir un gobierno «de amplia base». Más aún si ese «inde-

1. Se refiere el profesor Sotelo al levantamiento protagonizado por la guarnición de Jaca a favor de la instauración de la Segunda República y que acabó con el fusilamiento de los capitanes Galán y García Hernández.

pendiente» es un militar. Por eso lo que hacen quienes apoyan la idea es trabajar en «otras posibilidades», aunque de manera inconcreta. Se trata de buscar soluciones, imaginar supuestos... que permitan mimetizar lo que sucedió en Francia. Cuando en 1958 el general De Gaulle acude ante el Parlamento, petición del jefe del Estado mediante y con su respaldo, y viene a decir a los asustados congresistas «es o yo, o el golpe militar», lo hace con el respaldo de una situación crítica: los paracaidistas que, provenientes de Argelia, se han lanzado sobre Córcega, y a los que los gendarmes destinados en la isla no sólo no se han enfrentado, sino que se les han unido, amenazan con dar un nuevo salto, esta vez sobre París. En España hace falta encontrar esos «paracaidistas»[2] que permitan a Armada acudir al Congreso con una posición similar de fuerza y repetir ese: «o yo, o el golpe», con el que De Gaulle pudo hacerse con el gobierno, plantear un referéndum que modificó la Constitución, e instaurar la V República. Se hablaría en estas fechas, incluso antes, de que era necesario un «Supuesto Anticonstitucional Máximo», lo que se conocería en esos círculos como el «SAM», es decir una situación tan grave que ante ella las medidas extraordinarias no sólo resultaban aceptables sino necesarias.

Pero la conversación entre el espía y el profesor da aún para más. «Cortina —me sigue diciendo Ignacio Sotelo— hizo un análisis sobre cómo lo interesante era encontrar una solución a la crisis evidente que vivía España. Claro que a los pocos días de nuestra entrevista dimitió Suárez... Mi hipótesis es que como el golpe ya lo tenían preparado, los que tenían en la cabeza no sólo el fin de Suárez, sino también la operación esta de Armada, decidieron continuar...» Le pregunté al miembro de la Ejecutiva socialista por algunas de sus impresiones. ¿Tuvo, por ejemplo, la impresión de que el comandante Cortina estaba en la preparación de ese «levantamiento en el norte» del que le hablaba?

2. En el diario *El Alcázar*, en un anónimo publicado semanas antes, se habían permitido la ironía de decir que en España no harían falta militares porque «el papel de los paracaidistas lo jugarían los políticos».

«Pues no le diría ni que sí, ni que no... Durante toda la conversación la ambigüedad fue total. Él no habló como si estuviera en ello..., pero sí que la conocía, de lo que deduje que... Eso sí, siempre habló de esto como una hipótesis. Lo curioso es que no mencionó ni el terrorismo ni los procesos autonómicos como causas del enfado del ejército, sino que se quedó en lo del PCE, de lo que ya había pasado dos años... A mí me extrañó que diera esta causa... Lo que me quedó claro, en cualquier caso, es que quería hablarme del "enfado" del ejército, pero no entrar en detalles... ¿Que si me preguntó sobre lo que hacíamos o decíamos en el PSOE sobre estos temas? No, no... Él, más que intentar sacar información de mi parte, me quería contar lo que le digo..., la verdad es que habló mucho, y habló casi él solo... La reunión, es evidente, tenía como fin único la de hacerme llegar esta información de los militares y la situación que vivían contra Suárez... Lo que sí me preguntó Cortina fue si los socialistas aceptarían un gobierno con un militar al frente, y le dije que en ningún caso...»

Tras la entrevista, que él consideraba trascendente, Ignacio Sotelo acudió a alguno de sus compañeros de la Ejecutiva para ponerlos al tanto de lo sucedido. «Sí que lo hablé con varios y me dio la impresión de que mi información no era tan novedosa como yo pensaba; me quedó la impresión de que más gente de la Ejecutiva conocía aquello... ¿Por qué esa impresión? Pues porque al hablarlo con otros vi que no se sorprendían. Yo creo que Cortina no habló sólo conmigo, que habló también con otros... ¿A quién se lo dije? A Felipe González, desde luego, que yo creo que ya sabía todo aquello... No, a Alfonso Guerra, no, pero también lo hablé con otros, prefiero reservarme sus nombres, y varios también parecían ya conocerlo, por eso digo que creo que ya había hablado con otros... A ellos ya les sonaba. Y la fuente que, desde luego, yo identificaba, también les resultaba conocida...»

El profesor Sotelo recuerda que habían hablado antes de este tema del gobierno con un militar cuando Múgica informó sobre su encuentro con Armada: «En la ejecutiva del PSOE no veíamos la posibilidad de ese gobierno presidido por un independiente "militar" en ningún caso. Cuando se trató el tema de la reunión de Lérida de Múgica en la Ejecutiva hubo muchos reproches al silencio que acompañó al comentario de un gobierno presidido por un militar... De hecho, Múgica es apartado después de sus labores de relación del partido con los militares». ¿Jugaría este hecho un papel relevante en el ánimo de Felipe González, cuando en 1982 dio la gran sorpresa, a la hora de elegir un ministro de Defensa y no inclinarse por Múgica, como se esperaba, sino por Serra? Lo que sí me reconoce Ignacio Sotelo es que entonces todos hablaban, y aceptaban, como casi inevitable un gobierno de coalición, aunque sólo de políticos: «Felipe González hablaba de ello, de que resultaría inevitable cuando se encendieran las "luces rojas", pero es que la realidad es que ya estaban todas encendidas... Incluso cuando Felipe salió del Congreso, tras el asalto del 23-F, nos reunimos la Ejecutiva y él llegó convencido de que la única solución era un gobierno de coalición y de que Calvo Sotelo también lo quería. Felipe creía, sobre todo, que ese gobierno fuerte era absolutamente necesario porque UCD sola no podría llevar adelante un juicio contra las Fuerzas Armadas, que no se atreverían a ir solos a ello. Pero si Felipe llegó a eso de las 11 de la mañana del día 25 contando esto, convencido del gobierno de coalición, hacia la una de la tarde le llamó Calvo Sotelo y le dijo que de gobierno de coalición nada... No sé qué pudo pasar en esas dos horas».

UN TENEDOR, UN HURÓN Y UNOS AGENTES... MUY ESPECIALES

Lo cierto es que el nombre de José Luis Cortina empieza a ser citado por muchos y con mucha frecuencia cuando se habla de los acontecimientos que tienen lugar en estas fechas. José Luis Cortina, como jefe de la Agrupación Operativa del CESID ocupaba, desde luego, una posición clave para conocer mucho de lo que sucedía en España. Pero es que, además, a esto se añadía un innegable gusto personal por la política. Lo había sido así desde siempre y, de forma paralela a su actividad militar, nunca se había alejado por completo del mundo político. De joven había militado en el Frente de Juventudes. Después, como ya se ha dicho, fue miembro de FORJA, el grupo religioso-militar que dirigían el capitán Pinilla y el padre Llanos, el «cura rojo» que se «retiraría» al Pozo del Tío Raimundo, uno de los barrios más deprimidos de Madrid, y que militaría en el PCE. Luego había sido miembro del FSR, un grupo difícil de clasificar, en cuya ideología se mezclaban el falangismo y el castrismo. Incluso fue detenido y conducido a la Dirección General de Seguridad, vestido con su uniforme de teniente del ejército, por participar en tertulias políticas en los años sesenta. ¿Es concebible que a un hombre con una «carrera política» como ésta, en una situación de crisis como aquella que vivía España, y ocupando el lugar que tenía, le desapareciera la libido por la erótica de la política? Resultaría difícil de creer. Más aún si se tiene en cuenta, cómo cada día la alimentaba.

Alguien que en aquellas fechas estaba destinado en la Agrupación me contó una de las «Operaciones» que realizaban. Se llamaba, muy gráficamente, aunque quizá no con mucha imaginación, «Operación Tenedor».

«Aquella operación tenía como meta controlar lo que se decía en los grandes restaurantes de Madrid... Vamos a ver, lo que se hacía era alquilar los reservados de los restaurantes más lujosos de Madrid: Zalacaín, el Bodegón... Y allí que íbamos ocho o diez de nosotros, como si fuéramos los ejecutivos de alguna empresa y, mientras comíamos, los especialistas iban colocando los micros dentro de las mesas. Mientras, desde algún piso que estuviera a unas decenas de metros del restaurante, cien metros era el máximo de cobertura que nos daban aquellos emisores, se controlaban las conversaciones. Antes de irnos del reservado incluso se hacían las necesarias pruebas de sonido: "Que se oyen mucho los tenedores... que se oye poco la conversación...", y los técnicos iban colocando los micros de forma adecuada hasta lograr la audición más perfecta posible. ¿Para qué se hacía eso?... Hombre, la idea era captar lo que se pensaba de la situación política... José Luis Cortina nos dijo: "Necesitamos saber lo que se está cociendo...". Y así fue como montamos aquella "Operación Tenedor".»

Pero la Agrupación Operativa lleva entre manos, en esa misma época, otra operación mucho más difícil y comprometida. Le han puesto el nombre de «Operación Hurón». Su finalidad es preparar a gente que pueda infiltrarse en ETA. Para poder llevar a cabo una infiltración es necesario dotar al agente de una personalidad completamente nueva: un nombre, una apariencia, una familia, un pasado, unos conocimientos profesionales..., todos nuevos, y al tiempo, a prueba de comprobaciones. Generalmente, eso se logra «robando» la personalidad a algún muerto enterrado en un cementerio de un pequeño pueblo perdido..., alguien que no pueda «delatar» de ninguna manera a quien le suplanta. «Es para ayudar en esta operación —me dice alguien que participa en ello— para lo que se monta durante el segundo semestre de 1980 un nuevo grupo con gente elegida de la Agrupación Operativa.» Este grupo pasa a denominarse la SEA, la Sección Especial de Agentes, como la AOME, bajo el mando del comandante José Luis Cortina. Como responsable directo de las Operaciones de la SEA, José Luis Cortina elige a su segundo, el capitán Francisco *Pancho* García Almenta. Un hombre de ideología muy conservadora, mucho más que su jefe, pero con el que, sin embargo, congenia bien. En la SEA figuran como principales responsables tres guardias civiles adscritos a la AOME: el cabo primero Rafael Monge Segura, jefe del grupo; el sargento José Moya Gómez, segundo jefe, y el sargento Miguel Sales Maroto. Hombres de obediencia ciega e ideológicamente muy identificados con su mando, podían ser utilizados en cualquier operación. En los días previos al golpe, como se verá, alguno de ellos va a desempeñar un papel de cierto relieve en la planificación del golpe. De hecho, poco tiempo después del 23-F, la unidad sería disuelta y dos de sus miembros, Monge y Sales, así como el propio capitán García Almenta, aunque no serían incriminados en el proceso por el 23-F, sí fueron invitados a «causar baja» en la Agrupación Operativa. «...Y es que —me dirá quien era un oficial del CESID entonces— lo de la Operación Hurón no es sino la excusa que se encuentra para montar este grupo, cuya finalidad no era otra que participar en las partes más oscuras de los planes de su jefe.»

Entre todos lo talaron..., pero él solo se cayó

Mientras, el acoso contra Suárez en su propio partido no disminuía. Se acercaban las fechas para el Congreso de Palma, que en principio debía tener lugar a finales de enero, y las diferentes familias afilaban los cuchillos. Miguel Herrero de Miñón, por supuesto, a la cabeza. En una conferencia celebrada en el Club Siglo XXI seguía con la estrategia que había apuntado en su artículo de meses atrás en *El País*, y declaraba que había llegado el momento de «sustituir el yo caudillista por el nosotros democrático». La conferencia tenía lugar la noche del 20 de enero. Los democristianos y los liberales, la oposición al presidente dentro de su partido, estaban en realidad yendo más allá de las palabras descalificantes: ¡incluso habían comenzado a recoger firmas entre los diputados afines para presentar ellos mismos una moción de censura en caso de que el presidente, si como temían que hiciera, hubiera decidido disolver el Congreso y convocar elecciones anticipadas! Peticiones, firmadas, que iba guardando en su despacho el que era presidente de la Cámara, el democristiano Landelino Lavilla.

Ese mismo día 20 de enero, Adolfo Suárez, ignorante de lo que tramaban en su propio partido, ofrecía un sistema de elección en el Congreso que asegurara a las minorías estar presentes en la Ejecutiva que resultara elegida. O lo que es lo mismo, Suárez, aunque agotado, aún seguía pensando en el futuro del partido, con él a su frente. Pero dos días más tarde todo va a cambiar.

El 22 de enero el presidente tiene cita en la Zarzuela. Antes, por la mañana se desayuna con la publicación en *El Alcázar* del segundo artículo de «Almendros», el que, se piensa en el CESID, ha escrito el coronel San Martín. Por la tarde, después del almuerzo con el Rey, le espera un buen quebradero de cabeza: una reunión del Comité Ejecutivo de UCD para cerrar los preparativos del Congreso. Con esa agenda, Suárez sale desde el palacio de la Moncloa, por la carretera de El Pardo, hacia el palacio de la Zarzuela. Se trata, eso parece, de un despacho rutinario más de los que mantiene con el Rey. A priori, casi el momento más relajado del día para Suárez. Pero la conversación entre ambos al poco de iniciarse da un giro que la carga de trascendencia.

El monarca pregunta por el proceso de nombramiento de Armada como segundo JEME y no oculta su deseo de que se concrete lo antes posible, aunque sabe que no puede ordenarlo: es una decisión que debe tomar el ministro de Defensa. El presidente vuelve, lo hizo en Baqueira, a mostrar su resistencia al cambio de destino del general. Argumenta que resultará mucho más adecuado esperar a que éste ascienda del rango de general de división al de teniente general y que entonces podría ser nombrado incluso para algún puesto de más relieve en el ejército. En resumen, deja claro que no quiere tener a Armada en Madrid en esos momentos, en los que suena por todas partes su nombre como jefe de un gobierno de coalición. El Rey es crudo también en su exposición a la hora de hablar de la necesidad de tenerle en Madrid para poder controlar cualquier movimiento involucionista. No existe hasta el momento certeza de que sea así, pero se puede deducir, por un hecho posterior, que es posible que incluso el Rey sea más contundente de lo que lo ha sido pocas semanas antes en Baqueira, y a la hora de buscar salidas a la crisis patente que vive España, y la no menor, que vive el partido que dirige plantee o insinúe a Suárez la necesidad de su relevo. Como hacía siempre en estas ocasiones, Suárez se queda a almorzar en la Zarzuela, y aprovecha la sobremesa para acabar de tratar con el monarca. Cuando sale esa tarde, quienes lo ven, dirán que el presidente lo hace «preocupado y triste».

Tras la reunión con la Ejecutiva de «su» UCD, que se desarrolla de una manera tan agria como Suárez podía haber imaginado, vuelve a salir de La Moncloa. Esta vez se traslada a Barajas, donde debe tomar el avión hacia Sevilla. Al día siguiente tiene que recibir allí al presidente mexicano, López Portillo. Es entonces, mientras está el presidente en Barajas, cuando se produce la prueba de lo duro que ha resultado el encuentro entre los dos hombres: el Rey le llama en persona. Quiere saber cómo se encuentra. Suárez debe de estar ya para entonces rumiando la decisión que tomará a lo largo del fin de semana siguiente: su dimisión.

El fin de semana no sirve para rebajar la temperatura. En *El Alcázar* hablan de que se está preparando una Galaxia 2, pero lo que preocupa es la noticia de que un grupo de generales, se habla de nada menos que de diecisiete, se han reunido en Madrid.

Y, sin embargo, la gran noticia se está gestando sin que nadie lo sepa. El sábado 24 es el día en el que Suárez decide no resistir más y se rinde. Su mujer, Amparo Illana, es al parecer[3] la primera persona con quien, esa misma noche, comparte su decisión. Aparte de quejarse de la delirante situación que vive en su partido, el presidente le comenta que ha notado que el Rey ya no confía en él, que teme un golpe militar. Calvo Sotelo, ya el lunes, durante el almuerzo, es el segundo a quien confía su decisión. En ese mismo momento Herrero de Miñón, que come con periodistas, realiza una de las declaraciones más inoportunas en la historia de la democracia: «O el personaje [Suárez] cambia de estilo —dice— o se cambia al personaje». Suárez continúa mientras anunciando su decisión..., a su cuñado,

3. Carlos Abella, *Suárez*, Ed. Espasa Calpe, Madrid, 1997.

Aurelio Delgado, Jesús Viana, fiel a él hasta el último momento, y poco más tarde a toda la comisión encargada de preparar el Congreso, en la que están buena parte de los «barones». Pidió a todos discreción y después llamó a la Zarzuela para anunciar que quería tener una audiencia con el Rey al día siguiente. Habla también con Sabino Fernández Campo, al que pregunta si estará en la Zarzuela cuando vaya él, porque quiere hablarle.

«Cuando llegó el presidente, el Rey estaba aún en la audiencia previa, si no recuerdo mal con algún general. —Lo cuenta el general Fernández Campo—. Y entonces Suárez me lo dijo: venía a presentar la dimisión. Y me enumeró las razones que le llevaban a hacer aquello. Primero, la oposición se mostraba cada vez más enfrentada a él, y cada vez más dura. Segundo, me dijo, dentro de mi propio partido tengo una mina llena de traidores. Tercero, el ejército no me puede ver, no me perdona la legalización del PCE. Y cuarto, como hemos hablado ya antes, estoy convencido de que he perdido la confianza del Rey. Yo le dije, en fin, lo que se puede decir en una situación así: que si estaba convencido... Pero entonces llamó el Rey, que había quedado libre. Subimos hacia el despacho del Rey, yo le acompañé. La costumbre era que hablaran un rato breve, luego comían y, después, volvían a acabar el despacho. Yo aquel día, claro, ante las circunstancias, me quedé a comer en Zarzuela. Al poco me llamó el Rey y cuando entré en el despacho me dijo algo así como: "Oye, que Adolfo me dice que se va... ¿Qué es lo que hay que hacer en este caso?". Lo dijo con frialdad, sí, sí, con Suárez delante... Yo vi que se le quedó una cierta cara de sorpresa... Y entonces, al marchar, Suárez me dijo: "¿Ves? Qué te decía yo... Mira qué frialdad. Lo único que ha preguntado es por los procedimientos para sustituirme". Suárez en aquel momento estaba abandonado por todos...» Según recoge Carlos Abella en su ya citado libro biográfico sobre el presidente, Adolfo Suárez había dicho a sus íntimos, tras la entrevista en Baqueira con el Rey, «antes de que me eche, me voy», y una de esas personas cercanas al presidente interpreta así su dimisión:

«Cuando Adolfo buscó el amparo del Rey, se encontró con el Borbón».

Luis María Anson añade un dato que recojo porque también puede ayudar a tener una visión más amplia de los personajes y los hechos: «A Adolfo Suárez, mira, en esa época le importaba lo que publicaba *El País*, y lo que decían sus encuestas secretas... Porque ahora son públicas, pero entonces eran completamente secretas... A mí me sacaba las encuestas en su despacho. Me decía: "Ésta es la información real que hay...". Claro, eran unas encuestas no manipuladas porque no se iban a publicar y él las tenía ciertas... Es muy sagaz, lo que te estoy diciendo es una cosa que yo creo que bastante nueva... Adolfo Suárez se va sustancialmente porque pierde las elecciones. Eso es lo que le hace tomar la decisión de irse... Yo creo que Suárez empieza a darse cuenta de la situación real en la que está..., pues sí, quizá en junio, julio del ochenta, es decir, cuando empiezan las encuestas a decirle que no gana... Al principio gana por muy poco, porque después del año setenta y nueve las encuestas le daban vencedor por 14 puntos... En junio, julio del ochenta le dan a lo mejor por un punto o por dos..., y quizá para septiembre ya se pierde, y en octubre más acentuadamente... Adolfo Suárez se va porque pierde las elecciones, y si Adolfo Suárez en el mes de enero (del ochenta y uno) hubiera tenido una encuesta que le dice gana usted por 12 puntos, vamos, no hubiese dimitido en ningún momento... Lo único que pasa es que llevaba tres o cuatro meses con unas encuestas absolutamente claras de que ganaba el PSOE como luego así fue...».

Mientras, lo que los españoles, entre atónitos y preocupados, vieron y escucharon fue a Adolfo Suárez anunciar, en un discurso muy enigmático, lleno de insinuaciones, pero sin dar ni una sola razón clara para su decisión, que «yo no quiero que el sistema democrático de convivencia sea, una vez más, un paréntesis en la Historia de España».

¿Es Suárez quien da el primer golpe?

¿Pensó Suárez en dimitir como una forma de volver «limpio» encabezando las listas de UCD en las siguientes elecciones? Es posible. Quizá por ello no se va..., sino que deja «nombrado» su sucesor: Leopoldo Calvo Sotelo, el hombre que meses antes Anson, Guerra Zunzunegui y otros le habían sugerido. Quizá una casualidad. O quizá es que Suárez ve en él un candidato débil, la forma de asegurarse su retorno. Lo cierto es que la «elección» de sucesor se produce en una tormentosa reunión del Comité Ejecutivo del partido, que concluye pasadas las cinco de la madrugada, y de la que los democristianos, en protesta, llegan incluso a irse dando un portazo. Miguel Herrero de Miñón, en su libro de memorias, llega a escribir que «Suárez se reunió con Óscar Alzaga y conmigo para insistirnos en la necesidad de votar a Leopoldo [Calvo Sotelo] como hombre de transición, para preparar su vuelta como único candidato capaz de dirigir las siguientes elecciones en 1983». Es el peor enemigo de Suárez en el partido quien lo dice, pero que Suárez no quería dejar la política es tan evidente como que fundó un nuevo partido e intentó durante años volver a ser el inquilino de La Moncloa.

Cuando al despedir a Suárez, el Rey pide a su secretario general que le informe sobre lo que dice la Constitución para este caso, más allá de que haya frialdad o no en las palabras, está haciendo algo muy lógico y la pregunta no carecía de importancia. No había precedente. ¿Qué tenía que hacer él como jefe de Estado? La respuesta llegó de inmediato: los artículos 99 y 101 de la Constitución eran los aplicables. En el 101, se lee: «El Gobierno cesa tras la celebración de elecciones generales, en los casos de pérdida de la confianza parlamentaria previstos en la Constitución, o por dimisión o fallecimiento de su presidente». En el 99, en su punto primero, se dice: «Después de cada renovación del Congreso de los Diputados, y en los demás supuestos constitucionales en que así proceda, el rey, previa consulta con los representantes designados por los grupos políticos con representación parlamentaria, y a través del presidente del Congreso, propondrá un candidato a la Presidencia del Gobierno». Es decir, el Rey debe consultar con los líderes de la oposición y, a continuación, proponer ese candidato. Al día siguiente de anunciar al monarca su marcha, Suárez recibe en La Moncloa la visita de Sabino Fernández Campo. Lo cuenta éste en su biografía autorizada: «Sabino iba con la misión de concretar el cese del presidente porque el Rey deseaba iniciar las consultas con los partidos lo antes posible para proponer un nuevo jefe de Gobierno». Durante las entrevistas preceptivas, Manuel Fraga y Felipe González vuelven a reiterarle al Rey la necesidad de que se forme un gobierno de concentración ante la crisis que vive el país. Pero UCD, o, más exactamente, Suárez, como se ha visto no deja esa posibilidad abierta, porque a pesar de la resistencia de algunos de los «barones», «impone» el nombre de Calvo Sotelo.

¿Qué repercusiones tiene esto? «Aquí quien da un golpe es Suárez. Él es quien lo da. ¿Por qué? Porque Suárez no sólo dimite, sino que además, usurpando lo que es un derecho de la Corona, anuncia su sucesor: Leopoldo Calvo Sotelo, por lo que hace imposible que se ponga en marcha la solución constitucional, la solución Armada: que por sugerencia de los partidos, el Rey entregue el poder a un militar y a continuación se dé paso a la creación del gobierno de concentración.» Uno de los que han estado trabajando durante meses por esa Operación Armada me explica así la frustración con la que viven lo que consideran maniobra de Adolfo Suárez. Redundando, de alguna manera, en esta idea, un militar que estaba en ese momento en el CESID, y lo estaría aún por mucho tiempo, me confió su idea de que en la reunión del Rey y Suárez previa a la dimisión de éste, el Rey llega a decirle con claridad que la solución debe pasar por la Operación Armada o algo similar [Suárez en su discurso final dirá a modo de «excusatio non petita»: «Me voy sin que nadie me lo haya pedido...»], y que ante esa situación el presidente decide irse, pero se opone a la solución que se ha pactado contra él. En cualquier caso, los hechos, que no admiten especulación, demuestran de inmediato que la dimisión de Suárez, tal y como se produce, no es aceptada por nadie como «la solución al problema». Aunque a algunos, sí que los desconcierta.

Tan sólo tres días después del anuncio público de la dimisión de Suárez, el 1 de febrero, y de nuevo en la madrileña calle General Cabrera, el teniente general Milans, como había quedado estipulado, vuelve a reunir a «las tropas» con las que planea realizar la «reconducción». El general Alvarado, que está entre ellos, es de nuevo quien me cuenta lo sucedido: «La reunión ésta del 1 de febrero no consistió más que en decirnos esto Milans: "En vista de lo sucedido, la dimisión de Suárez, la cosa queda congelada *sine die*"... En esta reunión ya no estuvieron Iniesta ni Carrés... Torres Rojas no recuerdo, pero sí, debió de estar, y Tejero, Dueñas, él, Mas y yo. Pero la reunión duró muy poco, porque Milans expuso: "Ya no va a haber moción de censura, a qué se va a dar un golpe en las Cortes, si no hay nadie". Bueno, y al salir, salimos pronto, Milans se iba a Valencia. Y cuando salió me dice: "Te llevo hasta tu casa". Teníamos una compenetración muy grande. Habíamos estado desde el setenta y tres hasta el setenta y seis juntos en la División Acorazada. Y le dije: "No...", pero él insistió en que sí, que así tomaba luego directo hacia Valencia. Y cuando llegamos aquí, a la calle Bailén, me dice —no se lo había dicho a nadie, absolutamente nada—: "Armada ya tiene la lista de gobierno". ¿Estamos? Y me comenta que a él no le hace ministro, sino jefe de la Junta de Jefes de Estado Mayor. Y creo que me dijo también que de ministro de Interior iba Saavedra. Y después me dice..., "lo que aún no se ha asignado es el Ministerio de Defensa, ¿lo quieres tú?". Pero yo le dije que no. Y eso por dos razones: una, que yo, que había servido tantos años a sus órdenes, no podía pasar a ser su jefe, eso no lo podía aceptar; y segundo, yo había sido siempre un militar, no me veía como político».

Es decir, lo que anuncia Milans es que la «reconducción» se aparca…, aunque, como se va a ver, es tan sólo de momento, porque la Operación Armada sigue con el motor en marcha.

El general hace las maletas, le llaman de vuelta

El día antes a esta segunda reunión en General Cabrera, el periodista Emilio Romero, que andaba olisqueando también por muchos rincones, publica en *ABC* un artículo que no pasa inadvertido, aunque juega mucho a ser buscadamente críptico: «Están pasando cosas que obligan a una remodelación sustancial. Si para hacer esto UCD no proveyera, entonces existiría la vía de "un hombre ajeno y políticamente bendecido". Ahora o pasado mañana. Un tranquilizador neutral y con aquel objetivo. Eché entonces un vistazo a los profesores y a los militares, y con profesores me rendí. Los había, pero en la endosfera. Estimulé entonces a la imaginación y me encontré al general Alfonso Armada […] Hay una realidad que me consta, y es que lo que pasa es tan importante, o tan grave, que no es aceptable ningún continuismo. Un golpe de timón, en la versión de Tarradellas, es un golpe de timón. No le demos más vueltas». O lo que es lo mismo, Calvo Sotelo se veía como un remiendo muy pequeño para un descosido muy grande. Alguien que trabajaba para la Operación Armada me diría que Emilio Romero escribió esto «de *motu proprio*, sin que nadie se lo pidiera; quizá estaba buscando colocarse». En *El Alcázar*, su director, Antonio Izquierdo, bien informado sobre los movimientos en la sombra, unos días después aludía a este artículo de Romero y escribía que «he oído campanas» de que si Calvo Sotelo tenía problemas para lograr la necesaria mayoría… «gobernaría un general, por supuesto; simultáneamente apoyado en su origen profesional [el Ejército] y en la base parlamentaria que se obtendría de inmediato… ¿Un general? ¡Sí, sí! Pero no precisamente aquel a quien señaló Emilio Romero…». ¿Se refería de nuevo al general Sabino Fernández Campo?

Menos «oscuro» había sido otro apoyo hacia la Operación Armada que se había enviado a la Zarzuela a principios de febrero. Una prueba más de lo insuficiente que se consideraba la salida de Suárez y su sustitución por Calvo Sotelo. Los mensajeros, dos de los coroneles más significados: José Ramón Pardo y José Ignacio San Martín. Este último me la descubrió: «... muy a primeros de febrero, el uno o el dos, a mí me llama José Ramón Pardo Santayana y me dice: "Vente, que José Luis Pérez Sánchez[4] quiere hablar con nosotros, contigo y conmigo". Viene Pérez Sánchez con un documento. Lo leemos. Se trataba de un documento, bastante largo; yo no me he quedado con copia. Se llegaba a la conclusión de que, Suárez ya había dimitido, pero que había que buscarle [a la situación] una orientación distinta y que había que nombrar a Armada presidente del Gobierno. Y que Armada realizaría una evolución de la democracia por buenos senderos, que se combatiría con más eficacia el terrorismo, pum, pum, pum... etc, etc. Este documento no lo hacemos nosotros, no. Me lo entrega José Luis Pérez Sánchez, y no sé quién ha intervenido en él. Sospecho que puede ser que haya tenido intervención Alfonso Osorio, pero nada más. Decidimos que aquello era interesante. ¿Para qué nos lo mandan a nosotros? No lo sé. Pero sospecho que para que se lo hagamos llegar a la Zarzuela. Y entonces llegamos a la conclusión de que quien debe conocer este documento es el Rey. Pues vamos a llamar a Sabino. Total, cogió José Ramón Pardo, llamó a Sabino y le dijo: "Mira, tengo un documento que creo que es muy importante, y como el Rey se va al País Vasco, antes de que se vaya, que lo conozca". Se le dijo de qué se trataba, y nos dijo: "Dejádmelo en la caseta de seguridad de Somontes. Yo lo recogeré, me interesa muchísimo"». El coronel Pardo de Santayana me corroboró la historia al completo. En la Zarzuela, tras la dimisión de Suárez, seguían interesando, por tanto, aquellas ideas. ¿Qué podía hacerse?

4. Se trata de un comandante miembro de una familia militar muy conocida, con contactos en la política.

De momento, al día siguiente, o a los dos días de este hecho, el 3 de febrero, ya sin Suárez que lo impida, el Rey llama a Armada para darle en persona una noticia que los dos han esperado desde hace tiempo. Don Juan Carlos, acompañado de doña Sofía, está en el aeropuerto de Barajas, a punto de tomar un avión para iniciar un crítico viaje al País Vasco, pero saca unos minutos y pide que le pongan con Lérida: ya es un hecho, Armada es segundo jefe del Estado Mayor del Ejército. Casualidades, aunque por supuesto Armada no se lo dice al Rey, en ese momento está a punto de llegar a su despacho el coronel Diego Ibáñez, que llega de Valencia enviado por el general Milans para darle cuenta de la segunda reunión que ha habido en la calle General Cabrera. Pero el Rey y Armada van a tener ocasión de hablar pocos días más tarde en persona. El monarca anuncia a su antiguo preceptor que tras el viaje al País Vasco va a subir con su familia de nuevo a la estación de esquí de Baqueira y le invita a que le visite el día 6.

A veces las casualidades parecen diseñadas. Por si faltaban argumentos a quienes quieren que el «golpe de timón» sea drástico, el mes de febrero los va a cargar de «razones». Durante su visita, los reyes incluyen un acto en la Cámara vasca, donde el monarca debe leer un discurso. Apenas ha empezado a hablar cuando se levantan los diputados de Herri Batasuna y protagonizan un incidente de gran impacto visual: comienzan a gritar y a continuación a cantar el *Eusko Gudariak*. El resto de la Cámara, en un ambiente de gran tensión, abuchea a los *batasunos*, que son desalojados entre empujones, y aplauden al Rey. Pero el acto, que verán en televisión, deja en la retina de todos los españoles, una fuerte sensación de crisis. A esto se añade que tan sólo unos días antes, después de un cruel secuestro, había aparecido asesinado por ETA José María Ryan, ingeniero de Lemóniz.

Mientras, el general Armada acelera los preparativos para su regreso a Madrid. Entre otras cosas, inicia una larga serie de visitas de despedida con militares..., y con políticos. En los días siguientes hablará con Pujol y Tarradellas que le reciben y le homenajean. En medio, la visita a Baqueira. Cuenta el propio Armada que los reyes le citan para cenar en un restaurante de Arties, pero que cuando llega se encuentra con una llamada en la que le dicen que suba a la estación porque la cena ha sido suspendida. Cuando llega, el Rey le comunica que la reina Federica, madre de doña Sofía, está muy grave. La Reina parte hacia Madrid en helicóptero y cenan a solas el Rey y Armada. Según me dice el general, «no hablé con el Rey nada más que de la reina Federica». Pero también reconoce que la cena se prolonga durante varias horas y que cuando regresa al parador donde se aloja son ya las tres de la madrugada. ¿Todo ese tiempo hablando de la reina Federica?

A petición mía, me detalló amablemente el general Armada las veces que se había visto con el Rey en ese mes de febrero, y no son pocas: tras la conversación del 3, y la cena del 6, el día 11 hay un nuevo encuentro, durante los funerales de la reina Federica. No deja de ser curioso que me apunte este hecho: «salí en televisión». El Rey sólo le dedica entonces unos instantes dadas las circunstancias, pero le cita para tener una nueva charla, ésta ya amplia, el día 13. Un encuentro éste al que, por insinuación del propio Armada, se dará mucha importancia, y que se formaliza sólo después de que el Rey, a la salida del funeral, quiebre la resistencia de Sabino Fernández Campo que argumenta que para ese día la agenda del monarca está llena. Armada, presente en el momento, se da cuenta de la renuencia de su sucesor a abrirle un hueco y escribe en sus ya citadas memorias: «Ya antes del 23-F Sabino ha cambiado respecto a mí. No se me alcanzan las razones [...] Sabino puso muchas dificultades a la visita. No quería que yo viese al Rey». Al final, como desea el Rey, se desplaza una audiencia con Alfonso de Borbón y Dampierre, primo suyo, y se hace sitio a la audiencia con Armada. El general, durante la vista del juicio, pedirá por escrito permiso, que no tendrá, al Rey para desvelar lo que trataron en esa conversación. ¿De qué hablaron?

Muchos son los que hablan, pero ¿se entienden?

Los acontecimientos a partir de esta segunda semana de febrero se aceleran y enredan de tal forma que, quizá no sin intención, a menudo se han usado contradicciones, pequeños errores y detalles, despistes, conversaciones de a dos en las que resultaba imposible discernir quién decía verdad y quién mentira para, a modo de follaje, tapar los hechos que resultan clave. Por ello, renunciando a pasajes que me parecen secundarios, voy a partir de este momento a intentar ceñirme a los hechos y conversaciones que considero significativos, y probados, para entender los sucesos posteriores. La mayor parte de ellos, por cierto, permanecieron ocultos durante el juicio que vería la causa del 23-F y en los años siguientes.

A mediados de febrero tienen lugar dos conversaciones que voy a relatar por lo que suponen, precisamente, de demostración de que los dos principales protagonistas de la Operación Armada no han dejado de «actuar» a pesar de la dimisión de Suárez y la anunciada marcha, en consecuencia, del otro «ogro» de la crisis, éste para los militares, el vicepresidente, teniente general Gutiérrez Mellado.

Del desarrollo de la primera de estas entrevistas tengo certezas. Se produce el 10 de febrero. Su contenido me lo ha ofrecido uno de los participantes, el general Sáenz de Tejada, en el momento de esta conversación jefe de Estado Mayor de la I Región, y hombre en quien Milans, el otro interlocutor, confía por los años que han servido juntos: «Ese día me llama por teléfono Milans para que nos veamos... Él no hablaba con el general Quintana, capitán general de Madrid, que era mi superior; no se llevaban bien. Había un Consejo Superior en el que se iba a tratar el ascenso de unos coroneles, y me dijo: "Habla con Quintana, porque hay dos coroneles de mi Región que tengo interés en que sean bien calificados". Después charlamos, y me pregunta: "¿Y qué opinas de la situación política?". Yo le dije: "Hombre, hay mejores expectativas, porque se va Gutiérrez Mellado, se va

Suárez y viene Calvo Sotelo y el nuevo ministro de Defensa, Oliart, me han hablado que lo puede hacer bien..., las cosas pueden empezar a encajar". Le di, en fin, una visión más esperanzada a raíz del cambio. Y él me contestó: "Estás equivocado. Esto no tiene solución. Aquí no hay más remedio que el Rey tome el mando, lo ejerza con los líderes de los partidos políticos y acabe gobernando..., que sea un rey que ejerza". Me dijo entonces: "Que se establezca una monarquía presidencialista...". Eso era lo que él buscaba, un rey con poderes. Y yo le dije: "Yo creo, mi general, que eso el Rey ni puede hacerlo conforme a la Constitución, ni quiere hacerlo". Él me dijo entonces: "Habla con Alfonso Armada". Y no hablamos más. Ahora, en cuanto a los hechos posteriores, lo del 23 de febrero, estoy seguro de que Milans no conocía en ese momento nada de que se fuera a producir el asalto al Congreso... Estoy seguro».

Que se podía producir, sí. Que iba a suceder el día 23, seguramente no, aún. Esta conversación sí deja un par de certezas, sin embargo. Una, que para Milans los cambios en la presidencia y vicepresidencia no son solución. Considera que la crisis es demasiado grave y necesita un gobierno fuerte con el Rey involucrado directamente. La segunda, la coordinación entre Milans y Armada, a quien remite al general Sáenz de Tejada para mayores aclaraciones. Un encuentro, también significativo, que se producirá precisamente la mañana del 23. Al parecer, conversaciones similares mantiene en estos mismos días Milans con sus compañeros, los capitanes generales de Zaragoza, Antonio Elícegui; de Sevilla, Pedro Merry Gordon, y de Baleares, Manuel de la Torre Pascual. A todos, como al general Sáenz de Tejada, los sondea: el cambio de Suárez por Calvo Sotelo no resuelve nada... ¿no debiera formarse un gobierno más fuerte?

Del contenido de la segunda conversación, celebrada tres días más tarde, el 13, quizá aun de mayor trascendencia, me ha resultado imposible obtener una descripción igual de clara, aunque después de varias conversaciones con el general Armada, al menos sí he logrado obtener una idea aproximada. Se trata del encuentro ya apuntado que, por deseo expreso del Rey, se produce en la Zarzuela entre él y el nuevo segundo JEME. En un primer momento, Armada, en respuestas por escrito a un cuestionario, me contesta lo siguiente acerca del contenido de esta reunión: «Informé al Rey sobre el ambiente en el ejército. Él me dijo que lo comentase con Gutiérrez Mellado. ¿Que si hablé con Gutiérrez Mellado ese día? Sí. Pedí audiencia para presentarme a Gutiérrez Mellado. El Rey me dijo que le informara de la situación dentro del ejército. Así lo hice. El ministro de Defensa [*sic*] muy acalorado me dijo "que no volviera a informar al Rey, pues le estaba volviendo loco con mis comentarios". Gutiérrez Mellado me "echó" una bronca tremenda, "de tú", pero bronca. Yo entendí que me prohibía hablar con el Rey sin su permiso».

La contestación es tan escueta y evasiva que, en una de nuestras entrevistas, ya en persona, vuelvo a pedirle más detalles. El día que hablamos sobre este asunto marchamos sentados en un autobús. El general me ha citado a la salida de una visita que tiene que hacer esa mañana y me pide que, si lo deseo, le acompañe en el recorrido de vuelta a su casa. En esta ocasión se muestra algo más abierto: «¿Que si el Rey me había propuesto para que controlara las posibilidades de golpe? Yo creo que eso es verdad. ¿Si me había enterado para entonces de los planes de asalto al Congreso y se lo dije al Rey? Yo ya lo sabía. Y se lo dije al Rey. "Se está preparando un golpe". ¿Que si ya sabía incluso que Tejero había comprado los camiones? Sí. Y eso también lo conté. ¿Le di los nombres de quienes estaban en la trama? No. Yo nunca di el nombre de nadie. Nunca. De el único que yo hablé con el Rey fue de Milans. No di ningún otro nombre. ¿Que si volví a hablar con el Rey? Yo a él no le vi ya desde el 13. No volví a verle.[5] Y yo de lo del Congreso sí sabía ya más detalles,

5. En realidad vuelven a verse en un acto en la Escuela Superior del Ejército, lo que me reconocería Armada: «Cierto. El Rey me saludó y creo que me preguntó "¿qué tal el destino?" Nada más».

lo que pasa es que tenía prohibido por Gutiérrez Mellado decirle nada al Rey... Así es que a mí me pasó lo del pastor que dice: que viene el lobo, que viene el lobo... y luego que al pastor lo meten en la cárcel». El general Armada, nuevamente en estado puro. Pero, a pesar de sus esfuerzos por no hablar de frente, no puede evitar que se escapen datos significativos.

Como se ha dicho antes, esta conversación debió de ser tan importante que Armada la llegó a considerar crucial en su defensa durante el juicio que se siguió contra los implicados en el golpe. Eso sí, aunque los demás acusados, que siempre creyeron que habían intervenido en los hechos en nombre del Rey, pasarían meses pidiéndole que contara todo, antes de revelar lo hablado en la Zarzuela, pide por escrito permiso para hacerlo. «Sé que pidió permiso para utilizar la conversación —quien habla es el general Sabino Fernández Campo—, lo que, claro, al Rey le ponía en un compromiso. Y entonces sí intervine yo, en el sentido de darle una solución. Porque yo le dije al Rey: "Si dice usted que sí, quién sabe lo que Armada puede decir. Y si dice que no, no se sabrá lo que puede decir, pero se deduce que hay algo grave que afecta a lo que tiene que decir...". El sí y el no eran tan peligrosos uno como otro. Y fue un momento difícil. Entonces se tomó una decisión intermedia, que fue que un hombre de mucha confianza de Armada, que estaba en la Zarzuela, Pablo Montesino-Espartero, duque de la Victoria, hijo del que había sido capitán general de Cataluña, fue a ver personalmente a Armada y le dijo: "Mira, el Rey dice —esto verbalmente, sin que hubiera nada por escrito— el Rey no te puede decir que sí, sin saber qué vas a decir, ni decirte que no, porque entonces parece que estás ocultando algo que no se puede saber". Y ahí Alfonso Armada aceptó, pero no se le contestó nunca por escrito. En definitiva, no se lo dijo desde Zarzuela nunca, pero le debió de llegar la impresión de que no podía hablar. Lo que yo no sé es qué era aquello que quería contar..., no tengo ni idea. ¿Qué relación mantenía Montesino con Armada? Mucha. A Zarzuela le había llevado Armada, igual que a Valenzuela, hijo de un teniente general... Estaban ellos desde el principio allí destinados, como militares, y tenían por tanto mucha confianza con Armada.»

Tres días más tarde, el 16 de febrero, el general Armada recibe al coronel Diego Ibáñez en su despacho. Le pregunté por este encuentro: «Ibáñez vino a Madrid para un asunto de la Capitanía de Valencia. Me saludó, pero no recuerdo nada importante en esa conversación». El general Armada, por tanto, reconoce que se ha visto con la mano derecha del general Milans ¡tres veces en menos de un mes!, dos en Lérida siguiendo las reuniones de la calle General Cabrera, y una en Madrid, a los pocos días de su toma de posesión como segundo JEME, pero en cada caso resta toda importancia a sus charlas.

Al teniente coronel lo «empuja» un etarra muerto

Es de suponer que ajenos a lo que está sucediendo, los jefes de los partidos políticos «negocian» la presidencia de Calvo Sotelo. El Rey, el día 10 de febrero, ha presentado en el Congreso la propuesta de Leopoldo Calvo Sotelo, tal y como se la ha transmitido Suárez. Fraga, en sus memorias, no se ha recatado en contar que «Alfonso Osorio me dice que esta vez la Corona controla el proceso; que no se dejará presionar; que no le entusiasma el candidato». En cualquier caso, al menos de momento, no hay espacio para experimentos, aunque alguien muy fiable me diría que Calvo Sotelo, durante estas semanas previas a la moción de investidura que debía pasar en el Congreso, recibe varias invitaciones a formar un gobierno de concentración y que «él llega a aceptarlo: pasados unos meses, él mismo daría paso a esa solución». No he podido confirmar que se tratara de algo más que uno de los muchos rumores que llenaban los enloquecidos mentideros políticos en aquellos días.

Martín Villa y Pérez-Llorca son los que, en nombre de UCD, se están viendo con los posibles apoyos al nuevo gobierno para lograr que Calvo Sotelo resulte elegido con mayoría absoluta en primera ronda. Pero no progresan en sus esfuerzos. Fraga insiste en pedir una estrecha colaboración, incluso listas conjuntas en algún lugar como Galicia, a cambio de su apoyo. Algunos banqueros y financieros, se cita a Emilio Botín y Alfonso Escámez, por petición de los centristas presionan al líder de Alianza Popular, pero Fraga les responde que podría vender su voto, pero no regalarlo.[6] Osorio, Areilza y Senillosa, también diputados de CD, se suman, sin embargo, a la campaña de votar a favor de Calvo Sotelo. También «negocia» UCD con Minoría Catalana, por medio de Miguel Roca, su portavoz en el Congreso, pero éste también exige «compensaciones» a su voto favorable. A éstos, quienes los presionan son los dirigentes de la patronal catalana, Fomento del Trabajo, integrados en la CEOE. Pero el resultado es el mismo: un educado no.

Mientras, las exhibiciones de total falta de sintonía que lleva dando UCD desde 1979 viven un último y explosivo momento. Lo curioso es que quizá sea este último ejemplo el que ofrezca a quienes lo buscan, la energía necesaria para poner en marcha el golpe.

El 4 de febrero, la policía se ha marcado un gran tanto con la detención de un importante miembro de ETA, Joseba Arregui. Tras la detención, el terrorista es sometido a un interrogatorio brutal que acaba con él ingresado en el hospital penitenciario de Carabanchel. El 13 de febrero muere. El ministro de Justicia, Fernández Ordóñez, que no quiere que le involucren en el escándalo, ordena que el cadáver sea trasladado de la prisión de Carabanchel, responsabilidad de su ministerio, a una dependencia policial, responsabilidad de Interior, que dirige Juan José Rosón. En el consejo de ministros de ese día los dos ministros sostienen un enfrentamiento durísimo por dirimir quién asume

6. Joaquín Prieto y José Luis Barbería, *op. cit.*, pág. 131.

lo sucedido. Fernández Ordóñez se lleva las críticas de sus compañeros, pero cuando el PSOE exige una comparecencia parlamentaria para conocer lo sucedido, es Rosón el que tiene que salir a lidiar el problema. El debate, que encima fue televisado, dinamitó por completo la poca imagen que quedaba de UCD en la calle... Y aún más en los cuarteles y las dependencias de la Guardia Civil y la Policía, donde ver a dos ministros acusándose entre sí y, de rebote, desautorizando a sus mandos provoca reacciones furibundas. Una es muy pública. La cúpula policial, empezando por el director general, José Manuel Blanco; el comisario general de Información, Manuel Ballesteros, y el secretario general, José Luis Fernández Dopico, dimite en pleno. Pero en otro lugar la reacción es menos pública, aunque no será menos trascendente...

El teniente coronel Tejero, desde la, para él, frustrante segunda reunión celebrada en la calle General Cabrera, anda vagando a la búsqueda de una chispa que vuelva a encender su operación de asalto al Congreso. La decisión de Milans de «congelar» todo hasta nuevo aviso le ha producido un enfado que disimula como puede. Mientras, sigue sin destino, pasea por las dependencias de la Guardia Civil y habla con todo el que quiere oírle. Sus antiguos capitanes, los que han servido con él en el País Vasco, a mediados de febrero organizan una cena. La excusa es el regreso desde «el Norte» de uno de ellos, Gil Sánchez-Valiente. Alguien a quien se lo han contado los capitanes me lo cuenta a mí: «El capitán Vicente Gómez Iglesias [destinado en el CESID] reúne con este motivo a los que han estado destinados allí, han compartido experiencias tremendas, y se han hecho íntimos amigos. Invitan, por supuesto, a Tejero a que se una a ellos. Por Tejero sienten todos devoción. Pero ésta es una cena normalita, ya digo, tan sólo una especie de reencuentro, sin ninguna finalidad de ningún tipo. Pero claro, cuando llevan hablando unos minutos sale a relucir el tema de la situación política, lo mal que está todo y el teniente coronel, que yo creo que lo hace ya casi sin pensar, los sondea... Incluso hablan de Armada y Milans y de que podía andar pretendiendo montar un gobierno... En fin, hablan. Pero ¿se habla de algo concreto? No. Lo cual era algo coherente teniendo en cuenta la situación en la que en ese momento se hallan. En fin, no vuelve a pasar nada hasta que, días después, Tejero, que anda cada vez más inquieto, convoca a una nueva reunión a los capitanes. Están presentes más o menos los mismos. Y aquí sí, en esta reunión Tejero les recuerda a los que lo saben, y a los demás se lo cuenta, su plan de asalto al Congreso y les dice que se acerca el momento oportuno para ponerlo en práctica: la votación de investidura de Calvo Sotelo».

Durante la vista del juicio del 23-F, Antonio Tejero explica, indirectamente, por qué ese momento le parece especialmente conveniente: «... Había estudiado antecedentes de la guerra del treinta y seis —declara el teniente coronel al fiscal— y siempre había sacado la opinión de que si no están retenidas en algún movimiento las Altas Magistraturas de la Nación, puede dar lugar a una guerra civil. Por lo tanto era mi preocupación el que si ocurriera esto, yo pudiera ofrecer un hecho, en el cual pudiéramos tener a las Altas Magistraturas de la Nación bajo control». ¿Podía haber ocasión más parecida a la que él buscaba que ésta, en la que tanto el poder ejecutivo como el legislativo estaría juntos, en su totalidad, en un solo sitio?

Me siguen contando la reunión de Tejero y sus capitanes: «Entonces, después de decirles que el momento es el más adecuado, les pide apoyo. Necesita fuerzas. Uno de los capitanes, que tiene la cabeza un poco más fría, se tienta la ropa y le pregunta sobre "los de caqui": "Nos seguirán cuando nos movamos", dice Tejero. No le gusta mucho la respuesta al capitán y vuelve a preguntar: "¿Y Milans y los generales qué van a hacer?". Tejero, que aún está frustrado por lo sucedido en la segunda reunión de Cabrera, les dice: "Con ésos, mejor es no contar, porque son todos unos calzonazos monárquicos y no harán sino lo que el Rey quiera". Los capitanes le dicen que ellos solos no pueden sacar adelante una operación como ésa. Y así se van. Tejero se queda sin fuerzas para realizar su obsesión. Pero entonces pasa lo de Arregui. Los guardias civiles, que están hartos de que los maten a manos llenas, se enfurecen viendo en televisión aquella vergüenza de pelea entre la gente del mismo gobierno, y es cuando un capitán, que se lo encuentra en el bar de la propia Dirección General, o en Automóviles, no sé exactamente, se le acerca y le dice: "Mi teniente coronel, ¿aquello aún está en marcha?". Es justo lo que necesita Tejero, un mínimo apoyo. Es entonces cuando se desencadena todo».

13

El teniente coronel Tejero cumple su viejo sueño

Cuando Tejero encontró a Cortina

Tejero, de repente, ya tiene alguien que le sigue. El incidente en el Congreso por el tema Arregui ha enfadado realmente a alguno de «sus» capitanes, que está dispuesto a escucharle. Es el mínimo que él necesita..., al menos para comenzar. Pero se ha producido además otro hecho. El 18 de febrero, al cumplirse el mes de plazo que él ha querido entender que se puso en la primera reunión en General Cabrera, Tejero entra en contacto con Valencia a través de su enlace, el general Dueñas. Éste, tras hablar con el coronel Diego Ibáñez, la mano derecha de Milans, vuelve a Tejero: «... me dice el enlace —palabras de Tejero en el juicio, en el que no puede citar a Dueñas, no procesado— que hay que esperar acontecimientos [...] lo mejor es que todo pueda estar preparado para el 23». Él, entiende por tanto, que tiene que estar preparado para el 23, por si... El cumplimiento de su viejo sueño se acerca y ahora no puede fallar él. Para ese día ya sabe que cuenta con algún capitán que le escucha, pero aún precisa algo más; precisa asegurarse medios...

Entre la mayor parte de quienes asistieron a la vista del juicio del 23-F quedó clara una sensación: Tejero ocultaba quizá algunas cosas, pero no mentía en lo que decía. Quizá fuera el único que no lo hizo de los principales inculpados. Aún ahora, treinta años después, las personas con las que he hablado, militares y civiles, a menudo me lo han repetido: «el que no miente es Tejero». También es cierto que es el único que no ha hablado nunca después de aquello. Y por eso es por lo que para saber de sus pasos hay que acudir, lo he tenido que hacer, a las actas del juicio. Es en ellas donde se lee que el teniente coronel dice: «como yo no tenía ni idea de dónde iba a obtener —si llegaba el caso— la fuerza necesaria para la operación, pues podía venir de muchos sitios [busco] coches con radio teléfono —de distinta frecuencia que la que utiliza la Policía y la Guardia Civil, para no ser interceptados— que se pusieran a la cabeza de posibles pequeñas columnas y, ya en el camino, telefonearnos para reunirse en la plaza de Neptuno a la misma hora para entrar por sorpresa en el Congreso». Ya había hecho la gestión para asegurarse esto semanas antes. Pero quiere confirmar que este punto sigue en pie y es entonces cuando vuelve a llamar a uno de «sus» capitanes, el que está en el CESID, el que se había comprometido a ayudarle a resolver su problema con vehículos del Centro de espionaje. Telefonea el teniente coronel a su antiguo subordinado y se ven —«creo que el 19 o el 20»—. Van a cenar. Y Gómez Iglesias le acaba por hacer a su superior una confesión. «Tomamos algo por ahí —sigue Tejero—, y, como siempre, salió la conversación de la operación, de la congelación, de que había ahora una ocasión estupenda para que el Congreso estuviera completo y entonces, sin venir a cuento, [Gómez Iglesias] me habló de ciertas complicaciones que habían surgido con su comandante, que era mejor que contáramos con éste, que ya le había dicho algo; total, que terminó por decirme que lo sabía todo el comandante y que lo mejor sería...»

El comandante Cortina, el jefe de la Agrupación Operativa lo sabía todo y Gómez Iglesias le proponía a su antiguo jefe en la Guardia Civil ir a verle.

Aunque eran ya pasadas las doce de la noche, desde cabinas llaman a José Luis Cortina, que acepta verlos. Gómez Iglesias lleva a Tejero, asegurándose de que no los siguen —«creo que me dio más de una vuelta»—, a la casa donde vive el comandante, que los recibe en la calle, en el madrileño parque de Berlín. Intentan ir a alguna cafetería, pero como todas están cerradas, el jefe de la Agrupación Operativa del CESID ofrece, y Tejero acepta, ir a su domicilio. Allí José Luis Cortina, siempre según el teniente coronel de la Guardia Civil, le dice que tiene que hacerse la operación el lunes 23, que lo más seguro es que Calvo Sotelo no logrará ser nombrado en primera vuelta (que se iba a celebrar ese día), le augura una fácil toma del Congreso y le anuncia (son palabras de Tejero en el juicio): «Yo conozco toda la operación porque soy el hombre de confianza de Armada, pertenezco a su "*staff*", se me dice esta palabra, que yo entiendo mejor por plana mayor. Y habla, habla, habla de Decretos ya firmados [...] Le pregunto ¿quién los firma?, "¿Quién va a ser?: el rey"».

En la conversación, el Guardia Civil se muestra a la defensiva, porque Gómez Iglesias, en el camino, le ha prevenido contra la sagacidad de Cortina. Oculta que él carece aún de tropas: «Lo que a mí me interesaba era decir si las cosas estaban ya listas. Pero también [que] la operación la tengo yo completa. Me callo lo de "cazar a lazo los efectivos"... pero entonces dije: "Si esto es ya tan inminente...", es decir, yo todavía no tenía las órdenes pequeñitas, porque el fetén ya sabía yo cuál era la misión, de cómo tengo que entrar, si tengo que decir algo, si tengo que decir algunas palabras...». Y entonces Cortina le interrumpe para satisfacer sus dudas con una solución: «no, no; es que tienes que ver al General Armada». Al teniente coronel aquello no le gusta mucho: «... francamente, yo no me había apuntado con el General Armada. Me lo encontré, y lo admito, como es natural. Me da un poco de resquemor su monarquismo». Así es que Tejero, que cree que quien está al mando de la «reconducción» es Milans, pregunta para entender bien el giro que de repente han tomado las cosas: «¿es que es bicéfala esta operación?». A lo que Cortina contesta: «bicéfala... [...] pero la cabeza de Armada es más gorda que la de Jaime (Milans)».

En otro momento de la vista del juicio, ahora a preguntas

de uno de los abogados defensores, cuenta Tejero otro momento de esta entrevista. Le preguntan por «el Elefante Blanco», ese supuesto militar que debe ir a hablar al Congreso. Dice el abogado: «... me ha parecido ver a lo largo de sus declaraciones que allí le dijeron que cuando se pronunciara una frase del "elefante ya está aquí"...». «Esto fue una divagación —corta Tejero—. No me interesaba a mí. Los mismos socialistas que oyeron la frase del "elefante blanco"... me acuerdo de esto, porque me dijo [el comandante Cortina]: "No te extrañes si en el momento en que entra la Autoridad Militar hay un diputado que se levanta y dice que esto era necesario y tal y cual". Digo yo: "me parece que hasta será Fraga". Y no me dijo nada. Y entonces me dice: "es que los ánimos están de tal manera...". Yo le contesto que "hasta los socialistas oyeron hablar del 'elefante blanco'".»

En este punto hay que resaltar que José Luis Cortina negó la existencia de esta entrevista con Tejero tanto en los careos previos como durante el juicio por el 23-F. El «entorno» del comandante también me la siguió negando veinticinco años después, aunque, y esto no sólo por los hechos posteriores, creo casi sin dudas que tuvo lugar. En una de mis conversaciones con ese «entorno» planteé la posibilidad de que en realidad el comandante Cortina más que «animar» a Tejero, lo que pretendiera fuera, una vez más, «reconducirlo». Esto lo deduzco por los términos de la conversación que horas después mantuvo el teniente coronel con Milans y que se narra más adelante... Se me contesta con una sonrisa y un silencio. Lo cierto es que en el juicio el teniente coronel, que como se verá andaba poco pendiente esos días de sutilezas, como fijarse en decoraciones, hizo descripciones tan vagas del lugar de la entrevista que no se pudo demostrar su celebración; de hecho, el comandante Cortina fue, como se ha repetido antes, absuelto en la vista.

Cuando ya de madrugada sale de la casa de los padres del jefe de espías, pero también «hombre del staff de Armada», José Luis Cortina, el teniente coronel Tejero lo hace confuso. Ya tiene, como deseaba, confirmada la fecha para actuar, el día 23, pero ha aparecido un personaje cuyo papel en la Operación desconocía, Cortina, y le han hablado de que Armada es «la cabeza más gorda», y que tiene que hablar con él para, más o menos, actuar a sus órdenes. Hay cosas nuevas que le hacen desconfiar. El sábado, a la hora de comer, tiene ocasión de aclarar algunas de sus dudas. Está citado con el general Iniesta Cano y con el sindicalista García Carrés, que acaba de regresar de Valencia, donde se ha visto con los ayudantes de Milans. Tejero se sincera y les cuenta que tiene una cita con Armada para esa tarde y que hay un comandante, un tal Cortina, que «le está empujando» para actuar el lunes. García Carrés llama al coronel Diego Ibáñez y éste pide que vuelvan a telefonearle unas horas más tarde para darle tiempo a hablar con el capitán general de Valencia. A la hora acordada, llaman de nuevo. Tejero es ahora quien habla con Ibáñez primero y con el propio Milans después.

Entre una y otra llamada, Milans ha hablado con Armada, lo cuenta en el juicio, para preguntar por el comandante José Luis Cortina; quiere saber si es de la confianza de Armada y le pregunta a su compañero si es el que va a ponerle en contacto con Tejero esa misma noche. Armada asiente.

Cuando habla con Tejero, Milans, lejos de animarle, intenta en un primer momento «reconducirle». Lo cuenta así en la vista, a pregunta del fiscal: «Mi conversación con Tejero fue cortísima: "entonces, mi general, se hace [dice el guardia civil]"... "Pero no te das cuenta [responde el general] de que se están poniendo peones... Tenemos ya dos peones, que ya se ha puesto un peón, me refiero que es Armada [por su nombramiento de segundo JEME, el otro es la dimisión de Suárez], que hay que poner muchos más..."». El teniente coronel, que no quiere perder la ocasión, hace entonces con Milans como antes con Cortina, juega de farol: «ya lo tengo todo listo», dice, y añade que es tarde para detener las cosas, porque no tendría forma, siendo sábado, de desconvocar a sus capitanes... En realidad está muy lejos de tener «atado» eso que dice que no puede parar. Milans, que lo desconoce, acepta entonces los hechos, y echa mano del casticismo para despedirse del teniente coronel: «suerte, vista y al toro».

«Tú entras en nombre del Rey», me dice

A través de Gómez Iglesias, «su» antiguo capitán, que ahora lo es de Cortina, Tejero confirma que para la cita con Armada debe estar a las ocho de la noche en el hotel Cuzco. Pero en el último momento, por lo que se ve lo suyo no son los vehículos motorizados, a Tejero se le estropea el coche —el lunes 23 no arrancarán los autocares que había comprado para desplazar las tropas con las que asaltar el Congreso—, y tiene que pedir al asalto a su amigo Juan García Carrés que le lleve. Se excusa en que no encuentra tampoco taxis. Quizá simplemente prefiere que alguien le acompañe en ese momento. Cuando llegan al lugar de la cita, Carrés ni siquiera aparca. «Me habían dicho, estrictamente solo», explica Tejero en el juicio. Las reuniones de Armada siguen siendo entrevistas de uno en uno. Tejero se da cuenta de que hay una decena de guardias civiles vigilando: «aunque se vistan de paisano los conozco», asegura. Posiblemente se trata de agentes de la SEA, la unidad especial del CESID que dirige García Almenta. Justo antes de entrar en el hotel, el comandante Cortina sale, y lo lleva a una oficina de la cercana calle Pintor Juan Gris. Otra vez el teniente coronel, a pesar de su profesión, demuestra ser un hombre que se fija poco en los detalles y es incapaz de dar el número «sé que era el 3 o el 5» del portal, ni descripciones precisas cuando se le piden en el juicio. «Entramos en el ascensor y, creo, oprime el piso tercero. Bajamos, nos enfrentamos con una puerta; no llegamos a llamar, porque se abrió desde dentro.» Pasan, el teniente coronel cree escuchar «el teclear de máquinas» y sale el general Armada: «creo que iba vestido de gris»; el comandante Cortina los presenta, los conduce a una salita y se va. Armada le pregunta «"si tenía dispuesta la cosa y tal". "Sí mi general, estoy dispuesto para entrar el lunes", creo que le dije». El general le habla de la importancia de tomar el Congreso a una hora precisa y «me dice: "Esto es una operación nacional que respalda S.M. el Rey, para robustecer la monarquía, porque está dañada; si esto diese un cambio entraría el marxismo [...] Tú entras en nombre del Rey", me dice [...] tú entras en nombre del Rey, por la Corona y la democracia, la democracia es muy importante y esto se me repite»... En este punto Tejero recuerda, y declara, que se le ha dicho que la Santa Sede y Estados Unidos (véase capítulo 11) están al tanto de la operación. Para acabar su conversación con Armada, Tejero pregunta: «Mi general, ¿más órdenes?», a lo que Armada responde: «"las de orden táctico le corresponden al teniente general Milans, a mí nada más que cosas enormemente importantes". "Y si ocurren, mi general, ¿dónde le puedo encontrar?" [...] "Bueno, como el Rey es voluble, aunque respalda esto, yo prefiero estar a su lado en la Zarzuela. Desde las 18 horas —creo que me dice— estaré en la Zarzuela sujetándole"». El general también le pide que tome todas las medidas para asegurarse de que la operación es incruenta.

Como he advertido, el general Armada niega la existencia de esta entrevista. En una de nuestras conversaciones (ésta la grabé porque se celebró en una cafetería) hablamos el general y yo sobre este punto:

—Si Milans no quiere el golpe, y usted no ha tenido esa reunión con él... ¿por qué Tejero lo hace? —le pregunto.

—¿Quién le empuja a él a hacerlo? —Me responde con una pregunta retórica que él mismo pasa a responder—: Ésa es una clave que no ha desvelado nadie, ni yo tampoco... Pero ¿de dónde sacó el dinero para comprar los autobuses?

—¿Esa misma gente es la que le empuja?

Y él concluye:

—¡Claro, le empujan los azules![1]

1. Los nostálgicos del franquismo. Como se ha dicho, Tejero se veía con el general Iniesta Cano, Carrés, el general Dueñas, José Antonio Girón...

Cuando una de las veces me pidió un cuestionario incluí, por supuesto, una pregunta sobre este encuentro. Él me contestó, de una manera muy a lo Armada, dando vueltas: «No quiero repetir algo que comenté muchas veces y que nadie cree. El 21, sábado, yo estuve con Juan Vigón [un general, viejo compañero de Armada] y por esta razón lo recusaron y no pudo ser vocal del Tribunal Juzgador. Me molesta [el subrayado es suyo] que vuelvan a insistir creyendo sólo a la parte contraria. ¿Quién impulsó entonces a Tejero a dar el golpe? Yo no acuso a nadie. Tejero es el que debe decirlo. Además, no lo sé a ciencia cierta. Sólo digo: yo no organicé nada. Yo no deseaba el golpe en absoluto. Yo no colaboré en nada con los rebeldes. Lo dije con una nota el 25 [de febrero] y no la publicaron. El juicio en lo que se refiere a mi persona "fue político e irregular" y sin pruebas me condenaron».

Tengo razones, como se verá más adelante, para creer que esta entrevista, como la que sostuvo el teniente coronel Tejero con Cortina, se produjo en realidad. Adelantaré una de ellas. Hablando con el ya citado notario, fundador de GODSA, fundador y, en determinado momento, presidente de Alianza Popular, Félix Pastor Ridruejo, casi por casualidad salió el tema de la reunión Armada-Tejero en Juan Gris. Yo había oído que allí había una sede de GODSA. Le pregunté por ello. Estaba equivocado. «No, en Juan Gris 5 el que tenía un piso era yo. Se lo tenía alquilado a Carlos Argos [abogado, y como se ha dicho, otro de los fundadores de GODSA, como José Luis Cortina]... Después de aquello le cogí tanta manía al piso que no lo quise y acabé por vendérselo: "Este piso para vosotros, ¡yo no lo quiero!". Se lo vendí baratísimo.» Hablé después sobre esto con Carlos Argos, que extraordinariamente amable y locuaz, me contó durante unas horas sus andanzas junto a Fraga. Me negó haber dejado la oficina para el encuentro y que las acusaciones en este sentido le habían llegado a costar un amago de infarto. ¿No sería una excepcional casualidad que Antonio Tejero, a la hora de inventar una dirección, fuera a dar con una calle y un portal en el que había un piso que podía relacionarse fácilmente con quien él dice que organizó esta entrevista?

También negará Alfonso Armada algunas de las llamadas que a lo largo del fin de semana se producen entre él y Milans. Éste es uno de los puntos más oscuros sobre estos instantes de los preparativos del golpe. Resumiré que Alfonso Armada tan sólo me reconoce que «admito que hablé con él varias veces y sólo recuerdo la frase: "Los arrendatarios de un campo de tiro en Albacete —Chinchilla— están intranquilos". Lo tomé en sentido literal y pedí el expediente a la 3.ª Sección del Estado Mayor. En cuanto al día 22, creo que el domingo, después de misa, pasé por el Cuartel General y puede que habláramos Milans y yo, pero de cosas poco trascendentes, porque no las recuerdo. Pero el domingo por la tarde tengo la casi seguridad de que no fui, por lo tanto no pude hablar con nadie...». Algunos de los que han escrito sobre el 23-F incluso especulan con la posibilidad de que se falsearan estas conversaciones entre los dos generales, suplantándoles por impostores, y como forma de forzar su participación en el golpe, ya que se muestran dubitativos. Cuesta trabajo, francamente, creer que dos hombres que se conocían desde hacía cuatro décadas, y que estaban lejos de chochear, pudieran no darse cuenta de si hablaban o no con su viejo amigo. En cualquier caso, y dadas tantas «dudas» sobre estas llamadas es mejor ir a los hechos concretos.

Después de hablar el sábado por teléfono con Armada y con Tejero, y haberse comprometido con la contundente frase «suerte, vista y al toro», Milans se pone manos a la obra. El punto primero que debe asegurarse es la participación el lunes de la División Acorazada. Para ello pide a su ayudante, Pedro Mas, que a primera hora llame al día siguiente, domingo, a Madrid, a casa del comandante Pardo Zancada. Aunque ordena que le avise antes de salir de Madrid, lo cierto es que extrañamente, el general prefiere llamar a Pardo que a quien es el jefe de Estado

Mayor de la División, José Ignacio San Martín, que no sólo es quien está «moviendo a los coroneles», sino que a través del general Torres Rojas dio su consentimiento a participar en el golpe. Un dato que conoce Milans. Pregunté sobre esto al propio San Martín: «A mí concretamente, me llama Milans en lugar de llamar a Pardo, me llama y me dice "vamos a hacer lo del Congreso, San Martín, y queremos la colaboración de la División Acorazada", y le digo a Milans: "pues así no" ¿Que quizá por eso no me llamó? No lo sé. Pero lo cierto es que Pardo bebía los vientos por Milans, y yo no».

El comandante Pardo, en efecto, después de anunciarle a su superior lo que va a hacer, y de que éste le pida que cuando regrese, sea la hora que sea, le ponga al tanto de lo que se haya hablado, se desplaza a Valencia.[2] Cuando llega, y durante más de una hora, ante la presencia del general y sus dos ayudantes, Ibáñez y Mas, se le pone al corriente de lo que se ha preparado y de los detalles fundamentales: se le especifica que el Rey está conforme, el papel que se espera que cumpla la División Acorazada, se le anuncia que el general Torres Rojas viajará desde La Coruña para hacerse cargo de ella, se le informa de la presencia de Armada y Cortina en la operación —la del comandante del CESID, al que conoce, no le gusta—, y se le pide algo más, algo bastante peculiar: que asista a una conversación telefónica que va a haber entre el general Milans y el general Armada. Para eso, aunque el comandante Pardo quiere regresar a Madrid lo antes posible, se trasladan todos a una oficina de un hijo del coronel Ibáñez. A las cinco, como está previsto, suena el teléfono. Es Armada y, para que los presentes puedan enterarse, el capitán general de Valencia habla repitiendo todo lo que le dicen al otro lado del aparato. Añade Pardo: «De las preguntas y respuestas que daba el general Milans pude confirmar, sin lugar a dudas, que al otro lado del hilo estaba el general Armada y, desde luego, conocía a Milans lo bas-

2. Datos tomados de conversaciones personales con Ricardo Pardo Zancada y de su libro *23-F, la pieza que falta*, Plaza y Janés, Barcelona, 1998, págs. 219-224.

tante como para poder descartar tajantemente la posibilidad de una simulación por su parte». En esa conversación Milans preguntará a Armada si « ha hablado con el número uno» (se refiere al Rey) y si José María (se refiere a Sáenz de Tejada, JEM de la I Región) ha sido ya informado, a lo que Armada responde que le verá al día siguiente en los actos de celebración previstos en la Brigada Paracaidista. El comandante Pardo piensa que al hacerle asistir a aquella conversación Milans «trataba de darme un testimonio de la veracidad de cuanto me había contado».

El comandante Pardo regresa después a Madrid y llama, como había acordado, a su jefe inmediato superior, San Martín. Se citan en casa del coronel, a quien las palabras que le expone el comandante no le gustan: «Lo primero que hice fue levantarme bruscamente y decir: esto es una barbaridad. Esto es una barbaridad. ¿Y no se puede parar? Y me dice [Pardo]: "Mis comunicaciones están cortadas". Por lo menos esto es lo que yo le entendí a él. Luego en su libro, yo he querido aclarar algunas cosas y no se han aclarado. Porque claro, cada uno vemos desde nuestro punto de vista y no hay forma de ponernos de acuerdo. La idea mía era haber llamado a Ibáñez, y haberle dicho a Ibáñez, con el cual yo ya estaba en contacto, "esto hay que detenerlo"».

SE COMPARTEN TEMORES, SE GRABAN BANDEJAS, SE BUSCAN GUARDIAS...

El día 23, por la mañana, casi toda la cúpula del ejército destinado en Madrid tiene cita en un mismo lugar. La Brigada Paracaidista celebra el aniversario de su creación en su cuartel general en Alcalá de Henares y allí acuden todos. El general Armada, desde luego, está entre los invitados. También lo está, claro, el jefe de Estado Mayor de la Región de Madrid, el general Sáenz de Tejada. Éste se acerca al segundo JEME, con el que quiere hablar desde que el día 10 anterior tuviera una conversación con Milans. Alfonso Armada, que reconoce haber hablado esa mañana con Sáenz de Tejada, de nuevo no recuerda los términos de la conversación, pero el jefe de Estado Mayor de Madrid asegura que su charla se desarrolla así: «... me acerqué a Armada para comentarle el deseo que me había expuesto Milans de que le gustaría apoyar a Sáez Larumbe para ocupar el mando de la División Maestrazgo en Valencia, que pronto quedaría vacante... "Me ha pedido Milans que te diga esto." "¿Le has visto?", me pregunta Armada. Y le digo: "Sí, el pasado día 10. Me ha llamado a su casa". Y le conté nuestra conversación y cómo me había dicho que quiere un Rey con más poderes. Y que cuando yo le dije: "Mi general, creo que el Rey ni puede hacerlo por la Constitución, ni, sobre todo, quiere hacerlo", él me dijo: "Pues habla con Alfonso Armada". Y Armada me respondió: "Eso no es así, no es así". Y ahí se quedó la conversación. Después de esta conversación mía con Armada, en un grupo ya con varios generales, Alfonso Armada expuso sus preocupaciones por lo que podía hacer Milans esa tarde. Eso dijo: "me preocupa lo que puede hacer Milans esta tarde". Nadie le preguntó nada. Imagino que todos dedujimos que quizá fuera a hacer una declaración en prensa, o algún acto llamativo, pero no, desde luego, lo que pasó la tarde del 23-F».

Pero aún da otra prueba el general Armada de que está perfectamente informado de lo que puede suceder esa tarde. A uno de los presentes, el general Sáez Larumbe, que a espera de destino está adscrito al Cuartel General, y por si éste está pensando en irse a su casa esa tarde a la hora habitual, las cinco, le confía también sus temores, y le da una orden: «Esta tarde hacia las seis, estate en el despacho, porque podría necesitarte».

Otro punto donde esa mañana se conoce ya lo que se está preparando para la tarde es en la División Acorazada. El comandante Pardo Zancada trabaja frenéticamente para cumplir con su compromiso adquirido el día antes en Valencia. Para empezar intenta contactar con el general Torres Rojas, que según le han dicho, va a «retomar» el mando de la división. Le llama a su domicilio en Madrid, pero no le encuentra. Se pone nervioso y llama al coronel San Martín, que tiene que irse de viaje a Zaragoza con el general de la División, José Juste, para el desarrollo de unas maniobras. Con él pacta que si Torres Rojas aparece, le hará llegar un mensaje con la frase: «la bandeja está grabada». San Martín, a cambio, le da el teléfono de Torres Rojas en La Coruña. Para su sorpresa, en efecto, después de un par de intentos, Pardo encuentra allí al general. El plan empieza a demostrar lo mal que está cosido: Torres Rojas no sabe que tiene que viajar a Madrid. O no tiene certeza. Mientras Torres Rojas averigua la forma de desplazarse urgentemente, Pardo comienza a buscar apoyos entre sus compañeros del Estado Mayor de la División. Un hombre de su confianza, y que siempre se ha mostrado muy a favor de «hacer algo» es el capitán Joaquín Tamarit.[3] Pardo le insinúa poco a poco «sin llegar a descubrir todo el plan», lo que se prepara. A él se confía también para que le haga llegar a San Martín el mensaje «la bandeja está grabada» cuando tiene que ausentarse de la División para acudir a recoger a Torres Rojas a Barajas, ya cerca de las dos de la tarde.

En ese momento, Antonio Tejero anda desesperado en el Parque Automovilístico de la Guardia Civil. Desde las diez de la mañana trajina por allí intentando convencer al coronel jefe del Parque para que le deje conductores, y a los capitanes, para que se sumen a él. Hacia las dos y media, declara, «empieza la cosa a ponerse álgida, cuando veo que viene a despedirse el capitán Abad y que no se me puede ir porque necesito sus fuerzas». Tejero echa mano una y otra vez al argumento de que las fuerzas y

3. Este oficial, Tamarit, será uno de los que más ayuden a Pardo a «preparar» la División Acorazada. Sin embargo, no fue encausado, continuó su carrera, y en el momento que escribo ocupa el importantísimo puesto de segundo JEME. Ironías, el mismo que tenía Armada aquel 23-F.

los vehículos que pide van a actuar en una misión «respaldada por Su Majestad el Rey, y las más altas jerarquías de la nación». En su auxilio, cuando ve la cosa mal, llega Vicente Gómez Iglesias, el capitán de Cortina, que entra en el despacho del coronel. Antes, puesto que está realizando un curso de Tráfico, ha estado reclutando oficiales entre los otros alumnos. Tejero decide utilizar el hecho de la pertenencia de Gómez Iglesias al CESID para vencer las resistencias. Pide que el capitán de la AOME confirme su historia. Gómez Iglesias lo hace. Por fin cambia la situación. Son ya casi las tres.[4]

Poco después de las cuatro de la tarde, en el garaje del recinto, ante los oficiales de la Agrupación presentes, unos los que ha «calentado» Gómez Iglesias, y otros los que ha convocado por radio el capitán Abad, y ante las filas de los guardias formados, el capitán Abad, el coronel Manchado y el teniente coronel Tejero lanzan una arenga en la que vienen a decir que ha llegado el momento de cambiar las cosas y poner fin a los asesinatos de sus compañeros. Piden voluntarios «porque España está hoy en peligro...». Reclutan aún otros oficiales que están en las clases del curso. Comienzan a distribuir a los guardias y suboficiales «voluntarios» por los autobuses. Consiguen así reunir unos trescientos hombres. Éste, formado por miembros del Parque y de la Academia de Tráfico será el principal grupo, y el primero, que llegue al Congreso, pero no el único.

De manera paralela, el capitán Jesús Muñecas, que está al mando del escuadrón de la Comandancia Móvil en Valdemoro, y al que ha llamado Tejero para decirle que ha llegado el momento del que han hablado, reúne a algo más de veinte hombres entre oficiales, suboficiales y guardias. Se suben a un autobús y hacia las cinco y media se ponen en marcha hacia el Congreso. Un coche del CESID, que conduce el cabo Monge, adscrito a la SEA, encuentra a este autobús en un punto de la carretera de Andalucía y

4. En su libro, Ricardo Pardo viene a decir que en realidad los capitanes estaban ya de acuerdo con Tejero, y que si en el juicio hablan de estas «dificultades» del teniente coronel para convencerlos es sólo buscando facilitar su defensa.

lo acompañará en su camino al Congreso. ¿Lo hace porque está coordinando su llegada al Congreso con los otros autocares? ¿O es un encuentro casual que se produce mientras Monge está inmerso en un seguimiento dentro de una operación que se llama «Operación Mister»? El papel del CESID en el golpe se va a tratar más adelante. Lo cierto es que este autobús y sus fuerzas llegan al Congreso cuando sus compañeros ya llevan unos minutos dentro.

En la División Acorazada, Pardo llega con Torres Rojas desde el aeropuerto justo a tiempo de comer. Alrededor de su antiguo, y querido, general, los otros jefes y oficiales se arraciman. Se monta pronto una pequeña tertulia de sobremesa. El comandante Pardo y su inseparable Tamarit se ausentan para convocar a los mandos de los otros regimientos y unidades de la División para que acudan a un encuentro con el antiguo general de todos ellos. En el camino, el capitán confirma al comandante que ha cumplido la misión, que ha localizado a San Martín y que éste y el general Juste están regresando. Para justificar este hecho, San Martín «engaña» a su general diciéndole que algo grave sucede y que deben reincorporarse a sus puestos. Hacia las cinco ya están todos reunidos. El comandante Pardo, entonces, bien que a su pesar, y por indicación de San Martín, «a quien como superior mío, y puesto que sabía tanto como yo, le correspondía haberlo hecho», cuenta a todos los reunidos lo que ha sabido por el general Milans, que un hecho grave se espera que suceda en poco más de una hora en Madrid, para lo que se precisa que la División actúe. Pardo no olvida subrayar que los reyes están al tanto y apoyan la operación y que el general Armada, que controla todo, estará en la Zarzuela a partir de las seis... El coronel San Martín me describió las reacciones de los reunidos: «... y ahí nadie dijo ni que sí, ni que no... Algunos muy tirados para adelante y otros tirándose para atrás. Pero claro, nadie dijo: "es una barbaridad, que se vaya a la mierda Milans", o a Juste, "coge el teléfono y dile a Milans que no"... Yo no lo podía hacer. Porque me había comprometido a colaborar. Aunque fuera un disparate. Aunque sabía que me iba a costar la carrera. Aunque sabía todo. Pero me quedaba una satisfacción: que no me gustaba estar en el ejército tal y como estaba; que no quería ser general de ese ejército y que me honra muchísimo haber estado cinco años y medio detenido en un castillo. Me alegra una barbaridad. Porque por lo menos me he quedado con la conciencia tranquila. Yo participé en una operación que no me gustaba, que estaba mal planteada, peor ejecutada, y sin embargo me sacrifico porque yo creo que algo hay que hacer...». El comandante Pardo da una versión similar sobre el ambiente entre los mandos de la DAC: «... de seriedad, pero no de encogimiento».

El general Juste, que luego dirá que se le hacen insinuaciones de que si se resiste será reducido, lo que niegan tanto San Martín como Pardo Zancada, hace en algún momento ademán de ir a descolgar el teléfono y llamar a su superior, el capitán general de Madrid, Guillermo Quintana, pero no llega a hacerlo cuando su jefe de Estado Mayor, San Martín, le comunica que Quintana «aún no sabe nada» porque el propio Milans le va a avisar. Quienes le conocen dicen de este general que es un hombre de carácter débil. En este episodio, que le costará no ascender a teniente general, al menos no demuestra decisión de mando. Sin más datos que los que le ha dado un comandante de su Estado Mayor, dice a todos los presentes: «Bueno, pues adelante». El coronel San Martín le indica a Pardo Zancada que ponga en marcha la Operación Diana. Corre prisa. Cuanto más tiempo tarden, más posibilidades hay de que alguien se pueda preguntar, por ejemplo, cómo es posible poner en marcha una operación como ésa sin que lo sepa el capitán general de la Región. Según el comandante Pardo, en la Jefatura de Estado Mayor de la División son conscientes de ello, y se trabaja a toda velocidad. A las seis menos veinte el general Juste tiene encima de su mesa las órdenes de operaciones. En los siguientes minutos todos los mandos, que antes han ordenado por teléfono a sus unidades y regimientos que nadie abandone los cuarteles, reciben sus sobres correspondientes. Cada regimiento y cada unidad de la División tienen ya una misión para esa tarde, la mayor parte de ellas, la ocupación de las diferentes zonas cruciales de Madrid.

En Valencia, desde por la mañana la actividad también ha sido frenética. Pero allí todo ha resultado fácil. Entre el general Milans y su segundo JEM han preparado el bando por el que se decretará el estado de excepción en la Región de acuerdo a lo recogido en la Operación Diana, que también aquí es la que va a ser aplicada. Se han buscado dos excusas para ello: un par de informes del CESID que hablan de la posible presencia de un comando de ETA en la Región y de unas amenazas de unos miembros de Comisiones Obreras en el sentido de que de producirse un amago de golpe habría un asalto a los cuarteles por parte de los obreros para hacerse con armas y hacer frente al golpe. A media mañana, todos los mandos de la Capitanía General son convocados por el Estado Mayor a una reunión con el teniente general. Éste les explica lo que va a suceder en Madrid probablemente esa tarde. Les anuncia que ha decretado la alerta roja en la Región y se procede a repartir sobres para todos los mandos con instrucciones de lo que deben hacer.

Hay un mando que se suma algo más tarde. Se trata nada menos de uno de los coroneles que el CESID sospecha que está involucrado en «el golpe de los coroneles» y que acaba de incorporarse a su destino como coronel del Regimiento de Murcia, Armando Marchante. «Cuando llego a la Capitanía General, hacia las once y media, me dirijo al Estado Mayor, a la 1.ª Sección, personal, pero me dicen que está reunido el responsable. El de la Segunda Sección, lo mismo. Veo que la gente anda por los pasillos corriendo. Bueno, me dirijo al despacho de Milans y me encuentro con que en el antedespacho están un juez y un policía... Por fin, hacia las doce y media entro a ver a Milans que me recibe enseñándome el bando por el que declara el estado de guerra y, después, me da un sobre. "Sólo lo tienes que abrir si en Madrid se produce un hecho desencadenante, si no, quémalo. Marchante ¿puedes responder de tu regimiento?" Yo dije que sí, claro. "Este otro sobre —me dice Milans— se lo da al gobernador militar de Murcia, que sabe lo que tiene que hacer. Y si no lo hace, lo destituye." El coronel Ibáñez me cuenta entonces "que sepas que esto es por orden del Rey, la orden la firma el capitán general, pero la da el Rey". Y yo le digo, "¿y eso?". Me cuenta entonces que el Rey ha hablado con Armada en Baqueira en Navidades, que le ha dicho y tal y tal... Lo que no me dice, se excusa diciendo que no puede, es en qué consiste el desencadenante, pero sí que no tendré dudas.» El coronel Marchante sale con la orden de estar de vuelta en su regimiento en Murcia antes de las cinco de la tarde.

Mientras, el general Milans convoca a todos sus generales con mando en plaza a las cinco y media para tomar café. Allí les explica lo que por la mañana ha contado a los mandos de su Estado Mayor y de los regimientos que dependen de él: se esperan graves acontecimientos en Madrid hacia las seis de la tarde; el Rey está al tanto de lo que va a suceder: el general Armada, que estará en la Zarzuela, va a pasar a presidir un gobierno con la presencia de todos los partidos de ámbito nacional...

¿DÓNDE ESTABAN EL 23 DE FEBRERO A LAS SEIS Y VEINTE DE LA TARDE?

El teniente coronel Tejero, tal y como se le ha ordenado, hacia las seis y veinte está entrando en el edificio de las Cortes seguido por los centenares de guardias civiles que se han apretujado en los autobuses. Lleva años soñando hacer aquello, y meses planeándolo. Reduce sin esfuerzo a los atónitos policías que, en teoría, defienden el edificio, y desarman, sin que se produzca el más mínimo incidente, a las docenas de guardaespaldas que en una sala esperan a que acabe la sesión a la que asisten los ministros y parlamentarios que protegen. Como una riada verde incontenible, los guardias penetran en el edificio por todas las puertas. En sólo dos minutos el teniente coronel avanza, pistola en mano, por el pasillo que permite acceder al hemiciclo. Le siguen el capitán Abad y unos cuantos guardias. Se oye a un secretario que está llamando a los diputados para que den su voto. El del socialista Manuel Núñez Encabo, cuyo nombre queda de esta forma inmortalizado, es el que se vocea en ese momento, pero en lugar de escucharse su voto, lo que se oye es una sonora ristra de gritos: «¡Todo el mundo al suelo! ¡Al suelo! ¡Quieto todo el mundo!».

El teniente coronel Tejero, una zancada a cada grito, está en un instante subido a la tribuna. Se gira en ese momento y se descubre solo. Algo realmente chusco ha provocado que la «fila» de guardia civiles se rompa. Uno de los bedeles que están en la puerta del hemiciclo está fumando un cigarrillo. El capitán que sigue a Tejero ha considerado oportuno detenerse a abroncarle por su supuesta falta. Durante unos instantes quienes están dentro piensan que está solo. El general Gutiérrez Mellado se levanta y va hacia el teniente coronel, quiere imponerle su mando. Los guardias civiles han dejado al bedel fumador detrás, y ya están entrando en el hemiciclo, también gritando. Se encuentran a Gutiérrez Mellado que ya está de pie. Se disparan los nervios. Se disparan las metralletas. Los tiros van hacia el techo, son intimidatorios, aunque entre las gradas superiores, en las que se sientan periodistas y público invitado, los disparos se oyen pasar muy cerca... Alguno incluso se incrusta en una barandilla. Instantes más tarde se cortan las retransmisiones de radio y televisión... Quienes han escuchado lo sucedido por la radio con el corazón paralizado no saben, no lo van a saber durante horas, qué ha pasado realmente dentro. ¿Ha habido heridos? ¿Y muertos? Esos disparos, quizá, han cambiado definitivamente muchas cosas. La violencia con la que se ha producido el «hecho desencadenante» haría muy difícil que tranquilamente un «De Gaulle» entrara en la sala dos horas más tarde y ofreciera una salida pactada y «democrática». Como me diría el capitán de la Guardia Civil Gil Sánchez-Valiente, el que pasaría luego a ser conocido como «el hombre del maletín»,[5] y que en esos momentos estaba dentro del Congreso con los asaltantes, la Operación Armada comienza a quebrarse por «un problema de estética, una operación que se suponía palaciega no podía incluir aquellos gritos, aquellos empujones a un hombre, teniente general, ya mayor, al que ni siquiera se derriba y, sobre todo, aquellos disparos... Ésa no era una imagen aceptable para que nadie se prestara a liderarla».

El general Armada, el hombre que no se ha recatado de decir que teme «lo que Milans pueda hacer esa tarde» está despachando con su superior, el teniente general José Gabeiras, cuando a las 6.25 los interrumpe, entrando en el despacho «sin pedir permiso, casi también a gritos», el teniente coronel Aguilar, jefe de la oficina de prensa del JEME. Gabeiras me contó aquel momento echando mano de un cuaderno en el que había volcado sus recuerdos de aquellos días... (Seguramente estos recuerdos estén tamizados por el resultado final de la intentona, pero los hechos, llamadas, horas..., permiten tener una buena idea de lo sucedido): «Sus palabras [de su ayudante Aguilar] fueron, más o menos: "Mi general, hay tiros en el Congreso. No sé lo que sucede". Cogí el teléfono, e inmediatamente llamé al teniente general Quintana, capitán general de la I Región, y le dije: "Guillermo, no sé qué pasa en las Cortes, me dicen que se han oído tiros. Por si acaso alerta a la Brigada Paracaidista, controla a la DAC y a las fuerzas a tus órdenes. Y en especial al grupo de Operaciones Especiales..., que Víctor Lago [que mandaba la Brigada Operativa] se ponga al frente del grupo de operaciones especiales y espere órdenes". Al teniente coronel Aguilar, que estaba escuchando, le ordené que saliera inmediatamente para las Cortes y desde allí me informase con detenimiento. ¿Sa-

5. Se le dio ese sobrenombre porque esa misma noche huyó de España. Supuestamente él llevaba un maletín lleno de documentos —decretos, nombramientos..., etc.—, lo que parece ser falso.

bía yo algo antes?... [Deja de leer.] Bueno, pues eso es lo que decía yo aquí, que no tenía ninguna información de lo que estaba sucediendo. ¿Que si Armada había hablado conmigo días antes y me había advertido de que había gente muy molesta y dispuesta a intervenir? Armada no dijo nunca nada... Ni alusión a que hubiera algo, a que se estaba preparando... nada. El descontento, eso es verdad, era así [hace un gesto con las manos indicando que mucho]. Cuando [Armada] sacaba a relucir alguna cosa de ésas [se refiere a descontento en los cuarteles], no sé cuándo fue, ni puedo colocarlo, yo le contesté: "precisamente por eso te dije que vinieras de segundo jefe". Pero él de hablar de que se estuviera preparando algo, o de que hubiera algo, en la vida dijo nada [vuelve a leer de su cuaderno] "y al mismo tiempo que le decía esto al teniente coronel, que saliera para las Cortes, me llamó el jefe de Estado Mayor de la Brigada Paracaidista, el teniente coronel Alonso Manglano. Terminé comunicándole, como a todo el mundo, que no obedecieran más órdenes que las recibidas directamente de Su Majestad o mías. A las 18.40, me llamó Su Majestad el Rey. Le informo sobre las medidas que había tomado con el capitán general y que a continuación me pondría en contacto directo y sucesivo con los demás capitanes generales" [deja de leer]... Armada estaba aquí escuchándome... "Cuando estaba hablando con Su Majestad, llaman al mismo tiempo —es decir, que era hacia las 18.40— el teniente general Milans desde Valencia, y Campano desde Valladolid. Les comunico a ambos que ya estaba en contacto con el Rey y que pusiesen a las Fuerzas de su Región en alerta procurando producir la menor alarma posible. El general Milans no dijo nada. El teniente general Campano preguntó: '¿Nada más?', a lo que contesté muy secamente: 'Nada más'. Únicamente lo que dije a todos: que las órdenes que se reciban podrán ser tan sólo directas de Su Majestad o mías." [Deja de leer.] Pasa un rato. Me llama desde el Congreso el teniente coronel Aguilar, el tiempo que tardó en llegar desde el Cuartel General a la Carrera de San Jerónimo. [Vuelve a leer.] "Me informó con detalle de lo que sucedía y de la situación de momento. Me dice que estaba allí a su lado el coronel Alcalá Galiano, entonces segundo jefe de la Policía Armada. Le dije que se pusiera al aparato el coronel Alcalá Galiano, y le dije: 'Coronel, yo no tengo ninguna autoridad directa sobre usted, pero estoy en contacto directo con el Rey, y le ruego (así le dije, 'le ruego') que haga lo posible por reducir a Tejero, pero ¡ojo!, sin recurrir a la violencia, pues la reacción podría ser fatal para los miembros de las Cortes...' A las 19.10 llamé al general Milans del Bosch, para informarle con detalle de lo que yo sabía que estaba sucediendo en las Cortes. Le pregunté si había puesto en alerta a la Región y que por otro lado esperase órdenes mías o del Rey. Su única contestación fue que procurase que no les pasara nada a los que están dentro". [Deja de leer.] Yo interpreté eso, como que no les pasara nada a los diputados y los ministros que estaban dentro, no a [Tejero y los suyos]... [Vuelve a leer] "... esta contestación no la relacioné hasta más tarde. Se conoce que mi subconsciente me dijo que 'los de dentro' eran los diputados y el gobierno. Recibo otra llamada (son seguidas, de minuto a minuto), esta vez del capitán general de la VII Región Militar, Campano. Me pide novedades (vamos, que le cuente lo que estaba sucediendo). Le repito lo mismo que la primera vez. Él me dijo que ya había dado las órdenes y que estaban alerta". [Deja de leer.] Ante el cúmulo de llamadas a esa hora, siete teléfonos tenía entonces en la mesa, aparte de los dos teléfonos radio, el general Armada me propuso irse a su despacho de segundo jefe, a fin de facilitar las comunicaciones, a lo que me negué rotundamente ordenándole que no se moviese de mi lado. [Vuelve a leer.] "A las 7.25 me llamó el coronel Aguilar y me dijo que hizo todo lo posible por convencer a Tejero, pero que no fue posible. A las 19.35 hablé con los capitanes generales de la V y IV Regiones militares, teniente general Elícegui, y teniente general Pascual, ambos de mi confianza. Pascual era de la promoción siguiente a la mía, cuando era segundo jefe..." [Sigue leyendo para sí.] Bueno, Elícegui me dice que ha recibido una llamada de Laína. Por de pronto ya cosas anómalas. Laína, al frente de los subsecretarios, llama al capitán general de Zaragoza sin haber hablado conmigo ni consultarme para nada... ¿Que qué me dijeron Elícegui y Pascual cuando hablé con ellos? Nada, Pascual, nada de particular. No me dijeron nada de que los hubiera llamado entonces Milans. Otra aclaración de cosas anómalas: la gente estaba por allí... Por ejemplo [vuelve a leer]. "Cuando Laína me informó del movimiento de tropas en Valencia, no me dijo nada sobre la formación del sustitutivo de gobierno que él encabezaba. De esto me enteré mucho más tarde, cuando me trasladé a la JUJEM..." [Para unos segundos y retoma la lectura de lo que buscaba.] "No bien había cortado la comunicación con Milans, en esa última llamada, me llamó Manuel Fernández Posse (es decir que eran las 19.15 más o menos), capitán general de la Región de La Coruña y me comunicó que le había llamado Milans hacía unos 30 minutos (es decir, que le debía haber llamado hacia las 18.45) diciéndole que se había sublevado y pidiéndole que se uniera a él. Que quiso decírmelo antes, pero las líneas estaban todas ocupadas. Le dije lo que había hablado con los otros capitanes generales, las órdenes que había dado y que repitiese en su Región lo que había ordenado y creía que era procedente. Le di las gracias muy sinceras, y que él era el primero que demostraba una postura clara". [Deja de leer.] El primero de los capitanes generales que demostró una postura clara, así a rajatabla, prescindiendo de Guillermo Quintana, claro, fue Manuel Fernández Posse. [Vuelve al cuaderno.] "Eran ya las ocho menos cuarto cuando llamé a Milans (porque a todas éstas me estaban llamando de la JUJEM y hablando con otros capitanes generales) cuando llamé de nuevo a Milans para decirle que ya estaba enterado de su postura. 'Por lo tanto —le dije— ordena inmediatamente la retirada de las Fuerzas a los cuarteles, anula el bando que lanzaste, que fue toda la información que me dio Laína, y entrega el mando al general Caruana, que era el gobernador militar, que creo que es a quien corresponde.' Dije esto, y colgué, sin esperar contestación de él. E inmediatamente llamé al rey. Informé a Su Majestad de lo que acababa de hacer y le rogué que informase de la destitución de Milans. El Rey ordenó que no me retirase. Llamó a Milans por otro teléfono, y yo a la escucha —es decir hablando por dos teléfonos a la vez— confirmó las órdenes dadas por mí". [Deja de leer.] Y así sigue todo el follón de la noche...»

Jaime Milans está, por tanto, llamando desde su despacho a todos sus compañeros, capitanes generales de las otras Regiones, y pidiéndoles que se unan a él. Como dirá más tarde, espera que al grito de «A mí la legión», todos se iban a sumar. Pero, aunque en alguna Región durante horas se dudará, ya desde el inicio prevalece en todas lo que un general me describía, no sin ironía, así: «Hay un libro muy divertido sobre la preparación de golpes de Estado que explica cómo quien prepare un golpe de Estado tiene que pensar que el 99 % de quienes tengan que intervenir en él van a estar en situación de "espera y vigila"... El 23-F de inmediato entró en vigor ese "espera y vigila", porque si triunfa y me opongo, con la legalidad que mañana va a implantarse me pueden fusilar... Pero si falla y me sumo, a mí me pueden llevar a la cárcel... Entonces se queda todo el mundo congelado a la espera de ver adónde cae la legalidad, si para aquí o para allá...».

A lo largo del tiempo se han contado muchas anécdotas de lo sucedido aquella noche, y que muestra a las claras la «guerra de sentimientos» que se vivía en la cabeza de algunos de aquellos capitanes generales.

El que parecía a ojos de todos como el más «ultra», Ángel Campano, llamó a su auditor de inmediato. Le pidió que estudiara la legalidad del bando de Milans y la posibilidad de publicar uno igual en su Región.

Otro de los grandes amigos del capitán general de Valencia es Pedro Merry Gordon, su compañero de Sevilla. Un general me cuenta que una casualidad dejó a Merry fuera de juego desde primera hora. «Merry tenía un problema, muy conocido, con la bebida. Aquel día le habían pedido que aguantara y él lo estaba haciendo... Pero da la casualidad de que el teniente general Vega, que había sido jefe de Estado Mayor, estaba de paso por Sevilla junto con otro general. Estaban comiendo, y de repente se dan cuenta de que no han dicho al general Merry que están allí... Antes había una costumbre de dar cuenta, resultaba casi una grosería hacia el general gobernador, no saludar aunque fuera por teléfono, cuando se pasaba por una Región. En fin, el general Vega, en aquel momento, dijo al otro: "Vamos a llamar a Merry, que si luego se entera que hemos estado aquí y no le hemos llamado...". Y entonces Vega se levantó un momento, cogió el teléfono: "Merry, mira, que estamos aquí el general tal y yo...", y Merry, muy nervioso, le dijo: "Pero Vega, ¿qué haces tú aquí en Sevilla?...". "Pues que estoy aquí de paso..." "No jodas, no me engañes..." Cuando el general Vega regresó con su compañero de mesa le comentó: "Chico, he encontrado a Merry rarísimo... Suspicaz, preguntándome que qué hacemos aquí..., como si estuviéramos haciendo algo malo...". Merry, que pensó que a estos dos los había mandado Madrid para detenerle, en aquel momento se tomó el primer güisqui y ya entró en barrena...» Lo cierto es que el general Merry aquella tarde no estuvo disponible, y fue el general Manuel Saavedra, que mandaba la División Guzmán el Bueno, N.º 2, quien se hizo cargo de la Región y la mantuvo controlada.

En Zaragoza, el capitán general es Antonio Elícegui, otro de los grandes amigos de Milans. Cuando le llama el Rey al poco de la entrada de Tejero en el Congreso, se pone eufórico al teléfono: «¿Qué, señor, al toro?»... El Rey tiene que calmarle: «No, espera, ya te llamaré más adelante». El freno que le pone el monarca, y que desconoce Milans, irrita al general de Valencia, que le llama: «Pero... Antonio, por qué no habéis sacado la proclama ésa y tal...». Y Elícegui tiene que decirle a su amigo: «Lo siento mucho, pero no puedo hacerlo. Me ha llamado el Rey y me he comprometido con él en no actuar si no es a sus órdenes directas».

«Estas anécdotas —me apunta el general que me las relata— no son concebibles si no están avisados de que esa tarde iban a producirse estos acontecimientos.»

En Baleares también se producen «dudas». Según la narración de lo sucedido que hace el segundo jefe de Estado Mayor, Ricardo Ramos Alcaraz (aunque él mismo es en el ejército conocido como de pensamiento ultra y protagonista de actos de grave indisciplina durante su tiempo de servicio en el Sahara y su relato es puesto en duda), el capitán general se reúne con miembros de la «ultraderecha mallorquina» a lo largo de la tarde, y cuando llega el texto del discurso que va a pronunciar el Rey en televisión, lo lee, pero dice: «a pesar de todo pienso declarar el estado de guerra». Sin embargo, lo que llega a Madrid es un télex de adhesión al Rey con esta firma: «El capitán general —de orden de S.E., el jefe de Estado Mayor—. Por ausencia, el segundo jefe de Estado Mayor».

En fin, el capitán general de Madrid, días después del 23-F, en base a sus diversas conversaciones telefónicas de aquella noche con sus compañeros, realizó un listado de «comportamientos» que no puede ser ignorado. En la nota, publicada en el diario *El País* en 1991, y en la que se incluye a sí mismo, se lee lo siguiente: «1.ª Legal. Lealtad al Rey; 2.ª Gracias a Urrutia. Esperando a los demás para unirse. 3.ª Levantada. 4.ª Comprendida entre 3.ª y 5.ª Difícil. Esperar. En el fondo legal, pero si 5.ª se une, la 4.ª también. 5.ª No hizo más que llamarme para ver qué iba a hacer yo, pues "algo habría que hacer". 6.ª Completamente legal y leal al Rey. 7.ª Con muchas dudas, pues según él "algo más habría que hacer que la Alerta 2". 8.ª En el fondo legal. Si la 6.ª se une, también lo haría. 9.ª Completamente leal. Baleares. Esperando a ver qué pasaba, se uniría a Milans. Canarias. Dudas. Al enterarse del protagonismo de Milans y de que Armada sería presidente del Gobierno, se muestra leal. Pregunta por qué Armada y no otro militar (se refiere a él) en una conversación conmigo». Los capitanes generales, por orden de las Regiones eran: I, Quintana; II, Merry; III, Milans; IV, Pascual Galmes;

V, Elícegui; VI, Polanco; VII, Campano; VIII, Fernández Posse; IX, Delgado; Baleares, De la Torre; Canarias, González del Yerro. Hablé con el hijo del autor de la nota, el general Quintana.[6] Me contó una difícil conversación, desde la residencia privada, de su padre con Milans, con quien mantenía una relación personal muy mala. Inútilmente intentó convencerle de que desistiera y se retirara. También hablamos de los enfrentamientos, por misivas y en llamadas, en ocasiones muy desagradables, que su padre había tenido con muchos de estos capitanes generales a raíz de su disentimiento con la sentencia por la Operación Galaxia, que considera leve, y a la que recurre para enfado de gran parte del ejército. ¿Pudo influir esto en los juicios que después hace el 23-F de sus compañeros? Lo cierto es que el propio Quintana, cuando pocos días después es convocado por el nuevo ministro de Defensa, Alberto Oliart, que quierè felicitarle por su papel, clave, en el fracaso del golpe, retratará muy bien el sentimiento que alberga la mayoría de los generales del momento. «Llamo a Quintana —me cuenta el ex ministro la escena—: "Siéntate, mi general, que quiero hablar contigo". El hombre se me queda de pie firmes, pero firmes...: "y en posición de firmes te tengo que decir primero quién soy yo y lo que pienso y después si quieres yo me siento, pero ministro si tú ordenas... Yo esta medalla la he ganado en la División Azul, fui tantos años jefe de la Casa de Su Excelencia el Generalísimo Franco... Al morir el general Franco me dijo que me pusiera en primer tiempo de saludo delante de su sucesor y siguiera todas sus órdenes, que es lo que he hecho... El Rey me ordenó parar el golpe, y lo paré; si me ordena asaltar las Cortes, lo hago también...".»

Hablé con quien era en ese momento crítico la mano derecha del general Quintana, su jefe de Estado Mayor, general Sáenz de Tejada, sobre el juicio de su superior sobre los otros capitanes generales. ¿Compartía él la misma visión?: «Conocía

6. El capitán general de Madrid Guillermo Quintana moriría asesinado por ETA, en 1984.

bien y siempre admiré a Quintana —me dice—, sus grandes valores militares y humanos, que se pusieron a prueba en circunstancias muy sensibles como "Galaxia" y "23-F", y en efecto, pienso que pudieron influir en esas valoraciones que hizo sobre sus compañeros las reacciones que ellos tuvieron cuando disintió de la sentencia que condenó a Tejero y Sáenz de Ynestrillas. También, hay que tener en cuenta el desconcierto que se produjo en las horas siguientes al asalto del Congreso porque la ignorancia que tenían del golpe los capitanes generales era, en mi opinión, total... Actualmente sobreviven dos de ellos, los tenientes generales González del Yerro, que estaba en Canarias, y De la Torre Pascual, el de Baleares. Yo he hablado muy recientemente con González del Yerro de este asunto y creo que puedo desvelarle algo de lo que me dijo que me parece que tiene interés... Nada más conocer el asalto al Congreso, González del Yerro llamó a S.M. el Rey para ponerse a sus órdenes y comunicarle que la guarnición de Canarias permanecía en sus acuartelamientos con absoluta normalidad... Quintana le llamó más tarde y le pidió que hablase con el general Milans para disuadirle de su actuación, porque, eso le dijo, "eres el único entre nosotros que tiene ascendiente sobre él". González del Yerro entonces le contestó que acababa de llamarle Jaime para decirle "que tiene la situación en su mano en todo el territorio de la Región" y le pregunta qué va a hacer él. El general González del Yerro respondió que también él la tenía, y que para ello le bastaba con tener acuarteladas las tropas. También me dijo, en cuanto al comentario que hace Quintana sobre él y Armada en su nota, que es inexacto porque esa conversación entre ambos había tenido lugar poco tiempo después del asalto al Congreso, desde luego mucho antes de conocerse la implicación del general Armada en cuanto a proponerse como presidente del Gobierno. Y, ésta, según me dijo, fue la única comunicación que se produjo entre los generales Quintana y González del Yerro».

«En realidad pienso —dice el general Sáenz de Tejada— que el sentido de mando y de responsabilidad de los que tienen unidades a sus órdenes habría llevado a cualquiera de los capitanes generales de entonces a detener los movimientos ordenados en la DAC, como lo hizo ejemplarmente el general Quintana e, igualmente, pienso que cualquier JEM de las otras Regiones Militares, en mis circunstancias, habría hecho lo mismo que hice yo.»

El coronel Fuentes Gómez de Salazar, aquella noche del 23 un personaje que, como se verá más adelante, tendría un papel de importancia, relató a la perfección, en un par de frases de su libro *El pacto del capó* lo que sucedía en la mayoría de los centros militares. Él, por su destino en la División de Inteligencia del Estado Mayor, había estado telefoneando a los Estados Mayores de las principales unidades, y después de concluir su ronda de llamadas escribe: «El deseo de hacer algo era unánime, pero monolíticamente se esperaban las decisiones de la jerarquía. En conjunto, el ejército parecía una enorme máquina que había accionado sus motores, tenía en sus puestos a los conductores y esperaba impaciente la orden de arrancar en cualquier dirección que se le indicase».

La División Acorazada Brunete era la pieza clave de toda la operación. En ella, el análisis del coronel Fuentes se cumplió a rajatabla: los motores estaban, literalmente, encendidos, los conductores subidos a los carros y las piezas de artillería, las armas municionadas... Pero la orden que llegó no fue la que esperaban los que habían diseñado la Operación Armada.

A las siete, la mayor parte de las unidades de la Brunete están en los últimos momentos de sus preparativos, pero ninguna ha salido aún a cumplir la misión que se les ha encomendado. Bueno, ninguna no. Hay una, el Regimiento Ligero Acorazado de Caballería Villaviciosa 14, que, quizá haciendo honor a su condición, ha salido raudo y veloz y ya se ha desplegado y tomado su muy «vistoso» objetivo: la sede de Radio Televisión Española en la Casa de Campo. Entonces, una casualidad, o quizá una errónea asunción, va a cambiarlo todo. Los protagonistas son el jefe de Estado Mayor de la División Acorazada, coronel San Martín, y el jefe de Estado Mayor de la Región, general Sáenz de Tejada. Éste cuenta lo sucedido: «... A la vuelta de las celebraciones en la Brigada Paracaidista despacho con el capitán general y hacia las seis y veinte me voy a casa. Pero al pasar por el portón de Capitanía me dice el ayudante del capitán general: "No se vaya, mi general, porque ha habido tiros en el Congreso".

»Vuelvo al despacho rápidamente, voy a ver al capitán general, y veo que le están llamando de todos los lados. Lo que él hace es alertar al Grupo de Operaciones Especiales, a los guerrilleros, porque ya se sabe que han asaltado el Congreso los guardias civiles, y ésa es su primera medida, alertarlos. Me dice: "General, llama a la DAC a ver qué pasa allí". Llamo hacia las siete menos cuarto a San Martín. Me dicen que no está. Debía de estar con el general Juste. Y a las siete menos cinco me devuelve la llamada. Le pregunto: "José Ignacio, ¿hay alguna novedad en la División?". Y me dice: "Pues sí, estamos preparando algunas unidades para ocupar zonas en Madrid". Yo le digo inmediatamente: "¿y esto quién lo ha ordenado?" Y me dice: "pues quien lo puede ordenar, el general jefe de la División". Entonces yo le cuelgo el teléfono y voy corriendo, porque mi despacho estaba bastante lejos del de Quintana y le digo: "mi general, la situación es muy grave porque la División Acorazada está sublevada". Así se lo digo. Porque había tomado unas medidas sin permiso de la autoridad de la Región. El capitán general me dice: "entonces, llama tú a unas unidades, yo llamaré a otros, para que no salgan de los cuarteles". Y bastó una llamada del capitán general o mía a cada una de las unidades, para que se quedaran en los cuarteles. Por razones de rapidez, Quintana llamó a los jefes de las Brigadas, la Mecanizada y la Acorazada, un general y un coronel, que estaba al mando porque no había general. Y yo llamé al jefe del Regimiento que yo había mandado, el Regimiento 11 de Vicálvaro. Directamente a las unidades. Fue una decisión importante porque fue más rápida... El capitán general llama por fin a Juste y le dice: "¿quién te ha dado la orden?". Y él responde: "pues el general Milans". "Pero... ¿y el general Milans como es posible que pueda dar órdenes a tu división?"... Y el otro: "No, pensé que tú lo sabías, y cómo me dijeron que el Rey estaba al tanto...". Tuvimos la suerte, eso fue una suerte, de llegar a tiempo a todos... Porque le puedo decir que el Regimiento de Saboya tenía ya a la tropa montada en los camiones pendientes de que levantasen la barrera del acuartelamiento para salir a ocupar Barajas. Lo único que no pudimos evitar fue la ocupación de TVE y las emisoras de radio, pero pudimos evitar lo más fuerte, que fue que las unidades mecanizadas y acorazadas de la División Acorazada ocupasen Madrid».

Y así, por una asunción del coronel San Martín, que piensa que el general Sáenz de Tejada, hombre que había servido años con Milans y era de su confianza, «estaba metido en el ajo», la División Acorazada no sale. En decenas de conversaciones que he sostenido con el general Sáenz de Tejada, él siempre me ha expresado su convencimiento de que es falso decir que el ejército español era golpista, y me pone como ejemplo la División Acorazada. «Sus mandos, con una sola llamada de sus superiores —me argumenta— se quedaron quietos en sus cuarteles.» «Bien que a su pesar en la mayoría de los casos», le respondo yo. Y él me dice: «Pues aún más mérito; hacen lo que les ordenan, disciplinadamente, aunque sea en contra de su parecer. Que estaban en contra de la situación de terrorismo, de inestabilidad, de ataques a los símbolos de la Patria y de las propias Fuerzas Armadas..., sin duda. Pienso que en justicia, el ejército de 1981 merece que se reconozcan los valores que guiaron su comportamiento desde el fallecimiento del Generalísimo, y particularmente el 23-F. ¿Que es difícil admitir que la División Acorazada fue, en ese sentido, un ejemplo? Es que hay tener en cuenta que se trataba de la Gran Unidad más potente del ejército, desplegada a una hora del centro de Madrid, que había sido mandada por los generales Milans del Bosch y Torres Rojas y que contaba con unos cuadros de mando más sensibilizados que los del resto de España... Y aun así, fue su disciplina, y la profesionalidad de los mandos lo que resultó determinante en su comportamiento. Insisto, bastó el teléfono y muy pocos minutos para reordenar una situación que se había alterado gravemente. Y para que también se cumpliera aquello de que la excepción confirma la regla, afirmo que con un coronel de Caballería [se refiere, como se verá a Valencia Remón] tuvimos que utilizar más tiempo para llegar al mismo resultado. En este episodio, el mayor mérito hay que atribuirlo a los mandos de la División Acorazada; fueron ellos los que, en definitiva, resolvieron una situación que acabó estando en sus manos, cosa que nunca se les ha reconocido». Aunque a regañadientes de su parte, el general Sáenz de Tejada y yo solemos llegar a un acuerdo: «Los militares españoles eran más disciplinados que amantes del sistema político que se había instaurado tras la muerte de Franco».

Sin duda, a partir del momento en que la División Acorazada es «retenida» en sus cuarteles, el golpe entra en una fase de agonía. Los tanques que patrullan por Valencia, sin eco en Madrid, no son sino un trueno en la distancia. Pueden asustar, pero nada más. La Operación Armada se acaba de quedar sin fuerza. Literalmente.

¿Y el propio Armada? Para el general, ésta del 23 de febrero es, sin duda, la noche de los teléfonos. Como hemos visto, cuando Tejero entra con sus guardias civiles en el Congreso, Armada está sentado con su superior, despachando. Para él, al contrario de lo que le ha sucedido al general Gabeiras, no hay sorpresa. Su descripción, la que me hizo a mí, de aquellos momentos, sirve casi tan sólo para conocer mejor al hombre:

—¿La tarde del 23? Yo estaba en el Estado Mayor, con Gabeiras. Está probado. Lo que piensen otros no es cosa mía, sino de ellos. En el juicio, toda la obsesión era involucrar al Rey y el único camino era por mí. Al condenarme a mí, el Tribunal deja entrever que el Rey tenía responsabilidades. He contado ya el cuento del pastor y las ovejas. El pastor decía: ¡¡que viene el lobo!! Y lo repetía. No le hicieron caso. Volví a avisar: ¡Que viene el lobo! El lobo vino y el dueño metió al pastor en la cárcel. El pastor se esperaba, ¡un premio! ¿Con quién hablé? Hablé con todos los capitanes generales menos con Polanco [VI Región]. Yo les decía que calma y que cumplieran con la Operación Diana que era tener las tropas acuarteladas. Que no salieran de los cuarteles. Al Regimiento de Caballería que ocupaban TVE le ordené reintegrarse en el cuartel. Lo que pensaran los capitanes generales es cosa de ellos. ¿Intenté ir a Zarzuela? Hablé con el Rey dos o tres veces. Con Sabino bastantes. Es cierto que dije que si el Rey quería que fuera a Zarzuela... Me ofrecí. Me dijo que no, que ayudase a Gabeiras, y es lo que hice. Con Sabino hablé varias veces. Para ir al Congreso pedí autorización. Para el «Pacto del capó», también. El que sacó a los diputados fui yo. El que evitó algún acto grave fui yo. ¿Que cuántas veces hablé con Milans aquella noche? Varias veces. Recuerdo muy bien que me dijo: «En el Congreso están nerviosos, puede ocurrir algo grave». Esto fue lo que me convenció de ir al Congreso, jugándome la vida. Pero había que terminar aquello y lo terminé. Creo que yo, resolviendo lo del Congreso y Milans metiendo las tropas, fuimos los que resolvimos el problema. Si Milans viene con su División hacia Madrid no se le opone nadie. ¿Por qué Tejero primero, y después Pardo y Tejero quieren hablar sólo conmigo? Hablar conmigo era según ellos «hablar con el Rey». Por lo menos con su interlocutor.

Es éste, sin duda, un resumen interesado y apresurado. Sin embargo, es siguiendo precisamente los pasos del general Armada esa noche como mejor se podrá entender todo lo que pasó.

14

Lo que Tejero da, Tejero quita

La noche de los teléfonos largos

—Es cierto, aquella noche decenas de teléfonos de Madrid se «pincharon» y cientos de llamadas se grabaron. Nunca se había hecho algo así en la historia de España —me dice mi interlocutor, que vivió aquella noche incrédulo, intentando comprender, y con poca capacidad de actuar—. La orden la dio Laína... Porque al estar el gobierno secuestrado se formó un gobierno de secretarios de Estado y subsecretarios a cuyo frente se colocó a Paco Laína, porque era el de Interior. Evidentemente, el que en mejor situación podía estar para hacer frente a aquellos acontecimientos. Y una de las órdenes que dio fue al presidente de Telefónica. Le facilitó un listado de teléfonos, de organismos públicos, de centros civiles y militares, de particulares... y le pidió que los controlara. A través de ellos tenían que comunicarse los golpistas. A través de ellos se conocería la extensión de la sublevación.

—¿Existen entonces aquellas cintas de Laína, las que se dijo que estaban en un banco de Suiza, en una caja fuerte...?

—No sé dónde están, pero existen... Sirvieron, por ejemplo, para demostrar de manera irrevocable que... No sé si ha visto imágenes del momento en que los diputados y la gente del gobierno salían del Congreso, Carrera de San Jerónimo abajo... Muchos, el presidente Suárez incluso, se acercaban al general Armada para darle las gracias. Claro que ellos no lo sabían, pero los que estábamos fuera sí; que en realidad Armada era culpable en buena medida de su situación... Él mismo, sin sospecharlo, había ido dejando huellas de su complicidad en varias cintas donde se recogían sus conversaciones... por ejemplo, con Milans...

Quien pone en marcha aquella red de sombras que irá tendiéndose sobre el general Armada desde los teléfonos es un viejo amigo suyo: el general Juste. Ante la información que le ha dado el comandante Pardo de que Armada estará junto al Rey desde las seis, el general jefe de la Brunete, que no acaba de ver clara la historia a la que se ha dejado llevar de la mano de su Estado Mayor, descuelga y llama a la Zarzuela. ¿O la Zarzuela le llama a él? Como en esta tarde noche del 23-F no hay nada que sea claro, y todo son cruce de declaraciones, quizá demasiadas; lo cierto es que el general Juste y el general Sabino Fernández Campo, ambos insisten en que son ellos quienes han generado la llamada. El secretario general del Rey, en cualquier caso, me da una solución salomónica..., y me cuenta cómo se desarrolla uno de los momentos más conocidos y decisivos de la noche:

«[La noche del 23] cada vez que llamaba Armada [a la Zarzuela], y llamaba muchísimo, alarmaba extraordinariamente:

»—Que no tenéis ni idea..., yo voy ahí y os lo explico.

»—No, explícalo desde allí.

»—Es que no lo sabéis. Esto es dividir al ejército, porque la segunda, la tercera, la sexta...

»Empezaba a citar Regiones que iban a lanzarse. Por parte de Armada todo era de amenaza de grandes acontecimientos... Y el Rey me lo pasaba a mí. Pero a mí no me apetecía que subiera. Se había hecho mucha gestión por parte del Rey para que se le nombrara segundo JEME, y ante una cosa como ésta su puesto era estar al lado del JEME. No pintaba nada en Zarzuela... ¿Que si tenía ya sospechas? No, sospecha aún yo no tenía. Pero tenía también una cosa de amor propio. Él ya no era secretario general. Y yo sí era secretario general. He de reconocer que había ahí un poco de orgullo... Ese señor que está destinado en un destino militar, donde además se puede controlar todo lo que está pasando, y donde le llegan más noticias que a nosotros, ¿a qué ha de venir a ocupar mi puesto aquí? Para mí era denigrante. Ahora, todo cambia cuando ya hablo con Juste [general jefe de la División Acorazada Brunete]. Yo le pregunto, ya con el Congreso ocupado...

»—Oye, ¿cómo está la DAC? ¿Qué pasa..., qué pensáis?

»Juste ya estaba de alguna manera desplazado. Había venido Torres Rojas de La Coruña y estaba allí en la División. En fin, hablamos, pero..., era una conversación rara... Yo le notaba tenso, como si estuviera dando vueltas... Me decía:

»—Pues no sé..., pues tú qué piensas...

»Y ya por fin llega un momento en que me dice:

»—Pero bueno, Sabino, vamos a ver... ¿Ya está ahí Alfonso?

»Yo me quedé sorprendido.

»—No, ¿por qué va a estar aquí? Está en su despacho.

»—Bueno, pero estáis esperándole de un momento a otro...

»—No, no, tampoco. Ni está, ni se le espera.

»Ya sabe que la consigna entre los golpistas era: a partir de las seis está Armada en Zarzuela para que el Rey dirija la cosa ésta...»

Juste pone entonces a Sabino en antecedentes: se ha dicho en la reunión celebrada en la División Acorazada que Armada es quien dirige esa operación y que la hace en nombre del Rey. Esta llamada produce una primera alerta. Sabino Fernández Campo habla con el Rey y le cuenta lo que ha sabido.

Desde Zarzuela llaman al Cuartel General. Quien coge el teléfono es el JEME, general Gabeiras. Pero preguntan por Alfonso Armada. Gabeiras pasa el teléfono. Es el Rey, que quiere hablar con su antiguo tutor, secretario, confidente...

—Alfonso, en la Brunete están invocando tu nombre y el mío... ¿Tú lo has autorizado?

—Yo no, Majestad... es la primera noticia que tengo de ello...

Armada aprovecha el momento para insistir una vez más en que se le deje acudir a la Zarzuela, pero se le vuelve a denegar. Esta vez ya no por razones de orgullo de nadie. Pero tampoco al general Armada ya le preocupa tanto acudir a la Zarzuela. Para esa hora la salida de la División Acorazada ha sido paralizada. El golpe no se desarrolla como estaba previsto. Es hora de buscar otro atajo para alcanzar la misma meta.

Y no tarda mucho en presentársele al general Armada una nueva forma de intentar hacerse con el control de la situación. El teniente general Gabeiras ha sido convocado a una reunión de la JUJEM[1] y él ha quedado al mando del Cuartel General. Las llamadas entre esta oficina y los diversos centros militares, incluidas las Capitanías Generales, son continuas. «Hablé con todos los capitanes generales menos con Polanco (VI Región)», me dirá el propio general Armada. Con él, en la oficina de Gabeiras quedan otros cuantos generales que le ayudan. Han pasado ya las ocho, casi dos horas desde la toma del Congreso, y suena uno de los teléfonos una vez más. Lo toma el segundo JEME. Los que están allí le oyen hablar con alguien a quien llama «Jaime». Es Jaime... Milans. El capitán general de Valencia está nervioso. Quiere saber qué sucede.[2] Tejero ya está en el Congreso. Él tiene sus tanques en la calle y ha promulgado un bando que ha pasado por télex a las demás Capitanías Generales... ¿Y Madrid?

—¿Qué está pasando, Alfonso? —inquiere Milans.

—No sé —responde Armada—, esto es un lío... Pero ¿qué se puede hacer?

1. Junta de Jefes de Estado Mayor de los tres ejércitos, Tierra, Marina y Aire. Además de estos tres jefes de cada uno de los ejércitos, había un cuarto miembro, también teniente general, que la presidía.

2. Información tomada de la declaración del general Jaime Milans que consta en las Actas del juicio del 23-F.

Milans se irrita.

—Pues ¿qué se puede hacer? ¡Lo que se está haciendo!

Milans expone su temor a que pueda pasar algo irremediable en el Congreso y que debe intentarse «algo».

Y Armada da pie a su nueva estrategia...

—Bueno, sí, es que si digo que no se puede producir una masacre... —dice a Milans, pero también lo escuchan los otros generales—. Yo creo que hay que tomar una decisión.

Los dos generales entonces hablan de buscar una salida y «surge» como de la nada la posibilidad de que, para evitar esa masacre, Armada se presente en el Congreso y ofrezca una alternativa a Tejero, un gobierno de concentración, presidido por un militar que podría ser él mismo. Armada da a entender a los generales presentes en el despacho que Milans, aunque él no se cree la persona adecuada, le pide que intente solucionar la situación por este camino.

«Recuerdo muy bien —me contaría a mí el general Armada sobre esta conversación— que [Milans] me dijo: "En el Congreso están nerviosos, puede ocurrir algo grave". Esto fue lo que me convenció de ir al Congreso jugándome la vida. Pues había que terminar con aquello y lo terminé.»

Pero antes de poner en práctica una decisión tan crucial como acudir al Congreso, Alfonso Armada decide llamar a la Zarzuela para pedir permiso. Habla con el Rey. La conversación se vuelve tensa. El monarca llega a un punto de irritación tal que no quiere seguir al teléfono y se lo pasa a su secretario general, Sabino Fernández Campo. Poco después Armada telefonea también a la JUJEM para hablar con su jefe inmediatamente superior, el general Gabeiras, y exponerle la nueva situación. Se produce entonces una tercera conversación, que cierra este triángulo, entre la Zarzuela y Gabeiras, que aún está en la sede de la JUJEM, y que me contó el propio general jefe del Estado Mayor del Ejército: «... sería por la información y las cosas que tenía Sabino, no sé qué es lo que notaron en la Zarzuela, pero la orden que yo recibí fue "que regreses inmediatamente al Cuartel General, porque allí la situación no está nada clara"». ¿Qué ha pasado en este cruce de conversaciones que acaba con esa orden? ¿Cuál ha sido el contenido de la conversación entre Armada y el monarca? El general Sabino, al que alude Gabeiras como la persona que ha «notado» algo, me desvela la parte de la conversación que protagoniza él:

«Lo que me dijo [Armada] fue:

»—Mira, allí va a haber una carnicería. Se va a producir un derramamiento de sangre...

»Lo puso gravísimo. Porque Armada exageró siempre en todo.

»—Eso va a ser terrible. No tenéis idea. La gente está dispuesta a disparar...

»Ya había habido unos disparos [en la toma del Congreso], que habían causado mucha alarma. El caso es que Armada lo puso muy mal, y dijo:

»—Mira una cosa, yo voy allí ahora, en nombre del Rey, me presento en el Congreso, me propongo como presidente y la cosa se soluciona y éstos quedan en libertad... Estoy dispuesto a sacrificar mi carrera militar, si es necesario, por solucionar la situación.

»Y yo le dije:

»—¡Pero hombre! ¿De qué vale que vayas a ofrecerte con unos señores que están bajo los fusiles de la Guardia Civil y con un Tejero pistola en mano...?

»Y entonces me comentó esa frase que nunca olvidaré:

»—¡Es que los socialistas me votan!

»—Pero qué más da que te voten... ¿Qué validez va a tener el voto de un Congreso que está apresado...?

»—Bueno, pues entonces dile al Rey que seréis responsables de la matanza que se pueda hacer.»

La argumentación alarmista de Alfonso Armada consigue eco en la Zarzuela: «Como empezamos a suponer que él sí sabía la misión que tenían allí los guardias nos preguntamos: ¿y si se le dice que no, los ocupantes comienzan a disparar y la matanza que anuncia se produce? Era una responsabilidad terrible».

MILANS BUSCA CRÍTICAS FAVORABLES PARA LA PUESTA EN ESCENA DE ARMADA

Tanto preocupa en palacio el órdago de Armada que nadie se atreve a rechazar por completo su «idea» ni, claro, a asumirla. No, desde luego, sin estudiar las posibles consecuencias de tan importante decisión. Y se piden opiniones. Uno de los miembros del gobierno, uno de aquellos que estaban rehenes de Tejero y cuyas vidas, según Armada, podían estar en peligro, Luis González Seara, ministro de Universidades e Investigación, me confesará un pequeño secreto que prueba esa apertura de «pareceres»: «Sé que desde Zarzuela, hacia las diez de la noche, se llama a Sánchez Agesta, a Carlos Ollero y a un tercer constitucionalista, no recuerdo ahora quién. Lo sé porque me lo cuentan ellos. Los llaman para preguntarles sobre la constitucionalidad de una propuesta como la que quiere plantear Armada al Congreso, o de si hay una vía por la que pueda resultar legal esa salida ante una situación como en la que estamos... La respuesta de los tres, claro, es que se trata de algo completamente ilegal».

Pero la presión por la «amenaza de lo que pudiera ocurrir en el Congreso» no desaparece. Se demuestra una «razón de peso» y empiezan a aparecer gentes que la apoyan. Milans está haciendo una labor de *lobby* en su favor. Llama en la hora siguiente a varios capitanes generales —Merry, Elícegui, Campano, De la Torre Pascual...—.y los conquista para la causa. Tan sólo el capitán general de Canarias, González del Yerro, rival de Milans en muchos aspectos, pone un reparo; en realidad el que, con sentido común, han puesto también en la Zarzuela al propio Armada: ¿qué validez tendría una «solución» tomada por un Congreso que se encuentra rehén? Milans, sin embargo, no llama a la crucial Capitanía General de Madrid. Como se ha explicado, simple y llanamente no se habla con Guillermo Quintana. Busca entonces un puente hacia él, el jefe de Estado Mayor que tuvo en la División Acorazada y que ahora es general jefe de Estado Mayor de la Región, José María Sáenz de Tejada. Él me contaría el contenido de esa..., y de las otras llamadas que a lo largo de la noche recibe de Milans. En realidad un retrato del derrumbe emocional del capitán general de Valencia y del fracaso de la intentona golpista:

«A mí me llama Milans a las nueve y media de la noche del 23-F en persona. Es la primera de las cuatro veces que hablé con él aquella noche. Y me dice: "José María, ¿qué vais a hacer? Porque esto está como está, y yo he tenido que ocupar Valencia para recomponer la falta de autoridad producida por el secuestro del gobierno. España está sin gobierno, sin autoridad, y yo he tenido que hacerme cargo de la Región para mantener la autoridad que ahora está secuestrada". Éste es el argumento que me da Milans. Yo le contesto: "Mi general, aquí está Quintana mandando la Región", como diciéndole "habla con él si quieres", no le dije más. Yo le vi en aquel momento no muy decidido. Aunque su ayudante, Mas, me dijo: "Mi general, aquí estamos ya ¡fumándonos un puro!". Mas, que era el ayudante que seguía a su general en el tema del golpismo. Pero a Milans no le vi como a Mas, en plena juerga de la ocupación de Valencia. Que a ver qué hacíamos con la I Región Militar.

»La segunda llamada fue para comentar la idea de que Armada iba a intentar disuadir a Tejero proponiendo la formación de un gobierno de concentración en el que fuera presidente el propio Alfonso Armada. Eso fue como a las once u once y media. Él me dijo: "Mira, José María..., no sé si es iniciativa de Sabino o iniciativa de Armada, pero Tejero está en una posición muy tajante y temo que se produzca una masacre en el Congreso, y aquí hay que hacer algo por evitarlo... El caso es que esto puede resolverlo Armada yendo al Congreso y ofreciéndose como presidente de Gobierno. Habla con el capitán general, a ver qué le parece. Yo ya he hablado con el capitán general de la IV Región Militar (Barcelona, donde estaba Antonio Pascual) y ya me ha dado su aprobación". Yo voy a hablar con mi capitán general, Quintana, y le digo: "Me cuenta esto Milans". Quintana quería comprobar, lógicamente, lo que se le decía, y habló con Pascual y efectivamente le confirmó que Milans le había llamado con la misma historia y le había dicho que conforme..., que sí, que para evitar una masacre convenía hacer alguna actuación... Quintana habló con Gabeiras después. Quiero decir que yo, personalmente, no tenía razones para en ese momento pensar que ésa podía ser mala solución. Ahora digo que estaba equivocado, pero entonces me pareció que podía ser una solución para evitar la famosa masacre que pensaban muchos que se iba a producir.

»La tercera vez que hablamos... Me llaman del Estado Mayor para ver si llamo a Milans con la idea de que venga a Madrid a sacar a Tejero del Congreso, que era la preocupación total que había, para evitar la famosa masacre. Yo llamo a Milans y me dice: "Si voy, que me pongan un Mystère, que pongan unos oficiales de la División Acorazada como acompañantes, llámese escolta, y que me devuelvan a Valencia con el Mystère". Esto se lo dije al Estado Mayor, pero decidieron no tomar al final esa decisión de que viniese Milans a intentar sacar a Tejero. No hay dudas ya de que él está metido en el golpe... Eso se sabe desde horas antes. En realidad nos dimos cuenta... Yo me di cuenta en la primera llamada.

»Pero bueno, en la cuarta, la última llamada, que me dio mucha pena, empezaron a abandonar ya todos... Sería hacia las ocho o nueve de la mañana. Creo que fue después del pacto del capó famoso. Y me llamó Milans para no sé, un poco de desahogo con un amigo, yo me consideré siempre su amigo, para decir algo parecido a "pues hombre, esto ha salido así, yo creo que tenéis que hacer lo posible porque las cosas se arreglen en España. Yo no entiendo de política, ni he entendido nunca...". Una especie de despedida, lacrimosa si se quiere, del hombre que se ve que busca más que explicarse, que no tenía por qué hacerlo, desahogarse con un amigo.»

Pero hay que regresar aún a los minutos que transcurren entre las diez y las once de la noche del 23, cuando todavía late con vida la Operación Armada, que ya no es política, sino que desde cuatro días antes se ha convertido en una operación al estilo de la que en Francia llevó a De Gaulle al poder. Gabeiras regresa al Cuartel General, como le han ordenado desde la Zarzuela porque «la situación no está nada clara», y se reúne a solas con Armada en su despacho. Armada le convence también a él de la conveniencia de la operación en la que está metido y vuelven a llamar a la Zarzuela. «Hubo una insistencia [por parte de Armada] —me comentó el general Gabeiras—. A la segunda, la tercera o no sé cuántas veces, le propuse yo al Rey ir con Armada a las Cortes.»

En la Zarzuela acaban por ceder ante los argumentos, que van amontonándose, de Alfonso Armada. El general Sabino Fernández Campo resume aquellos momentos:

«Entonces hablé con el Rey y dijimos...

»—Bueno, pues vete... Si tú crees que lo puedes solucionar, vete tú, pero no digas que vas en nombre del Rey. El Rey no te puede decir que vayas en nombre suyo porque no tiene facultades para eso. Ahora, si tú dentro de este barullo que hay, dentro de este golpe que se ha producido, tienes capacidad para llegar allí y obtener la libertad a los que están, ofreciéndote como presidente, o lo que sea... Luego ya veremos lo que pasa. Pero que quede claro que todo esto lo haces por tu cuenta...»

Se produce después una llamada de Armada a Milans para confirmarle que la Zarzuela «acepta» el plan. Como las cosas no han salido como estaban previstas, Milans se preocupa por Tejero. Armada le tranquiliza: han aceptado poner un avión para que salga de España. Además le ofrecerán una buena suma de dinero para que pueda reiniciar su vida en Argentina o en Chile, destino que en principio se piensa para el avión. Además, Armada, que piensa que la situación en torno al Congreso es de aislamiento total, le pide una contraseña para poder cruzar lo que él imagina es un cerrado control para ingresar en el palacio de las Cortes. El coronel Ibáñez, después de comentarlo con Tejero, llama a Capitanía General y le dice a Armada: «La contraseña es "Duque de Ahumada"». En realidad no la hubiera necesitado. En el Congreso, por muy chocante que pueda resultar, aquella noche entra y sale sin problemas prácticamente cualquiera que vista uniforme.

El general Armada, por escrito, me cuenta así su recuerdo de estos minutos cruciales que resume en apenas dos frases, que para él son las básicas: «Cuando acudí al Congreso, Sabino me dijo que estaba autorizado, y a Gabeiras le interesaba que fuera pronto». Después me relata Armada cómo vivió aquellos momentos, aunque, sin duda, ya influido por el resultado final que tendría esta gestión suya:

«La única limitación que me ponen es "habla y promete en tu nombre y responsabilidad. No metas al Rey" [El subrayado es de Armada]. En el Estado Mayor del Ejército dieron orden de preparar en Getafe un avión, y así se hizo. Salí con Bonel, mi ayudante, para el Congreso. Había que ofrecer algo, bajo mi responsabilidad, y dije "presentarme para formar un gobierno". Ni lo pensaba en serio, ni lo deseaba. Nunca hice ninguna lista. Mi oferta consistía en hablar con los diputados y que Tejero los dejase salir. Que los diputados, libremente, votasen un posible gobierno de concentración. Pero yo no tenía ninguna lista. Ni pensé en esa posibilidad seriamente. Yo sabía que el gobierno después tenían que aprobarlo las Cortes y el Rey y por eso sólo pensaba que yo iba a ofrecer algo que no podía hacer. Pero algo había que ofrecer. No le di nombres. No le hablé de dinero. Sí le dije que tenía en Getafe dos aviones preparados para llevarle al extranjero. No aceptó nada. Me alegró muchísimo que Tejero no lo aceptara y me prometiese que "allí no pasaría nada": "¡¿Por quién me toma, mi general?!". Quedé convencido de que no pasaría nada. Como así fue. Así lo comuniqué a Gabeiras y a la Zarzuela. Lo que nunca pensé es que después de librar a los diputados y resolver la situación al Rey me iban a meter en la cárcel. Creo que fueron injustos conmigo, pero como la monarquía se consolidó, cosa que yo había deseado siempre, di por buenas todas mis "desventuras". Pero en el fondo creo que no hay nada más injusto que la actitud que tuvieron conmigo.»

Pero hay un momento de este relato que merece más atención: la conversación entre Armada y Tejero, el momento en el que la operación definitivamente fracasa. Uno de los tenientes de la Guardia Civil que contempla a unos metros a los dos hombres, me contaría que se tranquilizaron algo al ver llegar a Armada. Las cosas volvían a lo previsto, o eso parecía. Porque, aunque ya habían pasado muchas más de las dos horas que se suponía iban a estar allí hasta que vinieran los militares a darles el relevo,[3] al subir a los autobuses a los oficiales les dijeron que su misión concluiría cuando Armada apareciera para hablar ante el Congreso.

—Para ustedes entonces, ¿el Elefante Blanco era Armada? —le pregunté al teniente.

—Nosotros al que esperábamos era a Armada, y allí estaba… Lo que sucede es que cuando iba a entrar en el hemiciclo, Tejero le preguntó, yo creo que por decirle algo, por una mínima señal de curiosidad: «¿Qué puesto va a ocupar Milans en ese gobierno de usted?». Armada le dijo que no, que Milans iba para la JUJEM. Y Tejero, a quien no le gustó aquello mucho, le dijo… «pero entonces, ¿cuántos militares van a estar en ese gobierno?», o algo así, y como Armada dijo que no, que aquél no era un gobierno de militares, ya pasaron al despacho aquél ellos dos solos, tras una cristalera que los aislaba algo.

Tejero, que piensa que él ha hecho su operación para montar un gobierno con fuerte presencia militar y que, como dijo a sus capitanes, no se fía de Armada porque «es un calzonazos monárquico», ante aquella respuesta del general quiere saber más… Yo también pregunté al general Armada para que me die-

3. Como se había hablado en la reunión primera de Cabrera, a las H-2 (dos horas después de la toma del Congreso), fuerzas de la División Acorazada Brunete, en su despliegue por Madrid llegarían al Congreso y sustituirían a los miembros de la Guardia Civil que se habrían limitado a dar el «golpe de mano» inicial. Con las fuerzas de la DAC llegaría el general que iba a hablar al Congreso.

ra más precisión sobre aquella conversación clave. Él me contestó por escrito esto:

> En el rato que estuve con Tejero hablamos:
>
> a) De la situación creada y que no le secundaban. El teniente coronel Tejero me dijo que venían más tropas en su ayuda.
>
> b) Hablamos con Valencia. Milans le dijo que me hiciera caso, pero él no estaba conforme.
>
> c) La razón de Tejero es que yo pretendía seguir «el juego de la democracia». Que había que ir a una dictadura presidida por Milans.
>
> Desde el Palace llamé a la Zarzuela. Dije: «He fracasado, pero no pasará nada».
>
> Cuando salí yo creo que no había hablado el Rey. Yo me enteré de las palabras del Rey en el Ministerio del Interior. Pero no lo vi, ni vi la televisión.
>
> En el Ministerio del Interior estaban Laína[4] y varios subsecretarios. No tuve la impresión que luego se ha dado de una reunión tensa. Al contrario, me preguntaban cómo había encontrado aquello. Yo insistía en que si no se sumaban otras unidades del ejército «no pasaba nada». Lo malo era una división de las Fuerzas Armadas».

Se ha discutido mucho sobre si Armada llevaba una lista o no con los nombres del gobierno que enseña al teniente coronel de la Guardia Civil. Armada me lo negó siempre rotundamente. Tanto que parecía encontrar en esa negación la prueba de que todo lo demás que se contaba, aunque hubiera testigos o pruebas, era también falso. Todo indica que más bien lo que hizo fue darle nombres a Tejero, una «lista» que él había llegado a tener muy clara en su cabeza en los meses anteriores en los que estuvo trabajando en la Operación política, antes de la dimisión de Adolfo Suárez, y que podía perfectamente recitar sin tener que

4. Se refiere a Francisco Laína, secretario de Estado del Ministerio del Interior, que se hizo cargo, como se ha dicho, de formar y presidir un gobierno provisional de subsecretarios durante esa noche.

leer de una lista. El coronel Pardo Zancada escribe que Tejero le comentó que después de saber que Felipe González iba a ser vicepresidente: «... le exploré [a Armada] con ironía si iba a incluir en ese gabinete a Carrillo como representante del PCE, y Armada me contestó: "Hombre, Carrillo no; pero hay gentes de ese partido con mejor imagen: un Solé Tura, por ejemplo"». Y sigue rememorando Tejero: «En un momento de lo que ya era discusión abierta, pues yo le decía al general que no había arriesgado mi porvenir y el de mis hombres para darle el poder al "rojerío", Armada sacó la lista del bolsillo y me la dio. Creo recordar —añade— que a través de los cristales enseñé la lista a los capitanes para que vieran lo que se quería hacer de aquello».[5] En el juicio, Antonio Tejero no había declarado que existiera la lista. Pero la existencia de la lista o no, es en cualquier caso una anécdota[6] frente a la certeza de que los dos hablan de posibles integrantes de ese gobierno y de que en Armada existe la idea de ese gobierno de concentración presidido por él mismo. Lo cierto es que los dos hombres discuten, y Tejero niega el paso al hemiciclo a Armada. Éste, entonces, le pide que llame a Valencia, a Milans, como forma de doblegar su voluntad. Así lo hacen.

5. *La pieza que falta*, *op. cit.*, pág. 297.

6. La doctora Carmen Echave, que por su condición podía moverse libremente por el Congreso para ayudar en las emergencias médicas que se fueron produciendo, contó a los periodistas Prieto y Barbería, que lo recogen en su citado libro *El enigma del elefante*, que ella escuchó a Armada dar a Tejero la lista de ese gobierno, que ella apuntó en su agenda: «Presidente: general Alfonso Armada; vicepresidente para Asuntos Políticos: Felipe González; vicepresidente para Asuntos Económicos: José María López de Letona; ministro de Asuntos Exteriores: José María de Areilza; ministro de Defensa: Manuel Fraga; ministro de Justicia: Gregorio Peces-Barba; ministro de Hacienda: Pío Cabanillas; ministro de Interior: general Manuel Saavedra Palmeiro; ministro de Obras Públicas: José Luis Álvarez; ministro de Educación y Ciencia: Miguel Herrero de Miñón; ministro de Trabajo: Jordi Solé Tura; ministro de Industria: Agustín Rodríguez Sahagún; ministro de Comercio: Carlos Ferrer Salat; ministro de Cultura: Antonio Garrigues Walker; ministro de Economía: Ramón Tamames; ministro de Transporte y Comunicaciones: Javier Solana; ministro de Autonomías y Regiones: general José Antonio Sáenz de Santamaría; ministro de Sanidad: Enrique Múgica Herzog; ministro de Información: Luis María Anson». La doctora al explicar a los periodistas por qué no entregó esta lista a las autoridades judiciales dio esta explicación: «Juan José Rosón [ministro de Interior] me recomendó que fuera muy prudente».

Lo que ellos no saben aún es que el teléfono por el que hablan con Valencia es uno de los que está «controlado» por orden de Francisco Laína. De nuevo, uno de los ministros que permanece en esos momentos rehén de Tejero, tendrá después ocasión de escuchar la cinta con la grabación. Me dice que la conversación es breve: «Primero Armada habla con el capitán general de la III Región y le explica que Tejero no le obedece. Pasa el teléfono a Tejero, que le dice a Milans que no puede aceptar ese gobierno, que él no ha hecho aquella operación para una salida como ésta... Y Milans, desesperado, corta». El propio Tejero resumirá a la perfección en una sola frase sus razones para no permitir a Armada la entrada en el hemiciclo. La dirige a los oficiales de la Guardia Civil que le han acompañado: «Con la legalidad que venía a proponer este señor, mañana nos metían en la cárcel a todos nosotros».

De esta forma, el mismo hombre que ha puesto en marcha el golpe, en el convencimiento de que se trata de una operación militar, es quien lo hace fracasar al comprobar que lo que se busca es una salida política, la única en la que siempre ha estado trabajando Armada. Tejero da y Tejero quita.

El Rey habla, baja el telón

Como ha explicado el general Armada, a su salida del Congreso acude al hotel Palace, situado justo enfrente, y llama a la Zarzuela. Unos minutos después, cuando él está camino del Ministerio del Interior, donde Paco Laína, que preside el gobierno de subsecretarios quiere hablar con él, se emite por TVE el mensaje del Rey a la nación en el que, ya de manera inequívoca, se declara a favor de la Constitución y en contra del golpe. ¿Esperó la Zarzuela a conocer el resultado de las gestiones de Armada para dar la orden de emisión del discurso real?

Jesús Picatoste, en aquel momento segundo de Fernando Castedo, director general de RTVE, fue el encargado de dirigir el equipo de TVE que se desplazó a la Zarzuela para realizar la grabación. Jesús Picatoste también fue mi primer redactor-jefe, en el año 1975. Le llamé para hablar de la noche del golpe y sus vivencias. Me citó en un restaurante cercano a la madrileña plaza de Alonso Martínez, donde se empeñó, generosamente en invitarme además a la comida. Me comentó sus recuerdos de aquella historia:

—Salimos como pudimos de Televisión, porque aún seguían dentro los militares. Disimuladamente, Fernando Castedo me dijo: «Prepara un equipo, porque hay que ir a Zarzuela, pero que no se entere nadie». Yo se lo dije a Pedro Erquicia y como pudimos salimos el realizador, los cámaras... Esto sería hacia las nueve. Cuando llegamos estuvimos esperando un rato, mientras el Rey se ponía el traje militar, redactaban el discurso... Cuando lo tuvieron me lo enseñó don Juan Carlos: «¿Qué te parece, Jesús?». Eran un par de folios. Yo le vi muy tranquilo, bromeando... Hizo bromas con el príncipe, que andaba por allí, a causa de mi apellido. «¿Sabes cómo se llama este señor? Como lo que tú comes mojado en chocolate...» Cuando empezamos a grabar era cerca de la medianoche. De hecho, por esta razón se tuvo que repetir la grabación. Se ha dicho que había grabados dos discursos. No. Lo que se hizo fue parar la grabación la primera vez, porque sonó un reloj de carillón. La propia Reina se subió a una silla y lo paró. Después el Rey leyó todo el texto... Se confundió, pero nada, en una palabra, mínimamente, así es que nadie dijo nada, ni se interrumpió la grabación. Yo pedí sin embargo que, por seguridad, se grabara una segunda toma. Esta vez salió perfecto. Cuando ya estaba todo, el Rey nos dijo: «¡Y ahora pitando a Televisión!». Nos repartimos en dos coches. Yo salí en mi vehículo particular con las cintas literalmente debajo de mí, porque me senté sobre ellas, y con dos escoltas que tan pronto salimos de Zarzuela montaron las metralletas que llevaban. El equipo, mientras, se quedó recogiendo, y Fernando Castedo vino detrás, en otro coche, con el jefe del gabinete de prensa de la Casa del Rey, Fernando Gutiérrez. Y tan pronto como llegamos se emitió. Fue todo así.

Cuando se emite el mensaje del Rey ya es la una y veinte de la madrugada. Han pasado, por tanto, ochenta minutos desde que se tiene que repetir la grabación porque las campanadas del reloj lo han interrumpido, hasta que lo ven los españoles. Ochenta minutos para realizar las dos grabaciones, cubrir la distancia entre la Zarzuela y Prado del Rey —apenas diez kilómetros— y emitir el discurso. En fin, justo después de que Alfonso Armada ha salido del Congreso y ha llamado a la Zarzuela notificando el fracaso de su acción.

La repercusión del discurso del Rey resulta definitiva en las Capitanías Generales que aún pueden estar dudando. Milans se queda, ahora sí, completamente solo. De hecho, las Capitanías Generales habían recibido antes un télex inequívoco desde la Zarzuela. Me lo cuenta quien es entonces uno de los ayudantes militares del Rey, Agustín Muñoz Grandes, que para mayor precisión echa mano de unas hojas, escritas pocas horas después de producirse los hechos. «A las 9.25 es cuando Armada propone ir al Congreso... Armada ya tiene alguna conversación tensa con el Rey, y Armada propone ir al Congreso para anunciarse... A las 22.30 se anuncia que el Rey va a dirigirse a la nación y a las 22.35 transmite el télex a los capitanes generales vía JUJEM que anuncia "ante la situación creada he tomado todas las medidas necesarias para mantener la legalidad vigente...". Texto que dirige a los mandos militares, vía JUJEM, lo cual creo que es un acierto...». Pero, aun así, es cuando ven al Rey, físicamente y en televisión, tomar partido inequívoco por la Constitución, cuando se produce en el ánimo de todos la sensación de que ya no hay vuelta atrás..., expresión ésta, por cierto, «no hay vuelta atrás», que provoca la última controversia de la noche sobre el papel «de la Zarzuela» en los acontecimientos.

Me dice el general Sabino Fernández Campo que se dan cuenta en la Zarzuela, tras el discurso en televisión, de que el problema que queda por resolver es el de Milans. Poco antes de la emisión del discurso del Rey, el JEME, general Gabeiras, había pedido al gobernador militar de Valencia que destituyera y arrestara a Milans. «... hablé con Caruana, de Valencia —me dice Gabeiras—. Le dije lo que estaba sucediendo y que había dado orden de destitución a Milans, que le entregase el mando a él, y que esa orden había sido ratificada por el Rey. Y él me dijo: "Mira, es que a mí Milans me dijo que el bando y lo que está haciendo es por orden directa del Rey, y tú me dices lo mismo". Yo le dije: "Comprendo tu situación, pero tú puedes aclararla. Te vas a Capitanía, le dices a Milans que llame al Rey y cuando esté hablando con el Rey te pones al aparato, a ver qué te dice el Rey a ti". Se fue a Capitanía. Y le dijo a Milans que quería hablar con el Rey y todas esas cosas, y Milans le puso la pistola encima de la mesa y le dijo: "Atrévete...". Y Caruana se fue del despacho sin destituirle.» Milans no está por tanto por ceder en su posición ni siquiera tras la emisión del discurso del Rey. Es más, antes se ha producido una llamada personal del Rey que Milans ha aprovechado para insistir en la «solución Armada».

Se produce entonces una reunión en el despacho del Rey en la que están presentes todos los consejeros y ayudantes con el monarca y se decide enviar a la Capitanía General de Valencia un telefax conminando a Milans a que retire el estado de guerra y las tropas. Sabino Fernández Campo me dice que entonces se produce un error en «el fax que se le manda a Milans, redactado por mí, pero donde no figuraba en principio aquel "una vez que he aparecido en televisión ya no me puedo volver atrás", que se añade, no sé con conocimiento de quién, pero se añade». Uno de los ayudantes militares, el general Muñoz Grandes, me descubre las circunstancias en las que se produce este hecho que tantas dudas suscitó sobre los interiores del Rey con aquel «ya no me puedo volver atrás»: «Estamos reunidos en el despacho del Rey y le digo: "Señor, hay que pararlo. Hasta que Milans no se retire, el golpe no está desactivado". Y entonces yo redacto esa orden que el Rey le va a dar a Milans. Esa orden se pasa a máquina y la leo estando delante Valenzuela, Mondéjar, Sabino, el Rey... "Acabo de dar un mensaje por televisión afirmando mi rotunda decisión de mantener el orden constitucional dentro de la legalidad vigente. Después de este mensaje ya no puedo volverme atrás..." Sí, esa frase soy yo quien la puso, pero esto se leyó estando Sabino delante. ¿Por qué dije yo en ese momento esto? Porque creía que los que estaban aún pensando que en algún momento el Rey podía flaquear y apoyar el golpe... algunos lo pensaban... pues que estaban absolutamente equivocados. Y por eso puse esta frase como subrayando "oye, he dicho al pueblo español que yo ya no me vuelvo atrás, o sea dejar de pensar que yo voy a cambiar... si es que lo estás pensando", lo cual era una ofensa para él. Pero por eso puse esa frase tan clara... Yo dije: hay que jugársela un poco; si esto sigue, lo que parece que se va a parar, no se va a parar. Milans tiene que acatar una orden y marcharse. Al Rey le debí convencer, porque se envió el fax... Incluso aquí tengo... [me la enseña escrita a máquina con un par de modificaciones manuscritas realizadas por el Rey] "Acabo de...", es una corrección a mano hecha por el Rey... En el original ponía "Dentro de unos minutos"... porque aún no se había emitido el mensaje cuando se redacta la nota. ¿Que luego se ha malinterpretado el "ya no me puedo volver atrás"? Pues Milans por fin obedece... Y es entonces cuando en una conversación telefónica —porque el Rey además se lo leyó por teléfono y el otro dijo: "a la orden"— Milans dice: "pues me voy a ir a Zarzuela". Y se le dice, no, quédate en Valencia, y ya al día siguiente se le llama». Como Armada, Milans piensa por tanto en ir a la Zarzuela y explicar lo sucedido. Quizá quería contar su convencimiento de que él pensaba estar actuando en nombre del Rey.

No es la rendición de Breda, es... el pacto del capó

Aún sucede un incidente más que altera durante unos minutos la situación. Cuando se ha estado emitiendo el mensaje del Rey, muy cerca de la Zarzuela, precisamente, ha pasado una columna militar que, desde El Pardo, va camino del Congreso. A su mando, el comandante Pardo Zancada, que ante los hechos consumados ha decidido, dirá que se siente obligado por su palabra dada a Milans, a no dejar solos a los guardias civiles. En los minutos previos a su salida ha asistido al intento de algunos de los capitanes de la División, de convencer al general Torres Rojas para que sustituya en el mando al general Juste y saque la Acorazada. El general se lo piensa, pero recibe una orden de su capitán general para que se reincorpore a su puesto, en La Coruña, y él la acata. Pardo Zancada, en un gesto desesperado, entonces intenta servir de mecha que prenda en otros y acabe por remover a toda la División. Contacta con alguno de sus capitanes de mayor confianza, Pascual, Álvarez Arenas, Batista, Dusmet, Cid y Tamarit y les cuenta sus intenciones. Los cinco primeros se suman a su acción. El último, Tamarit, se disculpa «diciendo —escribe Pardo— que me sería más útil quedándose en el Cuartel General... Quise, no puedo negarlo, pasarle factura de aquellas ocasiones anteriores en que su posición fue la de atizar el fuego y quedarse atrás a última hora».

El grupo, en total unos 120 hombres, se suma a los guardias civiles. Una vez en el Congreso, el comandante Pardo sondea a los regimientos que piensa pueden resultarle más favorables. Llama al entonces teniente coronel Fernando Pardo de Santayana, jefe del Grupo de Artillería Antiaérea, sin ningún resultado. Después habla con otro teniente coronel, Santa Pau, del Regimiento Ligero Acorazado de Caballería, uno de cuyos pelotones ha tomado RTVE. Éste le promete ayuda. Pero nunca llegará, aunque el coronel que lo manda, Valencia Remón, a las tres de la madrugada del 24 aún llama al general jefe de Estado Mayor de la Región, José María Sáenz de Tejada para decirle, según me relata éste «... que no me llama como general, sino como amigo, porque lo que busca es mi consejo; quiere saber qué puede hacer, tal y como están las cosas, porque piensa que, si no tomamos una decisión, el ejército va a quedar fatal, cubierto de... Yo le dije que como amigo le aconsejaba, y como general le ordenaba, que se quedara quieto».[7] Y eso hace. Nadie acude a sumarse y el efecto de arrastre que Pardo Zancada esperaba con su acción resulta fallido.

Se inicia entonces un largo proceso en el que ya la única preocupación es cómo liberar a los miembros del gobierno y los diputados que permanecen rehenes. La madrugada se pasa en negociaciones para lograr la rendición de los guardias civiles y las tropas que hay en el interior. Más allá de algunos proyectos, en algún caso insensato, para «liberar» por la fuerza el Congreso —se llega a hablar de un asalto de geos o del empleo de artillería por algún subsecretario—, se apuesta por enfrentar a los amotinados a su situación desesperada como forma de solventar la crisis. Hacia las tres menos cuarto de la madrugada, el capitán general de Madrid, Quintana, envía a hablar con Pardo al segundo JEM de Madrid, el coronel Astilleros. El teniente coronel Tejero y el comandante Pardo preparan una nota pública, que no será difundida. Una nueva visita llega a los amotinados hacia las tres y media de la madrugada, la de los capitanes José Armada y Diego Camacho, ambos destinados en el CESID.[8] Cuando ya está a punto de amanecer, se presenta en las puertas del Congreso uno de quienes habían liderado la sublevación: el coronel José Ignacio San Martín. Trae un mensaje personal del Rey. En realidad, un mensaje que ha redactado él mismo con ayuda del teniente coronel Muñoz Grandes, como se ha dicho, ayudante en la Casa del Rey, y que recibe la aprobación de la Zarzuela. El mensaje es éste: «Al aceptar la orden del Rey, salvas con esa actitud tu honor y tu patriotismo, toda vez que tu acción estaba impulsada por el amor a España y la fidelidad al Rey». San Martín al redactar la nota muestra que conoce perfectamente la psicología del destinatario. Pero aquella nota va dirigida sólo hacia los miembros de la Acorazada amotinados y el comandante Pardo rehúsa dejar a los guardias civiles de nuevo solos en el Congreso.

7. Paradójicamente, el coronel Valencia Remón, mientras los implicados estaban encarcelados a la espera de juicio, era ascendido a general.

8. De esta visita se habla con más extensión a continuación.

La situación no se desbloqueará en realidad hasta las primeras horas de la mañana del día 24, casi de casualidad, por la mediación del teniente coronel Eduardo Fuentes Gómez de Salazar, un viejo amigo de muchos de los sublevados, en especial de Pardo Zancada. Alguien que conoce de esta relación se lo comenta a Gabeiras, quien pide a Fuentes que acuda al Congreso para ver si puede desbloquear la situación. El propio Eduardo Fuentes me contó así su gestión: «... así es que le dije a Ricardo [Pardo Zancada]: "Me han encargado que me digas qué es lo que quieres para que vosotros salgáis de aquí". Pardo lo primero, me dijo, que él no salía más que con los pies por delante. Hablamos sobre lo que se podía montar allí... y entonces me puso unas condiciones. Me empezó a decir: "Primero, aquí no se pide responsabilidad a nadie más que a mí. Segundo, yo salgo el último. Tercero, no quiero ninguna emisora, ni televisión ni nada, sino entregar las tropas en el mismo sitio de donde las saqué". Yo, como buscaba algo que fuera práctico, cometí un error del que me arrepentiré mientras viva, que fue mentarle a los capitanes. Le dije: "Pero hombre, no pidas que los capitanes, unos capitanes de la escala activa que han venido contigo queden exentos, porque es que militarmente es eso imposible"... Una estupidez por mi parte, porque si los hubiera metido hubieran tenido muy poca responsabilidad. Pero bueno, fue una equivocación mía. Entonces Pardo dijo: "Bien, aceptamos que a los capitanes, en tanto en cuanto me han obedecido, pueda juzgárselos, pero los demás ni uno, si no no salgo. Ni tenientes, ni sargentos, nada. Y si no, no salgo. Punto". Yo entonces cogí el portante y me bajé a toda velocidad a ver al general Aramburu (director general de la Guardia Civil, que estuvo en el Palace durante toda la noche). Le dije: el comandante Pardo me ha dicho esto, esto, esto y esto... Aramburu cogió el teléfono, no sé si llamó a la Casa Real o a la JUJEM, repitió delante de mí lo que había dicho Pardo, colgó y dijo: "El mando concede al comandante Pardo lo que ha solicitado, pero como no sabemos lo que quiere el teniente coronel Tejero, vuelva usted a informarse"... Le conté a Ricardo [Pardo] lo que había, y me dijo... "Si quieres pasa a ver a Tejero ¿no te importa?"... empecé... "ha pasado esto, Pardo me ha dicho esto, me ha dicho el mando esto..., y ahora falta su opinión". Y Tejero me dijo: "Mira, en principio yo estoy de acuerdo en todo lo que haga Pardo, pero no voy a tomar ninguna decisión sin consultar a mis subordinados. Así es que te ruego que esperes aquí"... No sé cuánto estuvo fuera, porque perdí la noción del tiempo, y entonces volvieron ya, formaron un poco en plan militar, se cuadró Tejero y me dijo: "Mira, aceptamos las condiciones totales que ha puesto Pardo menos una". Y yo me dije: "La hemos fastidiado"... "¿Cuál?" "Que aquí el más antiguo soy yo y el último que sale soy yo." Y me dije, ahora vamos a tener un problema por ver quién sale el último. Y entonces les dije: "Vamos a llegar a un acuerdo. Vamos a ver, hay dos puertas ¿no? Una que sale a la Carrera de San Jerónimo y otra que da al otro lado, ¿qué os parece si salís los dos a la vez?" "De acuerdo", dijo uno. Y el otro, "de acuerdo". Pum. Y entonces me dije, de aquí al hotel se me olvida una condición, o cambio y cuando vuelva resulta que no... Así es que les dije: "Quiero concretar la situación. Voy a apuntar aquí lo que pedís". Por eso está primero en el pacto lo que me había pedido Pardo, y segundo, lo que me pidió Tejero. Entre otras cosas Tejero me dijo "de sargento para abajo" eso lo tengo clarísimo porque lo apunté sobre la marcha. Leí los distintos puntos... y me fui corriendo. Con la suerte, paff, que en la puerta de las Cortes estaban Armada y Aramburu. Y entonces fui a Armada, que era mi jefe directo y le dije: "Mi general, he presentado las cuestiones"... ¿Que si fueron ellos los que pidieron que viniera Armada? A mí no me dicen nada de que venga Armada. A mí me dan las condiciones. Entonces yo voy a Armada, que era segundo JEME, por tanto mi jefe directo, y le digo: "Las condiciones que ya había anticipado de Pardo están aquí, pero también tengo por escrito lo que piden los guardias civiles". Y Armada me dijo: "Pues como está escrito, voy a consultarlo y usted Fuentes quédese aquí con esta gente". Se produjo entonces un impasse bastante largo... Hasta que ya regresó Armada, que entró con un pequeño séquito de jefes... Se dirigió primero a Pardo. Y a Pardo le dijo: "Comandante, las condiciones que usted le ha pedido a Fuentes, el mando las concede". Y Pardo, en una reacción muy típica de un militar le dijo: "¿Todas, mi general?". "Sí." "¿Me lo puede dar por escrito, mi general?" Entonces Armada sacó mi papel, se acercó al coche, se apoyó en el capó y lo firmó. El papel que yo le había leído a los otros. Y "el pacto del capó" se llama así porque es donde lo firma Armada. Yo lo escribí sobre, creo, un pequeño montón de papeles que había, yo lo escribo como una chuleta, para acordarme, no tiene ningún... Y Armada lo firma, Pardo se da por contento. ¿Y Tejero? Tejero está dentro. Y ya se fueron al interior del edificio y Pardo y yo nos quedamos fuera, y ya no sé lo que pasó dentro. Pero creo que también lo firmó Tejero. Y ahí es donde de su puño y letra [Tejero] agrega: "... y yo entregarme en la Dirección General de la Guardia Civil..."».

NI ESTÁN TODOS LOS QUE SON... ¿NI SON TODOS LOS QUE ESTÁN?

En las semanas siguientes el temor entre los militares es que por los hechos del 23-F se criminalice a todas las Fuerzas Armadas y se proceda a una purga gigantesca. Sin embargo, lo que se extiende de inmediato es el consenso contrario: no sólo no acusar al ejército, en general, de lo sucedido, sino implicar en la intentona a cuantos menos mejor. Me lo dice así quien entonces es un comandante adscrito al Ministerio de Defensa, Manuel Fernández Monzón de Altolaguirre, al que llaman de la Zarzuela cuando se enteran de que está preparando un documento para el nuevo ministro de Defensa, Alberto Oliart... «me llamó Sabino: "que dice el Rey que vengas". Voy a Zarzuela y [el Rey] me dice: "estás haciendo esto para Oliart, ¿no?" "Sí señor." "Pues saca de ahí a todo el que puedas." Esto explica el absurdo terrible de que León Pizarro, el jefe de la División de Valencia, se escapara de todo esto con dos meses de arresto de castillo... y sin embargo, toda la División Acorazada, que no llegó a moverse, ha pasado a la historia como terrible, pues no hizo nada...».

También me lo confirmó el propio ministro Oliart: «El primer punto a decidir fue a quién enjuiciábamos. Yo decidí que cuantos menos mejor... Que a Juste, el general de la División Acorazada, no. A Caruana, que había tenido arrestado en su despacho al gobernador civil por orden de Milans, y al que luego le mandaron a arrestar a Milans y lo hizo igual, tampoco...».

Este «cuantos menos, mejor» no podía, claro, excluir a los implicados evidentes. Aunque algunos de éstos no aceptan su «carga». El general Armada, por ejemplo, cuando es, primero cesado, y después arrestado, se sorprende, porque «yo esperaba que hubieran mandado un ramo de flores a mi mujer, porque yo había sacado a los diputados», y sin embargo está entre los culpables:

—Yo creo —me dice [Armada] en una de nuestras charlas— que a mí me procesan por orden del Rey, pero no tengo pruebas. El que me condena es el Rey. Porque luego en el juicio, nada de lo que me es favorable aparece.

—¿El Rey le condena en el sentido de que no le deja hablar?

—No, no, el que le dice a los jueces que me condenen. Eso es evidente. Además me lo dicen Calvo Sotelo y Fraga. Eso no es para poner. Eso no lo ponga. Pero vamos...

—¿Y qué interés tenía el Rey en que le condenen a usted?

—Yo ahí ya no me meto... Yo creo que el Rey tenía interés en que yo no me siguiera oponiendo a una serie de cosas...

—¿Cosas de cambios políticos o de otro tipo personal...?

—Yo soy monárquico y creo además que la solución de España es la monarquía, y no me voy a meter en más líos y además estoy feliz de que no haya pasado nada el 23-F.

Según pasan las semanas, quienes sí aparecen en las investigaciones son dos «sospechosos» de los que en las primeras horas nadie habla, el capitán de la Guardia Civil adscrito a la Agrupación Operativa del CESID, la AOME, Vicente Gómez Iglesias, y su comandante, José Luis Cortina. Quien da la pista para su implicación es aquel cabo, Rafael Monge, miembro del «ultrasecreto» grupo SEA, que ha «acompañado» al autocar de guardias civiles que provenientes de Valdemoro acaban siendo parte de los asaltantes del Congreso. Monge, la misma noche del 23, nervioso, confiesa a otro miembro de su unidad, el sargento Juan Rando, que ha estado en el Congreso durante el asalto, que ha «coordinado» la llegada de una de las columnas y que está ahora preocupado porque se ha dejado el coche, que es de la AOME, en una de las calles que rodean el Congreso y teme que puedan localizarlo e identificarlo. El sargento le contará esta conversación, ya de madrugada, a un capitán de su confianza, Diego Camacho, también adscrito a la Agrupación Operativa que dirige José Luis Cortina, y que también esa noche vive su propia historia, ya que es uno de los militares, como se ha dicho, que entra «de visita» en el Congreso.

Durante las cuarenta y ocho horas siguientes al golpe, el capitán Camacho, apoyado por otros oficiales que también han asistido con extrañeza a algunas situaciones vividas en las diferentes sedes de la Agrupación, reúne tantos indicios que decide la noche del 25 presentarse ante el secretario general del CESID, el entonces teniente coronel Javier Calderón, y denunciar: «Cortina está en el golpe». En varias conversaciones me cuentan el capitán Camacho y algún otro de esos oficiales lo que los lleva a esta conclusión.

En un primer momento, me dice uno de aquellos capitanes de la AOME, les extrañan algunas reacciones que se producen las semanas previas y que de repente adquieren sentido para ellos.

«En la AOME cada viernes había una reunión... Entonces García Almenta era jefe de Operaciones. En estas reuniones en un momento dado, quizá hacia el otoño de 1980, empezaron a hablarnos del cambio de timón, de la necesidad de "apuntalar la democracia"... En el momento en el que nos las decían no te dabas cuenta del alcance de aquellas palabras. Después ves que Cortina viene y te dice, vengo de Zarzuela, vengo de la embajada americana, vengo de verme con Armada, que entonces algunos ni sabíamos quién era Armada. También apareció entonces allí Josito Armada, pariente, aunque fuera lejano de Armada, y del que Cortina fue padrino de faja de Estado Mayor... Cuando le nombraron a nosotros nos extrañó, incluso de alguna manera nos "dolió", porque no era guerrillero, no tenía el historial de los oficiales que se requería allí... En fin, después vas atando cabos. Porque Cortina, como Javier Calderón, el secretario general, eran contemplados como oficiales demócratas, gente de nuevo cuño. No como García Almenta, que era de otra cuerda, más integrista... Almenta se quejaba por ejemplo de los seguimientos que nos pedían de la Célula de Involución: "perseguir a compañeros, hemos llegado a esta vergüenza...", nos decía. Pero a pesar de sus diferencias ideológicas, mantenía una relación excelente con José Luis Cortina. En fin, aquella noche del 23 fue cuando entendimos por ejemplo aquellos comentarios, hasta entonces sin sentido para nosotros, que hacía García Almenta a menudo en las semanas previas al golpe: "que viene el Elefante... que sepáis que ya avanza el Elefante Blanco".»

La misma noche del 23, que comentan estos capitanes, tienen la sensación, convertida en certeza después, de que les dan misiones para quitarlos del medio. Me dice Diego Camacho: «... a mí Pancho [García Almenta] me dice que me vaya a la Dirección General de la Guardia Civil, y me manda allí con una misión boba de que contacte con un comandante y le pregunte lo que saben de la implicación de otras unidades de la G.C. Yo no sé si para quitarme de allí el mayor tiempo posible... Bueno, yo voy a Guzmán el Bueno, hago esa gestión y vuelvo. Antes de eso ha llegado allí Rubio, el jefe de la Escuela, que es un capitán del Aire que está en contra del golpe y también se queda alucinado por las movidas que está habiendo por la escuela...[9] Como tienen que llegar los coches que han participado en el golpe y que son de la escuela, pues le quitan y le dicen que vaya a la Plana Mayor... Me tropiezo con él y me cuenta que ha habido unos movimientos extraños, que se han llevado unas emisoras por la mañana, que se han quemado matrículas..., es decir, me empiezo a enterar de lo que está pasando en la unidad... Pero es que aparte de eso, a la una y cuarto de la madrugada, como en la Agrupación no tengo nada que hacer, decido: voy al Palace a ver si allí me entero de algo...».

Después, de *motu proprio*, el capitán Camacho decide acercarse al Congreso. Quiere ver de qué puede enterarse... Otro capitán, Josito Armada, decide acompañarle. Y, casi sin querer, escudados en su carnet del CESID, porque van de paisano, acaban entrando en el Congreso: «... Allí me encuentro con una serie de capitanes de la Guardia Civil que son de mi promoción que me ponen al tanto de todo... Yo llego unos minutos después de Pardo Zancada y salgo a las cinco de la mañana. Y cuando yo voy a la sede central del CESID, Juan Alberto Perote está de guardia..., Javier Calderón y Cortina están en un pasillo y digo: "venimos del Congreso", y digo a Calderón: "ahora te cuento, mi teniente coronel, pero el tema es que el jefe de la conspiración es el general Armada"... y hay un respingo de Calderón... y Cortina se pone pálido. "¡Qué cosas dices!" Rápidamente Calderón deja a Josito Armada de lado, coge a Cortina, que es mi jefe, y entramos los tres y Carreras[10] en un despacho y me dicen que les cuente todo. Y en esta reunión ya les digo: "a mí los oficiales que están en el Congreso me aseguran claramente que el general Armada está dirigiendo el golpe. Me han contado: 'fíja-

9. La Agrupación Operativa del CESID tenía la sede repartida en cuatro chalets. Uno, donde estaba la Plana Mayor, en la calle Herrera Oria; otro, la Escuela, donde se realizaban los cursos de especialización para los agentes, en la calle Marqués Aracil; el grupo 2.°, sito en la calle Arturo Soria, y el Grupo 3.°, que tenía su sede en la Dehesa de la Villa.

10. Narciso Carreras, coronel de Infantería de Marina, era en ese momento el director accidental del CESID.

te este tío que ha venido ofreciéndonos un avión y que va a hacer un gobierno con los comunistas, a nosotros, que nos había dicho...'. En fin, que el tema estaba hablado en unos términos y que ahora Armada les decía que iba a hacer un gobierno de concentración...". Después de salir de la sede central, volvemos a la Agrupación y ya allí les digo: "por cierto, ese capitán que nos presentasteis aquí el otro día y nos dijisteis que va a venir también al Centro, Sánchez Valiente, también estaba en el Congreso, lo he visto vestido de paisano". Y entonces, otro bote, y salió zumbando Vicente Gómez Iglesias, que ya no volvió y Sánchez Valiente salió de España».

El día 25 por la mañana, algunos de estos capitanes asisten también a una especie de «gira» que el jefe de la Agrupación, José Luis Cortina, va dando por las diferentes sedes que tiene la AOME en Madrid. Dice Camacho: «... Cortina va unidad por unidad dando un discurso de veinte minutos orientado solamente a decir que "Armada es un excelente militar, Armada es un hombre que siempre ha actuado a las Órdenes del Rey"..., y yo, que le acompañaba porque era jefe de personal, cuando acaba su discurso en la primera unidad, en la de la calle Arturo Soria, en presencia de dos capitanes más, le digo: "es inaceptable, mi comandante, que después de que te he dicho que el jefe del golpe de Estado es el general Armada estés dando estas charlas a favor suyo implicando claramente al Rey, y además no lo entiendo porque ni siquiera este general está en nuestra cadena de mando"... Cuando se lo dije estaban delante el capitán de este grupo, Emilio Jambrina, y Carlos Guerrero Carranza. Después seguí acompañándole a las demás unidades, y no varió el discurso... Ese día, por la noche, es cuando le digo al secretario general, al teniente coronel Calderón: "Cortina está en el golpe", y él me dice: "eso es como si me dijeras que mi mujer me engaña...".[11] Hablo con él a las ocho y termino a las nueve. Y a las

11. Cortina y Javier Calderón eran viejos amigos desde sus tiempos de jóvenes oficiales, porque ambos fueron miembros de FORJA; después estuvieron juntos en la fundación de GODSA, y compartieron destinos en el Alto Estado Mayor y en el CESID.

once el sargento Rando recibe una llamada de Cortina. El jefe de la Agrupación llama precisamente a Rando y precisamente ese día y se cita a las dos de la madrugada con él en el parque de Berlín. Y yo le digo que no vaya. Y al día siguiente, Cortina no le dice a Rando ¿por qué no fuiste a mi cita?».

El capitán Diego Camacho, sin embargo, basa su denuncia no tan sólo en lo que le ha contado el sargento Rando de su conversación con el miembro de la SEA Rafael Monge: «... quien me cuenta mucho de lo que ha pasado en la Agrupación es el capitán Rubio, que es el que está al mando de la Escuela, que es de donde sacan todo... las matrículas falsas, que después queman allí, las emisoras que han sacado por la mañana, los vehículos que han utilizado para coordinar las columnas de guardias civiles... Somos tres los capitanes, Carlos Guerrero Carranza, Rafael Rubio y yo, los que decimos que han pasado cosas extrañas...Y si yo le digo a Calderón que Cortina está en el golpe, lo lógico no es que Calderón le encargue a él la investigación...».

Quien entonces es el secretario general del CESID me explica cómo vive él todos estos hechos: «En el CESID el golpe llega con la misma sorpresa que en la sociedad. Lo primero que hacemos, puesto que los que han tomado el Congreso son guardia civiles, es mandar guardia civiles para saber qué es lo que pasa. Éstos regresan a las dos o tres horas diciendo que han visto a sus compañeros con muy buena moral, que tiene todo buena pinta. Ante ese comentario, lo que hacemos es quitarles de en medio y mandamos a dos oficiales destinados en la Central, no en la Agrupación de Operaciones Especiales. No recuerdo si esto se lo pedí a Cortina que lo hiciera o a gente de Santiago Bastos[12] que están moviéndose constantemente intentando saber... Lo que sí sé es que Camacho, unilateralmente, decide ir al Congreso a ver lo que está pasando allí.

12. El jefe del pequeño núcleo que en ese momento investiga el involucionismo en el CESID.

»Mi preocupación en ese momento es con quién enlazar, puesto que quien debiera ser nuestro jefe, Rodríguez Sahagún, está atrapado en el Congreso y visto lo que pasa en Valencia no sé qué implicaciones hay y a qué nivel. Entonces tenemos al hijo de Quintana destinado con nosotros y a través suyo le pedimos el teléfono del pabellón personal de Quintana. Le preguntamos cómo le pasamos la información que nos llegue y nos dice que lo hagamos a través de Sáenz de Tejada.[13] Y los movimientos, pocos, de tropas que vemos se los decimos a él... En cuanto a los coches de la Agrupación Operativa que están en la calle ese día, como es el caso del que conduce el cabo Monge, lo están por la "Operación Mister"... Aunque dado el comportamiento tan estanco que existe en las operaciones alguno pudo hacer un uso indebido del que no nos enteráramos. Y como hay dudas, le pido al jefe de la Agrupación, José Luis Cortina, que haga un informe sobre lo que ha pasado allí...».

El propio Javier Calderón queda descontento del informe que le llega: «La información que me da Cortina es escasa. Yo tengo dudas, y por eso decido que tiene que haber una investigación externa a la Agrupación y se lo pido a Jáudenes... Cortina pudo saber y no hizo nada, ésa es mi única duda. Sobre la actuación de la Agrupación puedo decir que el despliegue se hace para informar sobre los movimientos de tropas, y ésa es una información escasa que como dije le damos al general Sáenz de Tejada. Si alguien actúa con los golpistas lo hace a título personal. Decir que porque Gómez Iglesias actúa en el golpe, el CESID está implicado es como decir que porque Tejero hizo lo que hizo la Guardia Civil dio el golpe. ¿Qué es lo que pasa? Pues que inculpar al CESID es la forma de incriminar a Cortina y éste es el camino de implicar al Rey y justificar que todo se hizo por acatamiento de órdenes superiores.

13. Cuenta el general Sáenz de Tejada que durante la madrugada del 23 al 24 le llamaron del CESID pidiendo confirmación del rumor, al parecer muy extendido en ese momento, según el cual Milans del Bosch, al ver que el golpe había fracasado, se había suicidado.

No hay que olvidar que Tejero no implica a Cortina hasta su tercera o cuarta declaración».

Los capitanes que han denunciado las irregularidades de la AOME dicen que se sienten a partir de ese momento presionados —«... me empiezan a dejar pájaros muertos sobre el coche [me dice el capitán Camacho], gente de la Agrupación con la que me cruzo por los pasillos dicen "un día de éstos hay que matar a un hijoputa", tengo que dejar de ir a dormir a mi casa, sierran a Rando la radial de la rueda de la moto...»—. Preocupados deciden acudir a dos de sus superiores en el CESID en los que confían, los entonces comandantes Mateo Canalejo y Santiago Bastos. Asegura Camacho que eso produce un cambio en la forma de «presionarlos» a él y al sargento Rando: «...Y llega un momento en que Javier Calderón mientras me sirve una cerveza en su casa a mí..., a Rando, como es suboficial, le ofrecen dinero, y a mí como soy oficial y piensan que vengo de una familia con más medios, en lugar de dinero me dicen que debo comprender que "mi actitud si trasciende puede provocar la división en el ejército y que yo debo hacer el esfuerzo, por el bien del ejército, de callarme y de que dentro de un año Cortina abandonará el mando de la Agrupación, y que a mí me nombrarán inmediatamente jefe de Operaciones de todo el Servicio de Inteligencia, porque yo soy idóneo". Y es cuando digo: "las dudas que podía tener se me han disipado... Estás tratando de comprarme"».

En el entorno de José Luis Cortina, al contar lo sucedido se me dice que «en realidad la Operación Mister siempre existió, como existía la Operación Iván contra los rusos... En el seguimiento de los individuos que cada nación tiene destinados en España hay una operación permanente para investigar sus actividades. Luego el Servicio negó la Operación Mister en la causa del Consejo de Guerra, pero estaba ahí... Era permanente. Pero es que además, en esos días un periodista, Díaz Herrera, llama a Calderón, al que conoce y le dice que hay un tío, vecino suyo en la plaza de Oriente, con unos aparatos muy raros que están apuntando hacia las ventanas del Palacio Real, que él cree que lo que está haciendo es escuchar al Rey en sus audiencias. Dice además que él ha estado dentro del apartamento y que mucho echar a rusos y a los americanos nada... Calderón nos pasa la historia y le decimos que eso no es verosímil, pero lo miramos y en efecto, hay un tío, el segundo de la embajada, que vive allí y es de la CIA. Insistimos en que no resulta creíble la historia, pero como va a acabar saliendo en la prensa, y Zarzuela preguntará y dirían que no hemos hecho nada, nos ponemos a mirar el tema. Como es un asunto muy delicado, hacemos lo imprescindible por movernos con discreción y montamos la Operación Mister. Y decidimos: hacemos unos controles limitados con un solo coche y con un hombre que se ponía a unos metros del vehículo, al que de vez en cuando cambiábamos para que no se mosquearan, igual que cambiábamos las matrículas de los coches... Se seguían todo tipo de medidas de seguridad para no molestar a los gringos, para evitar incidentes. Y el 23 sale el americano de su casa a primera hora de la tarde y Monge, que está de guardia, le sigue hasta que ya le deja porque no le interesa seguir más lejos, porque el tipo sigue y sigue por la carretera de Andalucía. Y entonces, cuando se vuelve, Monge se encuentra un autocar parado. Le pregunta al conductor del autobús. Y éste le dice: "Vamos al Congreso, que hay un follón que no veas...". Y él los va siguiendo y cuando llegan al Congreso los ve que aparcan, se bajan y entran. Al no tener enlace [radio] en su coche, desde una cabina llama para comunicar lo que ha visto. Le decimos que vea lo que ha pasado y que vuelva después a la Central... Por otro lado se dio la orden a las unidades, después de volver de donde estuvieran, de establecer un círculo alrededor de Madrid, en las cercanías de los cuarteles, informando sobre qué unidades arrancaban y cuáles no. Lo mismo que se hizo con la Galaxia. Y ahí acaba la historia. Monge se vuelve, cuenta la que hay montada y lo del autobús. Y esto es lo que hay contra la gente de la Agrupación acusada en el 23-F».

Otros oficiales destinados entonces en el CESID, como el jefe de la Célula Antiinvolucionista, Santiago Bastos, me han negado la existencia de aquella Operación Mister, que califican de montaje posterior para encubrir la participación de la AOME en el golpe. Lo cierto es que Javier Calderón, como se ha dicho, encarga al entonces jefe de la División Interior, Juan Jáudenes, que realice una investigación. Éste la inicia el 30 de marzo. El informe incluye un apartado de conclusiones en el que se lee: «de todo lo expuesto no puede deducirse con certeza ninguna participación de personal de la AOME en la preparación o ejecución del fallido golpe del 23 de febrero. El único dato confirmado en tal sentido, las manifestaciones de R —clave que corresponde a Rafael Monge—, que indudablemente existieron, deja un cierto margen de duda razonable [...] Por lo que respecta a V —el capitán Vicente Gómez Iglesias—, existen dos puntos oscuros de los que se ha podido conocer de su actuación. Uno es su falta de detección de lo que estaba ocurriendo en el Pq. Autos GC, de donde salieron guardias hacia el Congreso y donde él estuvo presente... El otro período dudoso corresponde al día 24, desde que sale de la Agrupación —sobre las 10.00— hasta que llama a las 13.00 diciendo que ya está en su casa, plazo demasiado largo para un recorrido directo como asegura que hizo—. Las actuaciones de J —José Luis Cortina, jefe de la Agrupación— y F —García Almenta— aparecen como objetivamente correctas... Debe destacarse la seria situación de división interna y tensión detectada entre los diversos mandos de la AOME... [...]... También ha de señalarse la aparente pérdida de confianza de algunos mandos de la AOME en J —José Luis Cortina—, cuya prueba evidente es la tramitación irregular de su denuncia...».

Este «informe Jáudenes» se le entregaría, a través del jurídico del CESID, el comandante Lanz, al juez instructor de la causa del 23-F, García Escudero. Este hecho produce un nuevo elemento de confusión. Al ser el documento secreto, y puesto que pasado un tiempo las actuaciones del juez se harán públicas, el CESID pide, y el juez acepta, que se limite a leer el documento, tome notas para interrogar a algunos oficiales, pero no lo adjunte a la causa. Al juez no se le entregan, de hecho parece que están desaparecidas, las declaraciones originales íntegras de los interrogados. Aún más, el capitán Diego Camacho no está, a pesar de ser el principal acusador, entre quienes llama posteriormente el juez García Escudero a declarar en la instrucción. Él tiene su versión sobre este hecho: «¿Por qué no me llama a mí el juez instructor García Escudero? Pues porque desde el primer momento hay gente que está a favor del golpe de Estado, y están protegiendo a los golpistas, y a mí me consideran el cabecilla de los que en el CESID se resisten a echar arena sobre el tema». El que era secretario general del CESID, Javier Calderón, y que años después será director del Centro en el primer gobierno de José María Aznar, dice: «Lo de la Agrupación Operativa, y no digo que se hiciese así, si se hubiera encubierto no habría sido más que seguir lo que dictaminó el ministro Oliart hacer: tapar a los que no habían salido implicados... Eso fue lo que se hizo en el ejército. La orden que una vez concluyó el tema di a Ortuño, el relevo de Cortina al frente de la Agrupación, fue: "todo el que haya protagonizado algo de alguna forma, fuera". García Almenta y los guardia civiles salieron así. Y sin embargo nadie hace nada contra Camacho ni contra Rando.[14] También se quedan en el CESID Rubio y Guerrero».

El capitán Camacho, por su parte, mantiene su convencimiento de que el CESID, o al menos la Agrupación Operativa en la que él estaba destinado, juegan parte activa en la intentona golpista: «El CESID participa en el 23-F en la organización del golpe, en la obtención de apoyos exteriores al golpe, fundamentalmente Estados Unidos y el Vaticano, en la planificación del golpe con Armada, en los contactos de Armada con Tejero, en el

14. Años después, en 1996, semanas después de pasar a ocupar la dirección del CESID, el ya teniente general Javier Calderón cesará en el Centro, entre otros, a Diego Camacho y Juan Rando, aunque él me diría que debido a informes negativos existentes contra ellos realizados por los jefes de Área del CESID.

estudio de los tiempos que se van a utilizar en las dos diferentes columnas que van a converger en el Congreso, en la acción de captación de la escuela de automovilismo (*de la Guardia Civil*), por parte de Vicente Gómez Iglesias, y después en la realización material de la llegada al Congreso, es decir, dirigir los autobuses, controlar la coincidencia, lo que es el transporte de las fuerzas ocupantes al Congreso para desencadenar lo que es la primera fase del golpe, el secuestro del poder ejecutivo y legislativo».

La luz se cuela incluso por los rincones más oscuros

Cuando ya está muy avanzado 1981, el comandante José Luis Cortina y el capitán Vicente Gómez Iglesias pasan a ser detenidos. En el entorno del primero se dice que se los acusa porque son la vía que «lleva al Rey», vía que eligen los abogados defensores de los acusados para exonerarlos de culpa a través del atenuante de «la obediencia debida»: los encausados, así, se hubieran limitado a cumplir «órdenes» que venían de la Zarzuela. Es cierto que durante la causa, inútilmente, los abogados defensores y los encausados intentarán demostrar que —título que no por casualidad da Pardo Zancada a su libro sobre el tema— el rey es «la pieza que falta» en el puzzle del golpe. ¿Se trataba tan sólo de una estrategia de defensa?

La investigación judicial del 23-F distó mucho de ser ejemplar. Y, sin duda, en ello tuvo que ver no poco aquella decisión que se tomó en los días inmediatamente siguientes al fracasado golpe: implicar al menor número de militares posible… y a ningún civil, como si nunca hubiera habido otra «trama civil» que la que representaba el falangista García Carrés en absoluta soledad. El que a menudo los eventos cruciales de la trama se desarrollaran en conversaciones con tan sólo dos protagonistas, es decir que acababan reducidas a un «yo digo, tú dices» sin por tanto valor probatorio, aún hizo más difícil desentrañar un laberinto en el que a veces parecía que lejos de derribarse muros, lo que se hacía era añadir nuevos recovecos.

Por eso, quizá no sea malo regresar al final a los momentos iniciales tras el golpe..., cuando aún la «ciega» ley no había intervenido, cuando la relación entre los principales encausados comienza a quebrarse, pero todavía no se han establecido estrategias. Porque es entre esas grietas por donde se pueden ver indicios que después quedarían perdidos en la inmensidad de un océano de legajos...

El día 25, cuando Jaime Milans llega a Madrid, al Cuartel General donde ha sido convocado, bien por mantener el tipo, o bien porque realmente cree que todo se va a resumir en una reprimenda, un simple tirón de orejas, entra por los jardines del palacio de Buenavista bromeando con los que le salen al paso. El teniente general Gabeiras, su rival desde que le han convertido en JEME, el hombre al que desprecia y no se le pone al teléfono cuando le llama aunque es su superior, le recibe acompañado por el capitán general de Madrid, al que ha convocado para que esté a su lado y le dice: «Milans, vienes arrestado», y a continuación le nombra a un ayudante, un coronel que, por casualidad, está allí en ese momento, José Ramón Pardo de Santayana. En los siguientes días, este hombre se convertirá en las piernas, los oídos y la boca de Milans, y de paso en los de otros hombres clave en el golpe. Éste es su desvelador relato:

«... el general Pérez Iñigo [el nuevo segundo JEME, que se ha nombrado tras el arresto de Armada] le dijo a Milans: "Mi general, como no tienes ayudante y estás aquí incomunicado, ha dicho el general Gabeiras que puedes nombrar un oficial que te acompañe y haga las veces de ayudante hasta que salga en el Diario Oficial el nombramiento y puedas tener un ayudante oficial". Y yo, que apreciaba a Milans y le tenía a mi lado dije: "Puedo ser yo". Pero lo dije pensando que era imposible; primero, porque yo era coronel, y los ayudantes de un teniente general como mucho son tenientes coroneles, no coronel. Y segundo, pensé que a mí me podían tachar de tener unas ideas parecidas a las de Milans y que poco menos que podía favorecer su fuga, o algo así. Pero me encontré con la sorpresa de que no. Gabeiras, que me conocía, había sido profesor mío en la Escuela de Estado Mayor, y conmigo siempre fue muy amable, dijo: "Sí, sí, que sea Pardo el ayudante de Milans". Y desde ese momento, me metí en ese despacho con él. Me pasé con él diez días de las ocho de la mañana a las diez de la noche. Cinco días en aquel despacho, y otros cinco en el Cuartel de Artillería de Getafe. Recuerdo que cuando íbamos por el pasillo le dije: "Mi general, ¿cómo es posible que hayas montado todo esto sin que nadie supiéramos nada?". Y me dijo: "Mira, Pardo, yo creí que el ejército al grito de 'a mí la Legión' respondería y no ha respondido". Eso fue lo que me dijo. Seguimos hablando... ¿Que por qué él creyó eso? Yo creo que ni había hablado con la gente. Él estaba convencido de que daba el paso adelante, y que todos pensábamos lo mismo que él y que le seguiríamos... Entonces el general Milans despotricaba contra todos. En primer lugar contra el Rey: "Yo soy monárquico, pero esto no es tolerable, porque el Rey nos ha engañado, porque nosotros hemos avanzado y él se ha echado atrás...". ¿Y por qué decía eso? Pues porque él había tenido unas conversaciones con Armada y estaba convencido de que todo lo que decía Armada era por boca del Rey, y no es así. Entonces yo esa noche llamé a Sabino, que entonces vivía en un apartamento en la plaza de Colón, y me fui a verle. "Mire mi general, pasa esto... Milans dice esto, y esto..." Y me dice: "El Rey no ha podido decir eso". Empezamos a hablar. "Ya sabes cómo es el Rey. Es muy amable con todo el mundo. No sé si habrá tenido una conversación con Milans, y que Milans le haya dicho, y que el Rey haya respondido: 'Ya sé, ya sé, Jaime, que puedo confiar en ti'. Una cosa de ésas, que Milans podía haber malentendido"... Y entonces me dice: "¿Qué podemos hacer?". Y al día siguiente me dice Milans: "Mira, Armada está arrestado en Alcalá, vete a verlo y le dices que yo no puedo más, que tiro de la manta caiga quien caiga, y que tiene que hablar con el Rey o lo que sea, pero yo no aguanto porque el Rey nos ha traicionado". Y entonces yo fui a ver a Armada. Él estaba en una situación completamente opuesta a la de Milans. Estaba en un cuarto, con la radio a bastante volumen...Me dijo: "José Ramón, perdóname, pero sé que hay escuchas electrónicas, tengo puesto esto para que no nos oigan"... Y me dijo dos cosas. Me dijo: "Mira, dile al general de mi parte que, con todo respeto —la diferencia no era muy grande entre un general de división y un teniente general, pero le hablaba así—..., dile al general que con todo respeto y todo afecto, que el Rey no sabía nada de todo esto, yo nunca le he hablado de esto... Si lo sabía por otro lado no puedo decir nada, pero por lo que yo he hablado con el Rey puedo asegurarte que no le he dicho nada, ni él me ha dicho nada a mí... Y luego a eso de tirar de la manta y tal, que nada... que si tiene que hablar de algo, que hable a partir del día 23, pero que de antes no tiene que hablar de nada"».

Me contaría un general que se pinchó el teléfono por el que hablaba Armada en las horas siguientes al golpe y se le oyó hacer en esas conversaciones la misma petición a Milans: «Jaime, no hay que hablar de nada de lo sucedido con anterioridad al día 23», y ofrecer la salida de que ellos tan sólo actuaron en el golpe ante la crisis que suponía la toma del Congreso y el vacío de poder producido en consecuencia. Milans, evidentemente, no aceptó lo que, en cualquier caso, era insostenible.

Sigue su relato el teniente general José Ramón Pardo de Santayana: «Entonces Milans, estando yo ya de agregado militar en Alemania, me escribió una carta a través de su abogado diciéndome que había pedido un careo con Armada y conmigo... Yo le contesté que por favor no me pusiera en un brete tan grande, que yo era amigo de los dos, que yo los quería a los dos, y que si tenía que decir lo que me había dicho Armada había una parte que le podía favorecer a él, pero otra que le perjudicaba muchísimo, y que yo tenía que decir la verdad. Afortunadamente el juez no admitió la prueba, le pareció superflua..., y no se produjo ese careo. ¿Y qué contesta Milans a la petición de Armada de no decir nada anterior al 23-F? Pues no me acuerdo, pero...Yo creo que sí que le hizo efecto, pero no me dijo nada en absoluto. ¿Armada nunca me dijo nada de que estaba implicado? Bueno, sí que hubo un momento... Había un coronel, o quizá un teniente coronel, que se llamaba Solano [se refiere a Rodríguez Solano, a quien Tejero ya intentó sumar en el tema Galaxia], y era muy amigo de Tejero. Como yo veía a Armada todas las semanas, no sólo cuando estaba arrestado, sino también cuando estaba detenido en la cárcel de Alcalá, antes de irme destinado a Alemania, o sea, antes de marzo del ochenta y dos, me dijo Armada: "¿Tú conoces a Solano? ¿Puedes hacer el favor de hablar con él? y dile de mi parte que le diga a Tejero que si es un caballero que recuerde que él y yo habíamos quedado en no decir nada de la reunión que habíamos tenido...". Yo hice también de correveidile, se lo dije a Solano, éste a Tejero y Tejero le dijo que no estaba de acuerdo. En aquel momento Armada estaba agobiado...».

De nuevo, un militar, éste de los encausados, me dijo que meses más tarde, estando a la espera de juicio, Tejero, que seguía respetando y tratando mejor a Armada que la mayor parte de los militares y guardia civiles detenidos, acudió a la celda del general, y que después Armada le comentó que había ido a disculparse y a justificarse con él, por haber roto su palabra.

Pero no fue el entonces coronel Pardo de Santayana el único «correveidile» cuyas gestiones ayudan a la hora de argumentar conjeturas y dirimir disparidad de opiniones. Cuando a José Luis Cortina empiezan a llegarle noticias de que los encausados le están incriminando busca hacerles llegar mensajes que los hagan rectificar. Uno de ellos es ese capitán de la AOME, viejo pariente de Alfonso Armada, al que en el ejército llaman Josito, hombre de ideología muy cercana al comandante Pardo Zancada, del que es amigo. José Luis Cortina le pide que vaya a verle.

Me contaría Pardo Zancada sobre esto: «Me envió a la cárcel un mensaje a través de mi amigo, el capitán Josito Armada, pidiendo que silenciara su participación a cambio de supuestas ayudas que podrían dársenos mejor estando libre que si él también se encontraba encarcelado». El propio Josito Armada, ahora general, me confirmó que en efecto visitó varias veces a Pardo en la cárcel, aunque fue mucho más evasivo y, si bien no lo negó, evitó reconocer, haber sido intermediario de mensaje alguno entre los dos comandantes.

Hay otra gestión muy similar, sin embargo, que inicia el comandante Cortina al mismo tiempo. Ésta para hablar con Tejero. Un conocido abogado madrileño recibe un día la visita de un hermano del comandante Cortina. Este hermano trabaja en una oficina que está situada junto al despacho del abogado. En alguna de sus conversaciones, este abogado había comentado que conoció muy de cerca a Antonio Tejero, porque tuvieron que trabajar juntos durante años en Guipúzcoa, y que mantiene cierta amistad con la familia. Lo que viene a pedir el hermano del comandante Cortina es que este abogado haga de intermediario y facilite un encuentro entre los dos. «Mi hermano —viene a decirle— quiere hacer entender a Tejero que puede ayudarle mucho más estando fuera que dentro de la cárcel, que sería un error ahora implicarle...» Este abogado facilita el encuentro entre el comandante Cortina y la esposa de Tejero, a la que el comandante regala un lujoso ejemplar de *El Quijote*. La gestión, como en el caso de Ricardo Pardo, no da resultado, y el comandante Cortina acaba siendo citado por los implicados como uno más de ellos, aunque luego José Luis Cortina sería absuelto en el proceso.

El otro implicado del CESID, el capitán Gómez Iglesias, éste sí, condenado al final a seis años y expulsado de la Guardia Civil, durante su defensa no intentó en ningún momento hacer uso de la «obediencia debida» como atenuante durante la vista. Pero también él protagonizó una anécdota reveladora. Cuando ante la evidencia de que iban a presentarse cargos contra él, el teniente coronel Javier Calderón le convocó para anunciarle que debía darle la baja en el Centro, le expresó su pesar: «No puedo dormir —le dijo— pensando en la posibilidad de que se esté cometiendo una injusticia contra un oficial como tú, impecable, que ha realizado un trabajo tan excepcional... Siento mucho, sinceramente, que tengas que irte, y me produce un gran disgusto, ya te digo que llevo noches sin dormir pensando en que se pueda estar haciendo esta injusticia...». «Mi teniente coronel —contestó Gómez Iglesias—, puede usted dormir tranquilo.»

El día 24, cuando tan sólo han pasado unas pocas horas de su liberación, se celebra una reunión de la Junta de Defensa Nacional. Asisten el Rey, el presidente del Gobierno (aún Adolfo Suárez); el vicepresidente, Gutiérrez Mellado; el ministro de Defensa, Rodríguez Sahagún; el ministro del Interior, Juan José Rosón; los generales de la JUJEM; el capitán general de Madrid, Guillermo Quintana... Durante la reunión, los que han actuado en el bloqueo del golpe llevan la voz cantante e informan de lo acontecido. Entre ellos, por supuesto, papel estelar para el secretario de Estado de Seguridad, Francisco Laína. Horas después, Guillermo Quintana le contará a un amigo suyo algunos de los detalles de la reunión. «¿El general Armada? —dice cuando le preguntan por el antiguo tutor del Rey—, está hasta aquí, hasta aquí.» Y muy gráficamente se señala con la mano la frente. Y después comenta, quizá el general Quintana había escuchado en voz de Laína el resumen de alguna de las conversaciones grabadas durante esa noche, cómo durante una conversación con el Rey en la que Armada insiste en que le dejen actuar para «resolver la situación» le dice al monarca: «Pero esto es de lo que hemos venido hablando, señor, ésta es la ocasión de poner en práctica lo que hemos hablado», y cómo el Rey, cada vez más irritado, le contesta: «¡Cómo me puedes decir eso Alfonso!..., esto no es... así no, así no...!». Y como el Rey, ante la insistencia de Armada, incapaz de colgar el teléfono al hombre que durante tantos años ha servido a su lado, irritado pasa el teléfono a su secretario general: «¡Habla con Sabino!». No mucho después Armada lograría, sin embargo, cumplir su deseo. Desde la Zarzuela al final no le prohibirían cumplir su obsesión: podía acudir al Congreso dispuesto a salvar a la Patria y presentarse como presidente de un gobierno de concentración, aun fuera «con el sacrificio de su carrera militar».

EPÍLOGO

Y de repente las piezas sueltas encajan en su lugar

Después de dos largos años en los que había realizado decenas de entrevistas, muchas grabadas, otras recogidas en varias libretas que ahora tenía ante mí, y con la ayuda de notas tomadas de otros libros anteriores escritos sobre el tema, de periódicos de la época, de documentos..., por fin contemplaba sobre mi escritorio un buen montón de páginas en las que había ido encajando todos aquellos retazos de la historia que me había afanado en reconstruir. El cuerpo del libro había tomado su forma definitiva. O casi. Ahora me dedicaba ya tan sólo a cubrir esos pequeños agujeros, esas grietas que aparecen siempre en un reportaje, más aún cuando éste se desborda hasta convertirse en un libro. Rellenaba aquellas fisuras con el conocimiento que me aportaba alguna entrevista de última hora, una llamada telefónica más a alguna fuente paciente..., y aunque no siempre lograba tapar la grieta por completo, sí que la reducía casi siempre hasta el punto de que no me hiciera tropezar al pasar la vista sobre ella. Hay que aceptarlo, en todas las historias hay pequeños rincones en penumbra, hay palabras perdidas, me consolaba, y seguía avanzando sobre aquellas páginas. Pero una de aquellas grietas me resultaba realmente molesta, porque estaba en una zona crucial y por su causa toda la estructura aparecía ante mí más endeble de lo que deseaba... No encontraba forma, sin embargo, de rellenar aquel agujero y dar la solidez definitiva al trabajo.

Una noche, casi ya de invierno, volvía a casa de dar un paseo con mi hija cuando sonó el móvil. Era mi viejo interlocutor, al que había machacado, casi hasta el acoso, con aquella grieta, que también a él le importaba, lo sabía, por su trascendencia y quizá también porque, como me dijo la primera vez que hablamos, sinceramente creía que ya había llegado el momento de conocer la verdad. Pero él no tenía respuesta, ni yo alternativa para seguir buscando. Cuando respondí al teléfono, y tras un corto saludo, se interesó por el estado de mi trabajo. Le dije que ya estaba casi finalizado, que andaba metido en la tarea de subsanar errores y de completar partes que me parecía podían necesitar más datos. Y de repente me planteó: «¿Puedes venir con tu coche a buscarme mañana a mi casa, hacia las once? Vamos a ir a hablar con alguien». Le pregunté con quién, pero por primera vez jugó a hacerse el misterioso. «Créeme, te gustará hablar con esa persona.»

A las once y cuarto dejábamos la M-30 y tomábamos una de las autovías nacionales que parten de Madrid hacia el sur. Durante el viaje, mi compañero y yo hablamos de la actualidad política, que le preocupaba mucho. Volví a preguntarle sobre la persona con la que nos íbamos a ver, pero no me respondió, así que me limité a seguir su conversación. Condujimos algo menos de una hora y llegamos a una ciudad histórica... Las calles estaban tranquilas a esa hora. Era día laborable y ya avanzado el otoño, por lo que apenas había turistas y la gente de la localidad andaba atareada en sus trabajos. Dejamos el coche en un aparcamiento, muy cerca de uno de los muchos hermosos monumentos que adornan la localidad, y entramos en un restaurante. Era poco más del mediodía, pero nos acomodamos en una mesa para cuatro, en una esquina del comedor muy aislada. Al parecer alguien había hecho una reserva.

—¿Te gusta el asado...? Espero que sí —me dijo y no esperó a que respondiera—, porque tenemos encargado uno... Aquí lo hacen buenísimo, tanto como el de Segovia o Burgos, aunque la gente no lo crea.

Seguimos hablando, haciendo tiempo, y poco después de las doce y media aparecieron dos personas. Una conocía a mi amigo. A mí no me sonaba su rostro, ni tampoco su nombre. Por sus modos deduje que quizá hubiera sido militar. La otra persona me resultaba menos desconocida. Se aseguraron, antes de nada, de que yo aceptaba sus términos: me daban permiso para utilizar la información que me dieran, pero a cambio me comprometía a ocultar el nombre de mis interlocutores. Me exigieron aceptar aquellas condiciones expresamente y así lo hice. Sólo después se decidieron a hablar.

Lo que sigue recoge la información que se me dio en las más de siete horas siguientes, el tiempo que tomó nuestro encuentro.

En los últimos años sesenta, el Príncipe era un personaje que, en buena medida, vivía aislado. Él y la princesa Sofía ya no residían en aquel palacete de El Pardo incómodo, incluso con humedades, que les asignaron después de casarse, sino en la Zarzuela, mucho más confortable, pero los contactos con el mundo exterior del joven que Franco había separado de su padre con la intención de convertirlo en su heredero, eran muy escasos. El general mismo, a pesar de ser quien le había elegido, no compartía mucho, por no decir prácticamente nada, las tareas e informaciones del gobierno con su sucesor. Su relación personal tampoco podía calificarse de cercana, sino muy al contrario. El Príncipe contaría a alguna de sus visitas, desolado, cómo en una ocasión, por ejemplo, había permanecido durante más de una hora sentado junto a Franco en el coche, buscando la manera de entablar una conversación, saltando de tema en tema, sin que «el Caudillo» hubiera despegado los labios ni en un solo momento. Ese trato distante llegaba a hacerse físicamente patente: en las escasas apariciones públicas en las que coincidían, se exigía al Príncipe que se mantuviera por detrás de Franco, a unos pasos de distancia.

Los hombres que rodeaban a Juan Carlos, el marqués de Mondéjar, Alfonso Armada, José Joaquín Puig de la Bellacasa.., se esforzaban por romper ese aislamiento, por evitar que el palacio de la Zarzuela se convirtiera en una jaula de oro. Comenzaron así, de manera más o menos discreta, a preparar al futuro rey entrevistas con personajes, jóvenes de su misma o similar edad, que les parecían que podrían ser protagonistas también de la vida española en los años siguientes. Personas de todos los campos, entre ellos, desde luego, la política.

Existía entonces una revista, llamada *Índice*, en la que escribía un grupo de gente que, aunque de la forma velada que imponían los tiempos, apostaba por la apertura política de cara al futuro. Entre ellos se hallaba un grupo que había adoptado el nombre genérico de Equipo XXI. El cabeza de ese grupo era Antonio Cortina. Como muchos otros del Equipo XXI, Antonio Cortina era un antiguo integrante del Frente de Juventudes. Su pensamiento, similar al de Dionisio Ridruejo, con el que simpatizaba, le llevaba a profesar una ideología *sui géneris* en la que se mezclaban fundamentos de la socialdemocracia con el respeto a las «esencias y tradiciones» españolas. Uno de los pocos amigos de entonces de Juan Carlos, Jacobo Cano, también entregado a la tarea de expandir el círculo de contactos del Príncipe, pensó en Antonio Cortina, entonces en sus treinta y pocos, y organizó una audiencia para él. El desarrollo de la conversación fue peculiar. Apenas se inició, dicen que Cortina explicó al joven heredero que él no había sido educado en la monarquía y ni siquiera comprendía bien el valor de una institución como aquélla. El Príncipe, ante aquel arranque de sinceridad, tuvo una reacción de mimetismo con su interlocutor muy típica en su carácter: «¡Toma, tampoco yo soy monárquico! Pero bueno...», le vino a decir. Y le explicó luego que lo que necesitaba era gente sincera y fiel, y que se «había dado cuenta de que era entre los menos monárquicos entre quienes había encontrado a menudo la gente de la que más podía fiarse». A partir de ese momento la entrevista se desarrolló bien, y se repitió en otras ocasiones en los años siguientes. El grupo de Antonio Cortina, por muy republicanos que se confesaran la mayor parte de sus miembros, no quería perder el contacto con el Príncipe.., ni, desde luego, pensando en el futuro, la esperanza de poder aportarle sus puntos de vista.

En los meses siguientes las relaciones con la Zarzuela se estrecharon gracias a un nuevo contacto, esta vez con el militar que ocupaba la secretaría del Príncipe, Alfonso Armada. Quien hizo de intermediario en este caso fue Alejandro Rodríguez de Valcárcel, presidente del Consejo del Reino, al que también le habían llamado la atención algunos de aquellos artículos del grupo, aparecidos en *Índice*, y en los que se hablaba de que la solución para el futuro era la «reforma democrática», en lugar del inmovilismo de tantos sectores del Régimen, o de la ruptura que proponía la oposición clandestina. Para entonces, además, Cortina y sus amigos ya andaban trabajando en la idea de montar un centro de estudios políticos que preparara programas, informes, buscara personajes..., una idea que acabaría concretándose en una sociedad que llamaron Gabinete de Orientación y Documentación, S.A., y que se conoció como GODSA.[1] El grupo pensó entonces en quién podría pilotar esa salida, la «reforma democrática», en la que ellos creían, y eligieron a Manuel Fraga, entonces director de la cervecera El Águila, donde había tenido que buscar refugio tras el incidente de Matesa,[2] aunque muy poco después fue nombrado embajador en Londres. Y allí fueron. Le explicaron al político gallego sus ideas y planes, que

1. Véanse págs. 188-189.

2. En el verano de 1969 estalló un escándalo económico, el denominado caso Matesa. Se trataba de una supuesta exportación de telares mecánicos, que en realidad encubría un fraude por el que Matesa percibía una serie de ayudas con que se premiaba la exportación. Pero el asunto iba más allá. Juan Vila Reyes, el director de Matesa, era un hombre cercano al Opus, y en aquel momento se vivía una guerra de poder en el gobierno entre los ministros de la Obra y los denominados «azules», los ministros más cercanos a la ideología del Movimiento. Estos últimos aprovecharon el escándalo para atacar a los miembros del Opus Dei. Franco, en una típica maniobra suya, resolvió la situación destituyendo por un lado a los ministros del Opus García-Moncó y Espinosa, y por otro a Manuel Fraga y José Solís.

él acogió entusiasta, y pasaron a ser «los hombres de Fraga» en los ambientes del mundo político.

Hacia 1973 prepararon en GODSA un primer proyecto político de futuro para Manuel Fraga, con la ayuda de expertos, entre ellos el constitucionalista Luis Sánchez Agesta. Fraga, después de leerlo, decidió que aquello merecía ser conocido y consultado. Y se lo entregó a uno de los pocos hombres que tuteaban a Franco, el almirante Pedro Nieto Antúnez, con la petición de que le diera a conocer aquel documento al jefe del Estado. Era entonces verano, y Franco estaba en el *Azor*, fondeado frente a las costas gallegas. Allí fue a verle Nieto Antúnez. Fraga y su «gabinete», mientras, esperaban en Perbes, donde se habían citado con el almirante, para conocer la acogida a su proyecto. Nieto Antúnez les contó después cómo había leído una tras otra las primeras páginas de aquella propuesta a un Franco que le escuchaba completamente mudo. Hasta que por fin, en un momento dado, interrumpió la lectura de Nieto Antúnez y le dijo: «¿Oye, Pedro, y para qué país te ha dicho Manolo Fraga que ha preparado eso que me lees?»... También les dijo el almirante que en aquel punto había dejado de leer. A los miembros de GODSA se les escapó el punto de humor que no dejaba de encerrar aquella reacción del dictador, pero no desistieron, y también hicieron llegar el documento a la Zarzuela.

Para entonces, en realidad, ya eran varios los integrantes de GODSA que visitaban al Príncipe para hablarle de política y, también, de cómo era la España real más allá de los jardines del palacio. Antonio Cortina y Alfonso Armada, a quien aquél le había contado la frase del Príncipe —«los que no son monárquicos, se me han mostrado a veces como los más leales»— habían realizado una lista de unas sesenta personas, algunas de ellas miembros de GODSA, para que el futuro rey pudiera continuar ampliando «su agenda». Como es lógico, en esas entrevistas menudearon las referencias a las personalidades políticas que, como Fraga, parecían capaces de liderar la profunda reforma que necesitaba el sistema político entonces vigente. De hecho, ellos serían quienes hicieran posible, en una de las visitas que Fraga hizo desde Londres a Madrid, un encuentro entre el político gallego y don Juan Carlos.

Mientras, los «papeles» que preparaban los hombres de GODSA para Fraga, a menudo eran reenviados a la Zarzuela para que también allí supieran de sus opiniones y proyectos. Esto hizo posible que cuando hubo que preparar el conocido como «discurso de la Corona» para el día de la entronización del monarca, que según todos los indicios acabaría redactando mayoritariamente Armada, a los hombres de GODSA se les pidió un documento que inspiró algunos de sus párrafos. Después del ascenso del habitante del palacio de la Zarzuela de heredero a rey, la llegada de informes y estudios se mantuvo aún mientras GODSA siguió existiendo. Hacia el año 1977, sin embargo, Fraga decidió que GODSA se «integrara» en Alianza Popular y sus componentes, que poco a poco ya habían ido dispersándose, bien por razones personales o de incompatibilidad profesional, bien por divergencias políticas, acabaron por dejar de ser «un grupo» como tal (aunque ya hemos visto en capítulos anteriores que seguirían ocasionalmente reuniéndose, incluso con Fraga, lo que no estaba exento de crear controversias).

Antonio Cortina, de GODSA salió al Ayuntamiento de Madrid. Un «movimiento» forzado por sus serios enfrentamientos con uno de tantos de aquellos políticos de entonces que, después, se tragó el olvido, Rafael Pérez Escolar —volvería a la actualidad momentáneamente al verse imputado y condenado en el «caso Banesto»—. Sin embargo, Cortina fue de todos aquellos hombres de GODSA el que más contacto siguió manteniendo con Alfonso Armada. Entre los dos se había creado una relación de cierta amistad, alimentada por la admiración que Cortina sentía por el tutor del monarca. Públicamente llegaría a decir que respetaba especialmente su integridad moral, su talento —llegaron a oírle decir que a Armada le cabía el Estado en la cabeza y aún le sobraba espacio—, y su sentido de la lealtad, que dejaba muy patente en su relación con el Rey. El concejal Cortina facilitaba a Armada y su familia pases para los actos culturales que organizaba el Ayuntamiento madrileño, y los Armada le correspondieron con alguna invitación a almorzar. Esta relación entre los dos hombres hizo posible, por ejemplo, que el monarca considerara al alcalde de Madrid, Juan de Arespachochaga, a la hora de preparar la lista de senadores por designación real.

La salida de Alfonso Armada de la Zarzuela tras su pulso perdido con Suárez, coincidió casi en el tiempo con la salida de Antonio Cortina del Ayuntamiento de Madrid. La relación entre ambos entró entonces en un proceso paralelo al que vivió la relación del propio Armada y el monarca: no se cortó, ni se enfrió; tan sólo se hizo más esporádica. En realidad entre Juan Carlos y su antiguo secretario y tutor había un trato casi paterno filial que se debe conocer para comprender mejor el alcance verdadero de esta aparente quiebra en su relación. Armada era un hombre de principios morales muy estrictos. No ocultaba que su vida estaba presidida por tres valores que se jerarquizaban por este orden: Dios, Patria y Monarquía. Los que le conocen aseguran que era un hombre de vida casi espartana; de alguna manera uno de esos monjes soldados de siglos anteriores. Ese modelo de conducta comenzó a chocar cada vez más con la vida personal del monarca, que rondaba entonces los cuarenta años, y para quien Armada se había convertido en una «conciencia» incómoda por crítica. Pero eso no significó en ningún momento la ruptura definitiva entre ellos. Más bien, Juan Carlos necesitaba «liberarse» de esta especie de «padre» y favoreció ese distanciamiento.

Con Alfonso Armada al frente de la Academia de Artillería, los encuentros entre Antonio Cortina y el ya general siguen produciéndose, por tanto, de manera ocasional. Quienes tienen referencia de su contenido comentan que los dos hombres hablan de política, de la situación de España, del terrorismo y, sobre todo, de la deriva en que han entrado los procesos autonómicos, lo que más les preocupa... Coinciden en que la figura política de Suárez ha entrado en un progresivo ocaso, lo que, según constatan, comienza a hacer evidente una doble debilidad del presidente: por un lado la creciente crisis en su gobierno —las baronías le crecen por derecha e izquierda y le van asfixiando—; por otro, se va haciendo patente un distanciamiento entre el presidente y el Rey. Suárez tuteaba al monarca, porque eran amigos..., pero cuando gana las dos primeras elecciones comienza a despegarse de la realidad. Esto se refleja no sólo en su trabajo —cada vez le aburren más las tareas domésticas del gobierno y se apasiona por representar un papel en el mundo—; también en su comportamiento personal empiezan a verse reflejos de divismo. Pierde, por ejemplo, o así parece que lo siente el jefe del Estado, la referencia de su exacta posición respecto al Rey, algo que por educación, por sentido del papel de la Institución que representa y por tantas otras cosas, exige un monarca de quien le rodea. (Suárez llega a bromear, en sus ensoñaciones de estadista, y avanza que cuando España entre en la Unión Europea, él podría ser en un futuro su presidente: «y desde esa posición yo sería, de alguna forma, tu jefe», le dice al Rey. De repente ya no resultan tan inofensivas determinadas familiaridades que antes carecían de importancia, o incluso se habían fomentado: a Juan Carlos le empieza a desagradar que el presidente le tome del brazo y le lleve así cuando caminan, que le corte cuando habla, que le contradiga...)

Las conversaciones de Armada y Cortina, de manera casi imperceptible, derivan del simple comentario hacia un «la situación es peligrosa para la consolidación democrática.., ¿se podría ayudar de alguna manera?», y así, con este espíritu, de las palabras, se pasa a los papeles. Antonio Cortina, que mantiene contactos con parte de sus viejos amigos de GODSA, habla con algunos de ellos, muy pocos, apenas media docena, hombres (catedráticos, constitucionalistas, sociólogos, abogados...) que piensa que por contar con un sólido reconocimiento profesional y no militar en partidos políticos pueden contribuir a aportar soluciones. Y comienzan así a redactarse los primeros informes, análisis de situación, aunque en ningún caso Cortina forma a su alrededor y el de Armada una organización permanente... Nunca se llega a crear nada similar a un gabinete de estudios; ni se alquilan oficinas o se adquieren medios materiales específicos para ello. En principio los informes carecen de una finalidad concreta. No se piensa entonces que vayan a conducir a ningún tipo de operación política ni de otra clase. En estos informes lo mismo se trata de la situación económica que de la política, o la social. Se habla con empresarios, con sindicalistas, con políticos... Y para la redacción, para asegurar lo acertado de su visión, con expertos en cada uno de los principales campos. Hay un momento en el que Armada, ante la lectura de aquellos papeles, comienza a decir «esto podría resultar de utilidad a Su Majestad».

No son éstos, desde luego, los únicos análisis que se realizan en estas fechas en España sobre los eventuales peligros que se presentan a la democracia. Por ejemplo, sobre los riesgos que plantea el proceso autonómico y la supuesta inconstitucionalidad de algunas de las pretensiones nacionalistas. De hecho, en el gabinete de López Rodó se realiza uno que se le hace llegar también a Alfonso Armada y que el general a su vez comparte con Jaime Milans. Este general, por cierto, lo leerá en un Consejo General del Ejército, tras un muy duro enfrentamiento con el entonces JEME, José Gabeiras, que intenta oponerse a ello.

Armada asciende a general de división y al poco es trasladado a Lérida para que asuma el mando de la División Urgel y el cargo de gobernador militar de la provincia. Antonio Cortina continuará visitando, aunque de manera más esporádica, al general en su nuevo destino, y le hace partícipe de los estudios que se siguen realizando. Ya en 1980, a comienzos, los informes empiezan a dejar de ser simples análisis, y se realiza un primer estudio en el que se identifican peligros concretos y se ofrecen posibles soluciones: economía, proceso autonómico, crisis institucional... Sobre todos ellos existe una inquietud generalizada tanto en los círculos políticos, como financieros y sociales, donde gana fuerza a cada día que pasa la necesidad de un relevo en la presidencia del Gobierno que ostenta Adolfo Suárez.

Este estudio, tras leerlo el general Armada, se hace llegar a Zarzuela. En Palacio se dispone que la manera de canalizar este tipo de aportaciones, en lo sucesivo, sea a través del marqués de Mondéjar, jefe de la Casa del Rey. Así se hará.

En estas fechas la inquietud sobre el éxito o el fracaso de la transición democrática española es un inevitable tema de conversación en cada acto en el que participan las delegaciones diplomáticas; máxime si en ellos se abordan temas relacionados con la defensa —muy en especial en lo referido a la indecisión española sobre su ingreso en la OTAN, o lo que es lo mismo, en su plena alineación en la guerra fría, que vivía un momento crucial—. Pero también se debaten los cambios que se anuncian en lo referente a nuevas leyes que podrían afectar asuntos de índole moral y educativo, como queda demostrado en un viaje que realizan a Roma tres de las personas que colaboran en el citado estudio.

Estos tres hombres son invitados a acudir a una ceremonia de beatificación por monseñor Pedro Altabella, canónigo de la basílica de San Pedro... Pero tras la ceremonia se les prepara una completísima agenda de encuentros que, excepto con el Papa —que les recibe en audiencia general junto al resto de españoles que han acudido al acto—, les lleva a verse con buena parte de la crema de la Curia: el secretario de Estado Vaticano, el arzobispo Agostino Casaroli; el obispo Martínez Somalo, sustituto de la Secretaría de Estado; el general de la Compañía de Jesús, Pedro Arrupe; el arzobispo Romero de Lema, secretario de la Congregación del clero; Antonio Innocenti, ya nombrado nuncio para España como sustituto de Luigi Dadaglio... Durante las entrevistas, los altos dignatarios de la Iglesia se interesan, sobre todo, por las leyes en las que trabaja el gobierno Suárez y que les preocupan: la ley de reforma de la enseñanza; la ley de divorcio; la posibilidad de una futura ley de aborto... Sorprendidos, los visitantes escuchan a aquellos hombres, cabezas del Vaticano, confesar, de manera ingenua y que muestra un desconocimiento del cambio profundo que vive la sociedad española, su convencimiento de que «en la católica España aquellas leyes anticristianas nunca se promulgarán, porque el pueblo no lo consentirá»... Pero los miembros de la Curia también, sin excepción, se preocupan por el futuro político, por los rumores insistentes de un cambio en la presidencia del gobierno. «¿Y quién puede venir si se confirma ese gobierno de concentración del que les hablan estos hombres y que ven reflejado en los periódicos?» Se habla entonces de «perfiles ideales»: se necesitaría un hombre de confianza del Rey, que pueda hacer frente a la situación económica..., pero también, y sobre todo, al problema militar, que tanto se alimenta en factores como la disgregación territorial y el terrorismo que está golpeando de manera brutal a la sociedad general, y al estamento armado en particular. Se comentan y valoran entonces las figuras que protagonizan los rumores de que se alimentan los cenáculos madrileños: el financiero Pérez de Bricio, el banquero Sánchez Asiaín, generales como Martínez Jiménez, Lacalle, Fernández Campo..., y, claro, Armada.

Pero como se ha dicho, no sólo a la Iglesia le preocupa la crítica situación interna española. El tema también surge en las recepciones que tienen lugar en Madrid en las embajadas alemana, británica, francesa..., y cómo no, también en la norteamericana. El propio embajador Todman, durante una recepción a la que ha sido invitado Antonio Cortina, le preguntará sobre estos temas, como antes han hecho otros embajadores europeos y los miembros de la Curia. El embajador norteamericano y Cortina comentan en este caso la situación, las posibles soluciones que se pueden ofrecer para deshacer el nudo que atenaza a la vida política española, el perfil ideal del posible candidato que pudiera sustituir a Suárez... Los norteamericanos son los más directos de entre los diplomáticos con los que se habla de estos asuntos: quieren datos, no especulaciones y preguntan ¿Quién? ¿Cuándo? ¿Cómo? Explican su deseo de una rápida entrada de España en la OTAN, de que se forme un gobierno que ofrezca estabilidad..., su temor a que la llegada de Felipe González al poder sea demasiado precipitada. Pero no se inmiscuyen, o más exactamente, no encuentran hueco para hacerlo porque sus interlocutores se cierran a ir más allá de lo que se recoge en los periódicos o en los mentideros. Aunque, claro, el diplomático estadounidense está muy lejos de tener limitados contactos en los ambientes políticos españoles. El desayuno que tiene Reagan, al poco de su toma de posesión, con Silva y Fernández de la Mora, lo organiza Todman, que no desconoce los contactos de estos ex ministros franquistas con personajes que propugnan «soluciones» drásticas a la crisis.

En las semanas siguientes se elabora un segundo estudio. Si en el primero se ha hecho un análisis de la situación general, de sus consecuencias y se han apuntado algunas soluciones, este segundo se centra más en crear una perspectiva que resuma los comentarios, las referencias, e incluso los informes existentes en medios políticos y sociales sobre la situación militar, y al tiempo en la conveniencia de tomar lo antes posible la decisión política de sustituir al presidente, ya que el deterioro, y los riesgos de una intervención militar que ese deterioro comporta, aumentan mes a mes. El que más temor inspira es un golpe que se piensa están preparando un grupo de coroneles, al que se califica de especialmente peligroso, tanto por la fortaleza de sus convicciones y su profesionalidad como por el papel relevante que tienen los coroneles en el ejército al tener mando directo de los regimientos. Como en tantos otros análisis del momento, se habla también aquí de los militares conectados con el mundo «azul», los nostálgicos del franquismo. El peligro de una acción de los generales aparece minimizado. El propio Armada, que mantiene contactos con ellos y sabe de sus verdaderas intenciones, hará llegar en este sentido su opinión hasta el final a sus interlocutores. Pero el documento no sólo es un análisis, sino que plantea también una pregunta clave: ¿qué hacer ante el malestar militar? Lo primero que se propone es intentar detener cualquier movimiento antes de que se produzca; si se produce, hay que hacer todo lo posible para intervenir sobre él y reconducirlo; es decir, encauzarlo de forma que no signifique un definitivo descarrilamiento del proceso político democrático. También hay una importante recomendación: la desactivación de estos grupos conviene realizarla, mientras sea posible, con habilidad política (como dando destinos en los que se neutralice a determinados personajes), y evitar denuncias o arrestos precipitados de altos o conocidos mandos militares, así como procesos públicos escasos de pruebas. De errores en este sentido, se advierte, existen antecedentes históricos, y la consecuencia puede ser que se produzcan estallidos incontrolados en los cuarteles que pongan en peligro el aún frágil proceso democrático e incluso la convivencia entre los españoles.

Justo después del verano se redacta un tercer documento. Se trabaja en él siguiendo una doble máxima: la primera, que al Rey, sea cual sea la solución política que se le ofrezca, hay que dársela hecha —él no debe participar ni verse involucrado directamente en ningún aspecto—; la segunda, esa solución tiene que producirse estrictamente en el marco constitucional. En efecto, si en los demás informes se habla de los riesgos de la permanencia del presidente, en este documento proponen las fórmulas, siempre políticas, viables para hacer posible su relevo. La alternativa que se maneja, dentro de un terreno constitucional, es la formación de un gobierno de concentración, que tendrá una vida breve, un par de años, y que adoptará, en un marco del más amplio consenso, un paquete de medidas de choque para la economía, un proceso de posibles diálogos con el mundo de ETA y de eventuales acciones contundentes, y que dé una orientación y armonización al proceso autonómico, al que debe imponerse un techo competencial. Y por último se hacen perfiles del candidato ideal para dirigir el proyecto. Sin dar nombres específicos se plantean requisitos ideales: conocimientos y experiencia en el mundo de la economía, contactos políticos, experiencia y conocimientos del mundo de la Administración, capacidad para afrontar el problema terrorista, influencia en el mundo militar, confianza plena del Rey... Se valoran unos y otros aspectos y se dibuja el retrato robot de quien sería el candidato perfecto. No se da el nombre, en ningún documento que pase por Armada se hará, del propio general Alfonso Armada, porque él no lo hubiera consentido jamás, pero resulta evidente que es él quien se acerca más a ese retrato ideal que se sugiere. Otro hombre que también cumple muchos de estos requisitos, Sabino Fernández Campo, se desdibuja algo por una doble razón: no es militar de Arma, sino de cuerpo —es decir, de alguna forma es «menos» militar—, y su relación con el Rey, jefe de su Secretaría, es «excesivamente» cercana en esos instantes.

Quienes están en esta idea se plantean entonces una pregunta clave: ¿Cómo saber lo que opina Zarzuela de esta propuesta? En sus últimas conclusiones en el documento se realiza entonces una reflexión: si el candidato que se considerara ideal no estuviera en Madrid —se viene a decir—, sería necesario destinarlo en algún puesto de relevancia en la capital en el plazo más breve posible. Sea como respuesta o no a este documento, lo cierto es que a finales de otoño de 1980 Alfonso Armada empezará a escuchar «rumores» sobre su regreso a Madrid, bien como jefe del Arma de Artillería, bien como segundo JEME, aunque este último puesto resulta, de manera evidente, el más adecuado para estar en contacto estrecho con el mundo militar en general, y para desactivar o «reconducir» cualquier amago antidemocrático.

Cuando está finalizado, el documento se remite a Zarzuela. Quien lo recibe es Sabino Fernández Campo, y quien se lo entrega, al parecer, el propio Antonio Cortina. El documento, incluso el propio general Sabino Fernández lo ha reconocido públicamente, llega de inmediato a manos del monarca.

En estos meses finales de 1980 el mundo político es un hervidero de entrevistas, sondeos..., todos los líderes políticos buscan información, alianzas, salidas... No son pocos los que en ese proceso buscan la opinión del general Armada, que lleva a cabo personalmente contactos con economistas, políticos, financieros, militares, periodistas... Quienes se acercan a él lo hacen, quizá, porque en los periódicos y en los círculos «informados» se publica y se habla de que existe en marcha una «operación Armada». Lo que se busca en estos encuentros es comprobar la viabilidad de una solución política, de consenso, que en los meses previos apenas si estaba hilvanada. Todo indica, sin embargo, que en este tiempo Armada no llega en ningún caso a «conformar», ni tan siquiera a «imaginar» gobiernos.

De todos estos contactos para intercambiar opiniones casi el único que trasciende es el famoso almuerzo de Lérida entre Armada y el líder socialista Enrique Múgica. Pero también se mantienen entrevistas con otras personalidades, por ejemplo, del propio PSOE. Antonio Cortina se encontrará con Javier Solana en más de una ocasión... La primera de ellas, ya en noviembre, precisamente el día en el que se confirma la victoria en las presidenciales de Estados Unidos de Ronald Reagan, sobre quien el dirigente socialista pronuncia juicios muy poco favorables. También se verá con su hermano, Luis Solana. Pero sobre todo, en estos momentos se produce una serie de reuniones con un alemán, hombre clave de la fundación Friedrich Ebert[3] en España, y que durante los últimos momentos de la dictadura había tenido un papel crucial en el ascenso de *Isidoro* y el apoyo del Régimen a los jóvenes socialistas del interior frente a los

3. Esta fundación, que lleva el nombre del primer presidente socialdemócrata de la República de Weimar, pertenece al partido socialdemócrata alemán, el SPD, y jugó una influencia decisiva en la financiación y, por tanto, orientación, del PSOE de Felipe González en los años setenta hacia las tesis socialdemócratas y su abandono del marxismo.

«viejos republicanos» del exterior. Se trata de Dieter Koniecki. Antonio Cortina había conocido a Koniecki a poco de la llegada del alemán a España y en estos meses de 1980 sus encuentros menudearon. Cortina le pone al tanto de las alternativas políticas que se plantean y Koniecki las acoge con agrado. La influencia de este alemán sobre la dirección máxima del PSOE, tanto en González como en Guerra, sigue siendo en esta época muy grande.

Pero no sólo con el PSOE se mantienen contactos. Con el partido que lidera Manuel Fraga, Alianza Popular, y con su coalición parlamentaria, Coalición Democrática, los contactos son extremadamente fluidos; al político gallego se le conoce bien hasta el punto del muto tuteo. Pero Fraga no solo apoya la idea, sino que además llama a Lérida en más de una ocasión y se ofrece a participar en las soluciones que se buscan. Aunque de Fraga se sabe que juega a muchas cartas. Es muy conocida su buena relación, por ejemplo, con el coronel José Ignacio San Martín, fundador del SECED, supuesto cabecilla del «grupo de los coroneles», y al que siendo ministro de Gobernación Fraga había nombrado director general de Tráfico. También se conocen sus contactos con el «mundo azul». Con Alfonso Osorio los contactos son también frecuentes y a través de varias personas, incluido el propio Armada, que le apreciaba personalmente.

Y después está UCD. Son muchos los políticos del «partido de Suárez» que se muestran favorables a esta propuesta de una solución política pactada entre varios partidos con un independiente al frente. El democristiano José Luis Álvarez, que se verá incluso con Armada ya en el mes de febrero de 1981; el miembro de los llamados «azules», hombre de confianza de Martín Villa aunque con mala relación con Suárez, Juan José Rosón; el dirigente del grupo socialdemócrata centrista, Fernández Ordóñez... Pero el hombre clave para el proyecto, aún más a partir de su ascenso a la dirección del grupo parlamentario, es Miguel Herrero de Miñón. Armada se verá personalmente con él. Lo mismo que Antonio Cortina. Cuando se va acercando el momento clave de que esta solución cristalice Miguel Herrero tendría asignado un papel crucial: dada su actitud crítica hacia Suárez, a la que se suma su peso en el partido, su condición de ponente constitucional y, como se ha dicho, ser el portavoz del grupo, él es quien podría hacer viable el éxito de una nueva moción de censura que estaba considerando presentar a mediados de febrero el PSOE, secundado por los miembros de la Coalición Democrática de Manuel Fraga.

A lo largo de la maduración de esta alternativa política, los contactos con los comunistas han sido escasos. Ramón Tamames sí ha mantenido alguna entrevista con Antonio Cortina —se conocen desde hace tiempo—, y está al tanto la propuesta. Tampoco con los nacionalistas se han producido encuentros. Sí ha sido informado el honorable Josep Tarradellas, que acaba de dejar la presidencia de la Generalitat y que apoya las medidas que se propugnan para resolver la cuestión autonómica.

La fecha prevista para que el Partido Socialista presente la moción de censura que dé paso a esta solución política es mediados de febrero, o primeros de marzo como muy tarde, antes de que florezcan... los almendros.

Esta fecha indeterminada, la que cada año marcan los almendros indicando la agonía del invierno, viene dada por la incertidumbre que producen los rumores, cada vez más acusados, de que en los meses de abril o mayo se produzca un pronunciamiento militar que corte, y de raíz, lo que aún no es en España sino un experimento, la democracia.

El diario *El Alcázar*, en torno al cual se vertebra todo el movimiento nostálgico del franquismo, ha venido durante toda la transición, y en especial a partir de 1979, favoreciendo una solución «dura» a la crisis. Pero a partir del otoño, sin embargo, dos hombres representan un papel clave para que se produzca un giro radical en el diario. Uno de ellos es su director, Antonio Izquierdo. El otro resulta aún más asombroso: José Antonio Girón de Velasco, el presidente de la Confederación de Combatientes, y por tanto último responsable de la editora del periódico. En un momento determinado, y gracias a las reflexiones que realiza con uno de los fundadores de GODSA, para entonces retirado de la política activa, Girón toma una resolución sorprendente dado su pasado: se convence de que cualquier movimiento militar no va a llevar a España más que a un retroceso histórico, y apuesta con todo lo que tiene por la solución política que significa la formación del gobierno de salvación con un independiente al frente. Habla entonces el presidente de la Confederación de Combatientes con Antonio Izquierdo y abren las páginas del periódico también a esta idea, aunque sin por ello negar el protagonismo a los que apostaban por una solución no constitucional.

El 16 de diciembre de 1980 se entrega personalmente al director de *El Alcázar* un artículo firmado por «Almendros». Un artículo que verá la luz al día siguiente. Quien realiza la entrega del escrito es un teniente coronel, Carlos Hernán Revilla, que ante Antonio Izquierdo asume ser el autor de este artículo, y posteriormente de dos más, que verán la luz los días 22 de enero y 2 de febrero de 1981. Este teniente coronel, según carta firmada por él mismo que entrega al propio Antonio Izquierdo para que quede en su poder, se responsabiliza del contenido de aquellos artículos. El director de *El Alcázar* sólo tuvo que exhibir esta carta en contadísimas ocasiones y tan sólo a muy, muy pocas personas.

Ante los indicios que se acumulan frente a él.., o quizá porque es puesto de manera expresa ante la evidencia, Adolfo Suárez decide después de un largo fin de semana de reflexión pasar a controlar los hechos, aunque su forma de controlarlos sea... dimitiendo. La decisión toma a todos por sorpresa. Armada está en unas maniobras ese día, pero su nuevo nombramiento como segundo JEME ha sido tomado días antes. El ministro de Defensa Rodríguez Sahagún, fiel a Suárez hasta entonces como nadie, no sólo lo ha aceptado, también, así se lo dice a algunos de sus colaboradores, reconoce la necesidad de que el presidente salga. Quizá ése es uno más de los factores que inclina a Suárez a «nombrar» a Calvo Sotelo como su sucesor, y no a alguien más cercano a él como era el propio Rodríguez Sahagún.

Los que favorecen en UCD la operación del gobierno de coalición, Miguel Herrero a la cabeza, estallan en furia cuando se ven incapaces de controlar el movimiento que acaba de hacer el presidente adelantándoseles. Quienes favorecen la salida del gobierno de coalición intentan consolarse y piensan en ese momento que, al menos, el primer presupuesto de sus planes, la caída de Suárez, ya se ha producido, aunque no haya sido como hubieran preferido. Además, piensan, la salida de Suárez, y de Gutiérrez Mellado con él, significará un buen escape de la presión en los cuarteles... En cuanto a Calvo Sotelo, si fuera incapaz de resolver los problemas cruciales, siempre podría retomarse el proyecto de gobierno de concentración. Pero...

Mis interlocutores hacen una pausa. Un punto que yo creo punto y seguido. Pero es punto final.

—... Y entonces se producen los hechos de la tarde y la noche del 23-F, el desastre para nuestra idea. No se estaba en movimientos militares... En lo que se trabajaba era en una operación política que a partir de estos acontecimientos ya resulta inviable... Aquello era otra cosa que nada tenía que ver con aquella salida que se había buscado en un marco plenamente constitucional.

Cuando salimos del restaurante ya era de noche. Estábamos de pie, en medio de una plaza de aquella hermosa y vieja ciudad, y nos despedíamos. Y entonces se me ocurrió una última duda.., pero de inmediato también me surgió una contestación lógica a mi pregunta y la dejé morir en mi garganta: ¿por qué no se conoció nada de esta operación política? ¿Por qué se pretendió siempre ocultar lo que no tenía, en principio, nada de ilegal?

El primer tramo del camino de vuelta hacia Madrid lo recorrimos mi interlocutor y yo en silencio. Quizá él rumiaba la confirmación de alguna de sus sospechas. Yo intentaba poner orden en lo que me habían contado, encajarlo en la historia general que ya había construido, hacerle un hueco, para lo que debía ajustar algunas piezas... Y hubo un momento, casi sin darme cuenta, en el que necesité resumir todo aquello que conocía. Era como si exprimiera aquellos cientos de folios que había escrito para sacar fuera de mí unas pocas ideas, las básicas, un a modo de esquema con el que visualizar todos aquellos hechos. Y empecé una de esas reflexiones con forma de inacabable pregunta que se inician con un «entonces...».

—Entonces... lo que tenemos es que hacia 1979 la indefinición política de Adolfo Suárez, la crisis económica, muy profunda, el problema del terrorismo, los procesos autonómicos abiertos... ponen en marcha a un gran número de fuerzas contra él. Unas políticas, y otras militares. Algunos, el grupo del que sabemos por las conversaciones del periodista Luis María Anson con gente del CESID, que habían estado favoreciendo una versión española de la Operación De Gaulle, venían medrando incluso antes.

—Pero en 1979 todavía no hay nadie..., digamos «en marcha». —Mi interlocutor se suma a la reconstrucción, no sé si para ayudarme, o porque él mismo está también recomponiendo la historia tal y como la había conocido hasta ese momento—. Son tan sólo manifestaciones de desagrado. Entre los altos mandos militares sabemos que hay descontento... Jaime Milans es de los más activos en su muestra de esta repulsa, y, como muchos otros de los protagonistas de todos estos hechos, tiene incluso razones personales para actuar así. También hay un foco de descontento, éste de militares y civiles, que son nostálgicos del franquismo, que no sólo están contra Suárez, sino que rechazan el sistema de pleno. Tras la *Operación Galaxia* han convertido a Tejero en su líder. Y luego está...

—... están Armada y Antonio Cortina, que han comenzado a hablar de lo mal que está todo y, poco a poco, se van planteando cómo podrían ayudar ellos. Esta gente, que aceptan plenamente el sistema democrático, piensan sin embargo que necesita un ajuste. Que el gobierno de Suárez está cometiendo muchos errores, pero además van madurando la idea de que la Constitución aprobada en 1978 ha dejado sin cerrar el tema de las autonomías, que el terrorismo necesita otra respuesta, que el descontento militar pone en peligro una vez más el proceso de reformas y, según elaboran sus informes, llegan a la conclusión de que es necesario una especie de gran sentada nacional, que todo el mundo se pare y se trabaje de manera coordinada para corregir lo que ellos perciben como errores y, después..., dos años después, reanudar la marcha. Pero esa gente quiere una operación política a la que se sumen el Rey y el Congreso... Los partidos, incluso el del gobierno, poco a poco van sumándose a esa idea... También el Rey en un momento determinado se convence de que ésa es la solución, aunque él no debe aparecer en ningún caso como inspirador, ni siquiera participante de ella. Todos estos movimientos van dejando al presidente aislado, van madurando su caída..., pero se dan cuenta de que esa operación puramente política puede fracasar por un posible golpe militar... Y ahí empieza Armada a mover a Milans.

—¿Moverle? Yo no diría eso —mi interlocutor me corrige—. Milans y Armada son compañeros, se aprecian..., pero no son amigos. Y Milans no hubiera consentido que Armada le «moviera». No, no es eso. Pongámonos en un momento clave, en otoño de 1980. Milans es uno de esos «peligros» militares, piensa Armada, para su operación, y le sondea. Pero además descubre que Milans ya está en contacto con Tejero, otro de los peligros para su operación política. Y él, que está volando sobre todo..., él que como nos acaban de decir, cree que se debe «vigilar» y «reconducir» esos posibles peligros militares para la democracia, incluso, o sobre todo en la mente de Armada, para la monarquía, se entrega a esa tarea. Después llega Baqueira, la confirmación de su ascenso a segundo JEME y su regreso a Madrid, es decir, que el Rey le podría aceptar como el candidato «neutral» para presidir la operación política, y reforzado se reúne una vez más con Milans con el que habla en su residencia de la Capitanía General de Valencia, al que intenta tranquilizar: la operación política en la que los partidos principales están de acuerdo, y que debe acabar con él en la presidencia de un gobierno de todos, un gobierno que rectificará los problemas que nos han llevado a la crisis, está ya en vías de cumplirse. Ahora lo que debe evitarse es un movimiento militar que haga fracasar esta vía.

—Claro, y llega la reunión de la calle General Cabrera, en la que Milans definitivamente pone a Tejero bajo su mando, pero además, a través de Torres Rojas, consigue que José Ignacio San Martín, el líder de esa «operación de coroneles», que estará más o menos inmadura, pero que tanto les preocupa, quede también bajo su mando. Todos están ya «vigilados» y si es necesario serán reconducidos. Y, mientras, continúan los partidos políticos trabajando en la moción de censura que «a mediados de febrero, o primeros de marzo a más tardar» debe derrotar en el Parlamento a Suárez... Pero éste se da cuenta de toda la operación, del calado que tiene el regreso de Armada... quizá incluso se le insinúa por alguien..., quizá el propio monarca en su reunión de finales de enero le diga algo, eso que le lleva a llamarle al día siguiente para preguntarle «cómo se encuentra», y Suárez dimite. Y cuando lo hace, está pensando en volver..., por lo que deja un candidato «débil» en su puesto.

—Sí, hace lo que podríamos llamar... un contragolpe y les deja, aparentemente, atados de manos... Como nos han dicho, sin embargo, los que trabajan en la operación política creen que esto es tan sólo un retraso para ese gobierno de concentración que propugnan, y que los políticos siguen considerando única alternativa viable a la situación.

—Pero Tejero no acepta estos juegos. Sucede el asunto de la muerte del etarra Arregui, y con el apoyo de algunos de sus capitanes de la Guardia Civil, que hasta ahora habían dudado, busca dar un golpe duro y se obsesiona con la fecha de la votación para aprobar la candidatura de Calvo Sotelo. Pero no está loco..., el golpe hay que darlo teniendo alguien detrás. Aparece entonces José Luis Cortina, que le organiza el encuentro con Armada. Tejero habla con Milans. Suma a Milans. Se entrevista horas después con Armada, que acaba por darle su acuerdo, y la operación política se convierte en una nueva versión de Operación De Gaulle..., precipitada, casi desesperada, en la que entran de alguna manera engañándose unos a otros... Porque Tejero sólo confía en Milans, en un gobierno de militares, y Armada y, de alguna manera el propio Milans, lo hacen en la confianza de que quienes habían estado en su operación política, partidos, Monarquía..., se sumaran, ante el amago militar, a esta nueva versión de los hechos... Lo curioso es que ninguno de estos personajes entra en aquella historia por lucro personal, ni por ambiciones de permanencia en el poder... sino porque, cada uno a su manera, todos están convencidos de que ellos pueden arreglar la situación de España...

Recordé entonces lo que un general, ayudante de Gutiérrez Mellado, me había dicho una vez..., y lo compartí con quien me había acompañado en buena parte de este viaje de dos años...

—Me dijeron que al definir lo que había pasado el 23-F, Gutiérrez Mellado había llamado a éste «el golpe de los soberbios».

Ya estábamos en Madrid. No teníamos tampoco mucho más que decirnos. Los detalles que daban base a esta última charla estaban recogidos en unos pocos centenares de páginas en el ordenador de mi casa. Este día lo que habíamos logrado era darles el colofón..., dotar de sentido al viaje, llegar a una meta.

Al despedirnos mi interlocutor me preguntó:

—¿Estás ya satisfecho? ¿Entiendes ahora lo que pasó aquel 23 de febrero?

ANEXOS

EXPOSICION HECHA POR LUIS MARIA ANSON EN LA COMIDA CELEBRADA EN LA SEDE DE LA AGENCIA EFE EL DIA 10 de OCTUBRE DE 1.977

SITUACION INTERNACIONAL.-

La historia nos demuestra que durante los últimos siglos la política internacional ha sido dominada por la lucha

[...]

UNA SOLUCION PARA SALIR DE LA CRISIS.-

Nadie desea, y el Ejercito pesamos que menos que nadie, en dar un golpe de Estado. Pero lo que si es evidente es que hay que buscar una solución que nos permita salir de la crisis en que nos encontramos.

No es de desechar un golpe de suerte que permitiese al actual gobierno de entrar en una fase de estabilización. Aunque consideramos el hecho como poco probable pensamos que sería la mejor solución que se nos podría ofrecer.

Pero mientras este golpe de la fortuna no se produzca hay que buscar soluciones viables y estas tienen que partir de la legalidad vigente. Con arreglo a las Leyes el único que puede tomar las medidas necesarias para evitar el caos es el Rey y para ello necesita del apoyo incondicional del Ejercito. Estamos seguros de que si a Don Juan Carlos se le propone una solución razonable, bien por conducto de la Jerarquía o por el de sus compañeros de promoción, es muy probable que encontrase el eco que todos nosotros deseamos.

La operación a montar se debe de preparar con la misma minucuiosidad con la que los Estados Mayores realizan todos sus planes. En esencia se trataría de lo siguiente:

Un domingo es citado el Presidente del Gobierno para que presente su dimisión, acto seguido se reune el Consejo del Reino para proponer nuevo presidente. En el Boletin Oficial del lunes se publican los ceses, el nombramiento del nuevo Presidente y se declara el Estado de Excepción.

El presidente debería de ser un técnico sin compromisos con ningún partido político. El gabinete por él nombrado debería de reunir las mismas condiciones. La misión principal que tendrían sería restablecer la autoridad y resolver la crisis económica.

La declaración del estado de excepción debería ser cuidadosamente estudiada y sólo deberían de suspenderse aquellas libertadas que impidieran al gobierno el cumplimiento de los fines que le vendrían impuestos. Respecto a la libertad de expresión no se debería de caer en los errores anteriores. La lucha contra

Primera y última hoja de la transcripción de la charla que el director de EFE, Luis María Anson, dio a un grupo de militares en 1978. En ella el periodista abogaba porque el Rey cesara a Suárez y diera paso a un gobierno de concentración que debía ilegalizar el PCE y taponar los procesos autonómicos.

HERALDO ESPAÑOL

Organo de información y opinión editado por Acción Nacional Progresista

NUM. 18 • Precio: 75 ptas. | Director: Julio MERINO. | 7-AGOSTO 13-AGOSTO 1980

¿Quién montará este caballo?

SE BUSCA UN GENERAL

(Pags 6 y 7)

Una de las primeras y más claras incitaciones a poner a un general al frente del gobierno llegó en este número del 7 de agosto de 1980 de *El Heraldo Español*, un semanario que editaba la empresa del diario *El Alcázar*. En sus páginas se pedía al Rey que interviniera para forzar el nombramiento.

Fundado en el asedio del Alcázar. Organo de la Confederación Nacional de Combatientes

AÑO XL —Número 13.856.

Depósito Legal: M. 19-1958. Edita e imprime: Diarios y Revistas, S.A. (DYRSA). —Redacción, Administración y Publicidad: Edificio ASTYGI. San Romualdo, 26, planta tercera (entre Albasanz y Julián Camarillo). Madrid-17

EL ALCAZAR

Teléfonos
Redacción 204 77 94 204 79 68 204 81 87 | Administración 204 68 00 204 68 91 204 79 75
Publicidad 204 66 06 | Suscripciones 204 64 49
Corresponsales 204 71 33

Para información y garantía de sus lectores y anunciantes, EL ALCAZAR mantiene el control de sus tiradas por

Análisis político del momento militar

Las últimas fechas del calendario están plagadas de coincidencias y elementos nada desdeñables para el análisis. El de diciembre, por tradición, ha sido un mes de encuentros oficiales, de fiestas militares (tres patronas de las FAS coinciden en la primera quincena: Santa Bárbara, la Inmaculada y la Virgen del Loreto), y celebraciones entrañables de índole familiar. Pero este año, diciembre ha traído algo más que un frío prematuro y polar. Las celebraciones parecen menos celebración; las ausencias de ciertos elementos de la fiesta, mucho más enfáticas; la concurrencia de nuevos hechos circunstanciales infinitamente más sorprendente. El mes de diciembre de 1980 no parece un diciembre como los demás.

■ *Graves repercusiones de las ausencias al «vino español» en la Escuela de Estado Mayor en la tradicional celebración del Día de la Inmaculada*

■ *A pesar de que esta reunión era conocida del ministro de Defensa, carecía de su autorización. Los «Umedos» temen por ello, igualmente, arrestos y destituciones*

■ *Resulta evidente que quien no sintoniza con los citados cuadros es el Gobierno*

■ *Demasiadas sillas vacías y platos sobrantes en el almuerzo de la UMD. Asistió en pleno la «vieja guardia»: treinta y seis personas*

■ *El deterioro de la situación española empieza a alcanzar niveles dramáticos*

■ *Se está tomando conciencia crítica de que España está en juego como nación. Y ante eso, sus valores sustanciales estarían llamados a entrar constitucionalmente en juego*

■ *Las discrecionalidades ejercidas sobre los destinos y rangos están desembocando en el aislamiento del vicepresidente para la Defensa. De insistir en esta vía, la gestión del actual ministro de Defensa estaría condenada al fracaso*

■ *En las Fuerzas Armadas, cuyos cuadros, superada ya una cierta perplejidad, se refuerzan internamente a diario en una innegable unidad moral, existe el recelo de que se están sentando gravísimos precedentes históricos con una elevada carga disgregadora*

La copa...

El pasado día 5 ha venido a ser una de esas fechas en las que diciembre ha subrayado esta peculiaridad de los nuevos tiempos. A poca sensibilidad que se tenga, este 5 de diciembre enhebra sin duda el síntoma de que un proceso de honda significación se ha iniciado. *El País* y *Diario 16* han acarreado información y desinformación sobre los hechos que de alguna manera aportan los elementos que permiten enmarcar el nuevo síndrome político. El hecho de que un «vino español» que anualmente ofrece el general director de la Escuela de Estado Mayor y que permite reunir durante unas horas a algo más de seiscientos generales, jefes y oficiales (en activo o retirados), diplomados en Estado Mayor, se convierta en todo un síntoma del momento que vivimos, es algo nuevo y no valorado suficientemente por los medios de comunicación. En esta oportunidad los más de seiscientos asistentes habituales menguaron hasta menos del centenar; y aun éstos, en su mayor parte permanecieron escaso tiempo, tal vez el imprescindible para advertir las razones auténticas de la excepcional y desangelada situación.

Según los datos que hemos podido recabar de entre los asistentes al tradicional acto, la nómina de la concurrencia resulta tan significativa como parca: Por una parte los mandos que ofrecían la recepción y quienes tenían alguna responsabilidad en la organización de la misma; por la otra, los pertenecientes a los servicios de información o al gabinete ministerial, cuyas razones de presencia eran obvias. Llegar a la conclusión de que ha sido muy generalizado el sacrificio efectuado por este significativo colectivo militar, al renunciar a tan tradicional motivo de festiva coincidencia, no parece que sea desorbitar las cosas. Si grave resulta la ausencia del acto del cuadro de profesores del prestigioso centro militar, no menor gravedad pudieran haber adquirido a la luz de los acontecimientos, las tensiones suscitadas en días pasados en dicho centro y que han dado lugar incluso a partes y arrestos.

... Y el almuerzo

Justamente el mismo día —y ya es una coincidencia curiosa que posibilita el paralelismo para un riguroso analista político— se celebró otra reunión en un almuerzo al que acudieron tres docenas de jefes y oficiales (ni uno más, a pesar de las cifras hinchadas por algún medio informativo) que conforman en la práctica la «vieja guardia» de la UMD, y más específicamente los de orientación comunista entre ellos. Según las informaciones reunidas, ni siquiera la presencia de los militares separados del servicio en su día por pertenecer a dicha organización, ni la de sus esposas —algunas de las cuales con manifiesto activismo político— lograron eliminar la frustrante desolación de un salón preparado para recibir una mucho mayor concurrencia. (Los organizadores, en el colmo del optimismo, habían previsto casi unos trescientos.) En tales circunstancias el «¡Viva la Constitución!» resaltó más en su languidez, en medio de un ambiente deprimido, y subrayó sus perfiles de pretexto para un encuentro de militares que, por lo demás, al carecer de autorización y ser conocidos por el ministro de Defensa, entendemos que obligará sin duda a proseguir su inveterada trayectoria de arrestos y destituciones, como sucediera en casos anteriores, si bien de signo diferente.

Los hechos resultan tremendamente sintomáticos, y su importancia —por lo que se refiere al vino español celebrado en la Escuela de Estado Mayor—, queda suficientemente probada a la vista de ciertas desinformaciones que han sido publicadas en determinados medios informativos de Madrid. Una prueba del desenfoque de esta cuestión la ofrece el matutino *El País* del pasado jueves 11 de los corrientes, cuando pretende justificar el boicot al acto militar como muestra de «disconformidad con la sanción impuesta por el mando», al coronel Recio Filgueira, jefe de curso de esta Escuela de Estado Mayor. En este caso la precisión de un atento observador entendería que se trata, en cierto modo, de un pronunciamiento institucional; en tanto que, en el otro caso, el testimonio residual de ciertos militares atípicos subrayaría su acusado activismo político. De cualquier manera no parecen comparables ambos acontecimientos, aunque el segundo complementaría la trascendencia del primero.

Los antecedentes de lo sucedido el día 5 de los corrientes en la Escuela de Estado Mayor no bastarían —como *El País* pretende— para desencadenar el pronunciamiento de los ausentes, de no haber sido nutridos previamente de ciertas significaciones simbólicas en el contexto de un estado de cosas generalizado que difunde la conciencia del peligro que como nación atraviesa España en esta hora; al tiempo que denota una actitud acerca de la formulación improvisada del sistema democrático, lo que innegablemente acrecienta las dificultades de un gobierno, cuya acción evidencia sus desaciertos a la vista de los resultados tan magros que puede ofrecer a la opinión pública. Acción de gobierno aún más preocupante si se establece un riguroso análisis en el campo de las Fuerzas Armadas, en el que el balance de incumplimientos de palabra empeñada, de discrecionalidades en los destinos y rangos supera con creces a las realizaciones positivas, al extremo de haber penetrado en una crisis definitiva que acentúa el aislamiento profundo del vicepresidente para la Defensa. Y, de insistir por esta vía, probablemente llevará al fracaso la gestión del actual ministro de Defensa al que se ha soportado, según todos los indicios, como mal menor y por un alto sentido de la disciplina, dado su escaso entendimiento de las esencias militares, su escasa consideración hacia los escalones jerárquicos y su propensión al asesoramiento de un reducido equipo de jefes y oficiales, escasamente representativos del sentir colectivo, en su política constante de neutralización y ubicación de ciertos mandos.

Consideraciones necesarias

Probablemente estos incidentes que comentamos, acaecidos en la Escuela de Estado Mayor, no hubieran posibilitado una respuesta colectiva (y en buena medida espontánea de un sector tan cualificado y profesional), de no haber concurrido las circunstancias que adoban estos hechos: un general al que se le destina para dicha dirección, según se dice en virtud de su capacidad para «democratizar» la escuela; un coronel de reconocida rectitud profesional cuya rigidez era conocida; y finalmente un comandante, que crea el problema en el mismo momento en que hace pública manifestación de solidaridad con sus colegas de la UMD, separados tiempo atrás de todo servicio. Todos estos factores debidamente considerados, arrojan tres conclusiones dignas de ser estimadas en toda su extensión:

En primer lugar, la innegable unidad moral de los cuadros de las Fuerzas Armadas que a diario se refuerza. Al parecer se ha superado ya la inicial perplejidad que les supuso una transición política, que aún en el supuesto de alterarles su cuadro de valores consustancial hasta ese momento, estaban dispuestos a aceptar, reconocer y secundar como ciudadanos de buena voluntad que comprendían la necesidad de un conjunto de reformas. Hoy, sin embargo, parece disiparse el complejo que generaba una cierta aprehensión sobre determinados consensos y transacciones en cuestiones de principios y que no fueren compartidos por la opinión. El tiempo, los sucesivos acontecimientos en determinada dirección han venido a corroborar que el proceso va mal y que éste es un sentimiento generalizado a estas alturas de la transición. Lo que conlleva en sí mismo el recelo de que en la nación española se están sentando gravísimos precedentes históricos con una elevada carga disgregadora. Pruebas muy recientes las tenemos en el viaje del presidente Suárez a las provincias Vascongadas. La identidad española se desvanece con las derivaciones consiguientes de abrir paso a la creciente insolidaridad de campanario (como diría Ortega en un famoso ensayo crítico sobre la sociedad de la II República), que destruye y distorsiona en el mejor de los casos toda capacidad de convivencia pacífica y de progreso. Los mitos pseudodemocráticos se quedan en lo que evidentemente son: palabras y más palabras, que por otra parte no resisten el contraste de la realidad cotidiana. El pasado día 5 de diciembre ha quedado a la evidencia pública que las Fuerzas Armadas sintonizan con esta misma respuesta, creciente a niveles populares.

En segundo lugar, nos encontramos ante la evidencia de que quien no sintoniza con los citados cuadros es el Gobierno, a cuyos desaciertos constantes en general, y de manera más delicada los que demuestra en su tratamiento del poder fáctico (ésa es la realidad, guste o no, y que muchos tratadistas modernos de la ciencia política ya no discuten), de la institución militar, se debe primordialmente el monolitismo creciente en la respuesta de éstos; *si bien entendemos que la toma de conciencia crítica de los militares va mucho más allá del mero desagrado por la labor del Gobierno, accediendo sus temores por España como nación; ante lo cual la dignidad y el honor, valores sustanciales del alma militar, estarían llamados a entrar constitucionalmente en juego.*

Divorcio entre el Gobierno y los cuadros militares

Es un hecho cierto que cuando el presidente y vicepresidente primero del Gobierno, por imperativo de los innumerables pactos políticos y de escalar los niveles más favorables de los sondeos de opinión, perdieron el control del proceso de reforma (y se vieron arrastrados por la dinámica de lo que algún político ha calificado de «ruptura fáctica», y otro de «ruptura pactada» además de por la improvisación), buscaron el alivio en el contrapeso regulador de la institución militar, y no dudan en su «neutralización» bajo pretextos teóricos y pseudoprofesionales. Pero dicha «neutralización» consistió en interrumpir en lo posible la relación de los eslabones de la cadena de mando con el Rey; en el aislamiento de los mandos militares de los centros de decisión, relegándolos a terceros o cuartos niveles de la Administración; en mantener dispersos los Consejos Superiores de los Ejércitos, en dejar al total arbitrio del Gobierno los nombramientos y destinos de los generales, incluso en casos tan significativos como los jefes de Estados Mayores y el mismo presidente de la Junta. Difícilmente podrá eludirse la sospecha en tales casos de la introducción de supuestos factores de politización partidista y, por otra parte, de difuminar la confianza de los miembros de la institución militar acerca de la representación disciplinada de sus intereses y sentimientos colectivos.

Ese concepto de la «neutralización» fue interpretado por el actual ministro como una mezcla escasamente hábil de gestos y discursos «constitucional-patrioteros» para la galería y, por otra parte, una estrategia de descolocación y postergación de ciertos mandos, haciendo caso omiso de su prestigio profesional o competencia. *La verificación final de los resultados de una tal política saltan a la vista: un alejamiento del Gobierno y los cuadros militares, y la expresión consiguiente de los sentimientos colectivos de éstos por canales tan atípicos como lo sucedido en la Escuela de Estado Mayor el pasado día 5, cuya explicitud acerca de lo que ello comporta ofrece parvas dudas, incluso a los que no están avezados a entender el lenguaje de los gestos.*

El sucesor

En tercer lugar, cabe suponer que algunos altos mandos militares estarían suficiente preocupados por el desbordamiento exterior (podríamos decir que público y notorio), de las tensiones militares y el recurso a esta suerte de procedimientos insólitos que, en el supuesto de prodigarse, acabarían por instaurar una dinámica que afectaría formalmente a la disciplina consustancial en las Fuerzas Armadas. Pero no es fácil poner vallas al campo ni menos aún tratar de que los militares, corporativamente, permanezcan ajenos a la situación nacional, como si estuviéramos instalados en un sistema consolidado, cuyas excelencias y resultados positivos se hubieren verificado en la paz imperante, en el orden público, en la prosperidad económica y en la libertad real y eficaz en el seno de los comportamientos sociales. Parece escasamente dudoso que, para lograr eficazmente los propósitos de buen gobierno toda inquietud haya que encuadrarla y asumirla inteligentemente para que fructifiquen.

Por el contrario, muy pocos negarán la evidencia de una degradación notoria de la situación española, que empieza a alcanzar niveles dramáticos, y menos aún que se hayan puesto al albur del día capacidades colectivas para superar las dificultades. *En la calle está firmemente instalada la urgencia de una solución correctora que permita regenerar la situación, al tiempo que se recupere un verdadero propósito nacional que sea capaz de introducir un cambio cualitativo en el clima moral de nuestra sociedad, que posibilite resolver con urgencia, sacrificio y grandeza las graves cuestiones que condicionan en este instante, y fatalmente, la organización de una convivencia solidaria y esperanzada.*

Cuando parecemos abocados, según toda la sintomatología, a una próxima crisis en la Presidencia del Gobierno, habría que desear que el sucesor reuniese las condiciones necesarias para recuperar la autoridad moral sobre unos militares que, ante todo y sobre todo, apetecen el ejercicio de su profesión en un ambiente de honor y disciplina, al servicio de España, de todos los españoles y de un sistema de libertades que respete la pluralidad en el ser y en el sentir, pero sin que ello menoscabe o ensombrezca la innegociable unidad de la Patria.

«ALMENDROS»

El 17 de diciembre de 1980 *El Alcázar* publica el primer artículo del supuesto colectivo Almendros. Quien entrega el artículo en mano al director de *El Alcázar*, y asume la responsabilidad que pudiera derivarse de su contenido, es un teniente coronel, Carlos Hernán Revilla, en realidad un testaferro de quienes apoyan la Operación Armada. Un dato este que por primera vez se descubre.

La hora de las otra

A esa realización histórica, que a través de generaciones ha otorgado sentido convergente y convivencial a los sacrificios y esfuerzos, coincidentes o encontrados, de hombres y grupos sociales y territoriales que llamamos España, se la ha sumido hoy en una profunda crisis de identidad. Para determinados políticos de este momento no nos hallamos ante un hecho del que se parte —en contra de lo que pudiera advertirse en las más destacadas páginas de la Historia Universal—, sino de un supuesto a partir del cual cabe la apertura de un debate muy extendido, y que configure tal vez una meta a lograr algún día en un postrer esfuerzo del consenso, en lugar de aceptarla sencillamente como Patria común y matriz de los españoles.

Y esta España de hoy, como nación y como Estado, se adentra cada vez más en una crisis radical, cuyas características resultan ya históricas por la gravedad y el sentido inverso del conjunto de su historia. Sorprendidos quizá por el ritmo de los acontecimientos y perplejos por la confusión de apariencias y realidades, sólo ahora se empieza a traslucir la tensión subyacente en el quietismo, esa suerte de fatalismo de la sociedad española, al margen de que en la clase política siga sin detectarse, ni menos aún se intente modificar el tratamiento de un tal estado de cosas. De proseguir el actual curso de los acontecimientos en los meses inmediatos se habrán consumado situaciones en el curso del proceso autonómico con alta potencialidad disgregadora por lo que constituyen de institución, fuerza, cultura y privilegio insolidario. Y, peor aún, enmarcado todo ello por una coyuntura de depresión económica, de intensidad desconocida en los últimos lustros, de profundo e inquietante desconcierto moral. La salida necesaria de este fracasado ensayo democrático a partir de estas bases se vería probablemente forzado a transcurrir en medio de dolorosas tensiones, o por las amargas horcas del brutal enfrentamiento entre españoles con sus secuelas, ya clásicas por conocidas, de precedentes, rencores, y desilusiones a la hora de reconstruir de nuevo un sistema realista que posibilite una convivencia plural, eficaz y digna. Es decir, mientras se endurece la gravedad de los acontecimientos, se reduce en consecuencia la capacidad para resolverlos. Lo acaba de corroborar el político catalán Josep Tarradellas desde su perspectiva de la experiencia: «Me asusta un poco este quietismo, este fatalismo español que reconoce una vez más: hay que hacer algo...» (*Diario 16*, 14.I.81.)

Nos encontramos en el punto crítico

ANTE una semejante perspectiva, cuyos tonos dramáticos se insinúan a diario en detalles que parecen nimios, no deja de sorprender que la mayor dificultad de este momento, lejos de ser la puesta en marcha del proceso de corrección, lo constituya la insuficiente conciencia por parte de algunos sectores civiles de que nos encontramos ya en el punto crítico. La opinión de que mal andan las cosas está ciertamente generalizada, si bien de manera difusa. Se da el pesimismo y la alarma, pero a su vez un bloqueo de la voluntad, por prejuicios y falta de vigor para inyectar la esperanza en torno a la posibilidad de una solución por otra parte necesaria. A veces, como si de una pesadilla tragicómica se tratare, desearíamos despertar repentinamente, y al advertir recompuesto lo deshauciado, sentirnos liberados de la frustración democrática que nos acongoja. Y, eludiendo el desafío, evitar o asumir el riesgo o el sentimiento de cobardía moral consiguiente.

NO hay alarmismo gratuito en cuanto venimos diciendo. ¿Acaso no se trasluce una profunda inquietud del mensaje navideño del Rey a los españoles? Por primera vez en voz tan augusta se escuchó el término más realista, y más temido, entre los que califican la presente situación en su estímulo a remontar el pesimismo, con el añadido de esa necesidad de establecer los límites que no pueden traspasarse. Por otra parte, en recientes declaraciones del atribulado ministro de Defensa, a pesar de que como corresponsable en buena medida de la desafortunada gestión del ejecutivo, se ve en la obligación de infundir optimismo, se refiere a «dificultades serias... aún controlables». Y añade que «hay montada una gran crisis psicológica con niveles muy altos de indiferencia y desmoralización...» Mucho más aún: en una introducción dantesca a su artículo *Reconstruir la esperanza* aduce postulados de inquietud, como al afirmarse en esa crisis de identidad que exige un proceso de reflexión nacional. Dice, por ejemplo: «Y así se extiende una cierta sensación de que nuestros males y problemas son insuperables... ¿No va a haber entre nosotros hombres de corazón incapaces de desesperar?» Nos interrogamos, pues, acerca de esa invocación a razones de corazón —con el señuelo de aquel principio agustiniano de que «de la abundancia del corazón habla la lengua»—, cuando probablemente deberían ser de otra índole mucho más racional las motivaciones que evitaren una necesidad tal. El tufo funerario emerge desde su subconsciente.

El ensayo democrático ha fracasado

A fin de clarificar las situaciones y serenar los juicios, es preciso evitar la coartada dialéctica de centrar el problema en estar a favor o en contra de los sistemas democráticos. Aquí y ahora, noblemente, se ha de afrontar el imperativo de la realidad: es decir, el fracaso definitivo de este ensayo llevado a cabo con ilusión y esperanza, pero al mismo tiempo con exceso de improvisaciones, apriorismos, reflejos regresivos y sin sentido del Estado, ni menos aún del liderazgo. La Constitución, tal y como *está*, no funciona. Hace ingobernable la nación, suministra excesivas ambigüedades, se convierte en un arca de subterfugios legales para ser utilizados según las razones coyunturales y los pactos —a la larga fratricidas— de cada momento de apuro. Que urge su reforma ya lo expresan en privado, y algunos en público, los principales líderes políticos. Amplios sectores de la opinión dejan traslucir sus decepciones, cuando no su definitivo divorcio de las instituciones políticas. Lo que, sin ningún género de dudas, se viene verificando a lo largo de los últimos procesos electorales posteriores a la consulta en referéndum nacional sobre la Ley de la Reforma Política. Fue aquella convocatoria la que mayor entusiasmo suscitó entre los españoles. Y, precisamente en aquella oportunidad —lo que no deja de ser sintomático— se pronunciaron en contra los políticos que presumen de su mayor *pedigree* democrático. Por el contrario, en los más recientes referéndums y elecciones de orden autonómico, sólo el triunfalismo oficial habitual pudo ocultar la gravedad —en el caso gallego extrema— de los resultados por lo que tienen de expresión de la voluntad popular.

RESULTA tan innegable el divorcio entre ciudadanos y políticos, que de ello se deduce que éstos buscan desesperadamente las disculpas, como la del ministro antes citado, tratando de arroparse en la deficiencia de los liderados: «Estamos —escribe Rodríguez Sahagún— en una sociedad psicológicamente débil..., donde hemos llegado a bajísimos niveles de credibilidad.» Ya en su tiempo denunciaba el general Mola a la «cofradía del pasteleo», mal llamada

■ *A España se la ha sumido en una profunda crisis de identidad*

■ *Es preciso evitar la coartada dialéctica de centrar el problema en estar a favor o en contra de los sistemas democráticos*

■ *Aquí y ahora se ha de afrontar el fracaso definitivo de este ensayo democrático sin sentido del Estado*

■ *La Constitución, tal y como está, no funciona. Hace ingobernable la Nación. Suministra excesivas ambigüedades*

■ *En los últimos referéndum autonómicos sólo el triunfalismo oficial habitual pudo ocultar la gravedad de los resultados, por lo que tienen de expresión de la voluntad popular*

■ *Esta clase política ha demostrado carecer de suficiente categoría moral necesaria para reconocer sus errores*

El 22 de enero de 1981, sólo una semana antes de la dimisión de Suárez, se publica este nuevo artículo del colectivo Almendros, titulado «La hora de las instituciones». En él se insiste en que la solución es «un proceso de reflexión colectiva», «un nuevo y distinto Gobierno de amplios poderes». En fin, la hora de que desde «las instituciones» se apoye el gobierno de concentración por el que abogan quienes están de acuerdo en el «plan Armada».

instituciones

■ *La institución Congreso de los Diputados ha quedado muy deteriorada*

■ *Ni el Gobierno gobierna, ni se atajan los errores acumulados*

■ *La regeneración política de España comporta la exigencia de una reducción del protagonismo de su actual clase política, lo que permitirá, sin interferencias equívocas, ese apetecido proceso de reflexión colectiva*

■ *Ni nos abruma el fracaso del ensayo democrático actual ni carecemos de vigor y fuerza para resolver nuestros males*

■ *La legitimidad de un Estado pasa por la seguridad ciudadana interior y exterior, el desarrollo económico y la justicia social*

■ *¿Puede el desguazador reconstruir la misma nave que ha desmantelado?*

de las «fórmulas», siempre en boga en nuestras costumbres políticas —y a la que dedicó, por cierto, Ortega más de un acerado comentario—. Asimismo aducía el decidido general que alentaba aún el espíritu de Boabdil, tan predispuesto a dedicar su tiempo bien a inútiles lamentaciones, bien a la justificación de sus yerros con sofismas.

Los que creemos en las honestas intenciones originarias de bastantes de los que constituyen la actual clase política, incluso de su conveniente contribución al futuro, desearíamos su recuperación. Eso, no obstante, es sólo ya posible tras un período discreto de reflexión que les permita liberarse de compromisos y adherencias anteriores y redimensionar la perspectiva del momento y del porvenir.

Falta de moral en la clase política

LA obsesión o el complejo frente al fenómeno franquista, por una parte, y el lastre histórico que supone —con el desenfoque correspondientes al cambio de tiempo y de circunstancia política y social— enlazar con la fracasada experiencia anterior a aquel régimen, han inducido a estos políticos erráticos a desencadenar procesos tan regresivos como el de las autonomías, sembrando la nación de Parlamentos, Ministerios, Consejerías, burocracias funcionalmente impracticables y carentes de arraigo popular, incluso en las denominadas nacionalidades históricas. Lo ha dicho Tarradellas: «Si no hay unidad en España, en Catalunya, en el País Vasco, en todo el país, no nos salvamos... El federalismo en España sería un error.» Pero más firmemente aún lo ha ratificado la voz de la democracia en el resultado de los referéndums autonómicos correspondientes, dando en un esfuerzo de benevolencia por buenos los resultados oficiales. Un análisis serio de la distribución de los votos en estos casos advertirá la decisiva aportación a tan magros resultados de *maketos* y *xarnegos*, que es legítimo suponer lo harían más en función de la disciplina de partido que por el entusiasmo de satisfacer una peculiaridad vasca o catalana que sin duda no poseen. En Galicia, sin comentarios.

ESTA clase política ha demostrado carecer de suficiente categoría moral necesaria para reconocer sus errores. Le ha faltado valor para aceptar humildemente los sucesivos reveses electorales y políticos, ni siquiera aquellos de dimensiones tan clamorosas como el antecitado. Por el hecho de ocupar físicamente el espacio político, no patentizar el rigor moral necesario y asumir la responsabilidad de conducir al pueblo español a la aceptación de una Constitución —que, a la vista está, resulta escasamente viable—, se encuentran imposibilitados para salir del círculo vicioso en el que se ha sumido la política nacional.

¿Qué credibilidad les asistiría, si tras las innúmeras «habilidades legales» practicadas a partir de la Ley para la Reforma Política para desembocar en la situación presente, a través de la apertura no prevista de un proceso constitucional, la presunción fantasmagórica de entes preautonómicos, proponer estatutos de autonomía antes de que el Tribunal Constitucional se constituyere, etc., resultare que los mismos políticos que huyen aún hacia retaguardia, hacia ese Estado «cuasi federal», se empeñaren en convencernos de que hay que rehacer todo lo que se ha trastocado o descabezado, con su protagonismo en la nueva reforma de la Constitución? ¿No estaríamos ante otra lamentable salida, como la que tuvo lugar en el Congreso de Diputados en la votación de confianza ganada por un Gobierno que preconiza para Andalucía la vía del artículo 144, contra una oposición que se atrinchera en la del 151, y una vez cosechado el triunfo, seguir el conducto de los derrotados?

Reducción del protagonismo de los políticos

CON juegos semejantes, tan arduos de comprender por un ciudadano que advierte cuán irreal es lo que se debate y ocupa las horas del hemiciclo de sus representantes, la institución Congreso de los Diputados ha quedado muy deteriorada. La democracia requiere mayor credibilidad, una más evidente transparencia, más ámbito de autenticidad que ningún otro sistema de gobierno. Y en nuestro caso, los políticos parecen empeñados en enturbiar las apariencias hasta el extremo de convertirlas en nieblas opacas que no permitan entrever siquiera lo que está al alcance de su mano. La confusión de nuestra clase política ha instalado su propia evidencia en el subconsciente de la calle y en la arquitectura de sus instituciones, gracias a lo cual ni el Gobierno gobierna, ni se atajan los errores acumulados que agravan todavía más una crisis económica, en la que nuestra falta de eficacia de los últimos cinco años nos ha reducido del puesto décimo, entre los países industriales del mundo, al décimoséptimo. Pero en ello no parece reparar casi nadie...

LA regeneración política de España comporta, como ya se apuntó aquí mismo, la exigencia de una reducción del protagonismo de su actual clase política, lo que permitirá, sin interferencias equívocas, ese apetecido proceso de reflexión colectiva. Un primer acto de patriotismo y generosidad consistiría en facilitar la natural desembocadura —por desgracia no parece muy previsible— en un nuevo y distinto Gobierno de amplios poderes que disponga de las asistencias precisas para resolver con decisión el relanzamiento de nuestra economía, la reducción del paro, el terrorismo y su incidencia en la vida cotidiana, la seguridad ciudadana, la razonable reconducción del proceso autonómico y la reforma de la Constitución. Pues a menudo ni siquiera saben respetar lo que entre todos han convenido.

Apelación a las instituciones

PERTENECE a Simón Bolívar la frase de que en los momentos críticos «jamás un Congreso ha salvado una república», ese «vuestro Bolívar, nuestro Bolívar» al que invocaba el Rey Don Juan Carlos el 12 de octubre de 1980 en su discurso del «Día de la Hispanidad» en la Universidad de Valladolid, cuando, según él, «esta comparecencia renovada no tiene el carácter rutinario de la costumbre, sino la fuerza creadora del rito». Y algunos no parecen haberlo entendido así, al suprimir en cierta nacionalidad la celebración de este rito nacional y glorioso por antonomasia. Y justamente en ello hallamos nosotros la justificación plena de nuestro deber ante el imperioso mandamiento de cambiar el clima moral y regenerar un ideal colectivo capaz de abordar sin miedos el futuro. Ni nos abruma el fracaso del ensayo democrático actual, ni carecemos de vigor y fuerza para resolver nuestros males.

Un constitucionalista y teórico del Estado sostiene que «la legitimidad de un Estado pasa por la seguridad ciudadana interior y exterior, el desarrollo económico y la justicia social». ¿Puede el desguazador reconstruir la misma nave que ha desmantelado? En este imperativo lógico se detiene nuestra reflexión. Ahora bien, cuando nadie en el Estado parece poder desarrollar esta función, quizá sea la hora, no de apelar a congresos, partidos, Gobierno, de los que nada decisivo ya puede salir, sino a las restantes instituciones del Estado.

«ALMENDROS»

Pequeños relatos

Las tertulias de Madrid

Madrid era anteanoche un hervidero de tertulias. Casualmente me encontré en dos: en la primera tuvo lugar el nacimiento de la noticia de la dimisión de Adolfo Suárez, y algún día la contaré por ilustre, por excitante y por galdosiana. En la otra, tenía el carácter exhuberante de un despliegue de las hipótesis. Todavía en España la democracia es un sistema provisional y la dictadura una contingencia histórica. Aquí no se estabiliza otra cosa que las cordilleras. El ambiente era de «acontecimiento nacional» y esto habría que inscribirlo más cerca de la psicopatía que del raciocinio. Ni el suceso, ni el personaje que lo protagonizaba merecían la ansiedad, ni la masturbación mental. De Gaulle, Churchill o Adenauer —tres personajes históricamente universales— no produjeron en sus países, con su marcha, conmoción, sino noticia de interés a toda plana y episodio interesante de normailidad democrática. Los dos grandes temas eran «los estímulos de la dimisión», la verdadera revelación histórica de las causas de la marcha —que es un ovillo y no un hilo— y las profecías sobre el sucesor. Para lo primero se precisa una mentalidad analítica a lo Pedrol Ríus en el legajo del asesinato de Prim. Para lo segundo, la exigencia es menor; basta un **retrato-robot** de las condiciones necesarias. Dentro de lo que hay en los cuadros de UCD salieron siempre Leopoldo Calvo-Sotelo y Landelino Lavilla. Y por todas estas cosas: por una **exigencia de integración**; Suárez había **separado**. **El sucesor** tenía que reunirse o **juntar**. Tendría que estar familiarizado con la economía, que es la exigencia principal en todos los presidentes actuales de Europa. Y hasta sería también un mérito conocer Europa en sus entresijos económicos. Tendría también que tener algunas condiciones parlamentarias de conocimiento de cosas y de repentización. No debía alarmar a la izquierda, a los militares, a la Conferencia Episcopal. Y, por supuesto, tendría que ser un hombre de clara confianza para la Corona, en primer lugar porque el Rey es el protagonista principal de la restauración democrática —la Monarquía de todos—, y después porque la relación obligada entre el presidente del Gobierno y el jefe del Estado no autoriza sombras o recelos. De todas maneras, la primera acción de posibilidades que ha de tener el sucesor de Suárez es la aceptación e identificación de su partido, representado ahora principalmente en sus parlamentarios. El partido y el Congreso de Mallorca son todavía una nube.

Después de esta presunta normalidad de procedimientos, se manejaba otro factor que no debo silenciar, y es que se decía que aquí están pasando cosas que obligan a una **remodelación** sustancial. Si para hacer esto UCD no proveyera, entonces existiría la vía de «un hombre ajeno y políticamente bendecido». Ahora o pasado mañana. Un tranquilizador neutral y en aquel objetivo. Eché entonces un vistazo a los **profesores** y a los **militares**, y de profesores me rendí. Los había, pero en la endoesfera. Estimulé entonces a la imaginación y encontré al general Alfonso Armada. Todo esto no quiere decir otra cosa que las tertulias de Madrid eran prisioneras del «clima esotérico de las hipótesis» que decía Rusell. Pero hay una realidad que me consta, y es que lo que pasa es tan importante, o tan grave, que no es aceptable ningún **continuismo**. Un **golpe de timón**, en la versión Tarradellas, es un golpe de timón. No le demos vueltas.—**Emilio ROMERO.**

El periodista, que no deseaba precisamente la solución política que en estas fechas suponía la «Operación Armada», no pudo, o no quiso sujetarse, y tras una comida en la que le hicieron partícipe de lo avanzado de la operación, escribió este artículo. Acababa de dimitir Suárez y, como se ve, su fe en Calvo Sotelo era nula.

12

INFORME SOBRE LA PARTICIPACION DE MIEMBROS DE LA AOME (CESID) EN LOS HECHOS DEL 23 DE FEBRERO DE 1.981.

De las investigaciones realizadas se ha podido comprobar que algunos miembros de esta Unidad participaron activamente en los hechos del 23 de Febrero. Esta participación se concreta en número de 6 personas que o bien conocían los hechos antes del 23 o que planificaron un apoyo operativo que lo llevaron a efecto y que posteriormente trataron de encubrir su participación activando una operación que justificara sus movimientos del día 23.

Independientemente de estos hechos algunos otros miembros de la Unidad posteriormente adoptaron posturas de solidaridad con los miembros, que participaron en el 23 de Febrero.

<u>GRADO DE PARTICIPACION E IDENTIDADES.</u>

<u>Conocimiento previo de los hechos.</u>

El Capitán García Almenta, el Capitán Gómez Iglesias, el Sargento Miguel Sales así como el Cabo Monge Segura, conocían los hechos concretos del 23 de Febrero antes de que ocurrieran.

El Comandante Cortina, no esta comprobado que lo supiera, pero hay indicios de que así fuera.

No se sabe de otros miembros de la Unidad que lo supieran con antelación.

<u>Actuaciones del día 23.</u>

- El Capitán García Almenta, dispuso de los medios, emisores, receptores y vehículos y los distribuyó al Sargento Miguel Sales y al Cabo Rafael Monge y al Cabo José Moya Gómez, para el apoyo de la columna que se dirigió a las Cortes.
- El Capitán Gómez Iglesias, se mantuvo en contacto con el Capitán García Almenta y dirigió al Cabo Rafael Monge en la marcha hacia el Congreso.
- El Sargento Sales Maroto y el Cabo Moya Gómez, realizarón misiones de control, en la zona del Congreso.
- No se conoce ninguna actividad directa del Comandante Cortina en relación con los hechos del 23 (ese día).

Para intentar aclarar la participación de miembros del CESID en el golpe, se produjeron varios informes. El primero lo hizo el propio José Luis Cortina, después procesado, aunque al fin absuelto. El segundo, lo dirigió Juan Jaúdenes a los pocos días de los sucesos, con entrevistas a los posibles implicados, pero que rehuyó llegar a conclusiones. El tercero es éste, ya con Manglano en la dirección del Centro. Lo hizo Juan Alberto Perote, sustituto entonces de José Luis Cortina en la AOME.

Actuaciones posteriores al día 23.

- Fracasado el golpe de Estado. En la Unidad se dió orden de activar la Operación Mister, se corriegieron fechas, con lo que se justificaban, los movimientos del personal de la Unidad el día 23 de Febrero.

- El Comandante Cortina, reunió el día 24 al Capitán García Almenta, Sargento Sales Maroto y Cabo Monge Segura, para activar Operación Mister.

- Por la Dirección del Centro se ordenó un informe con carácter no judicial, para tratar de aclarar lo ocurrido en la Unidad el día 23. Como consecuencia de este informe y de las posteriores declaraciones ante el Juez Instructor, se comprobó que había contradiciones en las declaraciones del Sargento D.Miguel Sales Maroto y del Cabo 1º D.Rafael Monge Segura, así como en la de los Capitanes Garcia Almenta y Gómez Iglesias.

- Por orden de la Superioridad, el Jefe de la Unidad, y los Capitanes Garcia Almenta y Gómez Iglesias, el Sargento Sales Maroto y el Cabo Monge Segura, causan baja en la Unidad.

- El informe que con carácter judicial, se instruyó fue trasladado al Juez Instructor de la cusa.

Otros hechos.

- Con posterioridad se producen en la Unidad otros hechos que se concretan en faltas de disciplina y lealtad con los nuevos Mandos de la Unidad, al solidarizarse con los que habian sido dados de baja, reuniendose con ellos a pesar de la orden expresa de no hacerlo. Por esta razón causaron baja 4 agentes.

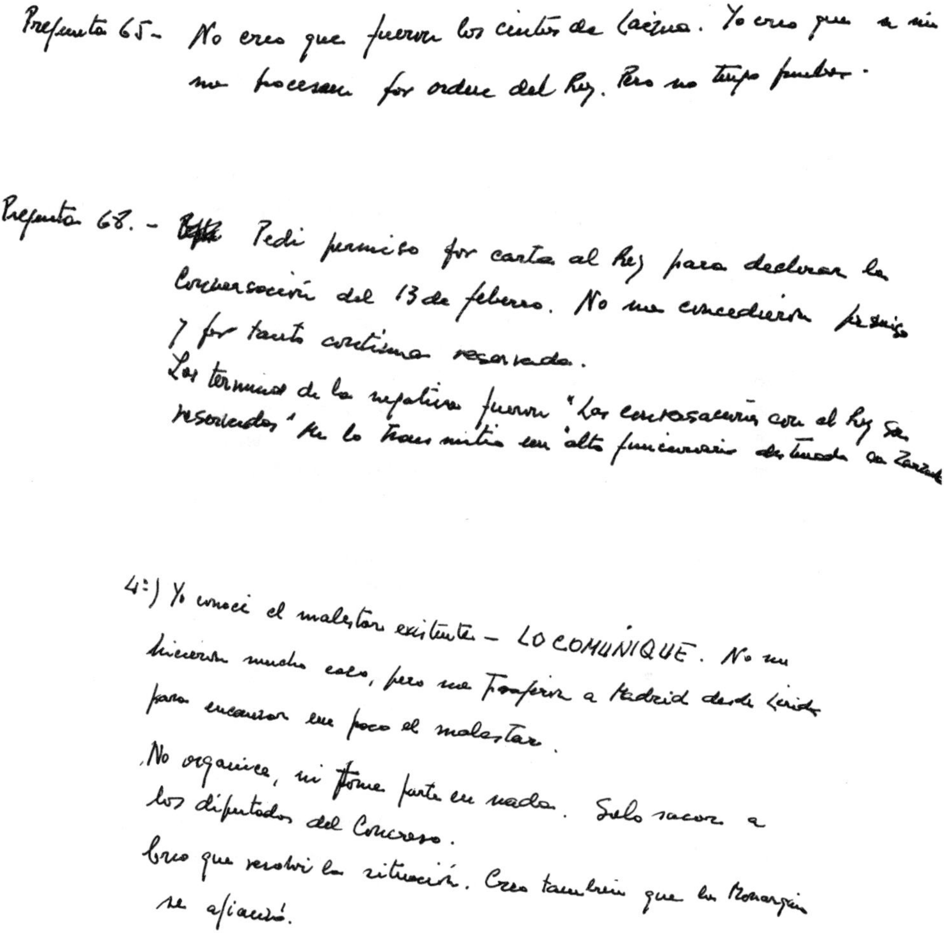

Pregunta 65.- No creo que fueran los cintos de Lacina. Yo creo que a mí me procesan por orden del Rey. Pero no tengo pruebas.

Pregunta 68.- ~~Pid~~ Pedí permiso por carta al Rey para declarar la conversación del 13 de febrero. No me concedieron permiso y por tanto continúa reservada.
Los términos de la negativa fueron "Las conversaciones con el Rey son reservadas". Me lo transmitió un alto funcionario destinado en Zarzuela.

4:) Yo conocí el malestar existente – LO COMUNIQUÉ. No me hicieron mucho caso, pero me transfirieron a Madrid desde Lérida para encauzar un poco el malestar.
No organicé, ni tomé parte en nada. Solo sacar a los diputados del Congreso.
Creo que resolví la situación. Creo también que la Monarquía se afianzó.

De su puño y letra, el general Alfonso Armada contestó un cuestionario del autor. En él no duda en escribir: «Yo creo que a mí me procesan por orden del Rey». También que se le deniega el permiso a desvelar, en su defensa, el contenido de sus conversaciones privadas con el monarca. Rehúsa Armada, sin embargo, a explicar sus insinuaciones.

Índice